ESTUDIOS DE DERECHO ADMINISTRATIVO SANCIONADOR

EN RECONOCIMIENTO A JUAN M.ª PEMÁN GAVÍN

ESTUDIOS DE DERECHO ADMINISTRATIVO SANCIONADOR

EN RECONOCIMIENTO A JUAN M.ª PEMÁN GAVÍN

EDICIÓN 2024

COORDINADOR
Antonio Ezquerra Huerva

AUTORES
César Cierco Seira
Antonio Ezquerra Huerva
Javier Oliván del Cacho
Eduard-Valentin Pavel
Luis Sarrato Martínez

COLEX 2024

© Editorial Colex, S.L.
Calle Costa Rica, número 5, 3.º B (local comercial)
A Coruña, 15004, A Coruña (Galicia)
info@colex.es
www.colex.es

I.S.B.N.: 978-84-1194-630-8
Depósito legal: C 1385-2024

AUTORES

CÉSAR CIERCO SEIRA

ANTONIO EZQUERRA HUERVA

JAVIER OLIVÁN DEL CACHO

EDUARD-VALENTIN PAVEL

LUIS SARRATO MARTÍNEZ

«Para que el carácter de un ser humano desvele cualidades verdaderamente excepcionales, hay que tener la fortuna de poder observar su actuación durante largos años. Si dicha actuación está despojada de todo egoísmo, si la idea que la rige es de una generosidad sin par, si es absolutamente cierto que no ha buscado ninguna recompensa y que, además, ha dejado huellas visibles en el mundo, entonces nos hallamos, sin duda alguna, ante un carácter inolvidable».

Jean GIONO, *El hombre que plantaba árboles*.

SUMARIO

AUTORES 7

PRESENTACIÓN 17

REFLEXIONES SOBRE EL PRINCIPIO DE OPORTUNIDAD EN EL DERECHO ADMINISTRATIVO SANCIONADOR

CÉSAR CIERCO SEIRA

PÁG. 23

I. INTRODUCCIÓN 24
- 1. Un conocido problema: los escenarios de abundancia infractora e intervención esporádica de la Administración sancionadora 24
- 2. La preocupación por la lenidad sancionadora y el debate sobre la obligatoriedad de la acción consecuente 28
- 3. Algunos contrafuertes de la obligatoriedad de la acción sancionadora. En particular, la denuncia y los claroscuros en el control del archivo de las actuaciones 32
- 4. El deslizamiento de la imposibilidad al estadio previo de la averiguación . 39
- 5. El refuerzo de la obligatoriedad a través del principio de oportunidad 40

II. UNA APROXIMACIÓN A LA OPORTUNIDAD EN CLAVE PENAL 43
- 1. Algunas puntualizaciones acerca de la concepción de la oportunidad en la rama penal 43
- 2. La facultad de renunciar a la acción penal debe estar prevista en la Ley . . 46
- 3. El fin legítimo o el porqué de la inconveniencia de castigar una conducta 47
- 4. La trascendencia de perfilar legalmente la renuncia a la acción penal 51

III. UN ENSAYO SOBRE LAS MANIFESTACIONES DE LA OPORTUNIDAD LIMINAR EN EL PANORAMA SANCIONADOR ADMINISTRATIVO 52
- 1. El estado de la cuestión en la legislación administrativa: ausencia de una cláusula general, pero manifestaciones sectoriales relevantes 52

2. La oportunidad tendente a descartar infracciones *de minimis* 53
3. La oportunidad liminar al servicio de la restauración del orden perturbado por la infracción 55
4. La oportunidad liminar a cuenta de la reparación del daño causado por la infracción y, señaladamente, de la tutela de la eventual víctima 63
IV. PRIMERAS CONCLUSIONES 66
V. BIBLIOGRAFÍA 71

DERECHO ADMINISTRATIVO SANCIONADOR Y MINORÍA DE EDAD: HACIA UNA NECESARIA REVISIÓN DEL SISTEMA JURÍDICO-ADMINISTRATIVO ACTUAL

LUIS SARRATO MARTÍNEZ

PÁG. 77

I. INTRODUCCIÓN 78
II. LOS MENORES DE EDAD Y SU POSICIÓN ANTE EL ORDENAMIENTO JURÍDICO ESPAÑOL: UN PUNTO DE PARTIDA 79
1. Mayoría y minoría de edad en el Ordenamiento jurídico español: la condición jurídica de menor 79
2. La fragmentación normativa en torno a los menores de edad y su protección jurídica 82
2.1. Normas de Derecho internacional 83
2.2. Normas de Derecho español 84
3. El menor de edad en el Derecho administrativo 87
3.1. Capacidad jurídica y capacidad de obrar en Derecho público 87
3.2. La capacidad de obrar del menor de edad bajo la óptica del Derecho administrativo 90
3.3. El tratamiento jurídico del menor de edad: algunos ejemplos ilustrativos con referencia a la legislación administrativa sectorial y su entronque con la legislación general 93
A. Doce años 94
B. Catorce años 95
C. Dieciséis años 98
D. Dieciocho años 101
III. LA RESPONSABILIDAD ADMINISTRATIVA DE LOS MENORES DE EDAD EN EL DERECHO ADMINISTRATIVO SANCIONADOR Y SU PROBLEMÁTICA JURÍDICA 103
1. Planteamiento general sobre la inexistencia de un Derecho administrativo sancionador propio para los menores de edad: una asignatura pendiente 103
2. Las infracciones administrativas cometidas por los menores de edad 106

2.1. La capacidad de culpabilidad como elemento relevante en el caso de infracciones administrativas cometidas por menores de edad . 106
A. La senda marcada por el Derecho penal 106
B. Capacidad de culpabilidad e imputabilidad en el Derecho administrativo sancionador 112
2.2. La responsabilidad de padres y tutores por las infracciones administrativas cometidas por menores de edad a su cargo 115
IV. REFLEXIONES FINALES.. 121
V. BIBLIOGRAFÍA 123

LA RESPONSABILIDAD CIVIL DERIVADA DE LA INFRACCIÓN ADMINISTRATIVA

EDUARD-VALENTIN PAVEL

PÁG. 127

I. APROXIMACIÓN AL MARCO NORMATIVO VIGENTE DE LA RESPONSABILIDAD CIVIL DERIVADA DE LA INFRACCIÓN ADMINISTRATIVA 128
II. LA DISTINTA NATURALEZA JURÍDICA ENTRE LA SANCIÓN Y LAS FIGURAS PROPIAS DE LA RESPONSABILIDAD CIVIL 130
III. UNA VISIÓN PANORÁMICA DE LA RESPONSABILIDAD CIVIL DERIVADA DE LA INFRACCIÓN ADMINISTRATIVA 132
1. La posibilidad de atribuir la responsabilidad civil derivada de la infracción en la legislación sectorial...................................... 132
2. La posibilidad de atribuir la responsabilidad civil derivada de la infracción en la doctrina 136
A. Las tesis contrarias.. 136
B. Las tesis partidarias 140
3. La posibilidad de atribuir la responsabilidad civil derivada de la infracción en la jurisprudencia 143
A. La perspectiva constitucional de la compatibilidad entre sanción y responsabilidad civil en el seno del procedimiento administrativo. . 143
B. El tratamiento de la indemnización por daños y perjuicios en el marco del procedimiento administrativo por parte de la jurisprudencia contencioso-administrativa 145
IV. LA VIABILIDAD DE LA DETERMINACIÓN Y EXIGIBILIDAD DE LA RESPONSABILIDAD CIVIL DERIVADA DE LA INFRACCIÓN ADMINISTRATIVA 150
1. La inexistencia de un exceso en la autotutela administrativa 150
2. El cumplimiento con la defensa del interés general................. 155
3. El respeto del principio de legalidad 159
4. El respeto de la teoría general del acto Administrativo: una vez dictado, la administración lo puede ejecutar 161

V. FINAL: UNA COMPATIBILIDAD VIABLE CON ALGUNAS CUESTIONES PENDIENTES 164
VI. BIBLIOGRAFÍA 167

LA RESPUESTA SANCIONADORA AL INCUMPLIMIENTO DE LA OBLIGACIÓN DE PORTAR MASCARILLA COMO CONSECUENCIA DE LA PANDEMIA

JAVIER OLIVÁN DEL CACHO

PÁG. 173

I. PLANTEAMIENTO 173
II. LA OBLIGATORIEDAD DE USO DE LA MASCARILLA Y SUS CONSECUENCIAS SANCIONADORAS HASTA LA ELIMINACIÓN DE ESTA IMPOSICIÓN 175
1. La primitiva regulación en la pandemia 175
2. La Orden SND/422/2020, de 19 de mayo 176
3. La ratificación por el Tribunal Supremo de la Orden SND/422/2020 y, por ende, de la obligación de uso de las mascarillas 179
4. El Real Decreto-ley 21/2020, de 9 de junio 182
5. La Ley 2/2021, de 29 de marzo 184
6. El Real Decreto-ley 13/2021, de 24 de junio 185
7. El Real Decreto-ley 30/2021, de 23 de diciembre y la deslegalización que incorpora 186
8. El cese de la obligación 190
III. DERECHOS FUNDAMENTALES Y OBLIGACIÓN DE USO DE LA MASCARILLA . 191
IV. EL ILÍCITO DE DESOBEDIENCIA Y LA UTILIZACIÓN DE LA MASCARILLA . 193
V. LA IMPOSIBILIDAD DE SANCIONAR CON UNA MULTA SUPERIOR A 100 EUROS EL INCUMPLIMIENTO DE PORTAR MASCARILLA 195
VI. ALGUNAS CONCLUSIONES 199

ACERCA DEL RÉGIMEN DISCIPLINARIO DE LOS ALUMNOS REGULADO EN LA LEY DE CONVIVENCIA UNIVERSITARIA

ANTONIO EZQUERRA HUERVA

PÁG. 201

I. INTRODUCCIÓN. LA CONVENIENCIA DE ARTICULAR UN NUEVO RÉGIMEN DISCIPLINARIO DE LOS ALUMNOS UNIVERSITARIOS 202

II. LOS PRINCIPIOS DE LA POTESTAD SANCIONADORA 205
1. La cuestión del principio de legalidad formal....................... 205
A. La legítima y plausible opción de la LCU por la tipificación directa de las faltas disciplinarias y las sanciones 205
B. La pervivencia de los interrogantes acerca de la posible tipificación reglamentaria de faltas y sanciones de los alumnos universitarios al hilo de la competencia autonómica en la materia............... 212
2. El principio de tipicidad 217
A. Valoración de conjunto del cuadro de infracciones y sanciones desde la perspectiva del principio de tipicidad.................... 217
B. Consideraciones críticas sobre algunos de los tipos previstos en la LCU.. 223
a) Las novatadas y otras conductas o actuaciones vejatorias [art. 11.a) LCU].. 224
b) La exigencia de premeditación para la comisión de la falta de fraude académico [arts. 11.g) y 12.d) LCU] 227
3. La ausencia de una regulación adecuada de la culpabilidad y las imprecisas previsiones sobre la responsabilidad disciplinaria 230
A. El silencio de la LCU acerca de la necesidad de intencionalidad en la comisión de las faltas.................................... 230
B. La regulación de la responsabilidad disciplinaria 231
III. ALGUNAS CONSIDERACIONES SOBRE LA REGULACIÓN DEL PROCEDIMIENTO DISCIPLINARIO 236
1. Breves observaciones generales 236
2. Los principios procedimentales. En particular, el principio de protección a las víctimas de faltas que impliquen violencia, discriminación o acoso... 238
3. La singular y compleja arquitectura del procedimiento disciplinario articulado por la LCU 240
4. La controvertida posición procedimental de los perjudicados por la comisión de la falta disciplinaria: un interesado limitado, parcial o imperfecto. 244
5. Las formas de terminación del procedimiento disciplinario 248
A. El archivo 248
B. El reconocimiento voluntario de la responsabilidad.............. 249
C. La declaración de caducidad 254
D. El desistimiento de la universidad 256
E. La imposibilidad material por causas sobrevenidas.............. 259
IV. LA MEDIACIÓN COMO ALTERNATIVA SUSTITUTIVA DE LA POTESTAD DISCIPLINARIA.. 260
1. La apuesta de la LCU por las medidas restaurativas como respuesta prioritaria a las faltas disciplinarias de los alumnos universitarios 260
2. La regulación de la mediación vinculada a la comisión de faltas disciplinarias contenida en la LCU y sus carencias 264
V. BIBLIOGRAFÍA 267

PRESENTACIÓN

Tal como indica su título, este libro colectivo tiene por objeto mostrar respeto, admiración y gratitud a Juan Pemán Gavín. Podría pensarse que se trata de un homenaje para honrar su trayectoria académica y, sobre todo, investigadora pues, no cabe duda alguna al respecto, acredita méritos sobrados para ser justo merecedor de ello. El sentido de la presente obra es sin embargo otro, mucho más personal de sus autores, y vinculado al papel que Juan Pemán ha jugado no sólo en nuestro devenir profesional, sino en nuestra manera de entender y de ejercer el trabajo universitario y de mantener una cercanía y cohesión entre nosotros que se viene prolongando desde hace décadas. Con este libro pretendemos manifestar, en definitiva, la fortuna que supone trabajar a su lado, beneficiarnos de sus enseñanzas y disfrutar de su amistad.

Conviene poner en contexto el origen del vínculo entre los autores del presente volumen y con el propio Juan Pemán, origen que debe situarse fundamentalmente en la actividad desarrollada por este último en la Universidad de Lérida, y que se materializa en lo que creemos que puede denominarse como «grupo leridano» de derecho administrativo.

Juan Pemán se incorporó a la cátedra de derecho administrativo en la Facultad de Derecho de Lleida en el año 1990 —cuando todavía pertenecía a la Universidad de Barcelona—, tomando el testigo de Fernando López Ramón, y permaneciendo en ella hasta el pasado año 2022, en que tras el correspondiente concurso de movilidad de profesorado previsto en el art. 63 de la ya derogada LOU, obtuvo la cátedra en la Universidad de Zaragoza, en la que había iniciado su carrera académica. En los 32 cursos académicos años de vinculación a la Universidad ilerdense —de los que los 11 últimos prestó servicios en comisión en la Universidad cesaraugustana— desarrolló una fructífera actividad universitaria en las tres vertientes habituales de la misma: docencia, investigación y gestión.

En 1990, el área de conocimiento de derecho administrativo de la Facultad de Lleida estaba integrada exclusivamente por dos magníficos profesores asociados. Por un lado, Javier Aquilué Ortiz, abogado del Estado hoy ya jubilado y, por otro, Frederic Solà Eras, funcionario del cuerpo superior de la Generalidad de Cataluña y luego jefe de la asesoría jurídica de la propia Universidad leridana desde poco después de su creación —en 1992—, el cual continúa siendo profesor asociado de la disciplina.

La llegada de Juan Pemán a la cátedra leridana y su empeño en corregir la situación de clara infradotación del área de conocimiento dieron pie a que a finales de 1993 se materializase una primera ampliación de la plantilla con una nueva incorporación con dedicación exclusiva. Se produjo en ese momento la llegada de Javier Olivan del Cacho —ya doctorado en la Universidad de Zaragoza—, primero como profesor asociado a tiempo completo y, a partir de otoño de 1995, como profesor titular de universidad. A su vez, en enero de 1994 Antonio Ezquerra inició su carrera universitaria como becario de investigación del a la sazón denominado Ministerio de Educación y Ciencia, siendo posteriormente contratado como profesor asociado a tiempo completo y finalmente accediendo a la plaza de profesor titular de universidad en la que se desempeña desde finales del año 2002.

Pocos años después, en 1997, Javier Oliván retornó a su querido Aragón como magistrado de lo contencioso-administrativo. Su marcha fue casi simultánea con la incorporación de César Cierco Seira como becario de investigación de la Generalidad de Cataluña quien, tras su paso por el Real Colegio de España en Bolonia y su correspondiente doctorado en la universidad de la capital de la región de Emilia-Romagna, fue primero profesor Ramón y Cajal y luego profesor titular hasta acceder a la cátedra en el año 2020.

Con Antonio Ezquerra y César Cierco consolidados como profesores titulares de universidad, comenzó su andadura Laura Salamero Teixidó, a quien, contra la que era su voluntad, le ha sido imposible participar en este libro. Laura Salamero transitó desde su inicial condición de becaria de investigación del programa de formación del profesorado universitario (FPU) del Ministerio de Educación, Cultura y Deporte, a la categoría de profesora lectora (ayudante doctora) y, desde el año 2021, es profesora agregada (contratada doctora).

De forma coetánea, en el año 2013 Luis Sarrato Martínez obtuvo su título de doctor en Derecho en la Universidad de Lleida bajo la dirección del propio Juan Pemán. En la actualidad desempeña su labor académica como profesor contratado doctor en la Universidad Internacional de la Rioja y como profesor asociado en la Universidad Pública de Navarra. A pesar de no haber tenido vínculo profesional con la Universidad de Lleida, Luis Sarrato ha formado en todo momento parte del «grupo leridano» que con estos párrafos iniciales estamos intentado presentar. Al igual que sucede con Javier Oliván, su participación e implicación en el común de los proyectos que emprendemos desde Lleida es habitual por derecho propio, hasta el punto de que no sea correcto considerarlo un colaborador sino, si se nos permite parafrasear el título de la magnífica película de Martin Scorsese —y por supuesto sin que seamos un clan mafioso—, «uno de los nuestros».

En lo que supone el devenir lógico y sano de las cosas, quienes descendemos académicamente de Juan Pemán nos hemos iniciado en la tarea de dirección de tesis doctorales. Entre ellas cabe destacar ahora, y por centrarnos en quienes han seguido dedicados profesionalmente a la actividad universitaria, los trabajos doctorales de la propia Laura Salamero —codirigidos por el mismo Juan Pemán y por Antonio Ezquerra— y de Eduard-Valentin Pavel —bajo la supervisión de César Cierco—. Este último es desde julio de 2023 profesor lector (ayudante doctor) de derecho administrativo en la Universidad de Lleida, y la mejor muestra de que el grupo no está estancado, sino que avanza en la buena dirección y con excelente vigor.

***

En los párrafos precedentes hemos intentado presentar lo que denominamos y sentimos como «grupo leridano» de derecho administrativo. Aunque tal vez no hemos sido suficientemente explícitos al respecto, creemos que ha quedado patente el papel indispensable desempeñado por Juan Pemán tanto en el origen como en la pervivencia de dicho grupo, del que evidentemente es miembro fundacional y fundamental. Piénsese sencillamente que a su perseverancia institucional y a su buen hacer académico se deben el crecimiento y consolidación del área de conocimiento de derecho administrativo de la Universidad de Lleida, hoy integrada por tres profesores permanentes y un profesor lector (ayudante doctor), y con perspectivas y posibilidades razonables de crecimiento. Y téngase en cuenta, asimismo, que cuatro de nosotros seis hemos realizado la tesis doctoral bajo su dirección.

Pero, más allá de los indicados datos cuantitativos y objetivos, la principal impronta de Juan Pemán entre nosotros se materializa en el terreno cualitativo. Son muchas las vivencias —algunas conjuntas, otras individuales— que a lo largo de los años hemos ido compartiendo y acumulando, y cuyo relato serviría para ofrecer al lector un fiel retrato del perfil profesional y humano de Juan Pemán. No parece, sin embargo, que esta breve presentación sea el lugar oportuno para llevar a cabo una crónica experiencial o un anecdotario, más propios del ámbito privado de cada cual. En todo caso, cuando ponemos en común estas líneas, coincidimos en que, entre las numerosas cualidades personales de Juan Pemán, en el contexto presente son tres las que consideramos que merecen ser especialmente destacadas, en la medida en que han dejado en nosotros una mayor huella y están en la base de nuestra cohesión. Dichos atributos son la generosidad, el respeto, y la coherencia intelectual. Atributos que, conviene subrayarlo, ha ejercido en todo momento con naturalidad y sin jactancia ni afectación algunas, como corresponde a quien se desenvuelve con arreglo a cualidades ingénitas o no impostadas. Podría decirse que, siempre y radicalmente alejado del sermón, de la exhortación y de la admonición, Juan Pemán ha predicado con el ejemplo, probablemente sabedor de que, como dejó escrito Séneca en sus *Epístolas morales a Lucilio*, «el camino es largo a través de los preceptos, breve y eficaz a través de los ejemplos».

De su generosidad, tanto intelectual como en términos de disponibilidad y de dedicación, hemos podido ser continuos testigos y beneficiarios todos aquellos que hemos tenido la ocasión de trabajar a su lado en cualesquiera de los ámbitos de la actividad universitaria. En ese sentido hemos tenido en él a alguien siempre receptivo y dispuesto a dedicarnos su tiempo, a compartir sus muchos saberes —a su formación jurídica se suma su licenciatura en ciencias económicas y unos sólidos conocimientos históricos, por ejemplo—, a abrirnos a nuevos ámbitos temáticos «regalándonos» o «cediéndonos» temas de investigación que tenía para sí mismo, a leer detenidamente nuestros trabajos y contribuir a su mejora con aportaciones y reflexiones tanto sobre el fondo o contenido como sobre los aspectos formales. Cuando, con la implantación del régimen de acreditaciones, la condición de investigador principal en los proyectos adquirió una importancia cardinal para medrar profesionalmente, él mismo tomó inmediatamente la iniciativa de ceder dicha condición a favor de quienes veníamos detrás, manteniéndose como investigador y desempeñando un papel crucial de impulso.

Uno de los ámbitos en los que la generosidad de Juan Pemán se muestra más patente es probablemente en la formación de doctores. En ese sentido, en la dirección de tesis doctorales se vuelca sin reserva y con una muy alta dosis rigor —que no de rigidez ni de imposición—, de minuciosidad y de exigencia, no limitándose a la lectura del trabajo presentado por el doctorando para, al hilo de la misma, hacer las correspondientes aportaciones formales y de contenido. Por el contrario, la experiencia de elaborar la tesis doctoral bajo su dirección implica un acompañamiento continuo al doctorando, a través de un diálogo y contraste de ideas altamente enriquecedores, y de una labor de revisión de los textos reiterada y meticulosa, capítulo a capítulo a medida que son elaborados, pero siempre estrictamente respetuosa con las opciones del autor.

Esta última —el respeto— es una de cualidades inspiradoras de Juan Pemán que también queremos subrayar. Respeto que al propio tiempo se proyecta de manera escrupulosa en diversos terrenos. Por un lado, hacia el trabajo universitario mismo y, dentro de él, en particular hacia la investigación jurídica, que concibe y ejerce sobre todo como contribución a la generación de conocimiento y, en nuestro sector, al avance del derecho y a la mejora del ordenamiento jurídico. Objetivos que para el jurista universitario no pasan por tener la razón —o porque te la den—, sino por la aportación honesta, no sesgada, de un estudio y reflexión rigurosos de los temas abordados, de modo que puedan servir de herramienta a otros operadores en orden a la comprensión, aplicación y delimitación de las instituciones, las categorías y los regímenes jurídicos.

Respeto, asimismo, hacia las personas, sus opciones profesionales en general y académicas en particular, y hacia su propia idiosincrasia. Es ésta una virtud especialmente merecedora de ser puesta de relieve, sobre todo en tiempos y sociedades como los de ahora, marcados por el imperativo del pensamiento único, el desprecio al discrepante y la desconsideración a quien se maneja con arreglo a parámetros que no nos gustan. Precisamente ese respeto —en definitiva, esa forma de entender las relaciones personales— ha estado en todo momento en la base de nuestros lazos y constituye, sin dudarlo, la esencia y el motor de la sintonía y conexión entre nosotros, permitiendo que personas muy diferentes en muchos aspectos hayamos podido avanzar, además de individualmente, y en lo que ahora interesa, de manera conjunta, compartiendo estímulos y proyectos, sin recelos ni rivalidades.

Aunque, como hemos señalado, la lista de cualidades de Juan Pemán es muy amplia, por último queremos destacar su coherencia intelectual, sustentada en un profundo conocimiento del derecho y de otras disciplinas vinculadas, señaladamente la historia y la economía. Dicha coherencia intelectual está patente en sus trabajos, en los que siempre con base en una argumentación solvente, defiende planteamientos propios al margen de modas, de la simpleza y frivolidad de pensamiento imperantes, y de la tiranía de la corrección política que nos asola. Juan Pemán no es, en definitiva, uno de los siempre demasiado abundantes «publici-iuris-peritos a la violeta» a los que con idénticas dosis de humor que de realismo describió José Cadalso en la lección para el jueves de su *Eruditos a la violeta*. Es, por el contrario, un jurista íntegro y con independencia de criterio, que sostiene las conclusiones a las que le conducen los argumentos, y no diseña los argumentos para avalar las conclusiones preconcebidas; que no aprovecha la investigación jurídica ni la autoridad que otorga la cátedra para hacer activismo de ningún tipo y que, en fin, al igual que el jurisconsulto Papiniano le espetó al emperador Caracalla, no dudaría en afirmar ante quien corresponda que es más fácil cometer parricidio que justificarlo.

***

Con los párrafos anteriores, ciertamente comedidos, pretendemos poner de manifiesto por qué Juan Pemán es fuente de inspiración permanente para nosotros y, por ese motivo, le rendimos este pequeño tributo en forma de libro. Como puede fácilmente comprenderse, la temática del mismo, sin ser irrelevante, resulta secundaria. La elección del derecho sancionador como objeto de los estudios que integran el presente volumen ha obedecido a un doble sentido. Por un lado, decidimos que se abordasen aspectos de una materia de lo que tradicionalmente se ha identificado con la parte general del derecho administrativo, de modo que, al formar parte de los conocimientos centrales de la disciplina, que cualquier administrativista debe tener, todos nos pudiéramos sentir cómodos. Y, por otro lado, debía ser una temática sobre la que Juan Pemán hubiese hecho aportaciones significativas. Ambas condiciones se concitan en el derecho administrativo sancionador sobre el que, huelga decirlo, el homenajeado ha realizado importantes contribuciones científicas. En ese sentido, y sin ánimo alguno de exhaustividad, cabe aludir a sus trabajos acerca de la tramitación parlamentaria de la regulación de la potestad sancionadora establecida en la LRJAP de 1992, o sobre el régimen disciplinario de los alumnos universitarios regulado en el Reglamento de Disciplina Académica de 8 de septiembre de 1954. Asimismo, sus numerosas aportaciones sobre la política municipal de civismo, en las que el estudio de los aspectos sancionadores ocupa un lugar central. O, en fin, más recientemente, su profundización en el derecho sancionador bancario, que por el momento se ha materializado en su monografía titulada, precisamente, *Derecho sancionador bancario. El régimen sancionador de las entidades supervisadas por el Banco de España*, Marcial Pons, 2022, y en su artículo sobre la misma temática aparecido en la *Revista Vasca de Administración Pública*, núm. 124, 2022.

***

En su sentido prólogo a la monografía de Laura Salamero, *La autorización judicial de entrada en el marco de la actividad administrativa*, Marcial Pons, Madrid, 2014, Juan Pemán evoca su paso por las aulas de la Universidad de Lérida durante 21 años, y confiesa que, pese a la constatación de que allí enterró su juventud, el esfuerzo y las energías depositadas en dicho período no fueron en balde sino que, por el contrario, merecieron la pena. Nada mejor que sus propias palabras para explicar el porqué de esa percepción:

> «Alguien había entendido algunos mensajes importantes, no siempre explícitos, que yo mi vez había aprendido de otros, como el gusto por el trabajo bien hecho cada día, y una concepción del oficio universitario presidida, de una parte, por un espíritu permanente de aprendizaje y de compartir con otros los aprendido —lo que a su vez perfecciona y potencia nuestros conocimientos—, y de otra, por una actitud vital de mejora de uno mismo y de servicio al entorno social e institucional en el que nos desenvolvemos, cada vez, por cierto más abierto y globalizado. Lo cual implica una idea de excelencia universitaria que no se deja encorsetar por los parámetros convencionales, muchas veces discutibles, que han tendido a consolidarse últimamente en la Universidad para medir y comparar la calidad o los méritos de unos y de otros, tanto en el ámbito institucional como en el individual».

Con estos estudios de derecho administrativo sancionador queremos confirmarle que está en lo cierto, que los mensajes a que alude han calado y, no sólo eso, nos sirven de ejemplo y de guía a todos a nosotros. Y que si el paso por la Universidad ilerdense le ha merecido la pena, para nosotros ha sido y sigue siendo una inmensa ventura.

Los autores

Lleida, Zaragoza y Pamplona, en junio de 2024

REFLEXIONES SOBRE EL PRINCIPIO DE OPORTUNIDAD EN EL DERECHO ADMINISTRATIVO SANCIONADOR

César Cierco Seira
Universidad de Lleida

SUMARIO: I. INTRODUCCIÓN. 1. Un conocido problema: los escenarios de abundancia infractora e intervención esporádica de la Administración sancionadora. 2. La preocupación por la lenidad sancionadora y el debate sobre la obligatoriedad de la acción consecuente. 3. Algunos contrafuertes de la obligatoriedad de la acción sancionadora. En particular, la denuncia y los claroscuros en el control del archivo de las actuaciones. 4. El deslizamiento de la imposibilidad al estadio previo de la averiguación 5. El refuerzo de la obligatoriedad a través del principio de oportunidad. II. UNA APROXIMACIÓN A LA OPORTUNIDAD EN CLAVE PENAL. 1. Algunas puntualizaciones acerca de la concepción de la oportunidad en la rama penal. 2. La facultad de renunciar a la acción penal debe estar prevista en la Ley. 3. El fin legítimo o el porqué de la inconveniencia de castigar una conducta. 4.. La trascendencia de perfilar legalmente la renuncia a la acción penal. III. UN ENSAYO SOBRE LAS MANIFESTACIONES DE LA OPORTUNIDAD LIMINAR EN EL PANORAMA SANCIONADOR ADMINISTRATIVO. 1. El estado de la cuestión en la legislación administrativa: ausencia de una cláusula general, pero manifestaciones sectoriales relevantes. 2. La oportunidad tendente a descartar infracciones de minimis. 3. La oportunidad liminar al servicio de la restauración del orden perturbado por la infracción. 4. La oportunidad liminar a cuenta de la reparación del daño causado por la infracción y, señaladamente, de la tutela de la eventual víctima. IV. PRIMERAS CONCLUSIONES. V. BIBLIOGRAFÍA.

I. INTRODUCCIÓN

He aprendido mucho del profesor PEMÁN GAVÍN. Y sigo aprendiendo. Recuerdo la emoción de recibir sus correcciones sobre los borradores —al principio, más de uno—. Y, por supuesto, conservo como oro en paño esos textos anotados, en azul y rojo, donde el grado de detallismo, visto ahora con la perspectiva que solo el paso de los años otorga, no deja de sorprenderme. ¡Cuánto tiempo dedicado a guiar pacientemente, con esmero, el trabajo de otros! Naturalmente, del profesor PEMÁN GAVÍN no solo he aprendido en los despachos, seminarios, congresos y otros lugares formales. Ni todas las conversaciones han tenido que ver con el Derecho Administrativo, por supuesto. Las había más triviales. Una vez, en el transcurso de una comida, andaba yo preocupado por un regalo que tenía para mí como algo importante, y, después de confesarle mis desvelos, me tranquilizó con una reflexión que vendría a resumirse de este modo: lo más importante de un regalo no estriba en el valor de lo que se da, sino en el tiempo empeñado en él. Esas palabras siempre han guiado mi sentir del oficio e inspiran esta modestísima muestra de gratitud.

1. Un conocido problema: los escenarios de abundancia infractora e intervención esporádica de la Administración sancionadora

Hay ámbitos que todos tenemos a la mano donde la Administración, a pesar de la abundancia infractora, solo ejerce su potestad sancionadora ocasionalmente.

La situación, insisto, es pública y notoria y ha sido perfectamente retratada por la doctrina científica. Sabemos, pues, cuáles son sus causas y, aun a riesgo de sintetizar en exceso, cabe afirmar que, si la Administración solo de manera esporádica pone en marcha su potestad sancionadora en esos ámbitos donde hay amplias bolsas de infracciones es, básicamente, por uno de estos dos motivos —o por los dos, pues no son necesariamente alternativos—: que el radio de acción que ha de cubrir la Administración conforme al catálogo de infracciones tipificado es objetivamente muy vasto (i) o que esa Administración en cuestión —o las de su clase— carece de los recursos apropiados para abarcarlo cabalmente (ii).

i. La vastedad de los dominios actuales del Derecho Administrativo Sancionador nos proporciona una primera clave explicativa del fenómeno. Ciertamente, en las últimas décadas hemos asistido a una expansión extraordinaria de la potestad sancionadora de la Administración; una expansión que ha sido consecuente con el aumento de la cosa pública y de las responsabilidades de la Administración moderna en toda la gama de políticas que se han ido abriendo paso, pero que, al mismo tiempo, ha acusado, como se razonará más en detalle, un cierto simplismo en la inteligencia del castigo como pieza de esas políticas, como si toda la realidad infractora hubiese de pasar por el embudo de la sanción, al cabo convertida en la más natural de las reacciones. Prueba de ello es que no pocas veces se ha recurrido a la potestad sancionadora como remate de la reglamentación de un sector; un remate que, lejos de captar y traducir la especificidad de ese ámbito, de la materia que le es matriz, simplemente añade el título (o capítulo) de turno como una suerte de módulo de quita y pon[1].

Naturalmente, esta facilidad para invocar la sanción administrativa y servirse de ella en los nuevos espacios sujetos a intervención administrativa ha necesitado de otros «cómplices». De una parte, la laxitud en la interpretación del principio de taxatividad en el Derecho Administrativo Sancionador; y, de otra, el entendimiento, también generoso, de la reserva de ley.

En lo que hace a la taxatividad, es conocida la laxitud del comportamiento de la infracción administrativa respecto del principio de tipicidad. Propensión que encuentra su expresión más elocuente en el terreno de las *infracciones leves* donde no es difícil dar con formulaciones decididamente abiertas[2], e incluso con algunas que bordean el límite de una mínima predeterminación[3]. El nivel exigido para cumplir con el estándar de la *lex certa* es desca-

1 Por supuesto, no todos los sectores acusan este defecto. Los hay que, por diversos motivos, sí muestran un esmero por entender y proyectar un régimen sancionador esforzado y acorde. Pero es un hecho que la evolución modular de nuestro Derecho Administrativo Sancionador y la ausencia de una ley general de la potestad sancionadora han debilitado enormemente la idea de sistema.

2 Una muestra de ello podría ser el régimen sancionador sobre las entidades de crédito y asimiladas por el Banco de España. Como ha significado el profesor Pemán Gavín, el primer motivo que explica las amplias dosis de discrecionalidad de la potestad sancionadora del Banco de España no es otro que «la extensión del campo de lo ilícito sancionable: cualquier contravención de la copiosísima normativa bancaria tiene la consideración de infracción administrativa, al menos de carácter de leve, lo que determina un escenario en el que el supervisor tiende a actuar con carácter selectivo en la incoación de procedimientos sancionadores» (*Derecho Sancionador Bancario. El régimen sancionador de las entidades supervisadas por el Banco de España*, Iustel, Madrid, 2022, 224).

3 No me resisto a traer a colación un ejemplo con el que recientemente he topado. En la Ley General de Salud Pública se tipifica como infracción leve «El incumplimiento de la normativa sanitaria vigente, si las repercusiones producidas han tenido una incidencia escasa o sin trascendencia directa en la salud de la población» (art. 57.2.c de la Ley 33/2011, de 4 de octubre). Se me hace difícil imaginar que semejante formulación permita predecir de antemano qué tipo de conductas en el orden sanitario se ven afectadas y se tornan ilícitas. Por de pronto, costará acotar con cierto rigor el sintagma «normativa sanitaria vigente» y no digamos ya «incidencia escasa o sin trascendencia directa en la salud de la población». Tengo para mí que este tipo de previsiones se aguantan con alfileres. Pero lo cierto es que no es un caso aislado. Con relativa frecuencia cabe encontrar ejemplos parecidos que, en el fondo, muestran una manera de tipificar muy alejada del ideal de la predeterminación rigurosa, de la certeza, en definitiva.Acaso se piense que estas infracciones «de arrastre», aun siendo toscas, conceden una cierta ventaja a la hora de encarar problemas nuevos o

radamente bajo y ello facilita la cobertura de amplísimos espacios, así sea, insisto, bajo la sombra de amenaza de una «simple» sanción leve.

También ha contribuido a la expansión sancionadora la relajación de la reserva de ley en el ámbito local y la entrada —en tropel— de las ordenanzas al mundo sancionador, dando pie, señaladamente en materias como el civismo o la convivencia ciudadana, a que se tipifiquen como infracciones una legión de conductas que, aparte de cotidianas, son de por sí difícilmente perseguibles[4]. Solo un vistazo al catálogo de infracciones de cualquier ordenanza de civismo a la mano confirma que es irrealizable el propósito de castigar una porción significativa de lo que allí se censura.

ii. La segunda clave explicativa tiene que ver con los recursos. La maquinaria se activa esporádicamente porque la Administración carece de medios o los que tiene no son apropiados para plantearse una cosa distinta. El discurso se traslada aquí de esfera y viene a conectar en muchos aspectos con la Ciencia de la Administración. En cualquier caso, de cara a la comprensión del fenómeno que nos ocupa, resulta crucial caer en la cuenta de las limitaciones de muchos negociados sancionadores en términos de personal, medios, formación, auxilio técnico y así siguiendo; sin descontar, por cierto, los déficits que traen causa de decisiones organizativas adoptadas en el seno de cada Administración —que, de hecho, pueden llegar a enmascarar una renuncia a la competencia sancionadora—. Son condicionantes que lastran especialmente a las Administraciones más pequeñas, aunque no solo de ellas son predicables. Porque también en ámbitos especializados controlados por Agencias o Autoridades la persecución y el castigo de infracciones se convierte en tarea particularmente exigente. No ha de extrañarnos, en suma, que, apoderadas sobre el papel, haya Administraciones que vean inasumible perseguir materialmente lo que la ley les confía y que se sientan incapaces de afrontar con solvencia una gestión sancionadora apurada.

situaciones imprevistas, es decir, que pueden actuar como cláusula de cierre. Es discutible, sin embargo, que sea así. Retomando el ejemplo, veamos, si no, cómo ha operado el referido art. 57.2.c de la LGSP durante la pandemia a la hora de acompañar a la exigencia de la mascarilla. A pesar de que el tenor literal permitía subsumir sin estridencias una tal contravención (*El incumplimiento de la normativa sanitaria vigente*), todos sabemos que no se ha «confiado» en ella y de ahí los quebraderos de cabeza que ha provocado la localización de una previsión sancionadora a tono, porque, tratándose de un tema recurrente, la preocupación por la precisión se agrava y tipos infractores así de abiertos generan dudas en los aplicadores. Resultado: que se descartó y se optó finalmente por una tipificación *ex professo*. Sobre ello se ha escrito abundantemente, pero aconsejo en este mismo libro la completa crónica de Javier OLIVÁN DEL CACHO.

4 Algunas, de hecho, son casi pintorescas y suelen llamar la atención mediática por su extravagancia. Las Ordenanzas sobre el uso y aprovechamiento de las playas son otro filón. Este verano, sin ir más lejos, ha tenido una cierta repercusión en los medios de comunicación la catalogación de la «evacuación fisiológica en el mar» como infracción leve en algunos municipios costeros. Chocaba, claro está, cómo pretendía la Administración controlar esta conducta.

***

Las dos grandes razones expuestas (amplitud del catálogo de infracciones y falta de medios) pueden confluir en la explicación de la lenidad sancionadora. Y es seguro que podrían citarse otras muchas: la *proximidad* entre autoridad sancionadora e infractor, que no empuja a un celo en el castigo; la *sensibilidad* respecto del bien jurídico protegido, que puede ser cambiante a consecuencia de la propia evolución de las inquietudes sociales, de la presión mediática en una determinada coyuntura o de la repentina irrupción de un caso estrella; la *evitación* de las complicaciones y sorpresas de la litigiosidad judicial, pues es sabido que el ejercicio de la potestad sancionadora, amén de exigente, se presta al conflicto —a nadie le gusta ser sancionado y es normal que los expedientes sancionadores se miren con lupa—.

Sea como fuere, tenemos no pocos escenarios cotidianos, algunos aun generales, donde se cometen infracciones masivamente, ya sea porque el ciudadano confía en no ser perseguido (la falta de certeza en la ejecución de la norma tiende a reducir la probabilidad de su cumplimiento), reputa irrelevantes ciertas conductas que ve toleradas, o, quién sabe, desconoce su ilicitud[5]. A pesar de que la lenidad no soporta fácilmente una mirada rigurosa, digamos que, sencillamente, hemos interiorizado esta circunstancia como parte del «*folklore* sancionador».

***

¿Es falta de cuidado del legislador? No se me oculta que la primera reacción invita a ir aguas arriba y abordar el problema en su fuente, interpelando, *in primis*, al legislador: o evita crear escenarios inabarcables o establece los medios suficientes para abarcarlos. En este sentido, debería calar en el ánimo del legislador la importancia de atribuir al poder de sancionar de la Administración y a su regulación una trascendencia que de ordinario le regatea. La legislación administrativa sancionadora no se caracteriza en líneas generales por reflejar la profundidad correspondiente a la gravedad de la materia. Y eso explica que la doctrina científica dé cuenta de un sinfín de agujeros y reclame a voz en cuello una ley general de la potestad sancionadora. Pero provoca también que el discurso sobre la potestad sancionadora raramente trascienda; por ser abultadas las carencias, todo pivota en torno a cómo se

5 Y conste que no es un tema de simple ignorancia que afecte solamente al ciudadano medio. Incluso a los ojos de los mejores expertos, existen regímenes sancionadores que se resisten a ser descifrados del todo. Que los propios operadores de un sector tengan dudas acerca de la ilicitud de ciertas conductas provoca a la larga una grave disfunción en el principio de libertad, asentándose la idea de que solo lo permitido está a salvo del alcance sancionador; fuera de lo permitido, toca no moverse por si acaso. Fundamental, en este sentido, el estudio de la figura del *error de prohibición*, que, como se indica, adquiere relevancia incluso en escenarios muy sofisticados (véase Marcos Araujo y Maria Antonia Labrador, «La relevancia del error de prohibición en el Derecho de Defensa de la Competencia», *Estudios sobre la potestad sancionadora en Derecho de la Competencia*, Aranzadi, Cizur Menor, 2015, 139-162).

impone la sanción, a su papel de refuerzo en la disciplina, y raramente hay un ánimo legislativo de transmitir un sentir de política sancionadora en el sector de que se trate.

¿Hay espacio para una política sancionadora en las normas? El profesor Pemán Gavín, al término de sus investigaciones sobre la eclosión de las ordenanzas de civismo de los años noventa, era elocuente al respecto: no solo lo hay, sino que debe haberlo[6]. Se irán desgranando a lo largo de este trabajo muchos motivos. Avanzaré ahora únicamente uno que invita a cavilar. Así como en el Derecho Penal el principio de *ultima ratio* disfruta de la comodísima red de seguridad que dispensa el Derecho Administrativo Sancionador —idónea para el discurso de la despenalización—, la maniobra no es repetible. No hay un piso inferior que aguarde y ello significa que el espacio que ocupa la levedad sancionadora en lo administrativo necesita, sí o sí, mecanismos de ajuste si es que también se quiere dar algún sentido entre nosotros a la directriz de la intervención mínima o *ultima ratio*[7]. Más precisamente, si se quiere dar forma a una auténtica *política* sancionadora; una política que no gire única y exclusivamente en torno a la sanción, sino que contemple respuestas distintas y complementarias al *vulnus* de la normativa.

Cómo introducir esa política sancionadora es, por tanto, el *quid* de la cuestión. Y he aquí que el *principio de oportunidad*, entendido como la posibilidad de renunciar a la acción sancionadora por razones de *conveniencia justificada*, se erige en una herramienta. No la única, por supuesto, pero sí una con un potencial considerable.

2. La preocupación por la lenidad sancionadora y el debate sobre la obligatoriedad de la acción consecuente

Naturalmente, la doctrina científica no solo ha retratado el cuadro. Ha significado, además, la preocupación que debe causarnos (A) y se ha aplicado en ofrecer soluciones (B).

6 Me remito *in extenso* a Juan M.ª Pemán Gavín, «Ordenanzas municipales y convivencia ciudadana. Reflexiones a propósito de la Ordenanza de civismo de Barcelona, *Derechos fundamentales y otros estudios en homenaje al Prof. Dr. Lorenzo Martín-Retortillo*, El Justicia de Aragón, Zaragoza, v. I, 2008, 497-536.

7 En el Derecho Penal, la apelación a la intervención mínima es constante y tiene un recorrido reconocible. Pero, ¿qué significado tiene en el Derecho Administrativo Sancionador? ¿En qué se traduce? Pues bien, si partimos de esa unidad sustancial del aparato punitivo, debemos asumir la necesidad de justificar también la sanción administrativa como el único recurso eficaz frente a determinados comportamientos o conflictos. La justificación puede parecer sencilla a primera vista, pero, como se irá significando a lo largo del trabajo, no lo es tanto si nos interrogamos sobre la efectividad real de ciertas sanciones o sobre la aplicabilidad de medidas no sancionadoras para conseguir enderezar infracciones leves.

A. Debe preocuparnos, desde luego. Huelga explicar que los recelos causados por lo que el ciudadano percibe desde fuera como algo aleatorio no solo debilitan la fuerza disuasoria de la sanción administrativa —disparando el sesgo optimista de no ser alcanzado—, sino que minan la legitimidad de todo el sistema punitivo y, en último extremo, de la propia Administración, por ser la sancionadora una de sus facetas más visibles. Tomadas de una en una acaso se antojen poca cosa, pero cada *performance* de esta naturaleza socava la confianza en el empleo de la potestad sancionadora —y en la decisión última de atribuirla a la Administración o a ciertas Administraciones— y, por añadidura, en el desempeño general de la Administración.

No es mucho mejor el impacto que puede tener sobre empleados y autoridades la convicción de que el ejercicio de la acción sancionadora puede ser veleidoso: la tolerancia se transforma, contemplada con estas lentes, en un arma poderosa que, en lugar de simple resignación, lo mismo puede servir para regalar magnanimidad —no persiguiendo tal o cual tipo de infracción en el municipio, por ejemplo—, que para conseguir la sumisión de los operadores en un sector —blandiendo con prepotencia la potestad sancionadora como amenaza—, o, en fin, para encubrir actitudes de hostigamiento o, al revés, de connivencia con el infractor.

El carrusel de arbitrariedades puede ser muy vistoso. Solemos detenernos en las desviaciones individuales y su reproche disciplinario o penal. Pero la realidad es que ese clima de lenidad puede inspirar también planteamientos de alcance corporativo sobre el despliegue de la potestad sancionadora: la «dulcificación» del rigor incrementando el margen legal permitido o rebajando el listón de lo que será perseguido; la «desactivación» temporal o territorial de ciertas infracciones; el «retraso» de la entrada en vigor mediante períodos de gracia no previstos legalmente; la «indolencia» para evitar la conflictividad o ganarse a la opinión pública; o, en fin, la «intensificación» de la actividad sancionadora —ahí están las huelgas «a la japonesa» de algunas fuerzas y cuerpos de seguridad para forzar negociaciones con la Administración respectiva[8]—. Planteamientos todos ellos que tienen en común una visión de la potestad sancionadora como cosa disponible, donde la Administración, lisa y llanamente, hace de legislador *bis*. Pueden parecer, a simple vista, meras amortiguaciones irrelevantes —si se interpretan como un «favor» o una señal de «sensibilidad» del poder público—, pero sus efectos pueden ser devastadores.

Así pues, no solo debe inquietar la desviación producto de un ánimo personal perverso o corrupto, sino también la que trae causa de una concepción institucional distorsionada que poco tiene que ver con la «prudencia sancionadora».

8 Consiste esta práctica, según relatan los medios de comunicación, en denunciar más de lo normal para irritar a los ciudadanos y que ese enfado llegue a los despachos de los políticos al mando.

B. ¿Cuál es la solución? Dos son, de nuevo en compendio, las grandes vías que se han propuesto por nuestros estudiosos.

i. La primera busca apegarse a la realidad de las cosas, reconociendo que, *facta concludentia*, el ejercicio de la acción sancionadora no es ni puede ser obligatorio sin una dosis importante de traza y artificio[9].

No pretende esta posición plegarse sin más ante la realidad y menos aún aceptar resignadamente la arbitrariedad, concediendo a la Administración una libertad *plena* en la activación de su poder sancionador, sin control posterior posible[10]. Se trata más bien de aplicar un barniz realista a una potestad de ejercicio purista irrealizable confiando en que se administrará con criterio por parte de la Administración. Ello significa, pues, que los dos extremos, tanto la inacción generalizada como la acción esporádica, la pasividad y el asomo, deben encontrar una explicación razonable conforme a la lógica elemental de la discrecionalidad. Por eso mismo, asumir como punto de partida el carácter facultativo de la acción sancionadora brinda una oportunidad de réplica, así sea limitada, a ciertos problemas que plantea el principio de igualdad en los contextos de tolerancia a la infracción y que, de otro modo, abocan a soluciones incompletas e insatisfactorias[11]. En todo caso, importa

9 Suele señalarse como abanderado de esta posición a Alejandro Nieto, citándose el siguiente fragmento por su elocuencia:
«En mi opinión, el ejercicio de la potestad sancionadora no es obligatorio para la Administración, quien puede, por tanto, iniciar o no los correspondientes expedientes. Sé de sobra que esta tesis repugna al sentimiento de justicia y quebrante el principio de igualdad; pero hay otra razón más pesada que la abona, a saber: la realidad. Sería ingenio aquí decir que la realidad debe imponerse porque ya se encarga ella de hacerlo sin que nadie lo propugne; la realidad se impone indefectiblemente y ella es la que nos enseña que *es materialmente imposible sancionar y aun expedientar a todos los infractores*. Sostener, por tanto, el carácter obligatorio supondría multiplicar por cien o por mil el número de funcionarios y ni aun así. *Ad impossibilia nemo tenetur*: el Derecho se detiene ante las puertas de lo imposible» (*Derecho Administrativo Sancionador*, Tecnos, Madrid, 2.ª ed., 1994, 144).

10 Meridiano en este extremo se muestra Alejandro Nieto: «creo correcta la tesis del ejercicio facultativo de la potestad sancionadora de la Administración [...]. Ahora bien, la oportunidad debe entenderse como discrecionalidad —y, en cuanto tal, controlable— y no como arbitrariedad» (1994: 146).

11 Senda que agudamente trató de transitar Alejandro Huergo Lora, «La desigualdad en la aplicación de potestades administrativas de gravamen: remedios jurídicos», *Revista de Administración Pública*, 137, 1995, 189-238). En contextos de tolerancia a la infracción, la discriminación disfrazada de comprobación rutinaria, validada por la negación de la desigualdad en la ilegalidad, constituye un punto ciego del sistema, porque va a ser muy difícil que la víctima de semejante arbitrariedad pueda vencer. Si la Administración se despereza un día o decide reafirmar su poder de sancionar *porque sí*, sin más, poco va a poder replicarse en defensa del infractor «desafortunado» por mucho que se estire de la desigualdad padecida frente a tantos y tantos infractores. Solo la apelación a los principios de confianza legítima y de buena fe parecen ofrecer posibilidades, al menos en relación con los casos más estridentes. La tolerancia de la Administración ante un tipo de infracción (susceptible hoy de prueba a partir de la Estadística y la legislación de transparencia), aun siendo contraria a la norma, bien puede generar confianza y acabar dando forma a un

subrayar que, lejos de dibujar una potestad sancionadora libérrima, subyace una apelación a la sensatez, a la prudencia y a la racionalidad en su manejo. Propiedades que vendrían a estar implícitas en la entrega o reconocimiento de un poder sancionador en lo administrativo y que, sin necesidad, por tanto, de previsión expresa (por elementales), se justificarían en última instancia apelando a la posición sistémica de la Administración.

ii. La segunda vía, por el contrario, parte de la *obligatoriedad* del ejercicio de la acción sancionadora.

La potestad sancionadora se sustenta en el principio de legalidad y, por tanto, no es dado reconocer a la Administración una facultad extra o supralegal, por mucho que la realidad pueda desbordarla sobre el terreno, a la hora de decidir cuándo poner en marcha la maquinaria sancionadora. No en vano, en la otra rama del *ius puniendi*, es inconcuso el carácter obligatorio de la acción penal y del comienzo del proceso por considerarse una manifestación del principio de oficialidad[12]. No se hace cuestión, en efecto, de que el Ministerio Fiscal tiene «la obligación de ejercitar» la acción[13]. Lo mismo que tampoco se discute que Jueces y Tribunales deben aplicar el castigo previsto aunque ellos estimen que la acción u omisión de que se trate no debería ser punible, o que la pena es notablemente excesiva[14].

Ciertamente, la defensa de la *oficialidad* u obligatoriedad de la acción penal se ve favorecida por la presencia de previsiones legales que así lo explicitan en las dos leyes de cabecera, CP y LECrim. No hay asideros legales equiparables, en cambio, en la rama administrativa[15]. Con todo, la oficialidad u

---

precedente; ese es el argumento frente a un cambio brusco y/ocasional de criterio. Si la tolerancia se ha instalado, es cierto que nada impide a la Administración «recuperar» su ejercicio y, por tanto, cambiar de criterio, pero no lo es menos que, por mor de la buena fe y la confianza legítima, cabe reclamar que la mudanza sea racional (publicación del cambio de criterio, período transitorio de adaptación...). Para profundizar en el margen que ofrece el precedente, acúdase a Silvia Díez Sastre, *El precedente administrativo. Fundamentos y eficacia vinculante*, Marcial Pons, Madrid, 2008.

12 Siguiendo las enseñanzas de Andrés de la Oliva Santos:
«[...] la manifestación primera, lógica y cronológicamente, del principio de oficialidad es la necesidad de que comience un proceso penal siempre que aparezca el interés público de no dejar sin respuesta jurídico-penal una conducta con fisionomía criminal (de delito o de falta)» (*Derecho Procesal Penal*, Editorial universitaria Ramón Areces, Madrid, 2007, 8.ª edición, p. 33).

13 Conforme al art. 105.1 de la LECrim, «Los funcionarios del Ministerio Fiscal tendrán la obligación de ejercitar, con arreglo a las disposiciones de la Ley, todas las acciones penales que consideren procedentes, haya o no acusador particular en las causas, menos aquellas que el Código Penal reserva exclusivamente a la querella privada». Es lo que se conoce como el principio de indisponibilidad o irrenunciabilidad de la acción penal.

14 *Ex* art. 4.3 del CP.

15 Podría traerse a colación el art. 25 de la LRJSP, que, al desgranar el principio de legalidad como pilar principal de la potestad sancionadora, arranca con un explícito imperativo: «La potestad sancionadora de las Administraciones Públicas *se ejercerá* cuando haya sido expre-

obligatoriedad de la acción sancionadora en lo administrativo es corolario que puede extraerse sin dificultad del principio de legalidad sancionadora consagrado en el art. 25 de la CE.

En efecto, la legalidad lleva a la obligatoriedad por una razón fundamental[16]. En la esencia de reclamar el papel de la ley está hacer previsible el comportamiento del poder punitivo. La ley, como norma escrita primaria, aporta seguridad, permite saber *qué va a ocurrir* si se hace o se deja de hacer tal o cual cosa. Predeterminar las consecuencias de las acciones y omisiones reprochables administrativamente debe incluir, cabalmente, los elementos fundamentales del ciclo de respuesta y, por consiguiente, no puede referirse únicamente a la sanción, dejando en el aire nada menos que la apertura del procedimiento. Si resulta que la Administración goza, como atributo inmanente y singular de la potestad sancionadora, de la facultad de renunciar de forma libre, sin tener que dar explicaciones, a la persecución de las infracciones, es claro que la reserva de ley sancionadora renqueará en su misión de hacer previsibles los resultados de la norma. No habrá previsibilidad en cuanto a ser castigado, luego se resentirá la seguridad jurídica y, al final, la igualdad en la aplicación de la ley sancionadora.

Conceptualmente, la obligatoriedad se nos aparece más segura e igualitaria. Ahora bien, el problema con el que arrancábamos no se desvanecerá por esta sola constatación formal. Para ser creíble (realista), la obligatoriedad, proyectada sobre el singular espacio de lo administrativo, necesita de algunas modulaciones particulares. De una parte, exige limitar la exigencia de incoación obligatoria al espacio de la infracción conocida; y, luego de acotado, fortalecer el enlace infracción conocida-incoación a través, sobre todo, de la denuncia. De otra, traslada la presión de la lucha contra la arbitrariedad al estadio previo a la averiguación de infracciones y, por tanto, al ejercicio de la inspección.

3. Algunos contrafuertes de la obligatoriedad de la acción sancionadora. En particular, la denuncia y los claroscuros en el control del archivo de las actuaciones

El principio de oficialidad u obligatoriedad en el Derecho Administrativo Sancionador no ha de servir para trasladar una representación de la potes-

samente reconocida por una norma con rango de Ley [...]». De todos modos, no creo que los argumentos gramaticales resulten definitivos, en uno u otro sentido, en este debate. El uso del tono imperativo muchas veces no parece hacer referencia al empleo concreto de la potestad, sino más bien a la habilitación genérica. Por eso mismo, dependiendo de cuál sea la óptica, las expresiones «podrá sancionar» o «sancionará» pueden decir una cosa y la contraria.

16 Los elementos centrales del alegato fueron expuestos con determinación por Blanca Lozano Cutanda, «El principio de oficialidad de la acción sancionadora administrativa y las condiciones necesarias para garantizar su efectividad», *Revista de Administración Pública*, 161, 2003, 83-121.

tad sancionadora como poder que pretende ser omnicomprensivo y omnipotente. Claro que va a haber una parte de las infracciones sin castigo por la propia fuerza de las cosas; lo que comprometería al principio de legalidad es que esa porción hiciese referencia a infracciones descubiertas, conocidas. La Administración, en virtud de la obligatoriedad, no puede llamarse a andana *cuando tiene noticia de un hecho que reviste caracteres de infracción*.

A fin de robustecer este postulado en la práctica hacen falta contrafuertes. Esos contrafuertes a los que me refiero han encontrado en estos últimos años un exponente cualificado en la *denuncia*, cuyo tratamiento corre parejo a la obligatoriedad. Otros contrafuertes han coadyuvado también, así sea en un nivel inferior de influencia: la responsabilidad patrimonial por inactividad sancionadora o la prevaricación por omisión sancionadora podrían ser dos ejemplos de ello.

i. Uno de los más firmes contrafuertes de la obligatoriedad sancionadora debe ir a buscarse al régimen de la *denuncia*. Porque, si es obligatorio castigar la infracción que se conoce, es claro que la denuncia deja de ser una sola invitación o sugerencia. Antes bien, la obligatoriedad trae consigo el nacimiento de un *deber de examinar* la denuncia a cargo de la Administración de suerte que no podrá despacharla sin haberla tomado en consideración previamente. Es más, allí donde ese análisis o indagación no haya sido razonable a la luz de los hechos puestos de manifiesto por el denunciante o bien la decisión adoptada resulte incoherente con el resultado de las averiguaciones consecuentes, cabrá plantear al juez administrativo la posible infracción del carácter obligatorio que reviste la incoación del expediente sancionador ante la presencia de indicios racionales de infracción. Bajo el canon de la obligatoriedad, es dado forzar a la Administración a indagar suministrándole datos e informaciones que den cuenta verosímil de la infracción y, en última instancia, a activar su potestad de sancionar cuando tenga indicadores o señales bastantes encima de la mesa.

ii. Un segundo contrafuerte viene de la mano de la *responsabilidad patrimonial*. Como quiera que la Administración tiene el deber de sancionar la infracción conocida, se abre una vía para reclamar a la Administración los daños resultantes de la infracción con base en la consideración de que podía haberlos evitado de haber obrado diligentemente en su función sancionadora. El entorno del control del ruido por los Ayuntamientos sería paradigmático[17].

iii. Hay otros contrafuertes que contribuyen a afianzar la obligatoriedad y que no traen causa de desarrollos específicos de nuestro Derecho Administrativo. Así, resultan llamativos algunos episodios del delito de *prevarica-*

17 Una exposición de conjunto en Manuel Jesús ROZADOS OLIVA, «La responsabilidad patrimonial de la Administración en materia de ruido», *La responsabilidad patrimonial de la Administración Pública: estudio general y ámbitos*, v. 2, 2013, 1383-1420.

ción, en su modalidad de comisión *por omisión*, a raíz de la no incoación de expedientes sancionadores —*v.gr.* denuncias de tráfico o semejantes que a sabiendas se guardan en un cajón[18]—. Las condenas parten de la base de que el autor del delito, la autoridad o el funcionario público, tenía el deber de dar curso a la denuncia y de que la decisión de no hacerlo conscientemente, dejándola en el limbo, ocultándola, constituye, más que una injusticia, una arbitrariedad punible[19].

***

Sin desmerecer la contribución y paulatina mejora de los mentados contrafuertes, queda todavía trecho por recorrer.

i. Si nos referimos a la denuncia, el de la *legitimación* del denunciante sigue siendo, al menos a mí me lo parece, un asunto con claroscuros. Se ha avanzado en el consenso en torno al derecho al trámite del denunciante, que cabe dar por conquistado[20]. En efecto, la consulta a los estudios más recientes sobre esta figura[21], a las obras generales de la disciplina[22], y a la doctrina alumbrada en casación por el TS[23], muestran que hemos asumido

18 Sirvan de botón de muestra la STSJ de Murcia 2/2014, de 15 de mayo (ruido); y la SAP de Badajoz núm. 19/2016, de 2 de febrero de 2016 (tráfico).

19 Este tipo de conductas nos parecen a todos reprobables, pero difícilmente podrían haber sido castigadas penalmente si el paradigma de la potestad sancionadora fuera el de su ejercicio facultativo. De hecho, es de significar que la subsunción en el tipo penal de prevaricación (*ex* art. 404 del CP) concede a los momentos iniciales del curso sancionador una relevancia muy notable, asimilando este tipo de inacciones por la falta de incoación nada menos que a la adopción de una resolución.

20 Acerca del derecho al trámite del denunciante, véase en extenso Marcos Gómez Puente, *La Inactividad de la Administración*, Aranzadi, Cizur Menor, 2011, 4.ª ed. 531. 525-527.

21 El estudio de la figura de la denuncia ha dado en nuestra doctrina administrativista frutos muy relevantes y cuenta a estas alturas con un cuerpo de análisis muy nutrido, incluyendo algunas monografías como la de Humberto Gosálbez Pequeño, *La denuncia administrativa. El régimen de la Ley 39/2015, de 2 de octubre, de Procedimiento Administrativo Común de las Administraciones Públicas*, Aranzadi, Cizur Menor, 2019.

22 Así, en materia de procedimiento administrativo, un análisis pormenorizado de la denuncia nos lo ofrece David Blanquer Criado, *El inicio del procedimiento administrativo*, Tirant lo Blanch, Valencia, 2020, 361-624.

23 En la jurisprudencia más reciente se aprecia que este postulado (derecho al trámite del denunciante) está bien establecido. Para el TS, en efecto, no cabe ya duda de que el denunciante puede recurrir el acuerdo de archivo y pretender que se anule dicha decisión obligando a la Administración a llevar a término una labor de comprobación e investigación suficiente de los hechos expuestos en la denuncia. De igual forma, se ha dejado igualmente bien establecido que el denunciante no puede pretender que se sancione al denunciado. En la penumbra queda, sin embargo, la pretensión de la incoación del expediente sancionador. No tanto por existir vacilación en el alto tribunal. Antes bien, de su doctrina se colige sin ambages que no tiene cabida: «es necesario poner de manifiesto la reiterada y consolidada jurisprudencia [...] manteniendo al respecto que el denunciante está legitimado para exigir en vía judicial que los acuerdos de archivo de quejas adopta-

en el Derecho Administrativo Sancionador actual que a la Administración no le es dado ignorar *sic pro ratione voluntas* una denuncia que recibe; que es su deber, antes bien, examinarla cuando ésta reviste una mínima seriedad. Por eso mismo, el denunciante puede recurrir el archivo de la denuncia con el propósito de obligar a la Administración a efectuar ese esfuerzo indagatorio razonablemente exigible (su derecho al trámite).

Éste sería el contenido esencial del estatuto del denunciante simple. A partir de aquí, no obstante, se alza un muro de extraña factura. Si el denunciante, además de dar noticia, insta a la Administración a abrir efectivamente un procedimiento sancionador, sale de inmediato a plaza la exigencia de una legitimación sustantiva: deberá demostrar que es algo más que el portador de una noticia; que es, en definitiva, un *interesado*.

Semejante exigencia parece del todo procedente con arreglo a nuestra inteligencia de la promoción del procedimiento administrativo. El problema, así pues, no tiene que ver con el hecho de pedir legitimación *ad causam* al denunciante que no se conforma con el trámite de su denuncia y reclama la apertura del expediente sancionador, sino con el parámetro de referencia usado para contrastarla. Y es que no pocas veces la legitimación del denunciante se elucida a partir del impacto que pueda tener la hipotética sanción en su esfera jurídica, lo cual conduce a resultados magros y a explicaciones forzadas tanto si se da una respuesta positiva como negativa[24]. No es éste el

---

dos por el CGPJ estén razonablemente motivados y vayan precedidos de una suficiente comprobación e investigación de los hechos expuestos en las quejas, y, por el contrario, negando legitimación para reclamar que la actividad investigadora iniciada por el CGPJ a resultas de sus denuncias necesariamente finalice en la incoación de un procedimiento disciplinario, ni en la imposición de una sanción» (STS núm. 1449/2022, de 8 de noviembre). No alcanzo a comprender, sin embargo, por qué, una vez franqueada la barrera de la legitimación, el denunciante debe ver recortada sus aspiraciones de control de un acto que, en virtud del principio de legalidad, debe reputarse reglado. Quiero decir que, si la incoación es debida, el denunciante puede exigirla, cuando, desarrollada una labor de comprobación e investigación suficiente, se ha acordado el archivo. En tal caso, el juez administrativo dispondrá de datos bastantes para determinar si existen indicios de infracción en grado de justificar la incoación. La sutileza de poder recurrir un archivo para reclamar que se complete o amplíe la actividad investigadora, pero no para llegar al reverso obligado (la incoación), acaba socavando la plenitud de la tutela judicial efectiva dada. Cuestión distinta es la prudencia del juez administrativo que ordena la incoación a fin de no prejuzgar el resultado sancionador (sobre ello tuve ocasión de reflexionar en *La inadmisión en el procedimiento administrativo. Estudio de su configuración a la luz del proceso judicial*, Iustel, Madrid, 2009, 224-233).

24 El embrollo que se crea con este proceder es considerable y la mejor prueba de ello es que cuesta mucho encontrar una ejemplificación clara del denunciante cualificado y más aún una argumentación judicial que no fíe el resultado al casuismo. Exigir al denunciante que la hipotética sanción futura le beneficie es poco menos que liquidar virtualmente sus posibilidades, siendo como es la multa la estrella de las sanciones en lo administrativo —la defensa de la competencia, el interés competitivo y el cese de conductas o actividades pasarían por ser las pocas sendas transitables—. Pero es que, además, cuando en el denunciante concurre la condición de víctima, negar la legitimación conduce a desenlaces

enfoque adecuado, a mi juicio[25]. Resulta mucho más completo y satisfactorio el examen si, en lugar de ceñirnos al castigo como parámetro para medir la afectación, lo ampliamos a las *consecuencias* y a los *efectos* de la infracción[26]: ¿se ha visto afectado/perjudicado el denunciante por la infracción de marras? En caso de respuesta afirmativa, no veo cómo puede negársele legitimación

---

rocambolescos, que no se sostienen razonablemente y que contrastan radicalmente con la posición que a la víctima se le reconoce en vía penal.

No faltan, conviene también señalarlo, pronunciamientos judiciales que «saltan» las artificiosas barreras de la legitimación *ex* sanción y se alinean con el entendimiento de la legitimación ex efectos de la infracción. Sirva el ejemplo de la SJCA de Cantabria, de 17 de octubre de 2017 (ROJ: SJCA 2118/2017): se trataba de un agente en prácticas acosado por el jefe de la policía local. Después de una condena en vía penal por tales hechos, el agente, en tanto que víctima del acaso, reclamó la incoación de un expediente disciplinario sin éxito. Surgió entonces el óbice de la legitimación activa que, en el entender del consistorio local debía conducir a la inadmisión del recurso contencioso-administrativo contra la falta de incoación. La respuesta del juzgador es demoledora:

«Por su parte, el recurrente ha alegado la existencia de un interés legítimo en cuanto que ha sido víctima de un delito leve de maltrato por parte del Sr Aquilino además de continuar en una situación de dependencia jerárquica. En este sentido, se comparten los argumentos del recurrente y si bien la legitimación es una cuestión casuística es obvio que, en este caso, el recurrente está ejercitando las acciones legales que le asisten como víctima de un delito como pueden ser tanto las penales como las civiles o las de ámbito administrativo. En este caso, pedir ser parte de un procedimiento administrativo disciplinario por unos hechos probados que han tenido relevancia penal y de los que ha sido víctima, es un Derecho más de los que le asiste como víctima y su interés legítimo está plenamente justificado. De manera sencilla para que se entienda su legitimación. Si ha sido admitido como parte perjudicada en el procedimiento penal, razón de más para que también lo sea en el administrativo disciplinario tratándose de los mismos hechos y siendo víctima del delito denunciado. Lo cierto es que la causa de inadmisibilidad alegada de falta de legitimación porque todo se limita a un supuesto "revanchismo" carece de fundamento y lo que permite es apreciar temeridad y mala fe por parte de la Administración».

De gran interés en relación con el tratamiento de la víctima en el procedimiento administrativo sancionador resulta la novedosa aportación de la Ley 1/2023, de 16 de marzo, de la potestad sancionadora de las Administraciones Públicas Vascas. Véase el art. 31 (Víctima de infracción) y contrástese con las acotaciones críticas de Agustín García Ureta, (2024): «Novedades sustantivas y procedimentales en la Ley 1/2023, de la potestad sancionadora de las Administraciones Públicas Vascas», *Revista Vasca de Administración Pública*, 128, 2024, 68-72.

25 Un estudio profundo de esta cuestión, con un planteamiento de base que comparto, en Manuel Rebollo Puig, «Control judicial del no ejercicio de la potestad sancionadora», *Estudios sobre la potestad sancionadora en Derecho de la Competencia*, Aranzadi, Cizur Menor, 2015, 427-456.

26 Y, por consiguiente, a la restauración del daño que ha causado. De ahí que, si la restauración tiene alcance general —es un daño al dominio público o a intereses difusos—, la acción pública, en los sectores donde está reconocida, vendría a otorgar al denunciante ese plus legitimador que hace falta. Si el daño causado por la infracción presenta, sobre ello, una derivación particular, vendría legitimada, aplicando el mismo criterio, la víctima. Ha reflexionado al respecto Iñigo Sanz Rubiales, «Acción pública y procedimiento sancionador», *Anuario de Derecho Administrativo Sancionador 2022*, Aranzadi, Cizur Menor, 2022: 185-207.

para reclamar la apertura del procedimiento sancionador —de darse los presupuestos de partida (indicios racionales de infracción), claro está— y, más adelante, para participar como tercero interesado en su sustanciación y recurrir, en su caso, el desenlace[27].

El estatuto del denunciante simple ha afianzado la obligatoriedad[28]. Toca ahora que se dé un paso adelante y que el estatuto del denunciante cualificado (interesado) integre el derecho a la apertura del expediente sancionador y a la participación en el mismo en los términos indicados. De lo contrario, ausente el *contra-interesado* natural de la multa (que es la sanción por antonomasia), se generará un vacío en el control del no ejercicio —*ergo*, de la obligatoriedad— de la potestad sancionadora[29].

ii. Tampoco la responsabilidad patrimonial por inactividad sancionadora tiene pulidas todas las aristas. Bien apurada la cosa, se trata de un contrafuerte que solo de manera muy limitada es capaz de reafirmar la obligato-

---

27 La denuncia del perjudicado o de la víctima se erigiría, así entendido, en una importante guardiana de la obligatoriedad de la acción sancionadora. Fuera de este conjunto, quedaría por resolver el tema del denunciante *no perjudicado*. Tendría éste reconocido el derecho al estudio de su denuncia, pero la apertura del procedimiento sancionador quedaría fuera de su radio de actuación. A decir verdad, se hace difícil pensar en un denunciante no perjudicado al que, después de dar noticia, inquiete la apertura o no del expediente sancionador. O bien ha sufrido en efecto un perjuicio o tal vez ocurra que nos encontremos en un ámbito en el que aparezcan intereses difusos como bienes jurídicos protegidos. En este último caso, la legitimación va a depender, a mi parecer, del alcance que el legislador haya dado para la defensa de esos intereses difusos a la acción pública.

28 Lo cual es positivo. De todos modos, no hay que olvidar que, en contextos de abundancia infractora, esta circunstancia puede conducir también a situaciones disfuncionales, confiriendo al denunciante la capacidad de hacer colapsar virtualmente a la Administración en su desempeño sancionador. Hace algunos años, en 2018, los medios de comunicación se hicieron eco de la curiosa historia de un jubilado, de nombre Tristán, que, después de ser sancionado por el cerramiento ilegal de su terraza, decidió recorrer las calles para hacer evidente que su conducta era recurrente, lo que le llevó a denunciar a *ochocientos* vecinos de Salamanca.

29 La decisión de no incoar un expediente sancionador después de una denuncia constituye el paso crítico en lo que hace a la obligatoriedad de la acción sancionadora. Por eso mismo, interesa tanto que no quede en el limbo. En efecto, ocurre, por de pronto, que, si este paso no se formaliza mediante una resolución de archivo, puede despistar a la hora de armar el recurso. Si, como sería procedente, la Administración dicta expresamente una resolución de archivo de las actuaciones, el problema radicará en la legitimación para impugnarla que, en línea de principio, interpela al denunciante. De ahí la importancia de aclarar la manera de medir su interés legítimo —no de suprimir la exigencia, que es fundamental para no acabar confundiendo denuncia y acción pública—.
Estas reflexiones conducen a una conclusión postrera que tiene que ver con la conveniencia de que la fase pre-procedimental que desencadena la denuncia sea objeto de una regulación básica que arroje luz sobre los citados extremos.

riedad de la acción sancionadora. Y es que si hay algo que caracteriza a la institución de la responsabilidad patrimonial es el apego a la realidad a que lleva esa búsqueda del funcionamiento anormal del servicio público. Imposible, salvo que se quiera incurrir en un escrutinio falaz, que al censurar a la Administración su desaplicación por no haber investigado y castigado una conducta —la causante a la postre de la lesión que el particular imputa a la inacción pública— no se tenga presente el contexto, es decir, que no se acabe modulando la respuesta exigible en función del terreno concreto que se está pisando[30]. Ocurrirá, pues, lo mismo que sucede con otros deberes legales: que, tamizados por la *normalidad* del servicio público en clave de responsabilidad patrimonial, pueden llevar a resultados aparentemente incoherentes en el sentido de que dé la impresión de que haya ámbitos en los que obligatoriedad sea más o menos exigible que en otros[31].

iii. Y, por último, el delito de prevaricación, en su modalidad omisiva, con ser un aliado contundente, tampoco está libre de inconvenientes. No en vano, ha generado dudas la equiparación, a los efectos del art. 404 del CP, entre la no incoación de un expediente sancionador y la adopción de una resolución. No se discute, entiéndase bien, el principio de obligatoriedad de la acción,

30 Conocimiento de la situación y capacidad de respuesta. Esas son las claves fundamentales que marcarán el desenlace de la reclamación de responsabilidad patrimonial, más que el debate en abstracto sobre la obligatoriedad de la acción sancionadora administrativa.

31 De ahí que en el corpus de jurisprudencia sobre responsabilidad patrimonial por inactividad sancionadora nos topemos con afirmaciones que, si hacemos abstracción del contexto, parecen desmontar radicalmente la tesis de la obligatoriedad: «ni en la LMV [Ley del Mercado de Valores] ni en la legislación administrativa general hay norma alguna, semejante a la establecida para el proceso penal en el art. 105 LECriminal, que imponga un deber jurídico de perseguir en todo caso y desde el primer momento todas las posibles infracciones administrativas de que se tenga noticias» (SSTS de 16 de mayo de 2008, recurso 7953/2003; 1 de junio de 2010, recurso 93/2006; y 6 de febrero de 2015, recurso 3896/2012).
La afirmación es demoledora y frontalmente contraria al discurso aquí mantenido. Sin embargo, no hay que perder de vista que viene condicionada por el ambiente de la responsabilidad patrimonial. No es éste el lugar para explayarse, pero, para negar la procedencia de la responsabilidad de la Administración supervisora, no creo que sea necesario liquidar el principio de oficialidad. Parece más adecuado apurar las posibilidades del nexo de causalidad ante la omisión, ya sea por la ruptura provocada por la intervención del tercero, o bien por la evitabilidad del resultado. Para profundizar en las dificultades de la responsabilidad por omisión de las autoridades supervisoras en este contexto, véase David Ramos Muñoz, Elia Cerrato García y Carlos Bosque Argachal, «Responsabilidad de los supervisores financieros y las autoridades de resolución en España», *Revista Española de Derecho Administrativo*, 221, 2022, 109-154.

pero sí que se ha cuestionado que estemos en presencia de una omisión con fuerza o efectivos equivalentes a una denegación por resolución[32].

4. El deslizamiento de la imposibilidad al estadio previo de la averiguación

La obligatoriedad alcanza a la infracción *conocida*. Por eso mismo, interesa tanto que la denuncia, como *notitia contraventionis*, tenga un tratamiento firme. De lo contario, se desmonta todo el andamiaje. Esto sentado, ocurre que la denuncia no es la única fuente de conocimiento de las infracciones. Puede ser relevante, desde luego, especialmente en ámbitos menos penetrables desde fuera, pero hay —y debe haber— otras maneras.

La imposibilidad afecta a la detección de las infracciones, al conocimiento de las mismas por parte de la Administración. Detectadas, hay que castigarlas. Pero ese estadio previo al inicio de la acción sancionadora, el que ocupa la denuncia y otras figuras como la inspección, necesariamente va a verse atravesado, con mayor o menor profundidad, por lo inabarcable. Afirmada la obligatoriedad del inicio, el nudo de la aleatoriedad se desliza a la fase de averiguación. Dejaremos de discurrir acerca de si la Administración es libre para decidir si abre un procedimiento sancionador —pues debe hacerlo tan pronto tenga indicios suficientes—, pero tocará aplicarse para que la arbitrariedad no se cuele en la detección de las infracciones: ¿por qué, *ex multis*, solo se ha inspeccionado-denunciado a fulano o a mengano? Adviértase, por cierto, que el control de la arbitrariedad inspectora o denunciante resulta más esquiva al control judicial. Por eso mismo, cobran mucha más importancia los mecanismos de programación (planes de inspección, uso de algoritmos

32 Se echa mano en este punto de la conocida diferenciación entre acto de trámite y resolución a fin de vedar el paso al delito de prevaricación. La decisión de no levantar una denuncia constituiría un simple acto de trámite (SAP de Islas Baleares 78/2007, de 9 de julio). Es recomendable, para profundizar en esta línea de entendimiento, la lectura del voto particular que contiene la STS núm. 1026/2021, de 17 de marzo de 2022.
Otro argumento que también ha sido utilizado es la comparación con el delito del art. 408 del CP: «La autoridad o funcionario que, faltando a la obligación de su cargo, dejare intencionadamente de promover la persecución de los delitos de que tenga noticia o de sus responsables, incurrirá en la pena de inhabilitación especial para empleo o cargo público por tiempo de seis meses a dos años».
Se ha significado a este respecto que el art. 408 del CP solo alcanza *expressis verbis* a los delitos, por lo que es inconcuso que no puede aplicarse a las infracciones administrativas. Supuesto esto, «Sería absurdo que la no persecución de una infracción administrativa, como prevaricación del artículo 404, fuese sancionada con pena más grave que la de no persecución de delito del artículo 408. Tal asimetría en la sanción ya predica bien a las claras que el legislador no incluyó en el artículo 404 la omisión de persecución administrativa como equivalente a la de no perseguir delitos» (STS 371/2016, de 3 mayo; y, en la misma línea, STS 214/2018, de 1 de febrero).

en la distribución de recursos[33]...), en la medida en que, al fijar prioridades, reducen y/o delimitan los márgenes de apreciación (i); así como, por otro lado, la monitorización vinculada a la transparencia y a la evaluación *ex post* de las normas (ii)[34].

5. El refuerzo de la obligatoriedad a través del principio de oportunidad

Todo lo anterior nos lleva a la siguiente recapitulación. Primero: la Administración está obligada a castigar las infracciones conocidas por ser éste un corolario del principio de legalidad sancionadora. Segundo: a fin de reforzar este postulado, la paulatina configuración de un deber de tramitar las denuncias, traducido en el derecho del denunciante a exigir una indagación razonable, constituye un contrafuerte relevante. Y tercero: no estamos ante un postulado que se realice perfectamente en la praxis por dos razones. Porque en los contextos de abundancia infractora la aleatoriedad sigue existiendo y traslada la amenaza de arbitrariedad y lenidad a la fase de averiguación (i); y, además, porque las vías para reforzar la obligatoriedad acusan importantes déficits, provocados, en el caso señalado de la denuncia, por un entendimiento restrictivo de la legitimación del denunciante frente al archivo de las actuaciones (ii).

Siendo esto así, tengo para mí que puede mejorarse el tablero a partir de una pieza que ya está presente pero que todavía no ha pasado a un primer plano en la construcción general del sistema. Me estoy refiriendo a la *oportunidad*.

Nada tiene de original esta propuesta. En el ámbito penal, la oportunidad hace ya algún tiempo que ha desplegado las velas y, por eso mismo, vale la pena que hagamos una primera parada allí en nuestro recorrido (epígrafe II). Pero es que, además, aunque no sea con el mismo grado de elaboración o sofisticación penal, también en el panorama administrativo sancionador hallamos registros de la oportunidad (epígrafe III). Así pues, el objetivo de estas líneas no es descubrir a un nuevo personaje, sino tratar de concederle una mayor importancia, amojonando el terreno que ya se ha reconocido y

33 Sobre el particular, Alejandro Huergo Lora, «Inteligencia artificial y sanciones administrativas», *Anuario de Derecho Administrativo Sancionador 2022*, Aranzadi, Cizur Menor, 2022, 295-298.

34 Una certera exposición de las vías existentes para limitar la discrecionalidad en el ejercicio de la actividad inspectora en Manuel Rebollo Puig, «La actividad inspectora», *La función inspectora*, Actas del VIII Congreso de la Asociación Española de Profesores de Derecho Administrativo, INAP, Madrid, 2013, 105-112.

estimulando, en el mejor de los casos, un estudio renovado[35]. Entiendo que hay buenos motivos para ello.

Tengo para mí, por tanto, que la oportunidad puede ser útil. En lo conceptual, sin duda. Como en seguida se comprobará, la oportunidad constituye la manera de justificar la viabilidad de una discrecionalidad en el *an* de la potestad punitiva, en la renuncia a su ejercicio. Desde esta perspectiva, constituye un posible lugar de encuentro entre las dos posiciones referidas: a quien defiende el realismo de la disponibilidad se le exige aceptar la necesidad de acotar esa disponibilidad y de exigir una *previsión legal expresa*, mientras que a los defensores del carácter obligatorio se les llama a reconocer la conveniencia de un espacio de maniobra, siquiera sea legalmente establecido, para *dosificar* la acción de castigo.

La oportunidad es útil, asimismo, porque contribuye a la coherencia del ciclo del ejercicio de la potestad sancionadora, ensanchando el espacio para ordenar esfuerzos, que no solo ha de quedar circunscrito a la averiguación. Pero, sobre todo, estoy persuadido de su utilidad como ampliador de miras. Manejar la oportunidad requiere que la perspectiva contemplada vaya más allá de la sanción como castigo y tenga en cuenta el impacto de la infracción en toda su extensión, contando, pues, con la repristinación o restablecimiento de la situación y con la reparación del daño causado, con especial referencia en este último aspecto a otros particulares que puedan haber sido víctimas de la misma. Solo así podrán aislarse esos fines en grado de trascender y perfeccionar la función retributiva de la sanción.

Significa lo anterior, ni más ni menos, que la oportunidad puede ayudar a coser, a cohonestar las tres derivaciones clásicas de la infracción[36]. Cosa que,

---

35 Algunos de nuestros más destacados estudiosos en materia de Derecho Administrativo Sancionador se han ocupado del principio de oportunidad. En cualquier caso, merece un lugar destacado la tesis doctoral de Francesc RODRÍGUEZ PONTÓN, *Discrecionalidad y Derecho Administrativo sancionador. Fundamentos y límites de la oportunidad del ejercicio de acción administrativa sancionadora*, Universidad de Barcelona, 2001, a la que he llegado siguiendo la pista del profesor Manuel (2015:411). La tesis contiene un análisis muy completo y esforzado que sorprende por la vigencia de sus planteamientos y conclusiones. Es una lástima, en efecto, que no llegara a publicarse. No sé si es un signo de esta materia, pero, también inédito, es el trabajo final de máster de Antonio ROPERO VILARÓ (*El principio de oportunidad: reflexiones en torno a sus manifestaciones en el derecho punitivo público. La oportunidad liminar como alternativa a la sanción administrativa*, Universidad de Lleida, 2012), con reflexiones igualmente valiosas.
Sin perjuicio de estas notabilísimas aportaciones, el currículum del principio de oportunidad en lo sancionador administrativo resulta poco vistoso y el interés que ha despertado ha sido más bien fluctuante. Mi parecer es que, a diferencia de lo que ocurre en el mundo penal, todavía no está claro entre nosotros qué tipo de protagonismo deberíamos concederle y cómo podría contribuir a la mejora del Derecho Administrativo Sancionador contemporáneo.

36 Difícil, en suma, avanzar en el estudio de la oportunidad en el Derecho Administrativo Sancionador sin realzar la importancia de las medidas de restablecimiento y/o reparación. Lo

sorprendentemente, se ve entorpecida por la propensión de nuestros días a «separarlas». Me explico. Movidos por el afán (y la necesidad) de perfilar el concepto nuclear de sanción[37], y, por extensión, de limitar los estándares garantistas exigibles al solo procedimiento sancionador, me temo que hemos desplazado fuera del terreno *principal* de juego a los otros dos componentes de la respuesta: el restablecimiento y la reparación. No es que no se les tenga en cuenta o que se les tenga en menos, pero sí que han quedado relegados a un segundo plano en la teorización de la potestad sancionadora. Aun siendo el propósito recto e impecable[38], es lo cierto que este esfuerzo constante de distinción institucional y procedimental complica el planteamiento de articulaciones complejas e integradas entre las tres derivaciones —más allá de la subordinación o de la conexión procedimental general—. Fundir el castigo, el restablecimiento y la reparación, aparte de las ventajas en términos de continencia de la causa y/o de economía procedimental, encierra una de las claves para el desarrollo de una política punitiva matizada, que es la quintaesencia de la oportunidad.

Por otra parte, la oportunidad, que necesita de una razón que explique la renuncia a la acción sancionadora, exige contemplar la potestad sancionadora en contexto, esto es, no de un modo aislado, sino en el marco del sector en el que se integra y desenvuelve. De ahí, a mayor especificidad del ramo —o, por mejor decir, de la presencia de un auténtico régimen sancionador a la medida—, mayores serán las posibilidades de la oportunidad.

Desde esta convicción, la reflexión que se ofrece buscará hacer un bosquejo de una cláusula general de oportunidad, consignada idealmente en una ley reguladora de la potestad sancionadora, dentro del pasaje dedicado al principio de legalidad. Ciertamente, la oportunidad no puede ser concebida como facultad universal y tampoco se presta a la generalización. Y no tanto porque sea genuinamente casuística —desde el momento en que requiere la verificación de la levedad *in concreto*—, sino porque hace falta que se produzca una adaptación intermedia a cada terreno sancionador: qué es leve en abstracto o la importancia de la reparación de las víctimas son dos factores,

sintetizaba a la perfección Rodríguez Pontón: «La instrumentalidad e intercambiabilidad de las diversas medidas incrementa su posible utilización con criterios de oportunidad. Y permite poder evitar o atenuar, si las circunstancias lo aconsejan, la medida que suponga el último recurso, la sancionadora» (2001: 404).

37 Esfuerzo del que es expresión granada, entre otras contribuciones, el libro de Miguel Casino Rubio, *El concepto constitucional de sanción administrativa*, Centro de Estudios Políticos y Constitucionales, Madrid, 2021, 2.ª ed.

38 De hecho, la separación ha buscado muchas veces poner al restablecimiento y a la reparación a resguardo de los vicios del procedimiento sancionador, es decir, del reproche por no haberse respetado las garantías y las reglas que son particulares de las sanciones, evitando, por usar un ejemplo reciente, que la caducidad del expediente sancionador afectase a la reparación de los daños al dominio público (STS núm. 1260/2022, de 6 de octubre).

entre muchos, que van a depender del ámbito en cuestión. Con todo, es claro que la existencia de un anclaje legal general constituye la mejor manera de normalizar una figura y de permitir una cierta vertebración de su despliegue sectorial. Lo otro es lo que ahora tenemos: una dispersión de manifestaciones y, lo que es más inquietante, expresiones poco elaboradas —tal vez poco conscientes— que visten la oportunidad de cualquier modo, disfrazada a veces de un requerimiento que se fía al sentido común del empleado público descubridor de la infracción.

II. UNA APROXIMACIÓN A LA OPORTUNIDAD EN CLAVE PENAL

1. Algunas puntualizaciones acerca de la concepción de la oportunidad en la rama penal

Volver la vista al mundo penal puede aportarnos enseñanzas de gran valor sobre el empleo de la oportunidad. Y es que la introducción de la conveniencia como razón de no accionar penalmente constituye un tema afanosamente trabajado en este orden desde la década de los ochenta[39]. A estas alturas, su empleo se ha asentado y la referencia a la oportunidad, si bien no exenta de algunos recelos —como se apuntará después—, se ha ganado ya una plaza importante en la construcción del sistema de justicia penal[40]. Tan es así que no es raro que en las exposiciones al uso se le confiera la categoría de principio informador del proceso penal moderno[41]. En todo caso, al margen

39 Entre los trabajos que suelen destacarse como pioneros figura el de José Vicente GIMENO SENDRA, «Los procedimientos penales simplificados (principio de oportunidad y proceso penal monitorio)», *Poder Judicial*, número extra 2, 1988, 31-52. A estas alturas, la bibliografía es muy abundante. Una exposición de conjunto actualizada puede encontrarse en la serie de libros colectivos dirigidos por Sonia CALAZA LÓPEZ y José Carlos MUINELO COBO, *Principio de oportunidad y transformación del proceso penal*, La Ley, Madrid, 2019; *Postmodernidad y proceso europeo: la oportunidad como principio informador del proceso judicial*, Dykinson, Madrid, 2020; y *El impacto de la oportunidad sobre los principios procesales clásicos: estudios y diálogos*, Iustel, Madrid, 2021.

40 Especialmente favorable resulta la exposición que encontramos en el manual de José Vicente GIMENO SENDRA, *Derecho Procesal Penal*, Aranzadi, Cizur Menor, 2019, 3.ª ed., 272-275. En ella, el principio de oportunidad se conecta nada menos que con la propia CE y se presenta como rasgo de modernidad y signo de nuestro tiempo.

41 Un ejercicio revelador de esa pujanza es la comprobación de la presencia destacada que la oportunidad, ya con galas de principio, tiene en el anteproyecto de LECrim (2020). La exposición de motivos, a modo de preludio, incorpora un decidido alegato: «[...] un nuevo modelo procesal adaptado a las necesidades de la actual sociedad requiere la introducción limitada del principio de oportunidad. Este, con márgenes legales claramente definidos y acotados, no ha de ser entendido como mera discrecionalidad técnica en la interpretación

del énfasis puesto en su categorización, es ya inevitable referirse al principio de oportunidad cuando se cavila sobre cualquier propuesta de reforma del enjuiciamiento penal. Se ha convertido en una de sus señas de modernidad.

Naturalmente, no se trata de salir en busca de una correspondencia exacta con la cultura de la oportunidad que allí ha florecido. Bien sabemos que una cosa es el contraste y la inspiración y otra muy distinta el trasvase de categorías en el género del *ius puniendi*, siempre laborioso y arriesgado.

Ocurre, sobre ello, que, a diferencia de otros apartados donde la visita al mundo penal resulta muy intuitiva, debe advertirse de antemano que la oportunidad se presta a confusión en la primera toma de contacto. En clave administrativa, hablar de oportunidad enseguida nos traslada a los confines de la discrecionalidad, a tomas de decisión donde la libertad de maniobra de la Administración alcanza su máxima expresión. No en vano, las razones de oportunidad, de conveniencia, llegan a presentarse casi como antagónicas de las razones de legalidad —pensemos, por ejemplo, en el estudio de la revocación, ya de actos favorables (*v.gr.* licencias) que desfavorables (*v.gr.* sanciones)[42]—. La oportunidad penal cubre, en cambio, un espectro mucho

del ámbito de aplicación de la norma penal, sino como verdadera plasmación práctica de criterios político criminales basados en la falta de necesidad de pena en el caso concreto o en un margen de reducción de la pena ligado a la institución de la conformidad» (§ XXV).

42 Del análisis de la revocación o retirada del acto administrativo hemos aprendido mucho acerca del pro y el contra de la oportunidad. De lo positivo que puede resultar prever un conducto excepcional que permita canalizar eventuales cambios de criterio («nuevos criterios de apreciación», según la célebre fórmula del viejo Reglamento de Servicios de las Corporaciones locales, art. 16), consecuencia de la propia evolución de los intereses públicos, pero también de lo perversa que puede llegar a ser una oportunidad confundida con pura veleidad. De donde se extrae justamente una línea roja que no se puede traspasar: la existencia de una causa de justificación. Hizo hincapié en ello, a propósito de la revocación de sanciones, Iñigo Sanz Rubiales:

«Partiendo de la base de que la sanción se impuso atendiendo al interés público (interés que debe justificar, asimismo, la eventual revocación), cabe plantearse qué relación existe entre el interés público que fundó el acto revocado y el que funda el acto revocatorio.

Pues bien, la causa de interés público justificadora de la revocación debe ser sobrevenida y distinta de la que legitimó la imposición de la sanción: puede derivar de un cambio de circunstancias fácticas o, incluso, de un cambio legislativo que conlleve la desaparición del tipo de la infracción cuya consecuencia jurídica es la sanción (en este sentido, resulta perfectamente justificable —desde la perspectiva del interés público— la revocación de una sanción impuesta por un comportamiento que ha dejado —por modificación de la normativa correspondiente— de constituir infracción administrativa); en todo caso, se trata de un cambio en el interés público producido después de dictarse el acto y que aconseja la extinción de éste». («Revocación de sanciones administrativas por motivos de oportunidad», *Revista de Administración Pública*, 148, 378).

La oportunidad, en suma, no se concibe como voluntad antojadiza y tampoco es antagónica de la legalidad. Se nos aparece como una vía poco definida, de trazo grueso y naturaleza excepcional, tendente a dejar una puerta abierta a la eventualidad de que el paso del tiempo, especialmente en ciertos sectores, altere la caracterización y priorización de los intereses públicos en derredor de modo tal que pase a ser inconveniente o inoportuno el más amplio y, *grosso modo*, es un trasunto de nuestra discrecionalidad. Por eso, los debates acerca de la oportunidad nos resultan familiares al poco de conocerlos y no es exagerado afirmar que, supuesto que la discrecionalidad es característica de nuestro ecosistema, tenemos ventaja en cuanto a la predicción de su comportamiento. Sabemos bien, por consiguiente, que cuanto mayor sea el grado de discrecionalidad, vale decir que de oportunidad penal, mayor es el riesgo de arbitrariedad y no nos extraña que asuste en la esfera penal la deriva final a que podría conducir admitir una capacidad de decidir *libremente* sobre la conveniencia de accionar o no ante la comisión de un delito.

Por otra parte, hay que tener en cuenta que la oportunidad penal se ha convertido en un paradigma que atañe no solo a la decisión preliminar sobre la puesta en marcha de la acción penal ante una conducta delictiva conocida, sino que agrupa o reúne a cualquier manifestación de respuesta penal que no consista en aplicar automáticamente el castigo inicialmente previsto en el CP. Basta asomarse a la legión de trabajos sobre el particular para advertir la cantidad de figuras que se anudan a ella: ahí están todas las variantes de la conformidad, el empleo de la mediación o el mecanismo de suspensión de la condena[43]. Hasta el indulto podría hacerse un hueco. Prácticamente, como decía, cualquier posibilidad de alterar la aplicación de una respuesta penal a

---

mantenimiento de un acto perfectamente válido (que no presentó ni presenta ahora vicios en su constitución). Lo que está en juego es la *adaptación* del acto administrativo a una nueva apreciación del interés público, distinta de la que dio origen al acto en cuestión, pero siempre sobre la base de una habilitación legal. Por eso mismo, algún autor en el pasado dudó del término: «es preferible sustituir dicho concepto [oportunidad] —que de suyo no dice relación con el interés público— por el de buena administración, que expresa mejor la idea de una actividad administrativa que no se limita al control de la legalidad, sino a la pronta y eficaz satisfacción del interés general» José Manuel Sala Arquer, *La revocación de los actos administrativo en el Derecho español*, Instituto de Estudios Administrativos, Madrid, 1974, 31. Lógicamente, la maniobra, arriesgada e —insisto— excepcional, requiere de una justificación —la novación del interés público— y deberá traer consigo la oportuna indemnización. De ahí la necesidad de diferenciar este supuesto de la revocación por cambio de circunstancias, que sí es un tipo de eficacia sobrevenida (donde la retirada es debida y no procede la indemnización).

43 Hay rastro también de muchas de estas figuras en el Derecho Administrativo Sancionador. Algunas son bien conocidas y cuentan con un recorrido importante —caso de la conformidad en tráfico o tributos o de los programas de clemencia en competencia—. Otras acaso suenen menos como la remisión condicional, la inejecución o el indulto, aunque tienen también arraigo en ámbitos como la función pública —véanse los arts. 19 y 50 del Real Decreto 33/1986, de 10 de enero, por el que se aprueba el Reglamento de Régimen Disciplinario de los Funcionarios de la Administración del Estado—.
Un recorrido por algunas de estas manifestaciones desde el encuadramiento que ofrece el principio de oportunidad puede verse en los trabajos de María Burzaco Samper, «Principio de oportunidad y Derecho administrativo sancionador: análisis de algunas de sus implicaciones», Postmodernidad y proceso europeo: la oportunidad como principio informador del proceso judicial, Dykinson, Madrid, 2020, 85-108; y «Principio de oportunidad en vía administrativa: la distinta naturaleza de algunas de sus manifestaciones y su incidencia en

tiralíneas se convierte en una manifestación de oportunidad, lo cual, huelga decir, va restando valor a la adscripción al género. No quiero decir que no castigar (i), pactar el castigo (ii) o retirarlo (iii) no sean momentos propios todos ellos para introducir dosis de oportunidad o conveniencia. Ahora bien, es innegable que la heterogeneidad de las especies que surgen al ensanchar la matriz obliga a ser más preciso a la hora de definir cuál es la sustancia compartida y la nuez de la oportunidad[44]. Y es que, como se verá en seguida, se ha colado en ese ensanchamiento paulatino una peligrosa mixtura: una cosa es cavilar sobre la *conveniencia del castigo* y su mesura y otra sobre la *conveniencia del proceso* que ha de llevar al mismo.

Las dos puntualizaciones son, en suma, las siguientes. La primera: la oportunidad en el orden penal es sinónimo de discrecionalidad en lo administrativo. La segunda: con el tiempo, se ha hecho de la oportunidad una cobertura explicativa de finales alternativos o mitigadores de la pena, trascendiendo la conveniencia circunscrita a la decisión acerca de si ejercitar la acción ante la comisión contrastada de un delito, que es la aquí interesa y en la que nos vamos a centrar únicamente. En todo caso, la visión de conjunto del poder punitivo es necesaria y si en la rama penal la oportunidad pesa tanto, es de fuerza hacerse la pregunta de si no estaremos pasando algo por alto[45].

2. La facultad de renunciar a la acción penal debe estar prevista en la Ley

Señalábamos hace un instante que la oportunidad constituye una idea o principio afincado hoy por hoy en la rama penal. Ahora bien, el camino hasta llegar aquí no ha sido pacífico. Su irrupción, aparte de reciente —se remonta a la década de los ochenta, como ya se apuntó—, vino marcada por un intenso

el control judicial de lo contencioso-administrativo», *El impacto de la oportunidad sobre los principios procesales clásicos: estudios y diálogos*, Iustel, Madrid, 2021, 17-39.

44 Riesgo sobre el que ya viene advirtiendo desde hace algunos años DE LA OLIVA SANTOS: «Con frecuencia se entiende el principio de oportunidad con gran amplitud y vaguedad. Así entendido, engloba y significa tantas y tan diversas cosas, que, en realidad, no significa nada claro y seguro» (*Derecho Procesal Penal*, Editorial universitaria Ramón Areces, Madrid, 2007, 8.ª ed., 43).

45 Lorenzo MARTÍN-RETORTILLO BAQUER recordaba este acompañamiento permanente con su elegancia habitual: «[...] el estudio de las sanciones administrativas ha de hacerse siempre buscando el contraste con la legislación penal. Ningún sentido tiene estudiar aquella figura en solitario. Cualquier intento de solución, y, por supuesto, su ponderación y estudio, no puede llevarse a cabo sin tener en cuenta las fórmulas penales. Habrá diferencias agudas, se marcará el contraste al abordar la naturaleza jurídica, la respectiva funcionalidad resultará dispar, pero hay una innegable visión de conjunto que sería necio no querer reconocer» («Las sanciones administrativas en relación con la defensa de los consumidores, con especial referencia a la publicidad de las mismas», *Revista de Administración Pública*, 126, 1991, 134).

debate en las filas tanto de penalistas como de procesalistas: a primera vista, abrir la puerta a consideraciones de conveniencia, a la idea de una pena inoportuna, parecía poco menos que arrumbar el principio de legalidad y su corolario de obligatoriedad de la acción criminal. Una suerte de intruso, de cuerpo extraño en un sistema ajeno a los estímulos de conveniencia. De ahí que los autores que impulsaron y preconizaron la oportunidad tuviesen que esmerarse en transmitir, especialmente en los primeros compases, un mensaje crucial de cara a la aceptación de esta figura novedosa —que algunos, más que exótica, tenían como una cosa incompatible—: la oportunidad no pretendía hacer excepción del principio de legalidad; buscaba, antes bien, afianzarlo, ampliando y mejorando el abanico de respuestas penales al delito. No se preconizaba una oportunidad fuera de la ley penal, sino solo dentro y en la medida en que ésta lo autorizase. Su relación, pues, no era de oposición, sino de subordinación. Lejos de esconderla o de ocultarla en los recovecos —que es la consecuencia de ignorarla en un sistema punitivo—, la oportunidad se tenía que expresar con tersura en la ley[46]. Así quedó establecida la primera enseñanza a retener: la oportunidad debe ser una opción legalmente prevista. Y de ahí se extrae un punto de partida compartido: también en el Derecho Administrativo Sancionador la oportunidad debe arrancar de la *lex scripta*[47].

3. El fin legítimo o el porqué de la inconveniencia de castigar una conducta

Tenemos que la oportunidad entra en la reserva de ley sancionadora. El siguiente paso, el más difícil, es determinar el porqué, es decir, la razón o

46 En ese esfuerzo por «legalizar» la oportunidad se ha intentado igualmente encontrar amarres explícitos en el texto constitucional. Uno de los preferidos es el art. 124.1 de la CE, donde, al referir la misión del Ministerio Fiscal de promover la acción de la justicia, se señala que ésta habrá de conducirse no solo en defensa de la legalidad, sino también *en defensa de los derechos de los ciudadanos y del interés público tutelado por la ley*:
«El Ministerio Fiscal, sin perjuicio de las funciones encomendadas a otros órganos, tiene por misión promover la acción de la justicia en defensa de la legalidad, de los derechos de los ciudadanos y del interés público tutelado por la ley [...]».
Esta cláusula constituiría, así pues, una apertura para la introducción del principio de oportunidad en nuestro sistema procesal.

47 «Ese reconocimiento [se refiere a la oportunidad] sólo lo puede hacer una norma con rango de ley porque es éste un aspecto de tal relevancia que indudablemente debe estar cubierto por la reserva de ley del Derecho Administrativo sancionador». La frase, que suscribo, pertenece a Rebollo Puig (2015: 417).
La exigencia de una explícita habilitación legal para renunciar a la acción sancionadora constituye el punto de desencuentro más tangible con las tesis del ejercicio facultativo que, como ya se señaló, suelen aceptar una habilitación implícita, consustancial a la decisión de atribuir a la Administración el ejercicio de una parte del poder punitivo (Rodríguez Pontón, 2001: 406-407).

causa capaz de justificar la procedencia de una renuncia al ejercicio de la acción penal. Cabe, es cierto, una primera respuesta elemental: se necesita, como no podía ser de otro modo, un fin legítimo que dé razón de la inconveniencia de imponer una pena. Ahora bien, ¿cuál concretamente?

Aislar ese fin legítimo admite una doble aproximación. De una parte, se puede desentrañar a partir de la *política criminal* que envuelve la persecución de una categoría o familia de delitos. Según cuál sea la idiosincrasia del bien jurídico protegido y de lo que se persigue con la caracterización criminal de ciertas conductas, es dado ir decantando posibles causas o razones que justifiquen la introducción de una cláusula habilitadora de la decisión de no ejercitar la acción penal en ciertos casos (*a*). De otra parte, cabe enfocar el tema desde la perspectiva del *proceso penal*, es decir, tomando en consideración todas las energías que éste consume en razón de los altos estándares garantistas exigidos (*b*)[48].

a) *La presencia de otros fines distintos al castigo: de la inconveniencia por nimiedad a la inconveniencia por reparación*

Acudamos, para mayor claridad, a dos exponentes de la oportunidad liminar en la vía penal que operan con normalidad y acumulan ya mucha experiencia.

En la jurisdicción penal de menores, la LORPM autoriza al Ministerio Fiscal a desistir de la incoación del expediente cuando los hechos denunciados constituyan delitos menos graves sin violencia o intimidación en las personas o faltas. Debe tratarse, eso sí, de la primera vez y, en tal caso, el castigo penal quedará compensado por la corrección en el ámbito educativo y familiar[49].

Por otra parte, en la jurisdicción penal de mayores, la LECrim habilita al Juez de Instrucción a que acuerde el sobreseimiento del procedimiento y el archivo de las diligencias cuando lo interese el Ministerio Fiscal a la vista de dos circunstancias: que se trate de un delito leve «de muy escasa gravedad» —a cuyo efecto se valorará la naturaleza del hecho, sus circunstancias, y las personales del autor—; y que «no exista un interés público relevante en la persecución del hecho»[50]. Se precisa, respecto de esta segunda regla, que en los delitos patrimoniales se entenderá que no existe interés público relevante en su

48 Una descripción de conjunto muy esclarecedora sobre el porqué de la oportunidad penal la ofrece José María Roca Martínez, «Dando una oportunidad a la oportunidad», *El impacto de la oportunidad sobre los principios procesales clásicos: estudios y diálogos*, Iustel, Madrid, 2021, 421-443.

49 Acúdase al art. 18 (Desistimiento de la incoación del expediente por corrección en el ámbito educativo y familiar).

50 Acúdase al art. 963.1.1ª de la LECrim.

persecución cuando se hubiere procedido a la reparación del daño y no exista denuncia del perjudicado[51].

Son muchas las reflexiones que, con lentes administrativistas, sugiere el estudio de estos registros paradigmáticos de la oportunidad penal. Es de ver así que en la búsqueda de la razón de renunciar se conjugan varios elementos como son la naturaleza del delito y su entidad, trazando una clara orientación de fondo hacia la *levedad*. Se conoce, en efecto, que es en el contexto de la criminalidad menor —pequeña o de bagatela— donde resulta más hacedero justificar la inconveniencia de penar la conducta puntualmente. No significa que no haya interés por castigar los delitos leves. O que fuera de la criminalidad menor no quede espacio para la oportunidad. Lo que ocurre es que la necesidad del castigo no se torna tan imperiosa y puede plegarse más fácilmente ante otros argumentos. En resumidas cuentas, oportunidad y levedad se compadecen. Más precisamente: oportunidad y levedad *in concreto* se compadecen.

La levedad aporta, en abstracto, el sustrato idóneo para la oportunidad. Pero no es suficiente. Si lo fuese, deberíamos hacer cuestión de inmediato de la existencia misma de los delitos leves. Hace falta añadir la realidad del caso concreto, de los hechos y de su autor. Las circunstancias del delito pueden mostrar el acto aislado de una persona sin historial delictivo y con una repercusión apenas significativa sobre el bien jurídico protegido. Es esa levedad *in concreto* la palanca necesaria para explicar la inconveniencia del castigo y su activación excepcional. En sus dos dimensiones: *objetiva*, referente a los hechos y a sus consecuencias, y *subjetiva*, por lo que hace al autor y, señaladamente, a la reincidencia (infractores no reincidentes u ocasionales). Poco reproche social y poca necesidad de prevención especial.

Tirando de este hilo, la oportunidad puede hacer las veces de ajuste *ad casum* en el tratamiento de episodios menores correspondientes a delitos que, en razón de su propia factura, difícilmente admiten tanta precisión mediante una tipificación más ajustada. En cierta forma, introducir la posibilidad de renunciar a la acción penal por irrelevancia *in concreto* viene a adicionar un filtrado casuístico que perfecciona a su vez la realización de la intervención mínima penal en entornos de criminalidad menor o, si se quiere más florido, que favorece al cabo una justicia material en detrimento de una justicia formal.

A nadie escapa, sin embargo, que pisamos un terreno quebradizo. Apelar al caso concreto, si no se va con tiento, es poco menos que servir en bandeja la arbitrariedad. Y la utilización de sintagmas negativos para definir cuál es la causa que justifica la renuncia tampoco ayuda demasiado, me temo. La «ausencia de un interés público relevante en la persecución del hecho» o enunciados de este estilo resultan guías hermenéuticas hueras. Por eso mismo cobran tanta importancia las

51 *Ex* art. 963.1.1ª, letra b.

orientaciones interpretativas, los criterios de aplicación contenidos en las Circulares correspondientes de la Fiscalía. El esfuerzo de ir concretando a partir de la experiencia aplicativa y aun de sistematizar las situaciones deviene en un complemento imprescindible que contribuye a mitigar el riesgo evidente de arbitrariedad.

Presente este riesgo, se comprende también que la levedad *in concreto* agradezca un refuerzo finalista. Más precisamente: otros intereses cuya satisfacción, actual o futura, puedan relativizar la necesidad fuerte de un castigo penal. Naturalmente, la comprensión de esta posibilidad requiere de una visión de la respuesta penal integrada en un marco superior de política criminal, donde, además de la pena e incluso por encima de ella, se concitan otros objetivos. Principalmente, es de recordar que el art. 25.1 de la CE sitúa como meta última la reeducación y la reinserción social. Y, en ese plano superior de política criminal, interesa asimismo tener presente la reversión de las consecuencias del delito y, señaladamente, la reparación de la víctima.

Tomando nuevamente como referencia las cláusulas antes referidas de la LORPM y de la LECrim podemos hacernos una idea aproximada de lo anterior. Vemos así lo determinante que puede ser la constatación de que el fin último reeducador queda cubierto sin necesidad del castigo criminal, lo cual puede ser especialmente procedente en ámbitos como la jurisdicción penal de menores, donde el interés superior del menor se erige en un principio rector. Pero hay otros fines en grado de amparar la inconveniencia. Es el caso de la reparación del daño causado por el delito y, por extensión, de la tutela de la víctima: se renunciará a la acción penal si la conducta no ha ocasionado consecuencias lesivas o, de haberlo hecho, éstas han sido reparadas. Bien se ve, en definitiva, sin necesidad de ir más lejos, que, al fundir otros fines en el crisol de la oportunidad, se obtiene un principio muy maleable en cuanto a plasmaciones y posibles orientaciones.

b) *La inconveniencia por economía procesal o estrategia en el empleo de los recursos limitados*

Es la aproximación finalista a la oportunidad la que más allana su comprensión en el sentido de explicar más fácilmente la razón de la inconveniencia de la pena: revela la presencia de otras razones que cubren el vacío del castigo y dan contenido a la respuesta penal.

Ocurre, sin embargo, que en la eclosión de la oportunidad en nuestro sistema de justicia penal no podemos orillar una razón postrera. En el éxito ha pesado enormemente el contexto de una justicia asfixiada, sensible a cualquier tipo de muleta o auxilio en grado de aliviar el peso de la losa de la litigiosidad. He ahí el feliz hallazgo: la oportunidad no sólo excluye el castigo, sino que, *a fortiori*, ahorra el proceso penal; un proceso que, sobre ello, resulta particularmente exigente en razón de su coraza garantista. Y no solo eso. No hay que pensar únicamente en lo que cuesta, sino también en las contingencias posibles a consecuencia de los errores *in procedendo*, las dificultades probatorias, las limitaciones temporales y así siguiendo.

La lucha contra la litigiosidad ha influido, pues, en la trayectoria de la oportunidad y en el favor de que goza. Ha potenciado, señaladamente, las cláusulas de oportunidad en los estadios pre-procesales o en las fases iniciales habida cuenta de que el descarte liminar (*a limine*) resulta sumamente beneficioso en términos de economía procesal. De igual forma, se impulsa, así sea inconscientemente, una aplicación mecanicista de las mentadas cláusulas —en ocasiones con el pretexto de que ese mecanismo sirve mejor al principio de igualdad—. Por supuesto que sacar provecho de esta externalidad positiva nada tiene de objetable. Eso sí, siempre que no se altere el orden. Y es que el fulgor de la estadística puede hacer que la causa más próxima deslumbre y haga olvidar que, sin perjuicio de la bondad de combatir la litigiosidad, existía al inicio una causa final —la inconveniencia justificada del castigo—. De modo que la descongestión, en forma de simplificación o de economía procesal, pase a convertirse en el motor principal de la oportunidad. Acaso no formalmente, pero sí materialmente. Aviso importante, pues, a navegantes: las medidas de simplificación no son, *eo ipso*, expresión de oportunidad y conviene evitar el *sorpasso*.

4. La trascendencia de perfilar legalmente la renuncia a la acción penal

Si la razón explicativa de la oportunidad debe, en el ideal, tener una sustancia más allá de sus efectos balsámicos de economía procesal, habrá que moldear el supuesto de hecho con vistas a satisfacer esa finalidad. De igual forma, a mayor precisión de la ley en la definición de la oportunidad penal, menor será el grado de libertad de apreciación. Eso que en la literatura penal suele venir en denominarse «oportunidad reglada» —*versus* «oportunidad libre»— y que no deja de ser un llamamiento a la limitación de los márgenes de discrecionalidad en el ejercicio de la renuncia a la acción penal. Limitación a partir, básicamente, de tres ejes —que son el abecé de la discrecionalidad—: perfilamiento del supuesto de hecho en la ley, exigencia de motivación en la decisión y control judicial de la misma.

De descuidarse este empeño —no digamos ya si se abandonase— se puede llegar a una deriva inquietante: que la oportunidad deje de ser una excepción y se convierta en regla y que, por degradación, surja un *dominus* de la acción penal para quien la exclusión de la persecución quede a voluntad. Llegados a tal extremo, la consideración del principio de legalidad como clave de bóveda del sistema debería revisarse irremisiblemente. Eso es lo que explica en última instancia las exhortaciones por parte de la doctrina científica en los últimos años ante el entusiasmo que a veces causa en el ánimo del legislador el canto de la oportunidad[52].

El perfilamiento legal de la oportunidad viene exigido por el recto tratamiento de la discrecionalidad. Pero existe un segundo motivo que aconseja una regulación acabada de las cláusulas de oportunidad. Como quiera que los elementos nucleares (levedad y falta de reincidencia) y los fines (corrección, mediación, reparación de los efectos...) pueden declinarse de manera diferente en función de los tipos de delito, conviene esforzarse en la relación general-específico.

III. UN ENSAYO SOBRE LAS MANIFESTACIONES DE LA OPORTUNIDAD LIMINAR EN EL PANORAMA SANCIONADOR ADMINISTRATIVO

1. El estado de la cuestión en la legislación administrativa: ausencia de una cláusula general, pero manifestaciones sectoriales relevantes

Como ya se ha apuntado, carecemos de una regulación general de la oportunidad liminar en el Derecho Administrativo Sancionador. Ninguna referencia a ella se hace en el marco básico de los principios de la potestad sancionadora establecido en la LRJSP. Y tampoco la LPAC ha insertado ninguna previsión con vocación común en la iniciación del procedimiento administrativo sancionador, lo cual contrasta con otras expresiones de la oportunidad que sí se han acogido y cuyo ámbito de aplicación se ha generalizado a fin de convertirlas en piezas comunes de la tramitación sancionadora y allanar el camino a su normalización y aplicación a gran escala[53].

---

52 Representativas y remarcables me parecen al respecto las reflexiones de Teresa Armenta Deu, «Principio de legalidad *vs* principio de oportunidad: una ponderación necesaria», *Principios y garantías procesales. Liber Amicorum en homenaje a la profesora María Victoria Berzosa Francos,* Bosch, Barcelona, 2013, 441-455. No podemos olvidar que suya es una de las obras capitales en la materia: *Criminalidad de bagatela y principio de oportunidad: Alemania y España*, PPU, Barcelona, 1991.

53 Caso de la reducción por pronto pago, por ejemplo. Un análisis crítico de esta regulación, que pone el acento en las disfunciones del automatismo, en Javier García Luengo, «La reducción de las sanciones administrativas por reconocimiento de la responsabilidad o pago voluntario», *Revista General de Derecho administrativo*, 61, 2022.

Que no haya una cláusula básica o común no significa, en cualquier caso, que la oportunidad liminar sea una categoría desconocida entre nosotros. Antes bien, un primer asomo al panorama sancionador administrativo permite descubrir que no faltan ejemplos aquí y allí. Y no solo eso. Los hay que son coloridos y relevantes en la práctica. Lejos de mi intención está pasar revista de manera agotadora a todos los registros de oportunidad liminar en el Derecho Administrativo Sancionador. Estoy persuadido de que el empeño valdría la pena, pero la vastedad del campo a cubrir requeriría de otro tipo de trabajo. Mi pretensión es mucho más modesta. Voy a tratar de ensayar una clasificación que permita profundizar en la teorización de la figura —como paso previo a su regulación general, que sería el desenlace deseable—, ilustrándola con expresiones positivas extraídas de ese vastísimo panorama.

Formulo, así pues, mi propuesta de clasificación que adopta como criterio cuál es el fin último al que sirve la cláusula de oportunidad establecida y que, por eso mismo, da razón a la renuncia a la incoación del procedimiento sancionador:

i. La oportunidad tendente a descartar infracciones *de minimis*.

ii. La oportunidad al servicio de la pronta restauración del orden perturbado por la infracción.

iii. La oportunidad a cuenta de la efectiva reparación del daño causado por la infracción y, señaladamente, de la tutela de la víctima.

2. La oportunidad tendente a descartar infracciones *de minimis*

La regulación de la oportunidad liminar en el ámbito de la competencia constituye uno de los registros más conocidos en razón de su recorrido y de la propia entidad de este sector, propenso a la litigiosidad y a la atenta mirada de la doctrina científica.

La Comisión Nacional de los Mercados y la Competencia goza de la facultad de no iniciar actuaciones y, por tanto, de no impulsar la investigación de denuncias cuando considere que éstas no son «prioritarias». Dice así el art. 49.5 de la Ley de Defensa de la Competencia:

> «En caso de denuncia, la Dirección de Competencia podrá acordar no iniciar actuaciones por considerar que la investigación de los hechos que se contemplan en la misma no constituye una prioridad»[54].

54 La previsión fue introducida en virtud del Real Decreto-ley 7/2021, de 27 de abril, de transposición de directivas de la Unión Europea en las materias de competencia, prevención del blanqueo de capitales, entidades de crédito, telecomunicaciones, medidas tributarias, prevención y reparación de daños medioambientales, desplazamiento de trabajadores en la prestación de servicios transnacionales y defensa de los consumidores. Una completa

Qué deba entenderse por prioritario es cosa que en último extremo queda abierta, si bien el propio art. 49.5 recoge a continuación un *numerus apertus* (en negativo) al que acogerse en primera instancia. Así, la prioridad de una denuncia podrá descartarse si a) aporta escasos elementos de prueba o indicios débiles, siendo reducida la probabilidad de que, dedicando recursos a ello, pueda probarse la conducta ilícita; b) se refiere a una conducta cuyo alcance potencial sea limitado o cuyo daño potencial para el consumidor o para la competitividad de los mercados resulte escaso; o c) atañe a una conducta cuya prevención o erradicación sea factible a través de otros instrumentos legales para preservar y promover la competencia, haciendo un uso más eficiente de los recursos de la Comisión Nacional de los Mercados y la Competencia.

Aflora a simple vista el ánimo de *racionar* la actividad investigadora de una Administración especializada que ha de cubrir mucho espacio con recursos limitados. Se busca así que la oportunidad liminar ayude a desgranar el grano de la paja, evitando que asuntos menores o *de minimis* consuman desproporcionalmente recursos preciosos. Esa expresión, *de minimis*, enseguida sale a plaza y evoca el conocido aforismo romano según el cual *ne propter satis minimam rem* (No debe ser oído el reclamante de cosa o cantidad mínima, *Digesto* 4,1,4), del cual, a su vez, se extraería la máxima *de minimis non curat praetor* (De los asuntos intrascendentes no se ocupa el magistrado, según el *Diccionario panhispánico del español jurídico*). En definitiva, la potestad administrativa sancionadora, por su coste, no debería combatir pequeñeces y sí concentrarse en los casos más graves —la pregunta que queda en el aire, claro está, es si esta afirmación, válida en el control de la competencia, debería generalizarse o si acaso ya está ínsita en la particular formulación de la *ultima ratio*, como vamos a ver—.

Ocurre, no obstante, que el descarte de la nimiedad a base de oportunidad liminar presenta luces y sombras cuando se aplica a la acción sancionadora. Y es que, si se admite que habrá conductas menores que no se investigarán, es lógico preguntarse por qué dichas conductas han sido previamente tipificadas como infracción, es decir, si, en rigor, no se tendría que haber aplicado un trasunto de aquella misma máxima: *de minimis non curat lex* (De los asuntos intrascendentes no se ocupa la ley). No en vano, se ha cuestionado el tratamiento que de esta cuestión hace nuestra legislación de defensa de la competencia, planteando la procedencia de reconducirlo al estadio previo de la descripción de los tipos infractores, es decir, enfocándolo desde la tipicidad antes que desde la oportunidad[55]. Planteamiento que, de paso, vendría a

---

exégesis en Alba RIBERA MARTÍNEZ, «El artículo 49 de la Ley de Defensa de la Competencia: el principio de priorización y problemas persistentes en vía contenciosa», *Anuario de Derecho Administrativo Sancionador 2022*, Aranzadi, Cizur Menor, 2022, 557-572.

55 Véase en este sentido la interesante crítica desarrollada por Pedro Mario GONZÁLEZ JIMÉNEZ, «Las conductas de menor importancia en el Derecho Antitrust: ¿Principio de tipicidad, de oportunidad o de confianza legítima», *Anuario de Derecho Administrativo Sancionador 2022*, Aranzadi, Cizur Menor, 2022, 427-446.

enderezar la conexión original de la oportunidad con el castigo. Porque, tal cual dispuesta, si apuramos el análisis, lo que excusa la investigación ahora no es la inconveniencia del castigo, sino la gestión racional de la escasez de medios para imponerlo.

Acaso pueda pensarse que el descarte de la nimiedad asegura la posibilidad de un cambio de criterio en el futuro y que, entre tanto, la tipificación de las conductas menores ayuda al efecto de prevención general. Dos ventajas, en efecto, nada desdeñables, aunque tampoco definitivas, según lo veo yo. No profundizaré en ello, pero tengo muchas dudas de que el principio de legalidad tolere una suerte de previsión prospectiva de infracciones. Sea como fuere, el rasero de la escasa importancia, transformado en una cláusula legal como la transcrita, conduce a la versión de la oportunidad más arriesgada, la que tensa las costuras del principio de oficialidad de la acción sancionadora[56]. Por eso mismo, si ésta resulta la opción mantenida, es de fuerza interiorizar la necesidad de aplicar una o varias capas de barniz adicionales, ya sean de carácter regulatorio o bien en términos de auto-vinculación, con vistas a densificar la razón previa, esto es, a predeterminar qué posibilidades tiene la oportunidad y dar mayor amparo al criterio seguido en el descarte.

Estoy seguro de que el lector habrá ya trazado las conexiones con la exposición del panorama penal en el epígrafe precedente. Y, en efecto, las alarmas que saltan van a ser muy similares. Las inquietudes de este tipo de cláusulas de oportunidad no tienen tanto que ver con la finalidad que se persigue. Al fin y al cabo, sabemos que en la levedad está la materia prima más idónea para la oportunidad. El problema viene dado por el vacío que deja la respuesta. Se dirá que queda vía libre a la acción de daños. Con todo, estamos ante un ilícito que no se castiga. En este sentido, parece que el sistema sancionador asume mejor una inconveniencia condicionada en grado de establecer una «contrapartida» a la renuncia a la acción sancionadora. No se sigue el procedimiento sancionador porque se imponen medidas correctoras o de orden reparador. Cuando esta parte falta, no es solo que cueste interiorizar el sentido último de la renuncia, sino que, sobre ello, el riesgo de arbitrariedad se dispara.

3. La oportunidad liminar al servicio de la restauración del orden perturbado por la infracción

A. En 2011, La Ley de Economía Sostenible introdujo una relevante novedad en el régimen sancionador de la Ley Orgánica de Protección de Datos

56 Además de las exigencias consustanciales a la potestad sancionadora, no podemos olvidar el papel que en la gobernanza de estos sectores juega el régimen sancionador, por lo que también otros principios se ven de alguna forma afectados por el manejo cabal de la cláusula de oportunidad liminar. Así ocurre, por poner un ejemplo, con la transparencia.

de Carácter Personal: la posibilidad de apercibir al infractor, intimándole a adoptar sin falta medidas correctoras a cambio de desactivar la sustanciación del procedimiento sancionador[57]. Este apercibimiento quedaba abierto a cualquier infracción leve o grave, siempre que, eso sí, se tratase de la primera vez —sin reincidencia, pues— y, en todo caso, supeditado a la valoración de la naturaleza de los hechos. Una alternativa concebida, pues, con carácter excepcional y apegada a la realidad del caso concreto, lo cual, huelga explicarlo, concedía un ancho margen de maniobra en su manejo a la Agencia Española de Protección de Datos. Así rezaba el estrenado art. 45.6 con la *novella*:

> «Excepcionalmente el órgano sancionador podrá, previa audiencia de los interesados y atendida la naturaleza de los hechos y la concurrencia significativa de los criterios establecidos en el apartado anterior, no acordar la apertura del procedimiento sancionador y, en su lugar, apercibir al sujeto responsable a fin de que, en el plazo que el órgano sancionador determine, acredite la adopción de las medidas correctoras que en cada caso resultasen pertinentes, siempre que concurran los siguientes presupuestos».
>
> a) Que los hechos fuesen constitutivos de infracción leve o grave conforme a lo dispuesto en esta Ley.
>
> b) Que el infractor no hubiese sido sancionado o apercibido con anterioridad.
>
> Si el apercibimiento no fuera atendido en el plazo que el órgano sancionador hubiera determinado procederá la apertura del correspondiente procedimiento sancionador por dicho incumplimiento»[58].

Antes de proseguir, importa significar que el apercibimiento —luego aludiremos al poco acierto de la elección de esta palabra— lo era a adoptar *medidas correctoras*. El objetivo no era impedir que se consumase una contravención —hablaríamos entonces de medidas preventivas más bien—, sino que, consumada, se buscaba enderezar la conducta o comportamiento prohibido a fin de evitar el mantenimiento de los efectos de la infracción.

La razón de ser de esta oportunidad liminar de no sancionar y exigir a cambio la adopción de medidas correctoras se desvelaba más claramente con una cierta perspectiva, teniendo presente, esto es, la idiosincrasia de este sector y, por ende, la omnipresencia de la materia de los datos de carácter personal, en contacto con particulares y empresas con dificultades para llevar a término un cumplimiento escrupuloso, para seguir, en fin, al pie de la letra la frondosa y exigente normativa. Las sanciones son, además, duras. Resultaba llano, supuesto lo anterior, que el régimen sancionador necesitaba

---

57 En virtud de la disposición final quincuagésima sexta (Modificación de la Ley Orgánica 15/1999, de 13 de diciembre, de Protección de Datos de Carácter Personal) de la Ley 2/2011, de 4 de marzo, de Economía Sostenible.

58 Un estudio muy detallado en Reyes MARZAL RAGA, *El Apercibimiento. Una nueva sanción en materia de protección de datos de carácter personal*, Tirant lo Blanch, Valencia, 2015.

de válvulas mitigadoras capaces de rebajar la presión y ajustar el balance de proporcionalidad en determinadas situaciones[59]. Este apercibimiento, junto con otras medidas —como la disminución en un grado de la sanción aplicable—, venía a realizar ese capital cometido: flexibilizar su aplicación mediante modulaciones basadas en la levedad de los hechos.

Una de las vías para graduar, modular la respuesta sancionadora venía dada por la oportunidad liminar en forma de apercibimiento. Y lo cierto es que de lo recogido en las Memorias anuales de la Agencia se conoce que el uso de esta posibilidad ha sido en estos años intenso tanto en números absolutos como en lo que a peso específico se refiere. En efecto, dichas Memorias nos muestran que la Agencia Española de Protección de Datos se ha servido agudamente del apercibimiento sustitutivo para matizar su política punitiva, modulando su respuesta sancionadora cuando, por poner un ejemplo, debía hacer frente a una nueva gama de conductas infractoras —la videovigilancia o las publicaciones en las comunidades de propietarios—. Así manejada, huelga explicar que una facultad de este tenor puede devenir en una herramienta versátil y muy útil en el despliegue de la potestad sancionadora —ayudando a diseñar fases iniciales de concienciación social...—.

El paso por los tribunales de la figura que nos ocupa ha estado marcado por un remarcable debate acerca de la naturaleza jurídica que debía atribuírsele. Hay que decir que estamos ante una de esas ocasiones en las que la pericia del legislador con las palabras no ayuda precisamente. *Apercibimiento* es palabra que se presta aquí a confusión pues, sin precisiones añadidas, trae consigo una acepción ligada a la idea de amonestación y, por tanto, de castigo, siendo que lo que se pretende en este contexto no parece tanto amonestar al infractor cuanto brindarle la oportunidad de evitar la sanción enderezando su conducta, adecuándola a la legalidad conculcada con las medidas señaladas. El meollo está, pues, en el *requerimiento* que se hace, de modo que el apercibimiento solo opera a la manera de advertencia, con la función de hacer saber al infractor que, de no adoptar las medidas correctoras dispuestas, se abrirá el expediente sancionador momentáneamente aparcado[60].

---

59 Entre las muchas reflexiones que sobre el particular se hicieron a la sazón, recomiendo, por su claridad, las de Eduardo CALVO ROJAS, «El régimen sancionador de la Ley Orgánica 15/1999, de 13 de diciembre, de protección de datos de carácter personal. El principio de proporcionalidad», *La potestad sancionadora de la Agencia Española de Protección de Datos*, AEDP-Aranzadi, Cizur Menor, 2008, 19-31; y Joaquín TORNOS MAS, «Potestad sancionadora de la Agencia Española de Protección de Datos y principio de proporcionalidad», *ibidem*, 33-49.

60 Que es una versión de apercibimiento más próxima a la que encontramos, por ejemplo, en el marco de la ejecución forzosa de los actos administrativos (art. 99 de la LPAC). Lo esencial es, pues, el requerimiento. Tan es así que se llegó a considerar que, en ausencia de medidas correctoras, el apercibimiento que nos ocupa dejaba de tener sentido y pasaba a

El empleo del verbo apercibir en el precepto de marras es, por tanto, confuso y el asunto salió a plaza a las primeras de cambio. Hubo de lidiar el juez administrativo con la pretensión de recurrentes que interesaban la sustitución de la multa que les había sido impuesta por el apercibimiento; y ello con base en el principio de proporcionalidad —también, en la aplicación de la ley más beneficiosa después de un cambio legislativo en lo punitivo[61]— y, a su virtud, en el imperativo de que la Administración escoja la sanción más leve aplicable al caso —*id est*: el apercibimiento—. Se le reprochaba a la Agencia Española de Protección de Datos, en resumidas cuentas, que no hubiese apercibido en vez de incoar directamente el expediente sancionador (con multa al término) siendo que se daban los requisitos para poder haberlo hecho.

Tras un titubeo inicial[62], la Audiencia Nacional —competente para conocer de las sanciones de la Agencia—, dejó bien establecido que este apercibimiento no era, en rigor, una sanción en forma de amonestación[63]. Bastaba ver que no venía precedido por ningún procedimiento sancionador. De hecho, su función era precisamente sustituirlo y dejarlo en *standby* provisionalmente. Por eso mismo, estaba fuera de orden pretender del juez administrativo un eventual trueque «apercibimiento por multa». Sendas figuras no eran intercambiables; respondían a momentos y a finalidades diferentes.

A partir de entonces, deslindada la potestad de apercibir de la de sancionar, la Audiencia Nacional fue perfilando los contornos de este requerimiento. Aclaró su razón de ser: la localización de episodios donde el reproche social y el merecimiento de sanción se debilitaban de resultas de la concurrencia de fuertes atenuantes de la conducta —la profesionalidad del infractor o la novedad del tema, por referir algunos que expresamente fueron decantados por la jurisprudencia—. Digamos, en lo esencial, que se exigía una cualificada disminución de la culpabilidad del infractor o de la antijuridicidad del hecho —en conexión con los apartados 4 y 5 del art. 45 de la LOPD—. De igual forma, quedó establecido en este acervo de la Audiencia Nacional que se trataba de una potestad de corte excepcional[64]; y cuyo ejercicio era marcadamente casuístico[65]. Cosa esta última que venía a traducirse en un

---

convertirse en una sanción de amonestación no prevista legalmente (SAN de 8 de julio de 2016, recurso 242/2014).

61 Recordemos que la LOPD (1999) no contemplaba inicialmente esta posibilidad, introducida en 2011.

62 Como de sanción de menor gravedad fue calificado este apercibimiento, por ejemplo, en la SAN de 17 de junio de 2011 (recurso 601/2010).

63 Cambio de criterio que se hizo efectivo en la SAN de 29 de noviembre de 2013 (recurso 455/2011).

64 La propia redacción del art. 45.6 de la LOPD no dejaba lugar a dudas: «*Excepcionalmente* [...]». Véanse las SSAN de 16 de diciembre de 2011 (recurso 175/2010), y 10 de junio de 2014 (recurso 166/2013).

65 Lo resaltaba, entre muchas, la SAN de 7 de junio de 2013 (recurso 14/2012).

estrecho radio de control por parte de los tribunales habida cuenta de la amplia discrecionalidad que la remisión legal expresa a las circunstancias del caso concreto concedía a la Administración[66]. Incluso apelando al principio de igualdad iba a ser difícil reprochar a la Agencia Española de Protección de Datos haber renunciado al apercibimiento antes de imponer la sanción[67].

No es necesario ir más lejos a nuestros efectos. Añadamos, en todo caso, que la entrada en escena del Reglamento de protección de datos personales (2016) insiste en el apercibimiento como reacción templada frente a las infracciones leves susceptibles de dar lugar a multas desproporcionadas para una persona física[68]. Se echa en falta, no obstante, una mayor claridad en el reflejo que esta directriz ha acabado teniendo en la Ley Orgánica de Protección de Datos Personales de 2018.

B. Otra manifestación similar de oportunidad con fines correctores la encontramos en el marco de la inspección de trabajo y seguridad social a propósito de las infracciones de este orden. El requerimiento trae causa aquí de una concepción muy arraigada —que se refleja en los propios Convenios de la Organización Internacional de Trabajo— sobre la figura del inspector y su misión; una misión en la que ha de barajarse el fin último de la realización efectiva de la ley, así como la voluntad de colaboración del particular, sin que todo ello haya de quedar liquidado o preterido por el impulso de abrir a todo trance el expediente sancionador.

Los inspectores de trabajo y seguridad social aparecen apoderados para formular advertencias y requerimientos capaces de frenar el impulso de la acción sancionadora. En este sentido, finalizada la actividad comprobatoria inspectora, podrán:

> «advertir y requerir al sujeto responsable, en vez de iniciar un procedimiento sancionador, cuando las circunstancias del caso así lo aconsejen, y siempre que no se deriven perjuicios directos a los trabajadores o a sus representantes»[69].

---

66 También aquí los términos del precepto resultaban elocuentes: «[...] *atendida la naturaleza de los hechos* y la concurrencia *significativa* de los criterios establecidos en el apartado anterior [...]».

67 Sirvan de muestra las SSAN de 26 de diciembre de 2013 (recurso 402/2012), y de 28 de enero de 2015 (recurso 188/2013).

68 En el considerando núm. 148 del Reglamento (UE) 2016/679 del Parlamento Europeo y del Consejo, de 27 de abril de 2016, relativo a la protección de las personas físicas en lo que respecta al tratamiento de datos personales y a la libre circulación de estos datos, podemos leer en concreto que «En caso de infracción leve, o si la multa que probablemente se impusiera constituyese una carga desproporcionada para una persona física, en lugar de sanción mediante multa puede imponerse un apercibimiento».

69 El entrecomillado procede del art. 22 (Medidas derivadas de la actividad inspectora) de la Ley 23/2015, de 21 de julio, Ordenadora del Sistema de Inspección de Trabajo y Seguridad Social. Se desarrolla en el art. 11 (Medidas a adoptar por el personal inspector) del RD 928/1998, de 14 de mayo, por el que se aprueba el Reglamento general sobre pro-

La renuncia a la acción sancionadora pasa, pues, por exigir al infractor que corrija las irregularidades o deficiencias apreciadas, subsanando las desviaciones observadas y adoptando las medidas correctoras correspondientes. Adviértase que la opción presenta muchas menos ataduras que en el registro anterior, tanto en lo referente a los presupuestos como en lo que atañe a los límites.

No es extraño que también haya llegado a los tribunales la pretensión de quien, luego de ser sancionado, reprocha a la Administración no haberle ofrecido previamente la oportunidad de evitar la sanción mediante un requerimiento de subsanación. Pretensión que, *mutatis mutandis*, es parangonable a la que acabamos de referir en el mundo de los datos personales. La solución a la que se ha llegado en este ámbito muestra una comunión espontánea en lo sustancial y, por tanto, nos da una nueva señal de que la figura se presta a una teorización común. Así, el juez —administrativo y, después de la modificación de la jurisdicción en esta materia, laboral— ha dejado establecido que la potestad de requerir es distinta de la de sancionar y que, por consiguiente, no pueden confrontarse en la misma balanza[70]. También hay coincidencia a la hora de subrayar su carácter excepcional. Lo residual, la opción por defecto, no es que se abra el expediente sancionador. Al revés, se respalda la obligatoriedad de la incoación del procedimiento sancionador, mientras que el requerimiento queda configurado como una alternativa extraordinaria de uso discrecional por parte de la Administración. Discrecionalidad acentuada también en este campo por la remisión explícita de la ley al caso concreto: «cuando las circunstancias del caso así lo aconsejen». Difícil, en estas condiciones, revertir la falta de requerimiento.

***

cedimientos para la imposición de sanciones por infracciones de orden social y para los expedientes de liquidación de cuotas de la Seguridad Social.

En el ámbito más específico de la prevención de riesgos laborales se contempla asimismo esta vía del requerimiento previo a la incoación del expediente sancionador, si bien no en los mismos términos. La principal diferencia radica en que el requerimiento no siempre opera aquí como sustituto de la sanción —lo cual conecta con una importante consideración final de este apartado sobre la autonomía institucional de la corrección respecto de la sanción—. Con arreglo al art. 43.1 (Requerimientos de la Inspección de Trabajo y Seguridad Social) de la Ley 31/1995, de 8 de noviembre, de prevención de Riesgos Laborales: «Cuando el Inspector de Trabajo y Seguridad Social comprobase la existencia de una infracción a la normativa sobre prevención de riesgos laborales, requerirá al empresario para la subsanación de las deficiencias observadas, salvo que por la gravedad e inminencia de los riesgos procediese acordar la paralización prevista en el artículo 44. Todo ello *sin perjuicio de* la propuesta de sanción correspondiente, en su caso [...]».

70 Representativo es este extracto: «La potestad de la Inspección de Trabajo de hacer una advertencia en vez de iniciar un procedimiento sancionador, lo cierto es que se trata precisamente de ello de una potestad y no de una obligación, facultad que incube en todo caso a la propia Inspección de Trabajo, sin que proceda mediante el presente procedimiento, modificar la sanción llevada a cabo por la Inspección en advertencia» (Sentencia núm. 241/2021, del Juzgado de lo Social de Ávila núm. 1, de 8 de junio).

Aunque esta construcción sobre la diferenciación medidas correctoras/sanción y potestad de corrección/potestad sancionadora se antoja muy sólida, no puedo por menos que significar que presenta un puñado de derivaciones inquietantes.

La primera es que la constatación de que estamos ante una elección con una dosis de discrecionalidad elevadísima no debe arrastrar inconscientemente a la liquidación de su *control*. La decisión sobre el requerimiento no puede ser en ningún caso producto de la veleidad. Ciertamente, el casuismo que introduce el legislador imprime a esta cuestión un aire de espontaneidad y hasta un tono gracioso (gratuito), de suerte que si se activa el requerimiento toca dar gracias a la Administración por la oportunidad, pero, si no lo hace, hay que aceptar resignadamente la falta de suerte. Por supuesto, entenderlo así, por mucho que la realidad lo sugiera, estaría fuera de todo orden. La Administración debe ser capaz de explicar por qué no ha echado mano del requerimiento. Después de todo, siendo una decisión discrecional, sea del signo que sea, la motivación resulta de recibo —*ex* art. 35.1.i de la LPAC—. Cosa distinta es que hacerlo no represente, visto lo visto, una gran dificultad para la Administración. Pero, por pocas que sean las probabilidades, importa que no desfallezca el control para que no se instale un requerimiento gracioso.

Por eso mismo, y ésta es la segunda derivación, convendría que el requerimiento, allí donde se erija en alternativa posible al expediente sancionador, se juridificase como *trámite* de la secuencia a la manera de fase pre-procedimental del mismo[71]. Llevaría ello, por de pronto, a interiorizar la procedencia de dar una explicación de lo acontecido en las actuaciones al término, en la motivación de la resolución final. Y probablemente ayudaría a despejar algunas incógnitas de articulación procedimental (efectos del tiempo que se ha consumido en un requerimiento finalmente desatendido...), incluida la relativa a la posibilidad de impugnar directamente (autónomamente) el requerimiento.

La impugnación directa de los requerimientos de la Inspección de Trabajo ha sido motivo de cavilación en la praxis judicial. En síntesis, el problema era la proyección sobre esta figura de la tradicional construcción de los actos de trámite y la elucidación consecuente de si se estaba ante uno de los llamados cualificados. El asunto todavía colea[72], aunque parece que se ha ido asen-

71 Nos adentramos en un terreno resbaladizo, el de las «actuaciones extramuros del procedimiento», dentro del género de las actuaciones directas de la Administración, cuyo estudio ha sistematizado Jorge García-Andrade Gómez, *Las actuaciones administrativas sin procedimiento. Relaciones jurídicas en el Estado de Derecho*, Marcial Pons, Madrid, 2021. Sobre la necesidad de juridificación de estas actuaciones, véanse en particular las páginas 185-202.

72 Valgan como muestra de la pervivencia de las dudas la STSJ de Madrid, Sala de lo Social, núm. 832/2020, de 12 de noviembre; y la STSJ de Galicia, Sala de lo Social, núm. 4929/2022, de 3 de noviembre.

tando como criterio la distinción, dentro del requerimiento *lato sensu*, entre aquel cuyo contenido no pasa de ser un recordatorio de lo que la normativa ya impone sin necesidad de precisiones (*advertencia*), y el que, por el contrario, incorpora una concreción deductiva de la norma (*requerimiento en sentido estricto*)[73]. Así, mientras que el primero no sería recurrible[74], el segundo, en razón de la concreción deductiva de su contenido dispositivo, sí podría ser recurrido de manera independiente[75].

Insisto en esta idea de trámite *integrado*. Y es que, por mucha sustantividad que concedamos al requerimiento, incluida su eventual impugnación autónoma, ello no puede llevar a desconocer su conexión con el procedimiento sancionador, a menos que también se borre al tiempo cualquier pretendida significación en términos de oportunidad. Porque, si resulta que el requerimiento no afecta a la apertura del expediente sancionador, es decir, no tiene capacidad de condicionarla, sería más procedente revisar toda la nomenclatura y pasar a hablar de *medidas provisionalísimas* —conectadas al expediente sancionador que ha de seguir después[76]— o bien de órdenes de ejecución —desconectadas de todo procedimiento—.

***

C. La *advertencia* nos lleva al final de esta clase de oportunidad liminar al servicio de la restauración del orden perturbado por la infracción. Es, seguramente, la versión más primitiva, pero, al mismo tiempo, la que expresa ese

73 Esta distinción puede verse trabajada especialmente en las SSTSJ de Cataluña, Sala de lo Contencioso-Administrativo, núm. 696/2011, de 5 de octubre, y núm. 274/2012, de 30 marzo.

74 Habida cuenta de que «Las actas de advertencia y requerimiento se limitan a recordar o invitar cumplir una ley y es la misma ley la que limita la esfera de actuación del administrado y no crean una situación subjetiva de derecho o debe» (STJ de Cataluña, Sala de lo Contencioso-Administrativo, núm. 696/2011, de 5 de octubre).

75 Lo explica así el TSJ de Cataluña:
«[...] cuando el requerimiento no es mera traslación de una obligación legal previamente impuesta, sino que requiere una interpretación bien de la norma, bien de la aplicación que de la norma efectúa la parte interesada, y además impone al destinatario del mismo una obligación de hacer, es preciso admitir su impugnación independiente del acto administrativo sancionador, a fin de que la parte afectada pueda discutir la procedencia de emprender una acción que puede comportar una situación irreversible [...]. En estos casos, el requerimiento es lo más parecido a una medida de carácter provisional en el que el destinatario debe tener la oportunidad de discutir la procedencia de la misma para dar cumplimiento a la norma supuestamente infringida» (STSJ de Cataluña, Sala de lo Contencioso-Administrativo núm. 274/2012, de 30 marzo).

76 A tenor del art. 54.2 de la Ley 11/2009, de 6 de julio, de regulación administrativa de los espectáculos públicos y las actividades recreativas:
«En los casos de infracciones leves, pueden llevarse a cabo actuaciones de advertencia, sin necesidad de abrir un procedimiento sancionador. La autoridad competente debe motivar la medida de la advertencia».

poso de sentido común, de prudencia, a que empuja racionalmente la levedad sancionadora en contextos de realidad infractora masiva.

Volvemos de nuevo al debate de partida: ¿es la advertencia una facultad implícita a la potestad sancionadora? Si se entiende que sí (en razón de esa virtud de templanza, de su carácter *light*...) habrá que reconocer por fuerza que la tesis del ejercicio facultativo se lleva la palma. De ahí que, fiel al hilo argumental que vengo defendiendo, considere que también el empleo de la advertencia como alternativa del expediente sancionador, no obstante su aparente inocuidad, deba venir amparado asimismo por una previsión expresa en la ley sancionadora de turno. De hecho, las hay que pueden valernos como ejemplo. Así, la legislación catalana de espectáculos contempla la posibilidad de hacer uso de la advertencia «sin necesidad de abrir un procedimiento sancionador» en los casos de infracción leve[77]. Deben darse para ellos dos condiciones: que en el último año no se haya incoado un expediente sancionador respecto de ese establecimiento y que el interesado se muestre dispuesto a reparar voluntariamente los hechos constitutivos de infracción, y así lo haga a la mayor brevedad posible[78].

4. La oportunidad liminar a cuenta de la reparación del daño causado por la infracción y, señaladamente, de la tutela de la eventual víctima

El tercer y último grupo vendría a englobar a aquellas manifestaciones en las que la inconveniencia de la acción sancionadora se supedita o vincula a la reparación del daño causado por la infracción y, de un modo singular, a la satisfacción de la víctima. Cabe, en este sentido, que los hechos hayan ocasionado un daño a la comunidad —supongamos al dominio público— o bien que, al mismo tiempo o alternativamente, hayan irrogado a un tercero un perjuicio. Especialmente en este último caso, habida cuenta de la importancia de la tutela de la víctima en la inteligencia moderna del Derecho punitivo, la renuncia a la acción sancionadora puede instrumentalizarse con la finalidad de acelerar y/o blindar su reparación (i), o, yendo más lejos, con la voluntad de descender a la raíz del eventual conflicto con el infractor (ii).

i. La reparación no es una ventaja que traiga consigo en exclusiva la oportunidad. En rigor, no hace falta renunciar a la sanción para reclamarla al término[79]. Lo que sí ofrece la oportunidad es la posibilidad de articularla a la

77 En virtud del art. 54.2 de la Ley 11/2009, de 6 de julio, de regulación administrativa de los espectáculos públicos y las actividades recreativas.

78 De acuerdo con el art. 151.1 del Decreto 112/2010, de 31 de agosto, por el que se aprueba el Reglamento de espectáculos públicos y actividades recreativas.

79 Con arreglo al art. 28.2 de la LRJSP: «Las responsabilidades administrativas que se deriven de la comisión de una infracción serán compatibles con la exigencia al infractor de la

manera de condición, de modo que se incentive su rápida satisfacción. Es de advertir así que el principio de oportunidad está en grado de hacer de la reparación del daño irrogado por la infracción un factor que no solo atenúe (gradúe) la sanción —que es lo característico en muchos regímenes sectoriales—, sino que la neutralice. Ese sería el *quid proprium* de la reparación declinada a partir de la oportunidad. Valga el ejemplo que encontramos en la Ley de Turismo de Cataluña en cuanto a la posibilidad de que la reparación de los perjuicios causados a los consumidores *pueda* comportar el archivo de las actuaciones[80].

ii. La oportunidad liminar puede erigirse en una excelente aliada de la mediación —o a la inversa, si se prefiere— en el entendido de que, en determinados ámbitos, la desactivación del castigo puede anudarse a la asunción voluntaria de un procedimiento de mediación que vendría a paralizar entretanto la iniciación de la acción sancionadora o su culminación, en función del momento procedimental donde se coloque la cláusula. Lo singular de este registro es que la activación del principio de oportunidad, más que de la Administración, depende del infractor, supuesto el carácter voluntario de la mediación. El «botón» de la oportunidad no responde tanto a una renuncia que la Administración, a la luz de los hechos, pone en marcha, cuanto a la voluntad de ofrecer al infractor una solución más envolvente[81].

Uno de esos espacios proclives atañe —adviértase el previsible parangón con lo penal— a los *menores*. Sabido es que el Derecho Administrativo Sancionador ha debido afrontar el problema de las infracciones cometidas por menores. El de la convivencia urbana es tal vez el caso más paradigmático. Pues bien, a poco que nos adentremos en el proceloso mar que conforman las Ordenanzas de civismo podremos seguir el rastro de la mediación y su empleo conjugado con la inadmisión liminar. En la que cabe considerar estandarte del conjunto, la de Barcelona, se prevé así el establecimiento de un sistema de mediación municipal aplicable a las infracciones cometidas por menores; una mediación que involucraría a los padres y, en su caso, a las víctimas o perjudicados por la infracción y que tendría como finalidad la concienciación del menor sobre lo ocurrido y el daño causado a la comunidad, así como la consecución de un acuerdo respecto de las medidas de reparación. Es de ver que la filosofía que subyace en esta desactivación del castigo viene animada —como no podía ser de otro modo— por el interés superior

reposición de la situación alterada por el mismo a su estado originario, así como con la indemnización por los daños y perjuicios causados, que será determinada y exigida por el órgano al que corresponda el ejercicio de la potestad sancionadora».

80 *Ex* art. 103 de la Ley 13/2002, de 21 de junio, de Turismo de Cataluña.

81 En el sentido de que permite abordar el problema subyacente sin los corsés del expediente sancionador, evitando que el ejercicio de la potestad sancionadora, por su propia puesta en escena, lo agrave. Un marco general es el que pretende conferir en este punto la nueva Ley vasca de la potestad sancionadora (art. 9).

del menor; idea-fuerza que facilita la sustitución de la sanción cuando el fin reeducador ofrece en el caso concreto una alternativa de realización más adecuada a la sola sanción —cuya proporción entre propiedades represivas y educativas se vería así superada por el acuerdo y la reparación mediados con mejor balance educativo—[82].

Si tiramos del hilo de la *convivencia*, podemos dar con otras manifestaciones de oportunidad liminar asociada a la mediación. La reciente Ley de convivencia universitaria (2022), por citar otro caso, apuesta firmemente por la aplicación de medios alternativos de solución de los conflictos de convivencia universitaria y, en este sentido, prevé que tales medios, basados en la mediación, puedan aplicarse *antes* y durante el procedimiento disciplinario[83]. Puede parecer un descubrimiento, pero lo cierto es que ya respecto de la disciplina en los centros docentes no universitarios venía defendiéndose la idoneidad de responder a ciertas infracciones con el ofrecimiento de la mediación como alternativa al ejercicio de la acción disciplinaria a fin de encarar el conflicto de fondo (y acaso poner remedio a lo venidero)[84].

Probablemente se piense que no estamos ante regulaciones muy penetrantes de la oportunidad liminar, lo cual es cierto. Acusan, por otro lado, esa evanescencia que todavía rodea a la mediación en el Derecho Administrativo, como eterna promesa que, por uno u otro pretexto, no acaba de despegar. A nadie se oculta, por eso mismo, que el progreso de esta modalidad de oportunidad está indisolublemente unido a la propia suerte de la mediación, ya sea sectorialmente, ya en el plano general de las técnicas de resolución alter-

82 Una exposición muy completa la ofrece Gerardo Carballo Martínez, «La mediación administrativa sancionadora como instrumento de convivencia de la ciudadanía en la Administración», *Convivencia ciudadana: mediación, conciliación y técnicas de prevención y resolución del conflicto ciudadano*, Iustel, Madrid, 2018, 25-56.

83 Acúdase al art. 5 (Medios alternativos de solución de los conflictos de convivencia), art. 19 (Procedimiento disciplinario), y art. 22 (Procedimiento ante la Comisión de Convivencia) de la Ley 3/2022, de 24 de febrero, de convivencia universitaria. Habrá que ver, no obstante, cómo se desarrolla todo ello en las Normas de Convivencia de las Universidades. Para adentrarse en este ámbito, véase Sasha Nicol Rocha Havenith y Beatriz Belando Garín, «La nueva Ley de convivencia universitaria. Algunas reflexiones sobre la potestad disciplinaria en el contexto universitaria», *Revista General de Derecho Administrativo*, 64, 2023.

84 Aunque la legislación educativa de cabecera ofrecía amarres más bien débiles a tal efecto, se significaron algunos desarrollos autonómicos más decididos que podían servir de referencia. Sería el caso, siguiendo el estudio de Beatriz Belando Garín, del Decreto catalán 279/2006, de 4 de julio, sobre derechos y deberes del alumnado y regulación de la convivencia en los centros educativos no universitarios de Cataluña («La mediación en el régimen disciplinario: la mediación escolar y la penitenciaria», *Revista de Administración Pública*, 189, 2012, 425-463). La citada autora ha seguido desarrollando esta línea de investigación, significando la idoneidad de la oportunidad conectada con la «mediación preventiva» en ciertos escenarios sancionadores como el escolar, el universitario o el penitenciario: «La mediación en los procedimientos disciplinarios», *Mediación y arbitraje en la Administración Pública. Por una conciliación entre la legalidad y la eficacia*, Wolters Kluwer Legal & Regulatory España, Las Rozas, 2022, 215-230.

nativa de conflictos administrativos. Si la oportunidad, por más que luzca, no fluye operativamente (porque es farragosa) y/o convence a los operadores (huérfanos de cultura de ella), el sistema tenderá inercialmente a rehuirla. Sea como fuere, la indicación del camino está y éste posee un claro recorrido, si es que se quiere transitar y se acierta en la manera de hacerlo[85].

En efecto, la oportunidad liminar basada en la mediación se caracteriza, *in primis*, por su valor o significado. La mediación conviene no tanto por sus méritos de economía procedimental, cuanto por brindar una solución más profunda. Naturalmente, ello no significa que represente una enmienda a la totalidad del régimen sancionador que toque. No en vano, en todas las regulaciones aludidas se establece un marco que delimita su ámbito aplicativo y que comparte las dos coordenadas elementales de la oportunidad: la levedad de los hechos y la falta de reincidencia del autor. Pero, esto supuesto, ofrece la importante ventaja de permitir un consenso que involucre no sólo al infractor, sino a otros actores, singularmente a la víctima de la infracción. Quiere ello decir que por medio de la mediación pueden incorporarse elementos restaurativos o reparadores en la solución; elementos que pueden ir más allá de la estricta indemnización civil (como la reconciliación ofensor-víctima).

La teoría, en fin, resulta muy convincente y atractiva. Otra cosa es pasar a la acción y poner todo ello en práctica. Es aquí donde todavía el salto es demasiado grande. Sea como fuere, toca aplicarse, pues solo la mediación «tangible» logrará convencer a muchos escépticos.

IV. PRIMERAS CONCLUSIONES

Aunque mi primera intención era la de completar mi reflexión sobre el principio de oportunidad en el Derecho Administrativo Sancionador en un solo acto, diría que el tema me ha «enganchado». Desde luego, se presta a una segunda vuelta para salir en busca de nuevas manifestaciones y tratar de ensayar al término una reconstrucción sistemática del principio en lo administrativo. En todo caso, este primer recorrido nos permite extraer ya algunas conclusiones.

A. El principio de oportunidad, guste o no, tiene ya una presencia significativa en nuestro Derecho Administrativo Sancionador positivo.

Ciertamente, la formulación del principio de legalidad dentro de los principios de la potestad sancionadora en la LRJSP no hace alusión a la opor-

85 Se conoce que cuesta que la resolución alternativa de conflictos cuaje en lo administrativo. Circunstancia que, hay que significarlo, no ha hecho bajar los brazos a la doctrina administrativista. Se sigue cavilando e incluso cabe apreciar un cierto reverdecimiento del interés por la materia. Véase Lucía Casado Casado, «La oportunidad de la medicación como mecanismo de apertura y flexibilidad del procedimiento administrativo en el contexto de una Administración Pública relacional», *Revista Catalana de Dret Públic*, 67, 2023, 82-107.

tunidad. Sin embargo, esta ausencia en el Derecho Sancionador *general* no ha sido obstáculo a una fecunda recepción sectorial con diferentes modalidades. El principio de oportunidad se ha «colado» con gran descaro, ajeno a las vicisitudes del debate sobre la oficialidad de la acción sancionadora; un debate que puede ir a parar a un callejón dialéctico sin salida y que, según lo veo yo, convendría abandonar para aplicarse en hacer del principio de oficialidad un postulado fuerte *y creíble*, lo cual, entre otras cosas, exige prestar atención a la oportunidad, que es uno de sus contrafuertes, por extraño que parezca a primera vista.

En lo legislativo, el ideal pasaría por corregir la situación mediante una cláusula general, insertada en el frontispicio de circunstancias que ofrece la LRJSP (¡ojalá en un código o texto sancionador general!), tendente, no ya a amparar una aplicación directa de la oportunidad liminar en todo el panorama sancionador administrativo (al estilo del art. 85 de la LPAC), sino a reconocer su pertenencia al sistema, estableciendo sus márgenes mínimos y dando paso al legislador sectorial, encargado de su activación y concreción —contando con las adaptaciones pertinentes de la reserva de ley a nivel local, donde la oportunidad encuentra escenarios muy propicios—.

Sea como fuere, esta presencia remarcable del principio de oportunidad en nuestro panorama sancionador administrativo contrasta, también, con el discreto papel que se le concede en la teorización de la potestad sancionadora a nivel doctrinal. Una indiferencia, por así decir, que valdría la pena revisar. No tanto para subirse al carro del mundo penal, donde el principio de oportunidad ha experimentado una pujanza extraordinaria, sino con vistas a aprovechar la capacidad de modular un desempeño sancionador tan penetrante y variado como es el de la Administración.

B. Técnicamente, el principio de oportunidad se traduce en la neutralización de la sanción y, en su versión liminar o *a limine* —que es la que nos ha ocupado—, también del procedimiento sancionador. Conste, de todos modos, que las manifestaciones (caras) de la oportunidad son muchas y que es esta plasticidad uno de sus puntos fuertes.

La remisión al legislador sectorial adquiere un relieve fundamental no solo en lo que hace a la activación, sino, sobre todo, a la *definición* de la oportunidad. Importa, en este sentido, que se evalúe, de manera contextualizada, a la luz de la singularidad de cada sector, la justificación de una eventual renuncia a la acción sancionadora y que, hallada esa justificación, se haga reflejar convenientemente en el enunciado de la norma que vaya a habilitar su empleo.

Del caudal de ejemplos utilizados (y, también, del espejo penal), sabemos que hay *tres* orientaciones básicas. No es que haya que seguirlas por fuerza y a todo trance, pero sí que marcan los márgenes comunes razonables:

1. El plano al que mejor se adapta el principio de oportunidad es el que ocupan las infracciones *leves*.

2. De igual forma, por su propia naturaleza de reacción extraordinaria y más favorable, la oportunidad se compadece mejor con la *falta de reincidencia*, es decir, con la primera vez.
3. Resulta imposible eliminar el *examen circunstancial o casuístico* a la hora de formular una cláusula de oportunidad, lo cual trae consigo ventajas de ajuste, pero obliga a estar particularmente atentos a la motivación.

C. La renuncia a la acción sancionadora, cumplidos los presupuestos, puede tener lugar sin más añadidos, es decir, sin exigencias adicionales para el infractor. Ciertamente, cuesta intuir adónde lleva este postulado en lo administrativo, puesto que el juego de las justificaciones de la sanción no concede tantas posibilidades como en el mundo penal. El alma de la sanción no es tan florida. Precisamente por ello, sabemos que la oportunidad *sub conditione* se asume más fácilmente en la medida en que propicia la impresión externa de «trueque del castigo» (intercambio de la sanción por un restablecimiento o reparación exprés), más que de simple «desaparición del mismo» (no hay sanción porque su finalidad ha quedada saldada de otro modo en ese concreto episodio). Es importante, esto sentado, que la oportunidad *sub conditione*, modelada como *requerimiento,* presente una regulación acorde, especialmente en lo relativo a su diferenciación de otras figuras que se prestan a confusión como es el caso del apercibimiento (como sanción) o de las medidas provisionalísimas (conectadas siempre a un expediente sancionador de incoación asegurada).

***

El principio de oportunidad es, sí, un contrafuerte del principio de oficialidad de la acción sancionadora, pero no es la panacea a los males que aqueja y, por consiguiente, tampoco representa la solución definitiva al problema con que arrancábamos este trabajo. Hay, por decirlo con otras palabras, rémoras más profundas, anteriores a la oportunidad, que deben removerse a fin de lograr una mayor armonía.

D. Una de ellas es la interiorización de un Derecho Administrativo Sancionador *sostenible* y, a su virtud, una revisión *in funditus* de la manera de concebir la *levedad infractora* en lo administrativo.

Oportunidad y levedad van de la mano. Si el tratamiento de ésta es precario, por fuerza el despliegue de la primera se verá debilitado. Y a la inversa, pues la influencia es recíproca y actúa en los dos sentidos. Pues bien, ya se ha significado que a la oportunidad le queda mucho trecho por recorrer en lo que hace a su vertebración administrativa. Pero también el estado de la levedad se antoja claramente mejorable.

Creo que, inconscientemente, producto de la misma relajación en otros frentes, se ha concedido a la levedad infractora una *bula* que habría que revocar sin falta.

Conocemos de sobra que la regulación de las infracciones leves responde a muy diferentes estrategias según los sectores. En ocasiones, tiene detrás una política punitiva de tolerancia cero que aparece correspondida con una actitud resuelta y con un despliegue de medios acorde, por más que el objetivo sea irrealizable en puridad. Otras veces, en cambio, la redacción de las infracciones leves busca simplemente lanzar un mensaje disuasorio que solo puntualmente va a reafirmarse con un ejercicio efectivo. Recordatorio o acaso escarmiento que, en otros sectores, ni siquiera se produce, porque campean tipos leves que llevan décadas sin aplicarse, sin que ello parezca que preocupe a nadie.

En línea de principio, que haya estrategias punitivas diferentes no es objetable. Lo que sí es censurable es la ausencia de estrategia y de plan reales porque, al establecer el correspondiente régimen sancionador leve, no se haya practicado (ni pretenda practicarse) ningún tipo de *evaluación*.

Parece evidente que si queremos dar alguna significación al principio rector de la intervención mínima o *ultima ratio* en el terreno sancionador administrativo es de fuerza mirar de frente a las infracciones leves, que son las más concernidas.

c) *Ex ante*.

- Deberíamos preguntarnos si las conductas a enderezar se prestan a otro tipo de abordamientos a partir de medidas no sancionadoras.
- De igual forma, importa mucho que en ese análisis se preste atención al balance entre la sanción y el coste de imponerla, lo cual, por cierto, nos lleva al gravísimo problema del procedimiento menor o simplificado —para mí, uno de los agujeros negros de la levedad sancionadora[86]—.
- Y, si está justificada su sanción, habría de aclararse qué tipo de política va a seguirse en su persecución, porque, si se asume que se hará un ejercicio ocasional, importará mucho que las previsiones sobre la discrecionalidad (oportunidad) estén contempladas en la ley sancionadora.

86 La evolución de las garantías del procedimiento sancionador y los estándares exigidos hoy dificultan el hallazgo de un equilibrio entre las infracciones leves y el expediente exigido para imponerlas. Solo a través de la técnica del reconocimiento/pronto pago a cambio de rebaja se han conseguido avances significativos —no siempre satisfactorios técnicamente, como se ha apuntado más arriba—. Entre tanto, parece que la tramitación simplificada (expresamente contemplada para las infracciones leves en el art. 96.5 de la LPAC) brilla por su ausencia. Es éste, a mi modo de ver, un elemento clave. Comprendo que no es fácil dar con una fórmula que conjugue simplificación y garantismo recio y no se me oculta que el fantasma de las sanciones de plano está ahí. Sin embargo, mi reflexión no va tanto en la línea de recriminar la ausencia de un procedimiento simplificado para las infracciones leves efectivo y homologable, sino en caer en la cuenta de que esa falta por fuerza ha de valorarse a la hora de configurar la levedad sancionadora.

d) *Ex post*.

- Toda política sancionadora que se precie debe incorporar un seguimiento[87].
- Si una infracción leve no se aplica, debería indagarse el porqué, aclarar su contribución (acaso su función preventiva opere sin más ni más) y corregir las eventuales disfunciones detectadas.

La música es conocida, pero debe incorporarse a la partitura oficial con resolución. Puede hacerse sin estridencias a través de la evaluación normativa, tanto *ex ante* (memoria de análisis de impacto normativo), como *ex post*, valorándose y contrastándose después qué nivel de prevención se esperaba y qué nivel se ha alcanzado, haciendo balance, previo y posterior, de la posible conjugación con soluciones no sancionadoras.

E. Paralelamente corre la importancia de asumir la visión panorámica o integrada de la potestad sancionadora en cada sector. No solo para conjugar creativamente todas las respuestas a la infracción, sino, sobre ello, para poner en conexión la vertiente punitiva de la intervención administrativa con las otras potestades que formen parte del cuadro de control y respuesta en aquel sector dado[88]. Eso que, en palabras del profesor PEMÁN GAVÍN, configura un entorno y permite buscar la mejor manera de crear al fin una «cultura» de cumplimiento normativo, basada en la convicción compartida de la bondad de las normas y en un control social «difuso» de su cumplimiento: «a las dos cosas podemos contribuir los administrativistas españoles; a través de nuestros escritos, de nuestra labor docente y de nuestra presencia en los diversos foros de información y opinión»[89].

---

87 La actualización de un régimen sancionador no es solo poner al día la cuantía de las multas. Me consta que este seguimiento y evaluación al que se hace referencia ya se practica en algunos negociados, de una forma más o menos formalizada y publicitada (memorias...). Es evidente, no obstante, que todavía queda mucho camino por recorrer.

88 En esto el Derecho Administrativo Sancionador puede encontrar una veta de gran valor para extraer usos específicos y singulares del principio de oportunidad. Algunos autores, de hecho, ya han significado cómo en determinados escenarios podrían alumbrarse articulaciones que mejorarían el balance aflictivo (principio de proporcionalidad al cabo). Así, en el entorno de las subvenciones, por ejemplo, la potestad de reintegro podría combinarse a fin de neutralizar la sanción ante ciertos tipos de infracciones (las leves y de orden formal, figurémonos), siguiendo la estela, por cierto, del ramo tributario (Manuel FERNÁNDEZ SALMERÓN, «Mudanza administrativa y ayudas públicas o *"donde dije digo,…"*. Aproximación a la protección de la confianza legítima (y de otros principios) en el reintegro de subvenciones», *20 años de la Ley General de Subvenciones*, AEPDA, Sevilla, 2023).

89 «Conclusiones», *La función inspectora*, Actas del VIII Congreso de la Asociación Española de Profesores de Derecho Administrativo, INAP, Madrid, 2013, 250.

V. BIBLIOGRAFÍA

Araujo, Marcos, y Labrador, Maria Antonia (2015): «La relevancia del error de prohibición en el Derecho de Defensa de la Competencia», *Estudios sobre la potestad sancionadora en Derecho de la Competencia*, Aranzadi, Cizur Menor, 139-162.

Armenta Deu, Teresa:

- (1991): *Criminalidad de bagatela y principio de oportunidad. Alemania y España*, PPU, Barcelona.

- (2013): «Principio de legalidad *vs* principio de oportunidad: una ponderación necesaria», *Principios y garantías procesales. Liber Amicorum en homenaje a la profesora María Victoria Berzosa Francos*, Bosch, Barcelona, 441-455.

Belando Garín, Beatriz:

- (2012): «La mediación en el régimen disciplinario: la mediación escolar y la penitenciaria», *Revista de Administración Pública*, 189, 425-463.

- (2022): «La mediación en los procedimientos disciplinarios», *Mediación y arbitraje en la Administración Pública. Por una conciliación entre la legalidad y la eficacia*, Wolters Kluwer Legal & Regulatory España, Las Rozas, 215-230.

Blanquer Criado, David (2020): *El inicio del procedimiento administrativo*, Tirant lo Blanch, Valencia.

Burcazo Samper, María:

- (2020): «Principio de oportunidad y Derecho administrativo sancionador: análisis de algunas de sus implicaciones», *Postmodernidad y proceso europeo: la oportunidad como principio informador del proceso* judicial, Dykinson, Madrid, 85-108.

- (2021): «Principio de oportunidad en vía administrativa: la distinta naturaleza de algunas de sus manifestaciones y su incidencia en el control judicial de lo contencioso-administrativo», *El impacto de la oportunidad sobre los principios procesales clásicos: estudios y diálogos*, Iustel, Madrid, 17-39.

Calaza López, Sonia; **y Muinelo Cobo,** José Carlos:

- (2019) (dirs.): *Principio de oportunidad y transformación del proceso penal*, La Ley, Madrid.

- (2020) (dirs.), *Postmodernidad y proceso europeo: la oportunidad como principio informador del proceso judicial*, Dykinson, Madrid.

- (2021) (dirs.), *El impacto de la oportunidad sobre los principios procesales clásicos: estudios y diálogos*, Iustel, Madrid.

Cancio Fernández, Raúl C., «Heisenberg en el proceso contencioso-administrativo», *El impacto de la oportunidad sobre los principios procesales clásicos: estudios y diálogos*, Iustel, Madrid, 2021: 69-88.

Calvo Rojas, Eduardo (2008): «El régimen sancionador de la Ley Orgánica 15/1999, de 13 de diciembre, de protección de datos de carácter personal. El principio de proporcionalidad», *La potestad sancionadora de la Agencia Española de Protección de Datos*, AEDP-Aranzadi, Cizur Menor, 19-31.

Carballo Martínez, Gerardo (2018): «La mediación administrativa sancionadora como instrumento de convivencia de la ciudadanía en la Administración», *Convivencia ciudadana: mediación, conciliación y técnicas de prevención y resolución del conflicto ciudadano*, Iustel, Madrid, 25-56.

Casado Casado, Lucía (2023): «La oportunidad de la medicación como mecanismo de apertura y flexibilidad del procedimiento administrativo en el contexto de una Administración Pública relacional», *Revista Catalana de Dret Públic*, 67, 82-107.

Casino Rubio, Miguel (2021): *El concepto constitucional de sanción administrativa*, Centro de Estudios Políticos y Constitucionales, Madrid, 2.ª ed.

Cierco Seira, César (2009): *La inadmisión en el procedimiento administrativo. Estudio de su configuración a la luz del proceso judicial*, Iustel, Madrid.

Esteban Ríos, Javier (2020): *El ejercicio de las potestades supervisora y sancionadora en el marco del Mecanismo Único de Supervisión*, Aranzadi, Cizur Menor.

De la Oliva Santos, Andrés (2007): *Derecho Procesal Penal*, Editorial universitaria Ramón Areces, Madrid, 8.ª ed.

Desdentado Daroca, Eva (2010): «Discrecionalidad administrativa en la imposición de sanciones», *Diccionario de Sanciones Administrativas*, Iustel, Madrid, 340-349.

Díez Sastre, Silvia (2008): El *precedente administrativo. Fundamentos y eficacia vinculante*, Marcial Pons, Madrid.

Fernández Salmerón, Manuel (2023): «Mudanza administrativa y ayudas públicas o *"donde dije digo,..."*. Aproximación a la protección de la confianza legítima (y de otros principios) en el reintegro de subvenciones», *20 años de la Ley General de Subvenciones*, AEPDA, Sevilla.

Gallardo Castillo, María Jesús, *Los principios de la potestad sancionadora. Teoría y práctica*, Madrid, Iustel, 2008.

García-Andrade Gómez, Jorge (2021): *Las actuaciones administrativas sin procedimiento*, Marcial Pons, Madrid.

García Luengo, Javier (2022): «La reducción de las sanciones administrativas por reconocimiento de la responsabilidad o pago voluntario», *Revista General de Derecho administrativo*, 61.

García Ureta, Agustín (2024): «Novedades sustantivas y procedimentales en la Ley 1/2023, de la potestad sancionadora de las Administraciones Públicas Vascas», *Revista Vasca de Administración Pública*, 128, 45-88.

Gimeno Sendra, José Vicente:

- (1988): «Los procedimientos penales simplificados (principio de oportunidad y proceso penal monitorio», P*oder Judicial*, número extra 2, 31-52.

- (2019): *Derecho Procesal Penal*, Aranzadi, Cizur Menor, 3.ª ed.

Gómez Puente, Marcos (2011): *La Inactividad de la Administración*, Aranzadi, Cizur Menor, 4ª ed.

González Jiménez, Pedro Mario (2022): «Las conductas de menor importancia en el Derecho Antitrust: ¿Principio de tipicidad, de oportunidad o de confianza legítima», *Anuario de Derecho Administrativo Sancionador 2022*, Aranzadi, Cizur Menor, 427-446.

Gosálbez Pequeño, Humberto (2019): *La denuncia administrativa. El régimen de la Ley 39/2015, de 2 de octubre, de Procedimiento Administrativo Común de las Administraciones Públicas*, Aranzadi, Cizur Menor.

Huergo Lora, Alejandro:

- (1995): «La desigualdad en la aplicación de potestades administrativas de gravamen: remedios jurídicos», *Revista de Administración Pública*, 137, 189-238.

- (2022): «Inteligencia artificial y sanciones administrativas», *Anuario de Derecho Administrativo Sancionador 2022*, Aranzadi, Cizur Menor, 275-309.

Lozano Cutanda, Blanca (2003): «El principio de oficialidad de la acción sancionadora administrativa y las condiciones necesarias para garantizar su efectividad», *Revista de Administración Pública*, 161, 83-121.

Martín-Retortillo Baquer, Lorenzo (1991), «Las sanciones administrativas en relación con la defensa de los consumidores, con especial referencia a la publicidad de las mismas», *Revista de Administración Pública*, 126, 133-187.

Marzal Raga, Reyes (2015): *El Apercibimiento. Una nueva sanción en materia de protección de datos de carácter personal*, Tirant lo Blanch, Valencia.

Nieto, Alejandro (1994): *Derecho Administrativo Sancionador*, Tecnos, Madrid, 2.ª ed.

Ribera Martínez, Alba (2022): «El artículo 49 de la Ley de Defensa de la Competencia: el principio de priorización y problemas persistentes en vía contenciosa», *Anuario de Derecho Administrativo Sancionador 2022*, Aranzadi, Cizur Menor, 557-572.

Rozados Oliva, Manuel Jesús (2013): «La responsabilidad patrimonial de la Administración en materia de ruido», *La responsabilidad patrimonial de la Administración Pública: estudio general y ámbitos*, v. 2, 1383-1420.

Pemán Gavín, Juan María:

- (2008): «Ordenanzas municipales y convivencia ciudadana. Reflexiones a propósito de la Ordenanza de civismo de Barcelona, *Derechos fundamentales y otros estudios en homenaje al Prof. Dr. Lorenzo Martín-Retortillo*, El Justicia de Aragón, Zaragoza, v. I, 497-536.

- (2013): «Conclusiones», *La función inspectora*, Actas del VIII Congreso de la Asociación Española de Profesores de Derecho Administrativo, INAP, Madrid, 243-250.

- (2022): *Derecho Sancionador Bancario. El régimen sancionador de las entidades supervisadas por el Banco de España*, Iustel, Madrid.

Ramos Muñoz, David; **Cerrato García**, Elia; y **Bosque Argachal**, Carlos (2022): «Responsabilidad de los supervisores financieros y las autoridades de resolución en España», *Revista Española de Derecho Administrativo*, 221, 109-154.

Rebollo Puig, Manuel:

- (2013): «La actividad inspectora», *La función inspectora*, Actas del VIII Congreso de la Asociación Española de Profesores de Derecho Administrativo, INAP, Madrid, 55-116.

- (2015): «Control judicial del no ejercicio de la potestad sancionadora», *Estudios sobre la potestad sancionadora en Derecho de la Competencia*, Aranzadi, Cizur Menor, 407-466.

Rebollo Puig, Manuel; y **Cano Campos**, Tomás (2022): «Reserva de ley y correlación entre las infracciones y sus sanciones: ¿es constitucional el art. 117.1 de la Ley de Aguas?», *Revista de Administración Pública*, 217, 53-90.

Roca Martínez, José María (2021): «Dando una oportunidad a la oportunidad», *El impacto de la oportunidad sobre los principios procesales clásicos: estudios y diálogos*, Iustel, Madrid, 421-443.

Rocha Havenith, Sasha Nicol; y **Belando Garín**, Beatriz (2023): «La nueva Ley de convivencia universitaria. Algunas reflexiones sobre la potestad disciplinaria en el contexto universitaria», *Revista General de Derecho Administrativo*, 64.

Rodríguez Pontón, Francisco José:

- (2001): *Discrecionalidad y Derecho Administrativo sancionador. Fundamentos y límites de la oportunidad del ejercicio de acción administrativa sancionadora*, Universidad de Barcelona.

- (2011): «El principio de objetividad en el ejercicio de la potestad administrativa sancionadora», *Documentación Administrativa*, 289, 211-231.

Ropero Vilaró, Antonio (2012): *El principio de oportunidad: reflexiones en torno a sus manifestaciones en el derecho punitivo público. La oportunidad liminar como alternativa a la sanción administrativa*, Universidad de Lleida.

Rozas Valdés, José Andrés: «Acicate y sanciones tributarias: entre el estímulo y la disuasión»,

Sanz Rubiales, Iñigo:

- (1999): «Revocación de sanciones administrativas por motivos de oportunidad», *Revista de Administración Pública*, 148, 359-385.

- (2022): «Acción pública y procedimiento sancionador», *Anuario de Derecho Administrativo Sancionador 2022*, Aranzadi, Cizur Menor, 185-207.

Sala Arquer, José Manuel (1974): *La revocación de los actos administrativo en el Derecho español*, Instituto de Estudios Administrativos, Madrid, 1974.

Salat Paisal, Marc (2021): *La relación entre Derecho Penal y Derecho Administrativo Sancionador*, Tirant lo Blanch, Valencia.

Suay Rincón, José, *Sanciones administrativas*, Publicaciones del Real Colegio de España, Bolonia, 1989.

Tornos Mas, Joaquín (2008): «Potestad sancionadora de la Agencia Española de Protección de Datos y principio de proporcionalidad», *La potestad sancionadora de la Agencia Española de Protección de Datos*, AEDP-Aranzadi, Cizur Menor, 33-49.

Vázquez Sotelo, José Luis (2013): «Los principios del proceso penal. Legalidad, oportunidad y condena pactada», *Principios y garantías procesales. Liber Amicorum en homenaje a la profesora María Victoria Berzosa Francos*, Bosch, Barcelona, 441-455.

DERECHO ADMINISTRATIVO SANCIONADOR Y MINORÍA DE EDAD: HACIA UNA NECESARIA REVISIÓN DEL SISTEMA JURÍDICO-ADMINISTRATIVO ACTUAL

Luis Sarrato Martínez
Profesor contratado doctor de Derecho Administrativo
Universidad Internacional de La Rioja

SUMARIO. I. INTRODUCCIÓN. II. LOS MENORES DE EDAD Y SU POSICIÓN ANTE EL ORDENAMIENTO JURÍDICO ESPAÑOL: UN PUNTO DE PARTIDA. 1. Mayoría y minoría de edad en el Ordenamiento jurídico español: la condición jurídica de menor. 2. La fragmentación normativa en torno a los menores de edad y su protección jurídica. 2.1. Normas de Derecho internacional. 2.2. Normas de Derecho español. 3. El menor de edad en el Derecho administrativo. 3.1. Capacidad jurídica y capacidad de obrar en Derecho público. 3.2. La capacidad de obrar del menor de edad bajo la óptica del Derecho administrativo. 3.3. El tratamiento jurídico del menor de edad: algunos ejemplos ilustrativos con referencia a la legislación administrativa sectorial y su entronque con la legislación general. A. Doce años. B. Catorce años. C. Dieciséis años. D. Dieciocho años. III. LA RESPONSABILIDAD ADMINISTRATIVA DE LOS MENORES DE EDAD EN EL DERECHO ADMINISTRATIVO SANCIONADOR Y SU PROBLEMÁTICA JURÍDICA. 1. Planteamiento general sobre la inexistencia de un Derecho administrativo sancionador propio para los menores de edad: una asignatura pendiente. 2. Las infracciones administrativas cometidas por los menores de edad. 2.1. La capacidad de culpabilidad como elemento relevante en el caso de infracciones administrativas cometidas por menores de edad. A. La senda marcada por el Derecho penal. B. Capacidad de culpabilidad e imputabilidad en el Derecho administrativo sancionador. 2.2. La responsabilidad de padres y tutores por las infracciones administrativas cometidas por menores de edad a su cargo. IV. REFLEXIONES FINALES. V. BIBLIOGRAFÍA.

I. INTRODUCCIÓN

La RAE ha definido el término «edad» como el «tiempo que ha vivido una persona o ciertos animales o vegetales»[1]. En lo que a este estudio nos interesa, es el lapso de tiempo que transcurre desde el nacimiento de la persona, y que se prolonga a lo largo de su vida de forma variable hasta su fallecimiento, siendo un proceso natural con relevancia o, mejor dicho, con trascendencia jurídica, precisamente por los efectos que se anudan a determinadas situaciones que se materializan en torno a la edad en nuestro Ordenamiento jurídico.

La Constitución Española de 1978 (en adelante, CE) se ha encargado de establecer, a lo largo de su articulado, una mayoría de edad que se fija en los 18 años. A partir de este marco constitucional, la ordenación jurídica relativa a la edad no ha seguido un esquema jurídico homogéneo en las diferentes ramas que integran el Ordenamiento jurídico. Ello ha supuesto que, si bien existe un copioso corpus legislativo en torno a la minoría de edad (sobre todo en lo relativo a su protección y tutela desde diferentes ópticas), el tratamiento jurídico de las personas menores de edad se caracterice por su disparidad en función de los diferentes objetivos perseguidos por el legislador, y los bienes jurídicos en juego que se pretenden tutelar en cada caso.

Si bien es perceptible un diferente tratamiento jurídico de la edad en el Derecho administrativo en comparación con otros sectores del Derecho, lo cierto es que la inexistencia de un régimen administrativo sancionador específico para los menores de edad es un hecho palpable que se viene prolongando en el tiempo, a pesar de que la doctrina administrativista ha venido reclamando con insistencia al legislador una apuesta en serio por su definición y clarificación. Especialmente en el ámbito administrativo la cuestión deviene especialmente dificultosa, sobre todo porque la ausencia de una regulación general, —a pesar de las reformas operadas en el año 2015—, viene perpetuando la necesidad de acudir a la normativa sectorial que regula cada materia de forma concreta. El enfoque adoptado por el legislador nacional hace ya varias décadas, y la favorable acogida que ha venido teniendo hasta casi su consolidación, provoca en la praxis situaciones incoherentes y que materializan una gran inseguridad jurídica.

1 Real Academia Española: *Diccionario de la Lengua Española*. Disponible en: https://www.rae.es/

El presente Capítulo, partiendo de trabajos doctrinales previos —de gran brillantez—, pretende abordar esta materia, analizando la problemática que se plantea en torno a la minoría de edad en el Derecho administrativo, con referencias a otros sectores del Derecho, como el Derecho penal, para así comprobar que debemos caminar hacia un nuevo Derecho administrativo sancionador que, de forma unificada y sistematizada, establezca unas bases generales de mínimos y certezas que permita articular adecuadamente un régimen específico para las infracciones cometidas por menores de edad, y que contemple sanciones especiales para los mismos. De esta manera, se podría considerar superado el régimen actual, que descansa en una responsabilidad solidaria de padres, tutores o progenitores que son quienes, en último término, sufragan económicamente las sanciones que se les imponen a los menores a su cargo, y que no permite hacer efectiva una finalidad educativa o resocializadora, cuyo espíritu no sería otro que prevenir o evitar los comportamientos infractores.

II. LOS MENORES DE EDAD Y SU POSICIÓN ANTE EL ORDENAMIENTO JURÍDICO ESPAÑOL: UN PUNTO DE PARTIDA

1. Mayoría y minoría de edad en el Ordenamiento jurídico español: la condición jurídica de menor

La CE contempla una edad para entender alcanzada la mayoría de edad, que está fijada en los 18 años, tal y como viene recogida en el art. 12, cuyo tenor literal es el siguiente: «Los españoles son mayores de edad a los dieciocho años».

Este límite de edad, además de equiparar al Ordenamiento jurídico español con los de su entorno político y cultural (Francia, Alemania, Italia, etc.), supuso la culminación de un largo proceso histórico de rebaja de la mayoría de edad, tradicionalmente situado en España en un momento posterior de desarrollo de la persona. La nueva mayoría de edad quedó plasmada en la legislación ordinaria incluso antes de la entrada en vigor de la Constitución. Una vez que el texto constitucional fue aprobado por las Cortes Generales y que solo faltaba la aprobación por el pueblo en referéndum, el Gobierno y la mayoría de las fuerzas políticas consideraron pertinente que los jóvenes entre los dieciocho y los veintiún años entraran con plenitud de derechos y obligaciones en el nuevo régimen político y, especialmente, que pudieran participar con su voto en el referéndum constitucional[2]. Así, consecuente-

2 GÁLVEZ MUÑOZ, L.: «Sinopsis artículo 12», en: *Comentarios a la Constitución Española*, Congreso de los Diputados, 2003 (actualizado en 2011 por SIEIRA, S.).

mente, se aprobó el Real Decreto-ley 33/1978, de 16 de noviembre, sobre mayoría de edad[3], que estableció la mayoría de edad en los 18 años, adelantando un cambio importante en el régimen de la capacidad de obrar de los menores que posteriormente confirmaría la CE. El citado Real Decreto-ley justificaba su contenido en los siguientes términos:

> «El límite legalmente establecido para la mayoría de edad de los ciudadanos, como determinante del momento de la incorporación de éstos a la plenitud de la vida jurídica alcanzando la plena capacidad de obrar en los campos civil, administrativo, político o de cualquier otra naturaleza, ha sufrido en nuestro ordenamiento, como en el de los restantes países de nuestra área cultural, una progresiva reducción fundada en que la instrucción recibida durante una escolarización más prolongada y la abundante información de que hoy día dispone la juventud ha hecho a ésta apta para hacer frente a las exigencias de la vida a una edad más temprana que en pasados tiempos y que la reducción de la edad de la mayoría tiende a favorecer el desarrollo del sentido de la responsabilidad de los jóvenes».

Esa reducción de la mayoría de edad se viene a justificar en el hecho de que los menores adquieren una capacidad de discernimiento suficiente con mayor prontitud que en épocas pasadas, de tal modo que los menores de edad alcanzan un grado de madurez cada vez a más pronta edad. Esa reducción también permite que, a la postre, los menores tomen antes conciencia de sus propios actos y de la responsabilidad acerca de los mismos.

Una vez promulgada la CE, y contemplada la mayoría de edad en la misma, se aprobó la Ley 11/1981, de 13 de mayo, por la que se modificaron los arts. 314 a 320 del Código Civil, en materia de filiación, patria potestad y régimen económico del matrimonio. Uno de sus cometidos fue establecer la mayoría de edad en los 18 años, matizando que pueden existir diferentes excepciones que se contendrán en el propio Código Civil. Se estableció en el art. 315 que la mayor edad comienza a los 18 años cumplidos, debiéndose computar a estos efectos completo el día del nacimiento, y en el artículo 322 que el mayor de edad es capaz para todos los actos de la vida civil «salvo las excepciones establecidas en casos especiales por este Código». Por lo tanto, la mayoría de edad va a ser el momento a partir del cual se tiene reconocida plena capacidad de obrar para todos los actos de la vida civil. Esto implica que el propio legislador va a poder determinar una edad diferente a la constitucional y legalmente prevista para el ejercicio relativo a determinados derechos y libertades, siempre y cuando dicha diferencia tenga una justificación. El último de los preceptos mencionados presenta gran interés, por cuanto «no cabe trazar un foso entre la mayor edad (plena capacidad) y la menor edad»[4] por el hecho de que el legislador pueda establecer, por causa justifi-

3 BOE núm. 275 de 17 de noviembre de 1978.

4 Gálvez Muñoz, L.: «Sinopsis artículo 12», *cit.*

cada, un límite de edad distinto para el ejercicio de determinados derechos y obligaciones.

No obstante, si bien la rotundidad de los términos literales del mencionado artículo 12 de la CE no alberga dudas, encontramos otras referencias implícitas dentro de la Carta Magna. Un ejemplo viene representado por el artículo 20.4; un precepto encargado de regular en general la libertad de expresión e información, y que reza lo siguiente:

> «Estas libertades tienen su límite en el respeto a los derechos reconocidos en este Título, en los preceptos de las leyes que lo desarrollen y, especialmente, en el derecho al honor, a la intimidad, a la propia imagen y a la protección de la juventud y de la infancia».

En referencia a la utilización de los términos «juventud» e «infancia» existen, naturalmente, diferencias conceptuales. La juventud puede ser un aspecto algo relativo, ya que la madurez puede alcanzarse a diferentes edades según cada persona. En este caso, si bien la determinación de un alcance máximo y mínimo de afectación de la edad entraña dificultades, se entiende que, al fijarse una edad para alcanzar la mayoría de edad, ello supone que al alcanzar la misma se posee una cierta madurez, aunque existan supuestos en los que pueda no ser así, pero esto nos lleva a considerar que, por debajo de esos 18 años, se estará sí o sí en esa etapa de juventud. El segundo concepto resulta menos dudoso, debido a que la pubertad, que es en lo que se basa el término *infancia* empieza a tener lugar entre los 9 y 15 años en varones y entre los 8 y 14 años en mujeres. Por ello, en ambos supuestos, la referencia a la edad es más fácil de deducir[5].

Finalmente, debemos aludir al art. 39 de la Carta Magna, del cual podemos destacar la referencia que se hace a los «niños»; lo cual no plantea mayores problemas interpretativos, en la medida en que un niño sí que está vinculado a una edad. La RAE define ese período vital con varias acepciones: «que está en la niñez»; «que tiene pocos años»; «que tiene poca experiencia»[6]. Sin embargo, se suele utilizar con frecuencia el termino *adolescencia*, entendido como sinónimo de pubertad, nubilidad, pubescencia, y que la RAE define como «período de la vida humana que sigue a la niñez y precede a la juventud»[7]. Vale la pena señalar que, en el plano jurídico, la distinción terminológica entre «niño» y «adolescente» admite matices que, en muchas ocasiones, no permiten distinguir una postura unánime al respecto, lo que puede generar inseguridad jurídica[8]. Así,

---

5 *Vid.* Villanueva Torres, A.: «La mayoría de edad. Artículo 12 de la Constitución Española de 1978», *Estudios de Deusto* 65 (2), 321-48.

6 Real Academia Española: *Diccionario de la..., cit.*

7 Real Academia Española: *Diccionario de la..., cit.*

8 Por citar un ejemplo, la Ley 14/2010, de 27 de mayo, de los Derechos y las Oportunidades en la Infancia y la Adolescencia de Cataluña, su art. 2.2 establece que «a los efectos de la presente Ley y las disposiciones que la desarrollan, se entiende por «niño» toda persona

nos encontramos ante conceptos extraordinariamente amplios y que no son de fácil aplicación en el espectro jurídico.

No obstante, de todo lo expuesto parece desprenderse, al menos en un plano jurídico formalmente consagrado, que a partir de los 18 años la persona se considera autónoma y plenamente capaz de decidir, obrar y responsabilizarse de las consecuencias jurídicas de sus actos. Es un dato confirmado por las técnicas psicométricas, que, en condiciones normales, el desarrollo mental de un sujeto se vincula directamente a su edad cronológica, al menos hasta la adolescencia, que es el momento temporal en el que se fija o cristaliza el potencial intelectivo de cada persona, sin que esto detenga o culmine el proceso global de maduración psicológica de una persona, cuyo límite, desde luego, ni está fijado ni puede fijarse seriamente en función del número de años, ni tampoco interesa al Derecho en cuanto máximum alcanzable, sino únicamente en cuanto mínimo exigible[9]. De ahí que la determinación de la mayoría de edad pertenezca al terreno de las convenciones jurídicas sobre presupuestos fácticos naturales, y que, como tal elemento técnico o instrumental, sea objeto histórico de la política legislativa[10].

2. La fragmentación normativa en torno a los menores de edad y su protección jurídica

La protección jurídica de los menores de edad es un aspecto fundamental en todo sistema jurídico, al menos en las civilizaciones más avanzadas. Los menores de edad son considerados más vulnerables y menos capaces de tomar decisiones informadas debido a su edad y desarrollo cognitivo, lo que ha venido conduciendo a la obligación de diseñar un esquema jurídico para la protección de sus derechos e intereses.

A pesar de todo lo expuesto anteriormente, y pese a la claridad y rotundidad que reviste el art. 12 CE, es evidente que el concepto de «menor de edad» no ha sido acogido de manera uniforme por las diversas ramas que componen el Ordenamiento jurídico. Tal y como ya señalara Tolivar Alas,

menor de doce años y por «adolescente» toda persona con una edad comprendida entre los doce años y la mayoría de edad establecida por ley».

9 Como dice el Prof. Chaves, «es cierto que *edad cronológica*, *edad madura* y *edad jurídico-administrativa* no son lados de un triángulo equilátero sino más bien de un triángulo escaleno o asimétrico. A veces hay gente muy madura para su edad (sin que la inteligencia vaya acompañada de madurez, caso de Mozart, niño prodigio e inmaduro hasta la sepultura), o, todo lo contrario, gente de edad que resulta inmadura (basta ver como conducen algunos adultos)». *Vid.* Chaves García, J.R.: «Edad administrativa y edad natural», en su blog https://delajusticia.com/

10 *Vid.* Ramos Chaparro, E.: «Niños y jóvenes en el Derecho civil constitucional», *Derecho Privado y Constitución*, núm. 7, 1995 (Ejemplar dedicado a: Monográfico sobre protección de menores), pág. 170.

han venido existiendo multitud de normas que tutelan minorías de edad por debajo de la señalada por la Constitución, de tal modo que «no todos los menores de edad tienen las mismas limitaciones ni un idéntico nivel de tutela institucional»[11]. Esta fragmentación puede comprenderse fácilmente a la vista de las particularidades que se presentan en cada uno de los ámbitos objeto de regulación, pese a lo cual, es posible advertir una falta de coordinación entre normas, que en no pocas ocasiones obedece a una deficiente técnica legislativa. De esta forma, la posición del menor ante el Ordenamiento jurídico (sobre todo en lo relativo a sus derechos y obligaciones) no es coincidente en los diferentes planos normativos existentes (Derecho civil, penal y administrativo). A su vez, todo ese amplio conjunto normativo se proyecta tanto en el plano internacional como en el de nuestro Derecho interno.

2.1. Normas de Derecho internacional

A nivel internacional, la protección jurídica de los menores de edad es un tema crucial, de tal manera que existen varias normativas y tratados que buscan salvaguardar los derechos y el bienestar de los menores a nivel mundial.

En el ámbito internacional, el marco universal de la defensa de los derechos de la infancia y la adolescencia viene representado por la Convención de 20 de noviembre de 1989 sobre los Derechos del Niño, adoptada por la Asamblea General de las Naciones Unidas, ratificada por España, que es el tratado internacional más completo sobre los derechos de los niños. Establece una serie de derechos civiles, políticos, económicos, sociales y culturales para los menores de 18 años. La citada Convención en su Preámbulo establece: «(...) que en todos los países del mundo hay niños que viven en condiciones excepcionalmente difíciles y que esos niños necesitan especial consideración (...) debiendo tener en cuenta la importancia de las tradiciones y los valores culturales de cada pueblo para la protección y el desarrollo armonioso del niño».

Asimismo, la Convención establece un principio rector de actuación de los organismos públicos y privados, en su artículo 3.1, al proclamar que: «En todas las medidas concernientes a los niños que tomen las instituciones públicas o privadas de bienestar social, los tribunales, las autoridades administrativas o los órganos legislativos, se atenderá siempre a procurar el interés superior del niño». De acuerdo con esta exigencia, la legislación española establece que, en aplicación de la legislación y en la actuación de los poderes públicos, primará el interés superior de los menores sobre cualquier otro interés legítimo que pudiera concurrir.

---

11 *Vid.* TOLIVAR ALAS, L.: «Aspectos jurídico-administrativos de la protección de menores», *Revista de Administración Pública*, núm. 124, 1991, pág. 38.

Junto a ello, debe tenerse en cuenta la existencia de otros Tratados internacionales ratificados por España —impulsados por organizaciones internacionales como Naciones Unidas, Organización Internacional del Trabajo, Consejo de Europa, la Conferencia de la Haya de Derecho Internacional Privado[12], entre otras— en materias sectoriales que afectan a los niños, niñas y adolescentes: trabajo infantil, sustracción de menores, trata y explotación sexual, adopción internacional, etc.[13], así como la normativa europea aplicable en España por nuestra condición de Estado miembro de la Unión Europea y del Consejo de Europa, y las abundantes Resoluciones y Recomendaciones emanadas de estos Organismos internacionales, que inspiran, orientan y completan el reconocimiento, el respeto y la aplicación de los derechos de los niños y las niñas en España.

2.2. Normas de Derecho español

El sistema de protección de menores, tal y como está concebido por el Ordenamiento jurídico español, se caracteriza por una gran dispersión normativa ya que, junto a las normas de Derecho internacional, se encuentran normas estatales encaminadas a dotar a esta materia de una regulación eficaz. Recordemos que, por imperativo del art. 10 y 34 CE, toda norma relativa a las personas menores de edad, se interpretará de conformidad con los tratados internacionales de los que España sea parte y, especialmente, de acuerdo con la Convención de los Derechos del Niño de Naciones Unidas de 20 de noviembre de 1989, y por ello la interpretación se orientará al bienestar y beneficio de la persona menor de edad como expresión de su superior interés.

Además, concurre un conglomerado normativo que abarca la legislación autonómica, al tratarse de una materia cuya competencia corresponde a las Comunidades Autónomas, de tal modo que, igualmente con carácter dis-

12 Desde la óptica del Derecho internacional privado, puede consultarse: ALDECOA LUZÁRRAGA, F. y FORNER DELAYGUA, J.J. (Dirs.): *La protección de los niños en el Derecho internacional y en las relaciones internacionales*, Marcial Pons, Madrid, 2010.

13 A título de ejemplo, podemos citar: Protocolo Facultativo de la Convención sobre los Derechos del Niño relativo a la participación de niños en conflictos armados: este protocolo, adoptado en 2000, prohíbe el reclutamiento y la participación de menores de 18 años en hostilidades armadas; el Protocolo Facultativo de la Convención sobre los Derechos del Niño relativo a la venta de niños, la prostitución infantil y la utilización de niños en la pornografía: este protocolo complementa la Convención sobre los Derechos del Niño, abordando específicamente cuestiones relacionadas con la explotación infantil; las Directrices sobre Justicia en Asuntos de Menores de las Naciones Unidas: estas directrices proporcionan orientación sobre cómo garantizar un trato justo y adecuado para los menores en el sistema de justicia, abordando cuestiones como la detención, el juicio y la rehabilitación; o, las Reglas de las Naciones Unidas para la Protección de los Menores Privados de Libertad: adoptadas en 1990, estas reglas establecen estándares para garantizar el trato humano y la protección de los derechos de los menores que están privados de libertad.

perso, en cada una de ellas se ha desarrollado una legislación dedicada al tratamiento jurídico de protección del menor y al organigrama funcional administrativo del sistema a nivel autonómico. En palabras de la profesora DE PALMA, la legislación sobre protección pública de menores, estatal y autonómica, proclama o contempla, de forma más o menos explícita, un conjunto de principios de actuación a los poderes públicos en esta materia: el principio de prevención, los principios de integración y reintegración familiar y el carácter progresivo y flexible de la actuación administrativa; principios todos ellos que dimanan de la fuerza jurídica del derecho a la vida familiar, reconocido al más alto rango normativo[14].

Además del Código Civil español, que dedica una sección específica a la protección de los menores, estableciendo las normas sobre la patria potestad, la guarda y custodia, la adopción, entre otros aspectos relacionados con la familia y la infancia, contamos con otras normas, algunas de ellas con modificaciones relativamente recientes. La Ley Orgánica 1/1996, de 15 de enero, de Protección Jurídica del Menor (LOPJM)[15], en la versión vigente, dada por la Ley Orgánica 8/2015, de 22 de julio[16], y la Ley 26/2015, de 28 de julio, de Modificación del Sistema de Protección a la Infancia y la Adolescencia[17], establecen un marco jurídico de carácter estatal, acorde con la condición de los menores de edad como sujetos de derechos y con el reconocimiento de una capacidad progresiva para ejercerlos. Así lo señala la Ley Orgánica 1/1996, de 15 de enero, en su Exposición de Motivos:

> «Las transformaciones sociales y culturales operadas en nuestra sociedad han provocado un cambio en el status social del niño y como consecuencia de ello se ha dado un nuevo enfoque a la construcción del edificio de los derechos humanos de la infancia. Este enfoque reformula la estructura del derecho a la protección de la infancia vigente en España y en la mayoría de los países desarrollados desde finales del siglo XX, y consiste fundamentalmente en el reconocimiento pleno de la titularidad de derechos en los menores de edad y de una capacidad progresiva para ejercerlos. El desarrollo legislativo postconstitucional refleja esta tendencia, introduciendo la condición de sujeto de derechos a las personas menores de edad. (...) Las limitaciones que pudieran derivarse del hecho evolutivo deben interpretarse de forma restrictiva. Más aún, esas limitaciones deben centrarse más en

14 *Vid.* DE PALMA DEL TESO, A.: «El derecho de los menores a recibir protección: el papel de la familia y de las Administraciones públicas. La actuación de las administraciones públicas en situaciones de riesgo, dificultad social y desamparo de los menores», *Anuario de la Facultad de Derecho de la Universidad Autónoma de Madrid*, núm. 15, 2011 (Ejemplar dedicado a: *El menor ante el derecho en el siglo XXI* / coord. por Julio DÍAZ-MAROTO Y VILLAREJO y Alma María RODRÍGUEZ GUITIÁN), pág. 189.

15 BOE núm. 15, de 17 de enero de 1996.

16 BOE núm. 175, de 23 de julio de 2015.

17 BOE núm. 180, de 29 de julio de 2015.

los procedimientos, de tal manera que se adoptarán aquéllos que sean más adecuados a la edad del sujeto. El Ordenamiento jurídico, y esta Ley en particular, va reflejando progresivamente una concepción de las personas menores de edad como sujetos activos, participativos y creativos, con capacidad de modificar su propio medio personal y social; de participar en la búsqueda y satisfacción de sus necesidades y en la satisfacción de las necesidades de los demás.

El conocimiento científico actual nos permite concluir que no existe una diferencia tajante entre las necesidades de protección y las necesidades relacionadas con la autonomía del sujeto, sino que la mejor forma de garantizar social y jurídicamente la protección a la infancia es promover su autonomía como sujetos. De esta manera podrán ir construyendo progresivamente una percepción de control acerca de su situación personal y de su proyección de futuro. Este es el punto crítico de todos los sistemas de protección a la infancia en la actualidad. Y, por lo tanto, es el reto para todos los ordenamientos jurídicos y los dispositivos de promoción y protección de las personas menores de edad. Esta es la concepción del sujeto sobre la que descansa la presente Ley: las necesidades de los menores como eje de sus derechos y de su protección».

El art. 1 de la LOPJM determina que la misma es aplicable a todo menor de 18 años— a no ser que ya sea mayor por su ley nacional— que se encuentre en territorio español. Y ello con independencia de su raza, sexo, idioma, religión, origen o cualquier otra condición del niño o de sus padres o representantes legales. Se incluye por tanto también al menor extranjero. Tan es así que la Ley en su art. 10, apartados 3 y 4, contempla a estos menores dentro de la misma[18]. La Ley Orgánica 4/2000, de 11 de enero sobre derechos y libertades de los extranjeros en España y su integración social[19], —y sus modificaciones posteriores—, junto con el Reglamento en materia de extranjería, también integran un marco jurídico que contiene disposiciones que afectan a los menores inmigrantes y su protección jurídica.

Igualmente, se han producido novedades legislativas en torno a esta materia en los últimos años. La Ley Orgánica 4/2021, de 4 de junio, de Protección Integral a la Infancia y la Adolescencia frente a la Violencia[20], surge con el propósito de reforzar los derechos de los niños, niñas y adolescentes, ya que el objetivo de la misma es garantizar sus derechos fundamentales: a su integridad física, psíquica, psicológica y moral, frente a cualquier forma de violencia, asegurando el libre desarrollo de su personalidad y estableciendo las medidas de protección integral y multidisciplinar que incluyan la sensibi-

18 En igual sentido se manifiesta el artículo 1 de la Convención sobre los Derechos del Niño, el apartado 8-1 de la Carta Europea de los Derechos del Niño de 1989, y la mayor parte de las legislaciones autonómicas.

19 BOE núm. 10, de 12 de enero de 2000.

20 BOE núm. 134, de 5 de junio de/2021.

lización, la prevención, la detección precoz, la protección y la reparación del daño en todos los ámbitos en los que se desarrolle su vida.

Este marco jurídico se complementa con la Ley 8/2021, de 2 de junio, por la que se reforma la legislación civil y procesal para el apoyo de las personas con discapacidad en el ejercicio de su capacidad jurídica[21]. Esta reforma, que supone una modificación integral en esta materia, ha adecuado nuestro Ordenamiento jurídico a la Convención Internacional sobre los derechos de las personas con discapacidad, celebrada en Nueva York el 13 de diciembre de 2006. Por tanto, el legislador español ha tardado 15 años en adoptar las medidas pertinentes para el apoyo que puedan necesitar las personas con discapacidad[22]. Uno de los aspectos más relevantes de la Ley 8/2021 es que ha suprimido la incapacitación judicial. Anteriormente, cuando una persona con discapacidad requería de apoyos para el ejercicio de su capacidad jurídica, se iniciaba un procedimiento judicial para incapacitarla. Sin embargo, en la actualidad esto ya no es posible, ya que se han sustituido los procesos de modificación de la capacidad por los dirigidos a proveer de apoyos a las personas con discapacidad.

Finalmente, es preciso señalar que, de conformidad con la estructura territorial y administrativa del Estado español, las Comunidades Autónomas, dotadas de potestad legislativa, han desarrollado ampliamente la legislación autonómica en materia de protección y promoción de los derechos de las personas menores de edad.

3. El menor de edad en el Derecho administrativo

3.1. Capacidad jurídica y capacidad de obrar en Derecho público

Como es bien sabido, la ordenación jurídica relativa a la edad se articula, dentro del Derecho civil que estudia la *persona*, en torno a dos conceptos distintos de capacidad, que tradicionalmente se han distinguido en nuestro Ordenamiento jurídico: la capacidad jurídica y la capacidad de obrar.

21 BOE núm. 132, de 3 de junio de 2021.

22 No obstante, aunque tardía, la modificación ha sido integral, ya que se han modificado las siguientes leyes: Ley de Enjuiciamiento Civil, Código Civil, Ley de la Jurisdicción Voluntaria, Ley del Notariado, Código de Comercio, Ley Hipotecaria, Ley del Registro Civil, Código Penal, Ley 41/2003, de 18 de noviembre, de protección patrimonial de las personas con discapacidad. Es igualmente perceptible que existen diversas normas administrativas que todavía no han sido modificadas para adaptarse a la Ley 8/2021.

En primer lugar, el nacimiento determina la personalidad, y en nuestro Ordenamiento jurídico, toda persona goza de capacidad jurídica desde su nacimiento de forma inherente; capacidad para ser titular de derechos y obligaciones, sin que nadie pueda privarle de ella. De esta forma, la capacidad jurídica se configura como la aptitud genérica para ser titular de derechos y deberes desde un punto de vista jurídico y, en general, para ser sujeto de relaciones jurídicas. Esto es, es la mera posibilidad de tener derechos y obligaciones. No supone una atribución efectiva de ningún derecho u obligación. En consecuencia, todo ser humano, por el hecho de serlo, goza de capacidad jurídica. Asimismo, esta capacidad jurídica no es graduable; es la misma capacidad jurídica para todos; al igual que tampoco es disponible. Así pues, la capacidad jurídica acompaña a la persona desde el nacimiento hasta la muerte. Tan es así que el Código Civil establece en el artículo 29 que «el nacimiento determina la personalidad». De hecho, cuando desde el punto de vista jurídico se alude a la *personalidad*, se está haciendo referencia al reconocimiento de alguien como sujeto de derechos y obligaciones (ya sea una persona física o jurídica)[23]. En consecuencia, de ello se deriva que toda persona al nacer (cumpliendo el requisito del art. 30 Cciv.) tiene capacidad jurídica, es decir, la aptitud para ser titular de derechos y obligaciones[24].

Esta capacidad jurídica, además de mostrarse como la pura potencialidad de ser sujeto de derechos y obligaciones, es la plasmación más clara del principio de igualdad (art. 14 de la Constitución).

No obstante, la posibilidad genérica de ser titular de derechos y obligaciones (capacidad jurídica) no es suficiente para poder llevar a cabo eficazmente actuaciones relacionadas con ese derecho. Para ello, es preciso tener capacidad de obrar, que es la posibilidad de desarrollar una actuación válida y eficaz desde un punto de vista jurídico. Hay seres humanos que carecen de ella (recién nacido) o que la tienen limitada (es el caso de los menores de edad). De ahí que la capacidad de obrar admita graduaciones y modulaciones atendiendo al tipo de acto que pretenda realizar el sujeto de derecho. Valga como ejemplo la posibilidad que se reconoce al menor de edad para realizar testamento a partir de los 14 años (el art. 663 Cciv. impide otorgar testamento a los menores de catorce años y a aquellos que no puedan conformar o expresar su voluntad ni aun con ayuda de medios de apoyos para

23 En este sentido, los términos capacidad jurídica y personalidad, confluyen y vienen a ser coincidentes. *Vid.* Ruíz Jiménez, J.: «La capacidad del menor», en: Pous de la Flor, M.ª. P. y Tejedor Muñoz, L. (Coords.): *Protección Jurídica del Menor*, 2ª Edición, Tirant Lo Blanch, Valencia, 2022, pág. 34.

24 Acerca de la distinción entre capacidad jurídica y capacidad de obrar, *vid.* Martínez de Aguirre Aldaz, C.: «La persona y el derecho de la persona», en: de Pablo Contreras, P. (Coord.): *Derecho de la Persona*, vol. II, 7.ª ed., Edisofer, Madrid, 2021, pág. 28; Diez Picazo Ponce de León, L. y Gullón Ballesteros, A.: *Sistema de Derecho Civil*, vol. 1, 13ª ed., Tecnos, Madrid, 2016; y Vaquer, A. (coord.); Arroyo, E.; Bosch, E. y Ferrer, E.: *Dret civil: part general i dret de la persona*, Atelier, Barcelona, 2013, pág. 138 y ss.

ello), o también el hecho de que no sea suficiente ser mayor de edad para adoptar, siendo necesario haber cumplido 25 años (art. 175 Cciv.). Otro ejemplo lo encontramos en el art. 32 CE. Al tratar el matrimonio, y con mención explícita a la palabra «edad», establece que una norma con rango de ley será la que se encargue de establecerla.

Hasta aquí se puede comprobar cómo se proyectan la capacidad jurídica y la capacidad de obrar desde el espectro del Derecho civil. Sin embargo, a nivel doctrinal, en Derecho administrativo no se ha seguido fielmente el canon mantenido desde el plano del Derecho civil, pues en Derecho administrativo —y en Derecho público en general—, se presuponía que no existía diferencia entre capacidad para ser titular de derechos (capacidad jurídica) y capacidad para ejercerlos (capacidad de obrar). Esta afirmación se fundamentaba en el hecho de que el reconocimiento de un derecho suponía reconocimiento de la capacidad para ejercerlo, lo cual se ha demostrado que no es cierto. Y ello porque también en Derecho civil —aunque ciertamente en grado menor—, existen derechos de los que no puede ser titular la persona por el hecho de serlo, tal y como ya se ha dicho (derecho de testar, contraer matrimonio o adoptar). En Derecho administrativo, y así lo han señalado GONZÁLEZ PÉREZ y GONZÁLEZ NAVARRO, aunque es más frecuente que la capacidad para ser titular de un derecho vaya unida a la capacidad para ejercerlo[25], y pudiera llegar a identificarse capacidad jurídica y capacidad de obrar, otros autores como MARTÍNEZ DE AGUIRRE sostienen que dicha afirmación no es del todo correcta, pues entiende que lo que la doctrina administrativista ha tratado de poner de manifiesto es que en Derecho administrativo la capacidad de obrar está regulada con mayor flexibilidad —y adolece también de mayor casuística— que el Derecho civil[26]; es decir, que personas que carecen de capacidad general de obrar conforme al Derecho civil, la tienen (pueden actuar válidamente) en Derecho administrativo; si bien estas consideraciones van referidas a la capacidad de obrar y no a la jurídica.

No obstante, hay supuestos en los que se ha llegado a confundir ambos conceptos. Es el caso paradigmático de la responsabilidad tributaria que cabría exigir a un menor de edad. Por citar este ejemplo relevante, la STS de 25 de marzo de 2021[27], viene a aclarar una cuestión que, hasta la fecha, estaba necesitada de aclaración jurisprudencial. La Sentencia de la Audiencia Nacional había desestimado recurso interpuesto por una menor de edad, a la que la Agencia Tributaria había considerado responsable tributaria solidaria, en virtud del art. 131.5.a) de la Ley 230/1963, de 28 de diciembre, General

25 *Vid.* GONZÁLEZ PÉREZ, J. y GONZÁLEZ NAVARRO, F.: *Comentarios a la Ley de Régimen Jurídico de las Administraciones Públicas y Procedimiento Administrativo Común*, Tomo I, Civitas, Madrid, 2007, págs. 911-912.

26 *Vid.* MARTÍNEZ DE AGUIRRE ALDAZ, C.: «La persona y el derecho...», *cit.*, págs. 29-30.

27 STS núm. 440/2021, de 25 de marzo de 2021, rec. núm.: 3172/2019, Ponente: Excmo. Sr. D. Francisco José Navarro Sanchís.

Tributaria (LGT de 1963), que sería el actual art. 42.2.a) de la Ley 58/2003, de 17 de diciembre, General Tributaria (LGT). En primera instancia se consideró válida jurídicamente la responsabilidad tributaria de la menor de edad, de la deuda contraída por su madre como responsable subsidiaria de las deudas ocasionadas, a su vez, por la mercantil deudora principal. Por el contrario, el Tribunal Supremo consideró que la resolución de instancia es incorrecta porque confunde capacidad jurídica y capacidad de obrar. La Sentencia afirma que, «si la conducta habilitante de este tipo de responsabilidad tributaria es causar o colaborar en la ocultación o transmisión de bienes, con la finalidad de impedir la actuación de la Administración tributaria, eso no puede hacerse por descuido, sino que se requiere una conducta conocedora y voluntaria, atributos que cabe negar, ex lege, a los menores que, como tales, carecen de capacidad de obrar».

3.2. La capacidad de obrar del menor de edad bajo la óptica del Derecho administrativo

En la línea que ya se ha comentado anteriormente, partimos de que, precisamente, el Derecho administrativo se ha caracterizado por reconocer a los menores de edad una más amplia capacidad de obrar en sus relaciones con las Administraciones. Este aspecto ya venía dispuesto tanto en el art. 22 de la Ley de Procedimiento Administrativo de 1958, como en el art. 30 de la Ley 30/1992, de 26 de noviembre, de Régimen Jurídico de las Administraciones Públicas y del Procedimiento Administrativo Común (LRJAP).

La vigente Ley 39/2015, de 1 de octubre, del Procedimiento Administrativo Común de las Administraciones Públicas (LPAC), en el caso de la edad relevante a efectos administrativos, opta por permitir a los menores de edad el ejercicio de sus derechos directamente y por sí mismos cuando tal actuación esté «permitida por el Ordenamiento administrativo». Su art. 3, relativo a la capacidad de obrar, señala lo siguiente:

> «A los efectos previstos en esta Ley, tendrán capacidad de obrar ante las Administraciones Públicas:
>
> a) Las personas físicas o jurídicas que ostenten capacidad de obrar con arreglo a las normas civiles.
>
> b) Los menores de edad para el ejercicio y defensa de aquellos de sus derechos e intereses cuya actuación esté permitida por el ordenamiento jurídico sin la asistencia de la persona que ejerza la patria potestad, tutela o curatela. Se exceptúa el supuesto de los menores incapacitados, cuando la extensión de la incapacitación afecte al ejercicio y defensa de los derechos o intereses de que se trate.
>
> c) Cuando la Ley así lo declare expresamente, los grupos de afectados, las uniones y entidades sin personalidad jurídica y los patrimonios independientes o autónomos».

Si se realiza una comparativa con la normativa predecesora, se podrá comprobar que la redacción de este precepto coincide de manera literal con el art. 30 de la ya derogada LRJAP. Es decir, que tras un período de tiempo lo suficientemente extenso como para evaluar convenientemente la imprecisión de esa previsión legal, el legislador administrativo prosigue manteniendo el mismo criterio, lo que supone prolongar la inexcusable obligación de acudir a la normativa sectorial (esta última cada vez más abundante y extensa, por cierto), que impregna nuestro Ordenamiento jurídico-administrativo, con el fin de verificar cuál es el papel que juega la edad en cada ámbito concreto.

Desde esta tesitura, el tenor literal del precepto, desde su redacción originaria, ha provocado una bifurcación a la hora de interpretar el mismo. En función de si se adopta una interpretación restrictiva o más extensiva, la intervención de un menor ante la Administración pública tendrá un espectro diferente. Así, para determinadas interpretaciones literales y restrictivas, es precisa una autorización expresa de la norma para que pueda el menor intervenir ante la Administración pública sin el progenitor o tutor. Para otras interpretaciones finalistas y extensivas, será necesaria la autorización del progenitor o tutor sólo si la norma administrativa impone o exige ese complemento de capacidad. No obstante, la doctrina administrativista ha venido interpretando, a la luz del precepto, que nos encontramos ante uno de los casos en los que nuestro Derecho reconoce expresamente al menor la posibilidad de ejercitar los derechos o facultades derivados de algunas situaciones jurídicas en que el mismo menor puede encontrarse, o a las que el Derecho le admite. Se trataría entonces de una capacidad especial que deriva de esa situación jurídica en que se encuentra el menor, en la que vendría a estar implícita. Sería, pues, un ejemplo de los pocos casos expresamente reconocidos —pues no son numerosos en nuestro Derecho—, y que además viene amparado por una norma. A partir de lo dispuesto en dicho artículo, se entendería que, normalmente, se permite el ejercicio de los derechos a todos aquéllos a quienes se reconoce aptitud para trabar las relaciones jurídicas de las que estos derechos surgen. Así, cuando el Derecho permite a un menor trabar una relación jurídica por sí solo, le autoriza también para ejercitar los derechos y defender los intereses derivados de esa relación en el ámbito administrativo. En todo caso, hay que presuponer que el menor en cuestión tiene capacidad natural, puesto que, de no ser así, se entiende que no podría realizar actos jurídicamente válidos[28]. Sobre este particular, JORDANO FRAGA

28 En la base de la capacidad de obrar se encuentra la *capacidad natural*, como sinónimo de capacidad de razonamiento, juicio o razón, que es lo que determina la correcta formación de la voluntad del individuo para realizar el acto y comprender sus efectos, y que queda bien condicionada por su madurez. *Vid.* GONZÁLEZ GARCÍA, A.: «La capacidad de obrar de los menores ante las Administraciones públicas», *Revista Jurídica de Catalunya*, vol. 116, núm. 4, 2017, pág. 257. En la doctrina civil, es un criterio mayoritario consolidado que la capacidad de obrar conecta con la denominada *capacidad natural*. Así, LACRUZ BERDEJO, J.L. y DELGADO ECHEVERRÍA, J.: *Elementos de Derecho Civil. I. Parte general, Volumen II. Personas*, Dykinson, Madrid, 2010, pág. 4; CASTÁN TOBEÑAS, J.: *Derecho civil español, común y foral. Tomo I. Introducción y parte general. Volumen II*, Reus, Madrid, 2007, pág. 151; o, DORAL GARCÍA, J.A.: «La personalidad jurídica. De la libertad formal a la libertad civil», *Revista de Derecho Privado*, núm. 61, 1977, pág. 112.

indica que la capacidad del menor ha de ser «por definición, de ámbito limitado, variable o flexible, en función del grado de desarrollo intelectivo y personal que socialmente corresponde a cada edad»[29].

El problema persiste actualmente en torno a la expresión «permitida por el Ordenamiento administrativo» y, en consecuencia, sigue poniendo encima de la mesa la cuestión de hasta dónde puede llegar la intervención del menor de edad en el ámbito administrativo. Lo cierto es que al menor de edad se le reconoce capacidad de obrar para actuar ante las Administraciones públicas. Es el caso de su actuación como interesado en un procedimiento administrativo y, en general, de sus relaciones con las Administraciones públicas. Pero, dado que la LPAC deja abierta la posibilidad de que las leyes amplíen la capacidad de los menores para actuar por sí mismos frente a las Administraciones, deberemos estar a la remisión de aquellas normas que contemplen que el menor pueda ejercer y defender sus derechos[30]. En términos equivalentes a los establecidos, el art. 18 de la Ley 29/1998 de 13 de julio, Reguladora de la Jurisdicción Contenciosa-Administrativa (LJCA), dispone la capacidad procesal que tienen dichos menores en sede judicial, entendida como la capacidad que tienen éstos para poder actuar en juicio, sin representación alguna, en la defensa de sus derechos, y que no debe de confundirse con el derecho del menor a ser escuchado.

Pues bien, del tenor literal de ambos preceptos se concluye que existe una correlación entre la capacidad de obrar que tienen los menores ante las Administraciones, y la capacidad procesal de la que disponen los mismos en sede judicial, y más concretamente, ante el Orden jurisdiccional Contencioso-Administrativo.

---

29 *Vid.* Jordano Fraga, F., «La capacidad general del menor», *Revista de Derecho Privado*, octubre, 1984, pág. 892. Lo cierto es que, en el ámbito civil, con el transcurso del tiempo se ha flexibilizado mucho la situación, realzándose una mayor autonomía del menor. Por ejemplo, se dan por válidas muchas operaciones que el menor adolescente realiza en su vida cotidiana, sobre todo en materia de consumo, pues realizan compras ordinarias, contratan y adquieren bienes de consumo por medios telemáticos, adquieren billetes y pasajes para transporte o vacaciones, adquieren ropa y otros bienes de consumo básicos, manejan con asiduidad (por no añadir: de manera cada vez más desmedida) las redes sociales, etc., y, por tanto van adquiriendo una serie de competencias y destrezas que les convertirían en aptos para ser cada vez más conscientes de sus acciones y, por ende, responsabilizarse de sus actos y sus consecuencias.

30 Por ejemplo, el art. 44 de la Ley 58/2003, de 17 de diciembre, General Tributaria, que reconoce expresamente que tendrán capacidad de obrar en el orden tributario los menores de edad. O el art. 17.3 de la Ley 14/2010, de 27 de mayo, de los derechos y las oportunidades en la infancia y la adolescencia en Cataluña, que establece que los niños y los adolescentes, con el objeto de pedir información, asesoramiento, orientación o asistencia, pueden dirigirse personalmente a las Administraciones públicas encargadas de su atención y protección, incluso sin el conocimiento de sus progenitores, tutores o guardadores, en particular si la comunicación con estos puede frustrar la finalidad que se pretende. Con el mismo objetivo también pueden dirigirse al Ministerio Fiscal, al Síndic de Greuges o a los defensores del pueblo o defensores locales de la ciudadanía.

3.3. El tratamiento jurídico del menor de edad: algunos ejemplos ilustrativos con referencia a la legislación administrativa sectorial y su entronque con la legislación general

No se nos oculta que la variedad de sectores sobre los que se proyecta la intervención de las Administraciones públicas es tremendamente amplia (por no decir inabarcable)[31], sin que el legislador, hasta la fecha, se haya atrevido a concretar a través de una normativa general una diferenciación de edad mediante tramos, como así ha hecho el legislador penal[32]. Si hacemos un repaso de la normativa sectorial, podemos comprobar que hay normas que no aluden a la figura del menor[33]. Y en las que se alude, cuando se establecen diferentes umbrales de edad, en función de la materia abordada, se llegan a materializar situaciones paradójicas y contradictorias de unas normas respecto de otras que no obedecen a un razonamiento pausado por

31 Apunta López Benítez que es realmente difícil hallar una Ley sobre cualquiera de los ámbitos de la realidad social, cuyo cuidado y procura se confíe a la Administración, que no incorpore un nutrido capítulo de infracciones y sanciones administrativas. A su vez, ello suscita importantes problemas de delimitación de las infracciones y sanciones penales, no ya porque en numerosas ocasiones se dupliquen y solapen los tipos de las infracciones administrativas y de los delitos y porque las sanciones administrativas resulten bastantes veces más onerosas que las penales, sino porque, más allá de las diferencias orgánicas y procedimentales, es verdaderamente complicado trazar una nítida delimitación ontológica entre unas infracciones y otras. *Vid.* López Benítez, M: «La potestad sancionadora de la Administración», en: Menéndez García, P. y Ezquerra Huerva, A. (Dirs.): *Lecciones de Derecho Administrativo*, 2.ª ed., Thomson Reuters Civitas, Madrid, 2021, pág. 875.

32 Resulta curioso comprobar que, a falta de una regulación administrativa general de manera escalonada en torno a la edad, una norma específica, como es la existente en materia de cine, sí lo hace. La Ley 55/2007, de 28 de diciembre, del Cine (BOE núm. 312, de 29 de diciembre de 2007), en su art. 8, establece que, antes de proceder a la comercialización, difusión o publicidad de una película cinematográfica u obra audiovisual por cualquier medio o en cualquier soporte en territorio español, ésta deberá ser calificada por grupos de edades del público al que está destinada, lo cual se atribuye al órgano competente. El art. 6 del Real Decreto 1084/2015, de 4 de diciembre, por el que se desarrolla la Ley 55/2007, de 28 de diciembre, del Cine, establece la siguiente clasificación de las películas: a) Apta para todos los públicos. b) No recomendada para menores de siete años. c) No recomendada para menores de doce años. d) No recomendada para menores de dieciséis años. e) No recomendada para menores de dieciocho años. f) Película X. Es evidente que, en este caso concreto, el legislador no ha tenido problema a la hora de diferenciar tramos o franjas de edad en la calificación del público a que van destinadas las películas u obras audiovisuales, y ello frente a otras regulaciones —de especial relevancia—, en las que se viene mostrando reticente a realizar una categorización por edades.

33 Por ejemplo, la Ley 16/1985, de 25 de junio, del Patrimonio Histórico Español, la Ley 33/2003, de 3 de noviembre, del Patrimonio de las Administraciones Públicas, el Real Decreto Legislativo 1/2001, de 20 de julio, por el que se aprueba el texto refundido de la Ley de Aguas, la Ley 7/1985, de 2 de abril, Reguladora de las Bases del Régimen Local, o las respectivas normativas urbanísticas de las Comunidades Autónomas.

parte de nuestro legislador[34]. La inexistencia en Derecho administrativo de una regulación general escalonada, como así se ha hecho en la órbita de la responsabilidad penal de los menores, dificulta articular, con garantías de plena efectividad, el sistema de responsabilidad de los menores de edad por la comisión de infracciones administrativas.

Pero, al margen del plano de la responsabilidad sobre el que se proyecta la aplicación de un amplio y variado cuadro de infracciones y sanciones administrativas donde la posición del menor de edad es difusa —o, cuando menos, inexistente—, un breve recorrido por la normativa administrativa sectorial evidencia que la presunción de madurez establecida por el legislador no es la misma en función de las variadas situaciones que se le pueden presentar al menor de edad, de tal modo que los umbrales de edad establecidos tampoco son los mismos para todas las posibles situaciones que las diferentes normas regulan. De esta manera, podría afirmarse que la capacidad de obrar del menor está conformada por un mosaico relativamente complicado de preceptos, muchos de ellos relativos a situaciones concretas, que impiden una construcción unitaria o general. No obstante, aludiremos a continuación a los diferentes tramos con relevancia jurídica.

A. Doce años

Un punto arranque en la progresión de la autonomía reconocida al menor en nuestro sistema jurídico se puede situar en la edad de los doce años. La normativa administrativa en materia de educación establece los doce años como parámetro que permite, con carácter ordinario, la culminación de la etapa correspondiente a la educación primaria; etapa presidida por el aprendizaje de competencias básicas, de tal forma que se pueda garantizar un pleno desarrollo de la personalidad de los menores en esta fase de su ciclo vital[35].

Tradicionalmente, en el plano estrictamente civil, se ha venido reconociendo el derecho de los menores a ser consultados y escuchados antes de tomar una decisión que afecte a su persona o a su patrimonio, lo que adquiere especial relevancia en los procesos judiciales de separación o divor-

34 Pensemos en una menor de 16 años, que tendrá prohibido comprar tabaco, fumar o adquirir bebidas alcohólicas, pero podrá interrumpir voluntariamente su embarazo sin consentimiento de sus padres.

35 El art. 16 de la Ley Orgánica 2/2006, de 3 de mayo, de Educación (BOE núm. 106, de 4 de mayo de 2006) señala que esta etapa «comprende seis cursos académicos, que se cursarán ordinariamente entre los seis y los doce años de edad», con la finalidad de «facilitar a los alumnos y alumnas los aprendizajes de la expresión y comprensión oral, la lectura, la escritura, el cálculo, la adquisición de nociones básicas de la cultura, y el hábito de convivencia así como los de estudio y trabajo, el sentido artístico, la creatividad y la afectividad».

cio de sus progenitores[36]. En el ámbito penal, la Ley Orgánica 5/2000, reguladora de la responsabilidad penal de los menores, establece en su art. 3 que en el caso de que un hecho delictivo de los recogidos en el Código Penal sea cometido por un menor de 14 años no se le exigirá responsabilidad (desde el punto de vista penal), sino que «se le aplicará lo dispuesto en las normas sobre protección de menores previstas en el Código Civil y demás disposiciones vigentes». La Ley fija que en estos casos es la Fiscalía la encargada de valorar la situación del menor de 14 años y remitir el caso a los servicios sociales competentes de cada Comunidad Autónoma para que realicen un plan de seguimiento que analice la situación socio-familiar.

En materia de autodeterminación de género, la Ley 4/2023, de 28 de febrero, para la igualdad real y efectiva de las personas trans y para la garantía de los derechos de las personas LGTBI[37], establece que los menores de entre los 12 y 14 años necesitarán autorización judicial para operar un cambio de su sexo en el Registro; al igual que se dispone que los menores de 12 años no podrán cambiar su sexo en el Registro, pero sí su nombre en el DNI. La citada Ley también alude a las «personas intersexuales», y a tal efecto prohíbe la modificación genital de menores de 12 años intersexuales, nacidos con variaciones de las características sexuales, salvo en los casos en que las indicaciones médicas lo exijan. La modificación genital en personas intersexuales de entre 12 y 16 años sólo se permitirá si lo solicita el menor y si se considera que está capacitado para tomar dicha decisión por su edad y madurez.

B. Catorce años

Desde un punto de vista educativo, un menor de edad con catorce años se encuentra en pleno desarrollo de la etapa de educación secundaria obligatoria, que se prolongará hasta los dieciséis años de edad; una fase educativa instrumental, encaminada a una incorporación de los menores a estudios posteriores, para su inserción laboral y formarles para el ejercicio de sus derechos y obligaciones de la vida como ciudadanos[38]. Es, pues, una etapa de desarrollo cognitivo, encaminada hacia una futura comprensión más madura de la realidad.

36 A tenor de lo dispuesto en el art. 770.1.4.ª de la Ley de Enjuiciamiento Civil (LEC), los menores «podrán ser oídos cuando tengan menos de doce años, debiendo ser oídos en todo caso si hubieran alcanzado dicha edad».

37 BOE núm. 51, de 1 de marzo de 2023.

38 El art. 22 de la Ley Orgánica 2/2006, de 3 de mayo, de Educación (BOE núm. 106, de 4 de mayo de 2006) establece que esta etapa «comprende cuatro cursos, que se seguirán ordinariamente entre los doce y los dieciséis años de edad», con la finalidad de que los menores adquieran «los elementos básicos de la cultura, especialmente en sus aspectos humanístico, artístico, científico-tecnológico y motriz (...)».

En el ámbito civil, interpretando la necesaria aptitud de entender y querer, se le reconoce al menor en esta fase de su ciclo vital una serie de facultades, pero otras se han considerado conveniente modificarlas a efectos de su restricción. En primer lugar, el menor puede optar por la nacionalidad española (art. 20 CCiv.) y por la vecindad civil (art. 14 Cciv.). Por otra parte, la Ley 15/2015, de 2 de Julio, de Jurisdicción Voluntaria[39] elimina la «dispensa» del menor de edad mayor de 14 años que anteriormente regía como necesaria para contraer matrimonio, de tal forma que se ha elevado la edad mínima para poder contraer matrimonio de 14 a 16 años (ya que los emancipados sí podrán contraerlo). Igualmente, el mayor de 14 años podrá hacer testamento (salvo el testamento ológrafo —escrito y firmado de su puño y letra— que exige expresamente mayoría de edad como requisito *sine qua non* en el artículo 688 Cciv.). Así se infiere del art. 662 Cciv. que establece que «pueden testar todos aquellos a quienes la Ley no lo prohíbe expresamente», y el art. 663 que establece que «están incapacitados para testar. 1. Los menores de catorce años de uno y otro sexo (...)». A *contrario sensu*, el mayor de 14 años podrá otorgar testamento, con la salvedad anteriormente mencionada.

En materia de autodeterminación de género, la ya citada Ley 4/2023, de 28 de febrero, para la igualdad real y efectiva de las personas trans y para la garantía de los derechos de las personas LGTBI establece que los menores de entre 14 y 16 años podrán cambiar su sexo en el registro siempre que acudan acompañados de sus padres o tutores legales. Para cambiar de sexo en el registro a partir de los 16 años no será obligatorio presentar informes médicos o psicológicos que acrediten disforia de género, ni tampoco estar en un proceso de hormonación o haberse sometido a operaciones para modificar la apariencia. De la misma manera, recordemos que la modificación genital en personas intersexuales de entre 12 y 16 años sólo se permitirá si lo solicita el menor y si se considera que está capacitado para tomar dicha decisión por su edad y madurez.

Entrando ya en el plano jurídico-penal, tal y como ya hemos adelantado anteriormente, el menor de edad a partir de los 14 años es responsable penal. Con un proceso especial, con todas las garantías y donde prevalece siempre el interés del menor, y donde las medidas (que no penas) están orientadas en todo caso a la reeducación y no especialmente al reproche penal y al castigo. La Ley Orgánica 5/2000 de 12 de enero, de responsabilidad penal del menor, es la norma que regula esta materia, y que con una serie de especialidades respecto al régimen penal general se aplicará a los mayores de 14 años y menores de 18.

Desde una vertiente procesal, en relación con el juicio oral, continúa en vigor el art. 706 de la Ley de Enjuiciamiento Criminal (LECrim.), conforme al

39 BOE núm. 158, de 3 de julio de 2015.

que hallándose presente el testigo mayor de catorce años ante el Tribunal, el Presidente le recibirá juramento en la forma establecida en el art. 434»[40].

En el Derecho administrativo se aprecia un reconocimiento de la capacidad de los menores de edad con catorce años, si bien con efectos en determinadas situaciones de carácter puntual. Así, un punto de arranque lo encontramos en la normativa administrativa que reconoce el derecho de todos los españoles a que se les expida el Documento Nacional de Identidad, estableciendo que es obligatoria su obtención por los mayores de catorce años residentes en España y para los de igual edad que, residiendo en el extranjero, se trasladen a España por tiempo no inferior a seis meses[41]. En el seno del procedimiento administrativo, la LPAC incluye la exigencia de 14 años de edad para poder recibir notificaciones la persona que se encuentre en el domicilio y haga constar su identidad, cuando el interesado no se encuentre en el domicilio (art. 42.2 LPAC)[42]. Aun con estas especificaciones que efectúa la LPAC, conviene recordar que no se ha recogido el elenco total de requisitos que la jurisprudencia venía exigiendo para considerar efectuada una notificación a los interesados en tanto a capacidad, en caso de que fuera otra persona quien la recogiera en el domicilio.

El ámbito de la protección de datos también es ilustrativo como ejemplo. La normativa establece claramente que el menor de edad a partir de 14 años podrá prestar por sí sólo su consentimiento para el tratamiento de datos de carácter personal[43]. Por tanto, a *contrario sensu*, el menor de 14 años nece-

---

40 Según la FISCALÍA GENERAL DEL ESTADO, conforme a su doctrina contenida en su Circular 3/2009, de 10 de noviembre, sobre protección de los menores víctimas y testigos (Referencia: FIS-C-2009-00003), «quizás la coherencia debiera haber llevado a incluir para el acto del juicio oral la previsión de que no se tomará juramento o promesa a los testigos menores de dieciocho años. Sin embargo, la falta de una disposición expresa en tal sentido debe llevarnos a mantener la vigencia del art. 706 LECrim.».

41 *Vid.* art. 2 del Real Decreto 1553/2005, de 23 de diciembre, por el que se regula la expedición del Documento Nacional de Identidad y sus certificados de firma electrónica (BOE núm. 307, de 24 de diciembre de 2005). El art. 1.4 de dicha norma establece que, «en el caso de los españoles menores de edad, o que no gocen de plena capacidad de obrar, el Documento Nacional de Identidad contendrá, únicamente, la utilidad de la identificación electrónica, emitiéndose con el respectivo certificado de autenticación activado».

42 El art. 42.2. LPAC señala que «cuando la notificación se practique en el domicilio del interesado, de no hallarse presente éste en el momento de entregarse la notificación, podrá hacerse cargo de la misma cualquier persona mayor de catorce años que se encuentre en el domicilio y haga constar su identidad (...)».

43 El art. 13 del Real Decreto 1720/2007, de 21 de diciembre, por el que se aprueba el Reglamento de desarrollo de la Ley Orgánica 15/1999, de 13 de diciembre, de protección de datos de carácter personal, dispone que «se permite el tratamiento de los datos de los mayores de catorce años siempre que medie consentimiento de los mismos, salvo en aquellos casos en los que la Ley exija para su prestación la asistencia de los titulares de la patria potestad o tutela».

sitará el consentimiento de sus padres si quiere transferir cualquier dato de carácter personal y, por tanto, acceder a cualquier red social.

De la misma manera, aun teniendo en cuenta que la capacidad natural del menor se encuentra en proceso evolutivo, la normativa vigente en materia de armas permite la obtención se determinadas autorizaciones a los mayores de 14 años[44].

En otras normas encontramos un espíritu tutelador por parte de los poderes públicos, a fin de evitar que determinados productos existentes en el mercado puedan comprometer la seguridad o la salud de los usuarios y/o de otras personas. Es el caso de los juguetes cuando se utilicen para su destino normal o se utilicen conforme a su uso previsible, teniendo en cuenta el comportamiento de los niños[45]. No sucede lo mismo respecto de otros productos intrínsecamente peligrosos, como son los medicamentos, pues, sorprendentemente, ninguna normativa, ni general ni sanitaria, aborda y regula expresamente la dispensación de medicamentos a menores de edad[46].

C. Dieciséis años

Los dieciséis años es la edad que la normativa en materia de educación establece como parámetro que permite la culminación de la etapa de educación secundaria obligatoria, tal y como anteriormente hemos anticipado.

En el ámbito civil, con dieciséis años, el Código civil autoriza a realizar actos de importancia. A partir de los 16 años (anteriormente 14 años, puesto que

---

44 *Vid.* arts. 105 y 109 del Real Decreto 137/1993, de 29 de enero, por el que se aprueba el Reglamento de Armas (BOE núm. 55, de 5 de marzo de 1993).

45 El Real Decreto 1205/2011, de 26 de agosto, sobre la seguridad de los juguetes (BOE núm. 209, de 31 de agosto de 2011) establece las normas de seguridad de los juguetes, «aplicándose a los productos diseñados o previstos, exclusivamente o no, para ser utilizados con fines de juego por niños menores de catorce años» (art. 1.1). Más adelante, su art. 11.2 dispone que «los juguetes, incluidas las sustancias químicas que contengan, no comprometerán la seguridad ni la salud de los usuarios ni de otras personas cuando se utilicen para su destino normal o se utilicen conforme a su uso previsible, teniendo en cuenta el comportamiento de los niños. Se tendrá en cuenta la capacidad de los usuarios y, en su caso, de sus supervisores, especialmente en el caso de los juguetes que se destinen al uso de niños menores de treinta y seis meses o de otros grupos de edad específicos».

46 Es un hecho cierto que ni el Real Decreto Legislativo 1/2015, de 24 de julio, por el que se aprueba el Texto Refundido de la Ley de Garantías y Uso Racional de los Medicamentos y Productos Sanitarios (BOE núm. 177, de 25 de julio de 2015), ni la legislación farmacéutica en general abordan esta cuestión. Según noticia publicada en El Global, ante el vacío legal, y a falta de ley específica, los expertos instan a fijar como base de la decisión la mayoría de edad sanitaria (16 años), y entienden que, por debajo de esa edad debería rechazarse cualquier entrega de medicamentos, aunque respondan a una supuesta necesidad imperiosa o urgencia propia o de un tercero. *Vid.* El Global: «Dispensación a menores: el criterio profesional, principal herramienta para paliar el vacío legal», semana del 13 al 19 de abril, 2020, pág. 17.

se permitía contraer matrimonio al menor con dispensa de edad), el menor podrá pactar en capitulaciones matrimoniales un régimen de separación o el de participación, de acuerdo con el art. 1329 Cciv. Y hacer donaciones por razón de matrimonio en capitulaciones o fuera de ellas con autorización de sus padres o tutor (art. 1328 Cciv.). El menor de edad a partir de los 16 años podrá realizar ciertos actos de disposición como prestar su consentimiento en documento público para los actos de disposición por sus padres de sus bienes (art. 166 CCiv.) y realizar actos de administración ordinaria de sus bienes adquirido mediante su trabajo o industria (art. 164 Cciv.)[47]. Con 16 años, se reconoce jurídicamente al menor emancipado, aunque representa un perfil poliédrico.

A nivel laboral, según el Estatuto de los Trabajadores, los menores de edad, a partir de los 16 años (y con las consideraciones que a continuación veremos) podrán trabajar[48]. La edad general para empezar a trabajar es 18 años, pero los mayores de 16, que vivan de forma independiente, pueden trabajar, con consentimiento de sus padres, tutores, y de la persona a la que estén a cargo e igualmente los menores de 18 años, pero mayores de 16, que no vivan de forma independiente, pueden trabajar, pero con autorización de sus padres o representantes legales. En el caso de los padres es necesaria la autorización de ambos, o al menos de uno y el consentimiento del otro. Por otra parte, la normativa en materia de empleo público establece que «para poder participar en los procesos selectivos será necesario tener cumplidos dieciséis años y no exceder, en su caso, de la edad máxima de jubilación forzosa. Sólo por ley podrá establecerse otra edad máxima, distinta de la edad de jubilación forzosa, para el acceso al empleo público»[49].

La legislación sanitaria, en virtud del art. 9.3 c) de la Ley 41/2002, de 14 de noviembre, básica reguladora de la autonomía del paciente y de derechos y obligaciones en materia de información y documentación clínica (LBAP), reconoce capacidad legal para decidir de forma autónoma sobre la propia salud, al mayor de dieciséis y al menor emancipado. En otras palabras, el consentimiento de éstos, en ningún caso, se emite a través de representación legal. De su regulación se deduce que podrá consentir el menor que sea capaz intelectual y emocionalmente de comprender el alcance del tra-

47 El menor no podrá aceptar donaciones por sí sólo, pero sí con el consentimiento de sus representantes legales, como se infiere de los artículos 626 y ss. del Código Civil. Parece que el menor sí podrá aceptar las donaciones que no sean condicionales ni onerosas.

48 Aunque existen normas especiales de protección que no les permiten llevar a cabo trabajos nocturnos, ni ocupar puestos que sean insalubres, penosos, nocivos o peligrosos para su salud o para su formación tanto profesional como humana ni podrán tampoco hacer horas extraordinarias.

49 *Vid.* art. 56 del Real Decreto Legislativo 5/2015, de 30 de octubre, por el que se aprueba el Texto Refundido de la Ley del Estatuto Básico del Empleado Público (BOE núm. 261, de 31 de octubre de 2015).

tamiento médico al que se va a someter. Cuando el menor de edad no tiene capacidad suficiente para ello, el consentimiento lo deberán prestar sus representantes legales, que normalmente son los padres titulares de la patria potestad[50]. Aun con todo, en el ámbito sanitario, son perceptibles los vaivenes protagonizados por nuestro legislador a lo largo de los últimos años[51]. Según la Ley Orgánica 1/2023, de 28 de febrero, por la que se modifica la Ley Orgánica 2/2010, de 3 de marzo, de salud sexual y reproductiva y de la interrupción voluntaria del embarazo[52], las jóvenes podrán interrumpir voluntariamente su embarazo a partir de los 16 años, sin necesidad del consentimiento de sus padres o tutores legales y siempre cuando esté dentro de las primeras catorce semanas de gestación. En el caso de las jóvenes menores de 16 años, se tendrán que remitir al artículo 9.3. c) anteriormente mencionado[53]. De la misma manera, le legislación reconoce la capacidad para donar embriones, fetos humanos, o sus estructuras biológicas, con el consentimiento, además, de sus representantes legales[54].

---

50 El art. 9.3 c) LBAP establece que «cuando el paciente menor de edad no sea capaz intelectual ni emocionalmente de comprender el alcance de la intervención. En este caso, el consentimiento lo dará el representante legal del menor después de haber escuchado su opinión si tiene doce años cumplidos». La LBAP regula el consentimiento médico de los menores de edad, pero no otros, como, por ejemplo, su derecho de acceso a la historia clínica. Para suplir este vacío hay que recurrir a los criterios que la propia LBAP contempla respecto a la participación del menor en las decisiones relativas a su salud, puesto que el acceso de los menores a la historia clínica está íntimamente relacionado con su capacidad para consentir. Autores como González León abogan, como mejor opción, por fijar en el ámbito sanitario una edad de referencia, pero tenerla en cuenta junto a otros parámetros que permitan evaluar la madurez y que pueden imponerse a un simple criterio de edad. Estamos de acuerdo con esta autora cuando advierte que «la valoración de la edad y la madurez que se exige para consentir un acto médico susceptible de tener graves consecuencias ha de ser más estricta que para otras actuaciones en principio menos importantes, como recibir información o acceder a toda o parte de la historia clínica». *Vid.* González León, C.: «Aspectos legales sobre el paciente menor de edad», en: AEPap (ed.), *Congreso de Actualización en Pediatría 2022*, Lúa Ediciones 3.0, Madrid, 2022, págs. 135-140.

51 Desde la aprobación de la Ley Orgánica 9/1985, de 5 de julio, hasta la actualidad, la cuestión relativa a la mayoría de edad de las gestantes para consentir acciones abortivas sobre ellas no ha estado exenta de polémica. Al respecto, *vid.* de Lorenzo y Montero, R.: «La contradicción de los dieciséis años como mayoría de la edad sanitaria», *Redacción Médica*, 14-09-2022.

52 BOE núm. 51, de 1 de marzo de 2023.

53 Si la menor embarazada no tiene 16 años y se encuentra en situación de desamparo, necesitará el consentimiento previo de la entidad pública que haya asumido su tutela en virtud del artículo 172.1 Cciv.. Si por el contrario la joven menor embarazada de 16 años está en situación de desamparo, pero su tutela no ha sido asumida por ninguna entidad pública, necesitará la aprobación de la entidad a la que esté encomendada la menor en protección de menores por cuestiones territoriales.

54 *Vid.* art. 29.1. a) de la Ley de Investigación Biomédica (BOE núm. 159, de 4 de julio de 2007).

En materia de protección de datos también se incorporan matices. El Reglamento Europeo de Protección de Datos modifica de manera muy importante la edad límite de los menores para prestar su consentimiento (el Reglamento Europeo alude a la edad de 16 años, pero establece que los Estados podrán determinar la edad siempre que no sea inferior a 13 años). Señala el Reglamento en su artículo 8, bajo la rúbrica de «condiciones aplicables al consentimiento del niño, en relación con los servicios de la sociedad de la información» que: «cuando se aplique el artículo 6 del apartado 1, letra a) en relación con la oferta directa a niños de servicios de la sociedad de la información, el tratamiento de los datos personales de un niño, se considera lícito cuando tenga como mínimo 16 años. Si el niño es menor de 16 años, tal tratamiento únicamente se considerará lícito si el consentimiento lo dio o autorizó el titular de la patria potestad o tutela sobre el niño, y sólo en la medida en que se dio o autorizó. Los Estados miembros podrán establecer por ley una edad inferior a tales fines, siempre que ésta no sea inferior a 13 años»[55].

D. Dieciocho años

Tal y como ya se ha dicho al comienzo de este trabajo, la mayoría de edad se entiende alcanzada con 18 años, por imperativo del art. 12 CE, alcanzándose así la plenitud de derechos civiles y políticos.

Hasta la edad de dieciocho años de edad se anuda, en Derecho administrativo, la prohibición de realizar una serie de conductas o comportamientos que, por diversas razones —en no pocas ocasiones por evidentes motivos de salud o de prevención de adicciones—, se imponen de manera limitativa por parte de los poderes públicos. Un ejemplo prototípico viene representado por la normativa en materia de prevención frente al tabaquismo, que prohíbe tajantemente vender o entregar a personas menores de dieciocho años productos del tabaco, así como cualquier otro producto que le imite e induzca a fumar[56]. Otro ejemplo lo encontramos en torno al fenómeno del *botellón*. Estando todavía pendiente la aprobación de una ley a nivel estatal que regule

55 Reglamento (UE) 2023/2854 del Parlamento Europeo y del Consejo, de 13 de diciembre de 2023, sobre normas armonizadas para un acceso justo a los datos y su utilización, y por el que se modifican el Reglamento (UE) 2017/2394 y la Directiva (UE) 2020/1828 (DOUE núm. 2854, de 22 de diciembre de 2023).

56 *Vid.* art. 3.2 de la Ley 28/2005, de 26 de diciembre, de medidas sanitarias frente al tabaquismo y reguladora de la venta, el suministro, el consumo y la publicidad de los productos del tabaco (BOE núm. 309, de 27 de diciembre de 2005): «se prohíbe vender o entregar a personas menores de dieciocho años productos del tabaco, así como cualquier otro producto que le imite e induzca a fumar. En particular, se prohíbe la venta de dulces, refrigerios, juguetes y otros objetos que tengan forma de productos del tabaco y puedan resultar atractivos para los menores. Igualmente, se prohíbe la venta de tabaco por personas menores de dieciocho años».

dicho fenómeno (a pesar de su arraigada tradición social), actualmente el consumo de alcohol, y en concreto en lo que afecta a menores de edad, está regulado a nivel autonómico y, especialmente, a nivel municipal. Por cuestiones de salud pública, el consumo de bebidas alcohólicas está prohibido a menores de edad, es decir, a personas menores de 18 años, al igual que la prohibición de consumo conlleva la prohibición de venta y suministro de bebidas alcohólicas a menores de edad. En otros sectores, las previsiones son coincidentes. Es el caso de la regulación del juego, en cuya legislación también es posible detectar medidas limitativas, pues se prohíbe a los menores de edad participar en juegos en sus distintas modalidades de ámbito estatal[57]. Por el contrario, en el ámbito de los permisos de conducción de vehículos, el legislador ha optado por establecer una regulación escalonada, de tal forma que, en función del permiso a obtener, se establece una edad habilitante[58].

En otro tipo de autorizaciones la limitación es igualmente persistente. Así sucede en el sector de la navegación aérea, cuya normativa prohíbe a los menores de dieciocho años ser contratados como personal volante, si bien permite que lo sean los mayores de dieciocho años y menores de veintiuno, para lo cual «necesitarán acreditar la concesión de licencia por parte del padre, madre o tutor, otorgada ante la autoridad competente»[59].

---

57 La Ley 13/2011, de 27 de mayo, de Regulación del Juego, en su art. 6.2.a) establece: «desde un punto de vista subjetivo, se prohíbe la participación en los juegos objeto de esta Ley a: a) Los menores de edad y los incapacitados legalmente o por resolución judicial, de acuerdo con lo que establezca la normativa civil». Este es un claro ejemplo de normativa administrativa que se remite enteramente a lo dispuesto por legislación civil. En las prohibiciones se encuentran incluidas loterías, apuestas y otras cualesquiera, en las que se arriesguen cantidades de dinero u objetos económicamente evaluables en cualquier forma, sobre resultados futuros e inciertos, y que permitan su transferencia entre los participantes, con independencia de que predomine en ellos el grado de destreza de los jugadores o sean exclusiva o fundamentalmente de suerte, envite o azar; así como rifas y concursos, en los que la participación se realiza mediante una contraprestación económica, entre otras.

58 El art. 4 del Real Decreto 818/2009, de 8 de mayo, por el que se aprueba el Reglamento General de Conductores (en su redacción dada el Real Decreto 1055/2015, de 20 de noviembre), establece la edad mínima: a) de 18 años cumplidos para la obtención de los permisos de conducción de las clases A2, B, B+E, C1 y C1+E; b) de 20 años cumplidos para la obtención del permiso de conducción, clase A; y, c) de 21 años cumplidos para la obtención del permiso de conducción de las clases C, C+E, D1 y D1+E. No obstante, se está gestando en la actualidad un cambio en el paradigma tradicionalmente existente para el régimen de los permisos de conducción en la Unión Europea, de tal forma que, estableciendo un carnet digital común a todo el territorio europeo, se pretende rebajar hasta los 17 años la edad a la que se podrá acceder al permiso de conducir, si bien será necesario estar acompañado por otro pasajero de al menos 24 años que haga de copiloto y que tenga carnet desde hace cinco.

59 *Vid.* art. 74 de la Ley 48/1960, de 21 de julio, sobre Navegación Aérea (BOE núm. 176, de 23 de julio de 1960).

Para otro tipo de decisiones, como las que se pueden tomar en un contexto eutanásico, igualmente se refleja la necesidad de contar con la mayoría de edad. La Ley Orgánica 3/2021, de 24 de marzo, de regulación de la eutanasia, cuyo objeto es regular el derecho que corresponde a toda persona que cumpla las condiciones exigidas a solicitar y recibir la ayuda necesaria para morir, el procedimiento que ha de seguirse y las garantías que han de observarse, en su art. 5.1. a) exige de entre sus requisitos «tener mayoría de edad y ser capaz y consciente en el momento de la solicitud»[60].

III. LA RESPONSABILIDAD ADMINISTRATIVA DE LOS MENORES DE EDAD EN EL DERECHO ADMINISTRATIVO SANCIONADOR Y SU PROBLEMÁTICA JURÍDICA

1. Planteamiento general sobre la inexistencia de un Derecho administrativo sancionador propio para los menores de edad: una asignatura pendiente

El Derecho administrativo sancionador y su aplicación a los menores de edad es una cuestión dificultosa y problemática, debido, en gran medida, a la inexistencia de una regulación general, que sí existe en Derecho penal. Es cierto que tanto el Derecho penal (aplicado por los jueces) y el Derecho administrativo sancionador (que corresponde utilizar a la Administración) son dos sectores del Ordenamiento jurídico diferentes; si bien, a pesar de la autonomía y separación que entre ambos tradicionalmente se ha venido postulando, es innegable que ambos presentan conexiones ineludibles[61]. En la materia que ahora nos ocupa, es evidente la ausencia de un marco normativo general de Derecho administrativo, y la dispersión que está presente en la normativa sectorial (propiciada por la fragmentación normativa que, en ocasiones, es necesaria). No se nos oculta que, amén de la complejidad que presenta esta temática, no resulta en modo alguno fácil hacer planteamien-

60 BOE núm. 72, de 25 de marzo de 2021.

61 Tal y como señala Alarcón Sotomayor, no hay duda de que los delitos y las infracciones administrativas son ilícitos por igual, con la misma estructura y la misma naturaleza, a diferencia de su gravedad; al igual que las penas y las sanciones administrativas son castigos por igual, su sustancia es la misma. Lo diferente es su intensidad, que puede llegar a ser muy distinta. Señala la citada autora que las antiguas teorías que defendían la existencia de diferencias ontológicas entre el injusto penal y el administrativo están hoy completamente superadas. *Vid.* Alarcón Sotomayor, L.: «Los confines de las sanciones: en busca de la frontera entre Derecho penal y Derecho administrativo sancionador», *Revista de Administración Pública*, núm. 195, septiembre-diciembre 2014, pág. 140.

tos unitarios ante realidades y problemáticas tan dispares como las que existen en el ámbito del Derecho administrativo sancionador, dada la diversidad existente en las regulaciones legales de la potestad sancionadora, como así lo advierte el profesor PEMÁN GAVÍN[62].

En líneas generales, la regulación de la potestad sancionadora de la Administración recogida en la Ley 40/2015, de 1 de octubre, de Régimen Jurídico del Sector Público (LRJSP) y en la Ley 39/2015, de 1 de octubre, del Procedimiento Administrativo Común de las Administraciones Públicas (LPAC), no supone la adopción de un nuevo enfoque en la materia. Dicha regulación incorpora pocas novedades respecto de la regulación anterior, pues se limita a replicar, de forma estereotipada y dispersa, el modelo seguido por su predecesora, la Ley 30/1992, de 26 de noviembre, de Régimen Jurídico de las Administraciones Públicas y del Procedimiento Administrativo Común (LRJPAC)[63]. Más de dos décadas después de la aprobación de esta última norma, el legislador perdía la oportunidad de abordar la potestad sancionadora de la Administración a través de una regulación integral, precisa y unificada que, además de tener en cuenta todo el acervo jurisprudencial existente a lo largo de los años, colmase las lagunas y corrigiese las deficiencias detectadas hasta el momento. De entre las diferentes cuestiones básicas y nucleares propias del Derecho administrativo sancionador que la doctrina entiende reguladas en la normativa de 2015 de manera «exigua y deficiente»[64], prosigue sin clarificarse el régimen sancionador aplicable a los menores de edad, pese a que hace ya muchos años que la doctrina viene reclamando «criterios claros y elementales»[65]. Se viene así materializando una situación de insegu-

62 Matiza el profesor PEMÁN: «Gran distancia existe, por ejemplo, entre sectores de aplicación masiva y cuasi-automatizada como las infracciones en materia de tráfico de vehículos y seguridad vial o las infracciones tributarias —sectores en los que el desvalor de la acción sancionada puede ser modesto en algunos casos—, y otros ámbitos en los que se produce una aplicación más cuidadosa y ocasional del mismo, como sucede con el régimen disciplinario de los empleados públicos, u otros de notoria singularidad, como el de la seguridad ciudadana —tan sensible desde el punto de vista de los derechos fundamentales— o el de la extranjería —con una problemática muy específica en torno a la expulsión de extranjeros—, o el régimen disciplinario penitenciario (...)». *Vid.* PEMÁN GAVÍN, J.M.: «Elementos comunes de los regímenes sancionadores aplicables a los sujetos que operan en el sistema financiero», *Revista Vasca de Administración Pública*, núm. 124, 2022, págs. 104-105.

63 En relación al momento en que dicha Ley se encontraba en tramitación, resulta de interés el análisis de la regulación de la potestad sancionadora realizado por el profesor PEMÁN GAVÍN, J.M.: «La regulación de la potestad sancionadora de la Administración en la Ley 30/1992, de 26 de noviembre: notas sobre su tramitación parlamentaria», *Revista de Administración Pública*, núm. 132, 1993, págs. 377-416.

64 CANO CAMPOS, T.: «El autismo del legislador: la «nueva» regulación de la potestad sancionadora de la Administración», *Revista de Administración Pública*, núm. 201, 2016, pág. 35.

65 MARTÍN-RETORTILLO BAQUER, L.: «Multas administrativas», *Revista de Administración Pública,* núm. 79, 1976, págs. 45-46.

ridad jurídica que no ha sido afrontada por el legislador en las últimas reformas administrativas operadas en nuestro Ordenamiento jurídico.

Nos encontramos, pues, ante lo que podríamos calificar como *una oportunidad perdida* por parte del legislador que, a la hora de abordar las reformas normativas del año 2015, optó por guardar el más absoluto silencio acerca de esta materia, manteniendo una regulación arcaica y obsoleta que prosigue sin contemplar, concretar y clarificar la posición de los menores de edad ante el Derecho administrativo sancionador. Es una situación de vacío legal que parece prolongarse en el tiempo, sin solución de continuidad, y cuyo contenido se relega de manera implícita a lo que dispongan las diferentes normas de carácter sectorial. Ello materializa desigualdades notorias ante situaciones jurídicas que deberían gozar de idéntico (o de, al menos, similar) tratamiento normativo, y ello por la elemental aplicación del principio de coherencia normativa, que actualmente brilla por su ausencia en esta materia.

Algunos autores han propuesto acudir a la edad penal, mientras que otros consideran que la edad para poder ser sancionado debe vincularse a la capacidad para ser titular de derechos y obligaciones en el ámbito administrativo. En cuanto a la minoría de edad, tal y como recuerda el profesor REBOLLO PUIG, «no existe en el Derecho administrativo sancionador una disposición general de contenido similar al art. 19 del Código Penal, que excluye la responsabilidad criminal conforme al Código Penal de los menores de 18 años, que si son mayores de 14 años estarán sometidos a la Ley de Responsabilidad Penal de los Menores que diseña un sistema específico»[66]. Por tanto, estamos de acuerdo con el citado autor en que, en principio, la minoría de edad no es una causa de exclusión de la imputabilidad en las infracciones administrativas. Sin embargo, se plantea el espinoso problema relativo a la obligación de analizar cada supuesto para valorar si el menor tiene la madurez suficiente para poder ser motivado en sus actos por los mandatos normativos.

El Derecho comparado muestra cómo es relativamente frecuente la existencia de cláusulas de remisión a lo dispuesto en el Derecho penal, en lo que a la determinación de la imputabilidad respecta dentro del Derecho administrativo sancionador. Sin embargo, ello no ocurre en el marco de este último. En materia de regulación de los menores de edad, el Derecho administrativo sancionador y el Derecho penal han seguido una evolución totalmente diferente. Ello queda patente en la diferenciación de tramos de edad contemplada en el Derecho penal, que pone de manifiesto que verdaderamente ha asumido el Derecho internacional, y deja claro cuál es el régimen aplicable en función de los diferentes tramos de edad que se establecen; lo cual no se ha abordado en el ámbito del Derecho administrativo.

---

66 *Vid.* REBOLLO PUIG, M. y OO.AA.: *Derecho administrativo sancionador*, Lex Nova, Valladolid, 2010, pág. 318.

La inexistencia de un régimen administrativo sancionador que proporcione cobertura a las infracciones cometidas por menores de edad también tiene otras repercusiones que materializan una situación de vacío legal y, por ende, de indefinición jurídica. Por un lado, no existen sanciones específicas y adecuadas para los menores de edad, al igual que, por otro lado, tampoco se establecen medidas de reeducación. La realidad es que las sanciones administrativas impuestas por las Administraciones acaban siendo asumidas económicamente por los padres del menor, ya que, con carácter general, los menores carecen de medios económicos suficientes para afrontar el pago de la sanción impuesta. Por tanto, en nuestra Disciplina tampoco encontramos en los mencionados aspectos analogía alguna con el Derecho penal, sobre todo en lo relativo a la implantación de medidas de reeducación de los menores de edad infractores. Medidas que, como es bien sabido, tienen un fin preventivo especial.

2. Las infracciones administrativas cometidas por los menores de edad

2.1. La capacidad de culpabilidad como elemento relevante en el caso de infracciones administrativas cometidas por menores de edad

A. La senda marcada por el Derecho penal

El Código Penal, en su art. 19 señala que «los menores de dieciocho años no serán responsables criminalmente con arreglo a este Código. Cuando un menor de dicha edad cometa un hecho delictivo podrá ser responsable con arreglo a lo dispuesto en la ley que regule la responsabilidad penal de los menores»[67].

En el ámbito propio del Derecho penal se ha venido sosteniendo la capacidad de culpabilidad que se contiene en la persona autora de un hecho infractor como elemento a tener en consideración, porque se entiende que, a diferencia de las personas mayores de edad, el grado o capacidad del menor infractor es inferior al que presenta la persona adulta en caso de comisión

67 Esta eximente de minoría de edad penal, tendría un doble fundamento: por un lado, se basa en la suposición de que antes de cierta edad no concurre la imputabilidad (niños de corta edad), y, por otro, respecto de los menores de mayor edad que pudieran ser efectivamente imputables en los términos clásicos desde la dogmática del Derecho penal, se fundamentaría en la idea político-criminal de que es más conveniente someterlos a un tratamiento educativo especial que imponerles un castigo. *Vid.* Mir Puig, S.: *Derecho penal. Parte General*, 10.ª edición, Reppertot, Barcelona, 2015 (2ª reimpresión, agosto 2016), pág. 612.

delictiva. Se afirma, así, que el menor es un ser en evolución permanente, en proceso de crecimiento y de formación, y que se ve inmerso en una situación de mutación social y personal, que deriva de la pubertad, lo que permite identificar una imputabilidad reducida, y, por ende, una responsabilidad igualmente reducida[68]. Es también cierto que la edad representa un indicativo del grado de madurez, habiendo distintos grados de culpabilidad en función de la edad. Esta importancia de la edad mantiene un vínculo también con el principio de progresividad, de tal forma que la progresiva capacidad y autonomía del menor para adquirir y ejercer derechos está ligada a una creciente responsabilidad por sus acciones[69]. Es verdad que, a nivel jurisprudencial, se admite con naturalidad una progresividad en la capacidad del menor para ejercitar sus derechos. Así, la SAP de Pontevedra, de 30 de diciembre de 2003, señala lo siguiente:

> «En este sentido, no es ocioso recordar cómo las transformaciones sociales y culturales operadas en nuestra sociedad han provocado un cambio en el status social del niño, dando un nuevo enfoque a la construcción del edificio de los derechos humanos de la infancia. Este enfoque reformula la estructura del derecho a la protección de la infancia vigente en nuestro país y en la mayoría de los países desarrollados desde finales del siglo XX, y consiste fundamentalmente en el reconocimiento pleno de la titularidad de derechos en los menores de edad y de una capacidad progresiva para ejercerlos»[70].

En el ámbito penal, la inimputabilidad descansa sobre la base de que, con carácter general, el menor de cierta edad carece de capacidad de culpabilidad. No obstante, con la finalidad de evitar la inseguridad jurídica que se materializaría en el caso de que se instaurase un sistema en el que, caso por caso, se valorase la capacidad de culpabilidad de cada menor en función de su grado de madurez, se ha optado por fijar un límite cronológico que delimita el momento a partir del cual el sujeto es considerado responsable criminal con arreglo al Código Penal (de adultos).

De esta manera, se fija una edad a partir de la cual se aplica el Código Penal, y la exigencia de responsabilidad penal queda relegada a otra norma, por considerar que la mayor o menor edad es un factor que incide en la capa-

68 En este sentido, *vid.* Gutiérrez i Albentosa: *Proporcionalidad y reeducación en la Jurisdicción de Menores*, Bosch, Barcelona, 2021, págs. 85-86.

69 Un ejemplo lo encontramos en el art. 10 LORPM, que tiene en cuenta la proporcionalidad, pero unida al grado de culpabilidad del menor en el momento de cometer la infracción penal, de tal forma que, a más edad será más extensa la pena a imponer, porque en virtud de dicha culpabilidad, existe una presunción iuris tantum de que el grado de madurez (y, por ende, de responsabilidad) del menor será más elevado conforme la edad ascienda (ciertamente, el grado de comprensión del injusto por parte de un menor de 16-17 años será mayor que la de un menor de 14-15 años).

70 SAP de Pontevedra núm. 469/2003, de 30 de diciembre de 2003 (JUR 2006\18408).

cidad de culpabilidad del sujeto que comete una infracción penal, bien porque carece de capacidad de discernimiento, capacidad intelectiva y/o volitiva que le permita comprender la imputabilidad, o no ha alcanzado la madurez suficiente para comprender el sentido de sus acciones.

Como ya se ha dicho, en el Derecho penal sí que puede apreciarse una clara asunción del Derecho internacional; y, a tal efecto, se distinguen tres tramos de edad: a) el primer tramo, los menores de 14 años que considera inimputables por considerar que, debido a su grado de madurez, no poseen capacidad de culpabilidad, por lo que se les aplica las normas de protección de menores previstas en la legislación general (CC y la LPJM); b) un segundo tramo mayores de 14 años y menores de 18 años que no se les aplica el Código Penal por no considerarlos como personas adultas, sino que se les aplica una norma específica con un fin claramente educativo: la Ley Orgánica 5/2000, de 12 de enero, de Responsabilidad Penal de los Menores (LORPM) y; c) un tercer tramo desde los 18 años cumplidos y menores de 21 años, considerados totalmente imputables, a todos los efectos, pero que según la gravedad de los hechos cometidos, y dada su juventud, su madurez recién adquirida, falta de experiencia vital, prolongación de la adolescencia; por razones de política criminal, en algunos supuestos deban ser considerados en el tramo anterior (desde los 14 a los 18 años) para aplicarles el mismo Código o ley penal. Ello significa que a un menor de 18 años no se le aplicará el Código Penal aun cuando exista prueba de que goza de la necesaria capacidad de culpabilidad, quedando así sujeto a lo dispuesto en la LORPM, aplicable a los comprendidos entre 14 y 18 años. Y recordemos que, si la infracción fuere cometida por un menor de 14 años, no se le exigirá responsabilidad con arreglo a la citada LORPM, sino que le será de aplicación la normativa sobre protección de menores previstas en el CCiv. y demás normas concordantes.

Y es que, como explica la Ley Orgánica 5/2000, de 12 de enero, de Responsabilidad Penal de los Menores, en su Exposición de Motivos:

> «El artículo 19 del vigente Código Penal, aprobado por la Ley Orgánica 10/1995, de 23 de noviembre, fija efectivamente la mayoría de edad penal en los dieciocho años y exige la regulación expresa de la responsabilidad penal de los menores de dicha edad en una Ley independiente. También para responder a esta exigencia se aprueba la presente Ley Orgánica, si bien lo dispuesto en este punto en el Código Penal debe ser complementado en un doble sentido. En primer lugar, asentando firmemente el principio de que la responsabilidad penal de los menores presenta frente a la de los adultos un carácter primordial de intervención educativa que trasciende a todos los aspectos de su regulación jurídica y que determina considerables diferencias entre el sentido y el procedimiento de las sanciones en uno y otro sector, sin perjuicio de las garantías comunes a todo justiciable. En segundo término, la edad límite de dieciocho años establecida por el Código Penal para referirse a la responsabilidad penal de los menores precisa de otro límite mínimo a partir del cual comience la posibilidad de exigir esa responsabilidad y que se ha concretado en los catorce

años, con base en la convicción de que las infracciones cometidas por los niños menores de esta edad son en general irrelevantes y que, en los escasos supuestos en que aquéllas pueden producir alarma social, son suficientes para darles una respuesta igualmente adecuada en los ámbitos familiar y asistencial civil, sin necesidad de la intervención del aparato judicial sancionador del Estado».

Más adelante, la citada norma añade lo siguiente:

«Conforme a los principios señalados, se establece, inequívocamente, el límite de los catorce años de edad para exigir este tipo de responsabilidad sancionadora a los menores de edad penal y se diferencian, en el ámbito de aplicación de la Ley y de la graduación de las consecuencias por los hechos cometidos, dos tramos, de catorce a dieciséis y de diecisiete a dieciocho años, por presentar uno y otro grupo diferencias características que requieren, desde un punto de vista científico y jurídico, un tratamiento diferenciado, constituyendo una agravación específica en el tramo de los mayores de dieciséis años la comisión de delitos que se caracterizan por la violencia, intimidación o peligro para las personas».

Consecuentemente, el art. 1 de dicha Ley Orgánica, titulado «Declaración general», establece que la misma se aplicará para exigir la responsabilidad de las personas mayores de catorce años y menores de dieciocho por la comisión de hechos tipificados como delitos o faltas en el Código Penal o las leyes penales especiales. Igualmente, se matiza que las personas a las que se aplique la mencionada Ley gozarán de todos los derechos reconocidos en la Constitución y en el Ordenamiento jurídico, particularmente en la Ley Orgánica 1/1996, de 15 de enero, de Protección Jurídica del Menor, así como en la Convención sobre los Derechos del Niño de 20 de noviembre de 1989 y en todas aquellas normas sobre protección de menores contenidas en los Tratados válidamente celebrados por España.

Por lo tanto, en Derecho administrativo se plantea el problema relativo a la situación en que se encuentran los menores, a la luz de la edad que posean en el momento de la comisión de los hechos, de cara a determinar su imputabilidad por infracciones administrativas. En ausencia de un marco general al respecto, encontramos un precedente con espíritu innovador en el Derecho administrativo sancionador, en el País Vasco: la Ley 2/1998, de 20 de febrero, de la Potestad Sancionadora de las Administraciones Públicas del País Vasco (LPSPV)[71]. Esta norma advertía que existe una edad en la que no se puede ser responsable por infracciones administrativas, y realzaba la dificultad que

71 Según TOLEDO PICAZO, esta norma, hoy derogada, desaprovechaba la ocasión para formular un novedoso Derecho administrativo sancionador de los menores de edad, sin duda muy necesario. *Vid.* TOLEDO PICAZO, A.: «Derecho administrativo sancionador y menores de edad», *Revista Aranzadi Doctrinal*, núm. 6/2009, parte Estudios (BIB 2009\856). A nuestro entender es una norma que, a pesar de su espíritu clarificador —digno de alabanza, por cierto, al intentar introducir matices interesantes hace ya más de 25 años—, resultaría claramente insuficiente hoy día.

existe para fijar dicha edad, —cuestión por lo que recomienda que la misma sea señalada expresamente en las correspondientes leyes sancionadoras sectoriales—. Su Exposición de Motivos señala lo siguiente:

> «En el número 3 (del artículo 6) se recoge la minoría de edad como causa de inimputabilidad. Que hay una edad en la que no se puede ser responsable de una infracción administrativa es algo que no hay dificultad en admitir, pues no es sólo un principio integrante de lo común punitivo, sino que también forma parte de la esencia de la idea general de responsabilidad jurídica, que entronca con la de personalidad jurídica. Lo verdaderamente difícil es fijar esa edad. En el ámbito penal es factible fijar una edad invariable, pero no ocurre lo mismo en el ámbito administrativo sancionador, dada la cantidad de infracciones tipificadas y las diferencias de naturaleza entre ellas, diferencias que pueden incidir en la cuestión, máxime si se considera que la determinación de la minoría de edad no sólo debe fundarse en razones atinentes a la idea de responsabilidad jurídica, sino que pueden considerarse razones referidas a la eficacia en la consecución de los fines perseguidos en cada caso por la potestad sancionadora. Es por ello por lo que la ley se remite a las normas sancionadoras sectoriales y establece una regla supletoria».

Dicha norma ha sido derogada por la Ley 1/2023, de 16 de marzo, de la Potestad Sancionadora de las Administraciones Públicas del País Vasco[72] y, siguiendo la línea trazada por su predecesora, establece en el art. 6.3 que «las normas sancionadoras sectoriales, en atención a la naturaleza y finalidad de la concreta regulación material sectorial de que se trate y a la capacidad de obrar que en dicha regulación se reconozca a las personas menores, fijarán el límite de edad a partir del cual se puede ser responsable de una infracción. A falta de disposición al efecto, no serán responsables las personas menores de catorce años». Este límite que fija la legislación vasca es el que viene aplicando con carácter general la jurisprudencia, ya que es el límite que fija el Código Penal para poder ser imputado penalmente[73].

Tradicionalmente, la doctrina ha admitido la capacidad del menor para cometer infracciones y también ha reconocido la dificultad para fijar un límite de edad por debajo del cual no se pueda considerar responsable al menor[74]. Y aun cuando la edad de catorce años no ha sido legal y formalmente consagrada en la normativa administrativa general, no cabe duda de que debe establecerse, a modo de límite de responsabilidad, de tal modo que, salvo

---

72 BOE núm. 89, de 14 de abril de 2023.

73 *Vid.* Toledo Picazo, A.: «Derecho administrativo...», *cit.*

74 Así, Cueto Pérez, M.: «Los principios de la potestad sancionadora de las Administraciones públicas: tipicidad y responsabilidad», *Documentación Administrativa*, núm. 280-281, 2008, pág. 116; DE Palma del Tesso, A.: *El principio de culpabilidad en el Derecho Administrativo sancionador*, Tecnos, Madrid, 1996, pág. 183; y, García Gómez del Mercado, F.: *Sanciones administrativas: garantías, derecho y recursos del presunto responsable*, Comares, Granada, 2002, pág. 66.

que se disponga lo contrario, se excluya por completo la posibilidad de imponer sanciones administrativas a menores de catorce años.

Como decimos, el régimen general adolece de una previsión específica respecto a la edad. Sin embargo, en el plano de la acción de los poderes públicos en relación con la seguridad ciudadana, la Ley Orgánica 4/2015, de 30 de marzo, de Protección de la Seguridad Ciudadana[75], apuesta por una exención de la responsabilidad administrativa a los menores de 14 años y, extrapolando los principios del Derecho penal al Derecho administrativo sancionador[76], lo razona en su Exposición de Motivos de la siguiente manera:

> «El capítulo V, que regula el régimen sancionador, introduce novedades relevantes con respecto a la Ley Orgánica 1/1992, de 21 de febrero. La redacción del capítulo en su conjunto tiene en cuenta, como reiteradamente ha declarado el Tribunal Constitucional, que el Derecho administrativo sancionador y el Derecho penal son, con matices, manifestaciones de un único ius puniendi del Estado. Por tanto, la Ley está orientada a dar cumplimiento a los principios que rigen la potestad sancionadora administrativa, singularmente los de responsabilidad, proporcionalidad y legalidad, en sus dos vertientes, de legalidad formal o reserva de Ley y legalidad material o tipicidad, sin perjuicio de la admisión de la colaboración reglamentaria para la especificación de conductas y sanciones en relación con las infracciones tipificadas por la Ley. En cuanto a los autores de las conductas tipificadas como infracciones, se exime de responsabilidad a los menores de catorce años, en consonancia con la legislación sobre responsabilidad penal del menor. Asimismo, se prevé que cuando sea declarado autor de los hechos cometidos un menor de dieciocho años no emancipado o una persona con la capacidad modificada judicialmente responderán solidariamente con él de los daños y perjuicios ocasionados sus padres, tutores, curadores, acogedores o guardadores legales o de hecho».

En el Derecho administrativo sancionador aplicable en el marco de la seguridad ciudadana, dado el tenor literal de la norma reguladora, no plantea dudas que existe una tipificación de una serie de conductas infractoras y que habilita a la Administración para sancionar siempre y cuando no nos encontremos ante una infracción cometida por un menor de 14 años[77]. El art.

---

75 BOE núm. 77, de 31 de marzo de 2015.

76 En esa extrapolación debe tenerse en cuenta la doctrina del Tribunal Constitucional (por todas, la STC 246/1991, de 19 de diciembre): «si bien es cierto que este TC ha declarado reiteradamente que los principios del orden penal son de aplicación, con ciertos matices, al Derecho administrativo sancionador, dado que ambos son manifestaciones del ordenamiento punitivo del Estado (STC 18/1987), no lo es menos que también hemos aludido a la cautela con la que conviene operar cuando de trasladar garantías constitucionales extraídas del orden penal al Derecho administrativo se trata. Esta operación no puede hacerse de forma automática, porque la aplicación de dichas garantías al procedimiento administrativo sólo es posible en la medida en que resulten compatibles con su naturaleza (STC 22/1990)».

77 Un ejemplo lo encontramos en el Sentencia núm. 117/2021, de 12 de abril, del Juzgado de lo Contencioso-Administrativo núm. 2 de Toledo (Ponente: D. Santiago Corral Diezma),

30.2 de la citada norma señala que «estarán exentos de responsabilidad por las infracciones cometidas los menores de catorce años. En caso de que la infracción sea cometida por un menor de catorce años, la autoridad competente lo pondrá en conocimiento del Ministerio Fiscal para que inicie, en su caso, las actuaciones oportunas». Esta norma representa un ejemplo puntual de cómo el legislador ha optado por dejar claro, en el ámbito de la seguridad ciudadana, que hay un umbral de edad por debajo del cual se exime de responsabilidad a los menores de edad derivada de infracción, si bien, es una previsión normativa para el caso de infracciones cometidas exclusivamente en el ámbito de la seguridad ciudadana.

Existen en nuestro Ordenamiento jurídico algunas otras leyes que, con una técnica de redacción defectuosa, dan por supuesta la responsabilidad de los menores. Así, los artículos 24, 25 y 26 de la Ley Orgánica 3/2013, de 20 de junio, de protección de la salud del deportista y lucha contra el dopaje en la actividad deportiva, establecen las sanciones por infracciones muy graves, pero añaden que «cuando en las referidas conductas esté involucrado un menor de edad, o en caso de reincidencia, la sanción pecuniaria únicamente podrá tener carácter accesorio y se sancionará con multa de 40.000 a 400.000 euros».

Pues bien, llegados hasta este punto cabe señalar que, a pesar de la dificultad para establecer tramos de edad en el Derecho administrativo sancionador para los menores de edad, no cabe duda que la senda marcada por el Derecho penal constituye un referente muy significativo, que permitiría —en la medida de lo posible— establecer un marco general, sin perjuicio de las modulaciones que pudieran matizarse en la legislación administrativa sectorial en determinados supuestos en los que quepa exigir o bien una edad superior o bien una especial capacitación.

B. Capacidad de culpabilidad e imputabilidad en el Derecho administrativo sancionador

Partiendo de que una infracción administrativa se puede definir como una acción antijurídica y personalmente imputable castigada por la ley con una sanción administrativa, estamos de acuerdo con Cano Campos cuando de manera razonable sostiene que los dos únicos juicios generales de valor que

---

en el que se recurría la sanción de 601 euros impuesta a un menor de edad de 17 años, al haber sido identificado por la fuerza policial como autor de lanzamiento de huevos a un vehículo de Policía Local. El Juzgado señala que «si bien el recurrente era menor de edad en el momento de la comisión de la infracción —17 años—, ello no le exime de ser responsable de la misma conforme al artículo 30 de la LO 4/2015»; si bien, estima parcialmente la demanda por apreciar una incorrecta tipificación de los hechos. En la Sentencia del TSJ de Málaga, núm. 697/2007, de 30 de marzo de 2007 (Ponente: D. Jesús Rivera Fernández), se estimó el recurso contencioso interpuesto por el padre de un menor de edad, a quien se había sancionado con 200.000 pesetas de multa (1.200 euros) por la realización de grafitis en una zona ferroviaria, de tal forma que se le consideró inimputable.

pueden hacerse sobre un comportamiento determinado son el que lo muestra objetivamente como contrario al Ordenamiento jurídico (antijuridicidad, entendida como juicio intersubjetivo válido para todos los sujetos) y el que lo atribuye individualmente a su autor (imputabilidad, reprochabilidad o culpabilidad en sentido estricto, entendida como posibilidad de imputar el hecho antijurídico a un sujeto responsable)[78]. Así concebida, la culpabilidad o imputabilidad como categoría de la infracción se refiere a la posibilidad de imputar o reprochar personalmente el hecho antijurídico a un sujeto responsable. Por ello, se ocupa de las condiciones que determinan que el autor de una conducta antijurídica pueda ser sancionado por resultar el responsable de la misma, por podérsela *reprochar*. Es la atribuibilidad individual del hecho antijurídico al sujeto que lo ha realizado. Lo que tiene lugar cuando se puede exigir a dicho sujeto actuar de conformidad con las normas. Así, como señala la STS de 8 de febrero de 2000:

> «(...)...del análisis de las STS de 30 de enero de 1988, 5 de febrero de 1988, 13 de octubre de 1989, 12 de enero de 1996 y 3 de abril de 1996 que la culpabilidad es un requisito de toda infracción administrativa, asentándose el sistema punitivo en el principio de responsabilidad personal, siendo la potestad sancionadora administrativa de la misma naturaleza que la potestad penal, por lo que las directrices estructurales del ilícito administrativo tienden como en el ilícito penal a conseguir la individualización de la responsabilidad, por lo que no basta que la conducta sea antijurídica y típica, sino que es necesario que sea culpable, pues como reconoce la jurisprudencia (así, en STS, Sala del art. 61 de la LOPJ, de 6 de noviembre de 1990), la acción u omisión ha de ser imputable a su autor por imprudencia, negligencia o ignorancia, ya que como una exigencia derivada del artículo 25.1 de la C.E., nadie puede ser sancionado sino por hechos que le puedan ser imputados (principio de culpabilidad) y, como reconoce la invocada jurisprudencia, las directrices estructurales del ilícito tienden también en el ámbito administrativo a conseguir la individualización de la responsabilidad y vedan la posibilidad de crear una responsabilidad objetiva»[79].

A renglón seguido, compartimos la postura de GALICIA MANGAS cuando señala que estamos ante una cuestión clave porque, «sólo a partir del momento en que el sujeto tenga esta capacidad de culpabilidad o reprochabilidad, será asimismo capaz de entender la finalidad preventiva y retributiva de la sanción que se le podría imponer en el caso de vulnerar una norma y, por tanto, de adecuar su comportamiento a lo establecido en dicha norma»[80].

---

78 *Vid.* CANO CAMPOS, T.: «La culpabilidad y los sujetos responsables en las infracciones de tráfico», *Documentación Administrativa*, núm. 284-285, mayo-diciembre 2009, pág. 86.

79 STS de 8 de febrero de 2000 (rec. núm. 608/1997), Ponente: Excmo. Sr. D. Juan José González Rivas.

80 *Vid.* GALICIA MANGAS, F.J.: «La minoría de edad en Derecho administrativo sancionador», *Revista Española de Derecho Administrativo*, núm. 217/2022, parte Estudios (BIB 2022\454).

Pues bien, a diferencia de la capacidad de obrar, regulada en el art. 3 LPAC, la responsabilidad o imputabilidad se recoge en el art. 28.1 LRJSP, exigiendo que la misma derive de dolo o culpa, en los siguientes términos:

> «Artículo 28. Responsabilidad.
>
> 1. Sólo podrán ser sancionadas por hechos constitutivos de infracción administrativa las personas físicas y jurídicas, así como, cuando una Ley les reconozca capacidad de obrar, los grupos de afectados, las uniones y entidades sin personalidad jurídica y los patrimonios independientes o autónomos, que resulten responsables de los mismos a título de dolo o culpa.
>
> 2. Las responsabilidades administrativas que se deriven de la comisión de una infracción serán compatibles con la exigencia al infractor de la reposición de la situación alterada por el mismo a su estado originario, así como con la indemnización por los daños y perjuicios causados, que será determinada y exigida por el órgano al que corresponda el ejercicio de la potestad sancionadora».

Este artículo encuentra su precedente en el art. 130 de la hoy derogada LRJAP, que estableció por primera vez en el Ordenamiento jurídico-administrativo el principio de responsabilidad.

El precepto nos permite realizar una serie de consideraciones. En primer lugar, no cabe duda que dicho artículo viene a modular uno de los principios que se han vinculado en el ámbito penal al principio de responsabilidad y que no es otro que el de personalidad: en el ámbito del Derecho administrativo sancionador las infracciones pueden ser cometidas no sólo por personas físicas sino también por personas jurídicas. Así, anuda la posibilidad de sancionar una infracción administrativa, que, en el caso de las cometidas por una persona física, ésta deberá tener reconocida capacidad de obrar. Ello implica una ineludible remisión a lo dispuesto en la LPAC. Y ya hemos comprobado anteriormente el enfoque tan extremadamente flexible adoptado por el legislador en dicha norma a la hora de regular la capacidad de obrar (recordemos: reconocida a los menores de edad ante la Administración para el ejercicio y defensa de sus derechos e intereses cuya actuación permita el Ordenamiento jurídico administrativo, sin la asistencia de las personas que ejerzan sobre ellos la patria potestad, tutela o curatela). En segundo lugar, el precepto no hace mención expresa al principio de culpabilidad. Por tanto, si ponemos en relación esta norma con la LPAC, no se recoge en ninguna de las dos un criterio general que permita valorar si es posible atribuir responsabilidad a los menores de edad por la infracción de normas administrativas. Téngase en cuenta que este vacío pondría en entredicho el principio de culpabilidad o imputabilidad, cuyo fundamento radica esencialmente en la normalidad en la recepción del mensaje de la norma, que queda excluida en el caso de los menores de cierta edad (al igual que en otro tipo de sujetos, como, por ejemplo, quienes sufren determinados trastornos o en el error de prohibición, así como en el estado de necesidad exculpante)[81]. En tercer lugar, en el precepto anteriormente transcrito no se alude en ningún momento a la edad como criterio delimitador, lo que obliga a acudir a la normativa sectorial y prosigue generando incertidumbre desde el punto de vista jurídico. En cuarto y último lugar, respecto al título de imputación, se remite a conceptos jurídicos clave, tales como el dolo o la culpa. Tal y como señala el profesor PEMÁN GAVÍN, rige el principio de culpabilidad, conforme al cual «se exige que la infracción sea dolosa, esto es, intencionada, o bien al menos que constituya una conducta negligente por parte del sujeto infractor, es decir, carente de la diligencia debida (infracción culposa)»[82]. Por anclaje en la propia Constitución Española, las infracciones solo son tales si se cometen con dolo o culpa y, de hecho, tanto la doctrina casi unánime como la jurisprudencia son coincidentes en señalar que sólo se puede imponer una sanción administrativa en presencia de un comportamiento doloso o negligente. Pero la redacción del precepto, a pesar de haberse matizado respecto de su predecesora LRJAP, prosigue siendo confusa e incompleta, pues en el precepto nada se alude acerca del error y sus modalidades (error de tipo y error de prohibición, error vencible o invencible) o de las consecuencias que acarrearía incurrir en uno u otro tipo de error[83].

2.2. La responsabilidad de padres y tutores por las infracciones administrativas cometidas por menores de edad a su cargo

En la reforma administrativa operada en 2015, se introduce en el art. 28.4 LRSP la facultad de tipificar como infracción, en el seno de relaciones de

81 Como acertadamente señala CANO CAMPOS, en tales casos no se podrá imponer una sanción por impedirlo el principio de culpabilidad, pero sí se podrá exigir responsabilidad patrimonial u obligar a cumplir medidas de restablecimiento de la legalidad vulnerada, pues tales institutos no están sometidos a o condicionados por la exigencia de culpabilidad. *Vid.* CANO CAMPOS, T.: «La culpabilidad...», *cit.*, pág. 86.

82 *Vid.* PEMÁN GAVÍN, J.M.ª.: *Derecho sancionador bancario. El régimen sancionador de las entidades supervisadas por el Banco de España*, Iustel, Madrid, 2022, pág. 84.

83 PEMÁN GAVÍN, además del error invencible, analiza también el caso fortuito como causa de exculpación. Observa que estas causas de exculpación concurren de una forma desigual en las diferentes esferas del Ordenamiento sancionador. En los sectores del Ordenamiento jurídico que regulan los ámbitos de la vida social en los que existe un riesgo elevado de lesión a la colectividad (v.g., salubridad, sanidad, seguridad, etc.) el interés público reclama un deber absoluto de diligencia por parte del sujeto activo. Tal y como señala, con toda razón, este deber omnímodo excluye, prácticamente, la presencia del caso fortuito y del error, de tal forma que, aunque existe, la presencia de la culpabilidad queda muy difuminada. Por el contrario, en otros sectores del Ordenamiento jurídico donde no acecha ese riesgo se admite, con carácter general, la concurrencia del caso fortuito o del error invencible, lo que evidencia una activa presencia de la culpabilidad. De estos datos infiere, con gran tino, que es necesario adoptar una visión menos reduccionista de la culpabilidad en el Derecho administrativo sancionador, ya que, aunque este elemento está siempre presente, los diferentes sectores que abarca el Derecho sancionador le otorgan, en función de sus necesidades, un mayor o menor ámbito de actuación. *Vid.* PEMÁN GAVIN, I.: *El sistema sancionador español (Hacia una teoría general de las infracciones y sanciones administrativas),* Cedecs Editorial, Barcelona, 2000.

dependencia o vinculación, el incumplimiento de la obligación de prevenir la comisión de infracciones administrativas e incluso, la posibilidad de atribuir el pago de las sanciones pecuniarias a determinados sujetos, por las infracciones cometidas por personas vinculadas o dependientes de los mismos, con el tenor literal siguiente:

> «Las leyes reguladoras de los distintos regímenes sancionadores podrán tipificar como infracción el incumplimiento de la obligación de prevenir la comisión de infracciones administrativas por quienes se hallen sujetos a una relación de dependencia o vinculación. Asimismo, podrán prever los supuestos en que determinadas personas responderán del pago de las sanciones pecuniarias impuestas a quienes de ellas dependan o estén vinculadas».

En primer lugar, nos encontramos ante un precepto tan controvertido como enigmático, que encuentra su precedente en el anterior art. 130.3 LRJAP, que ha venido dando pie a los legisladores autonómicos a disponer en sus normativas sectoriales la responsabilidad solidaria o subsidiaria de los padres o tutores por las infracciones cometidas por sus hijos o tutelados menores de edad. Este precepto, tanto por la técnica jurídica empleada en su redacción, como por las consecuencias jurídicas que se materializan en la *praxis*, ha sido tildado por la doctrina, en su redacción originaria, como oscuro[84], de difícil entendimiento[85], y cuya regulación resulta incompatible con los principios más arraigados del Derecho punitivo español[86]. Otros autores subrayan la mala redacción del precepto, en la medida en que no refleja correctamente lo que se pretende aplicar en la legislación sectorial, la cual integra supuestos distintos y que revisten una gran variedad. En lo sustantivo, el citado artículo representa una suerte de generalización, pues sería lógico entender que pudiera operar las previsiones que contiene en el marco de relaciones muy concretas o intensas dentro del Derecho administrativo sectorial (en las que se pudiera prever de modo expreso un deber de vigilancia o control), sin que ello pueda extrapolarse a cualesquiera situaciones generales. Sin embargo, no existe en el precepto tal delimitación, lo que conduce a una aplicación del mismo de manera extremadamente abierta, cuando realmente debiera ser de aplicación a supuestos muy exclusivos dentro del entramado de normas que rigen dentro del Derecho administrativo sancionador.

En segundo lugar, cabe realizar otra precisión en torno a la redacción del precepto. Con carácter general, «autor» y «responsable» de una infracción administrativa son condiciones que recaen sobre una misma persona, pues la aplicación práctica de los principios básicos del Derecho administrativo

84 Así, GONZÁLEZ PÉREZ, J. y GONZÁLEZ NAVARRO, F.: *Comentarios...cit.*, pág. 2833.

85 En este sentido, GARRIDO FALLA, F. y FERNÁNDEZ PASTRANA, J.M.: *Régimen jurídico y procedimiento de las Administraciones públicas*, Civitas, Madrid, 1993, pág. 298.

86 *Vid.* NIETO GARCÍA, A.: *Derecho administrativo sancionador*, 4.ª ed., Tecnos, Madrid, 2005, pág. 427.

sancionador impide que una sanción recaiga sobre alguien ajeno a la conducta infractora, siendo indispensable algún tipo de participación en ella. Pero el problema se plantea porque los conceptos de «autor» y «responsable» de una infracción administrativa parecen disociarse en el caso de la denominada culpa in vigilando contemplada en el mencionado art. 28.4 de la LRJSP. Ello es así, pues como señala SANZ BAOS, cuando el inciso final del precepto transcrito permite que las leyes reguladoras de los distintos regímenes sancionadores contemplen «los supuestos en que determinadas personas responderán del pago de las sanciones pecuniarias impuestas a quienes de ellos dependan o estén vinculadas»[87], parece establecer una responsabilidad de tipo objetivo, es decir, independiente de la culpabilidad del sujeto, pues admite que quien no ha participado en absoluto en la comisión de una infracción como autor, inductor o cooperador necesario, se vea legalmente abocado a afrontar sus consecuencias, exigiéndosele el pago de la sanción y de la oportuna reparación. De esta forma, estamos de acuerdo en que en estos casos se es responsable de una infracción no por ser culpable de su comisión, sino porque así lo establece la ley, lo que supone una flagrante vulneración de los principios de culpabilidad y de personalidad de la sanción.

Una tercera cuestión que se plantea en el tema de la responsabilidad administrativa de los menores de edad, es la relativa al tipo de sanciones que se les debe imponer. En efecto, en el régimen aplicable a los mayores de edad, las sanciones administrativas consisten generalmente en multas. Al esquema normativamente diseñado por el legislador, subyace, con gran raigambre, la persistencia e interés de la Administración en percibir de manera efectiva los importes económicos correspondientes a las sanciones cometidas por menores de edad, con un desmedido afán recaudatorio. Un ejemplo es perceptible en el caso de las infracciones cometidas por menores que circulan con los denominados Vehículos de Movilidad Personal (VMP), comúnmente denominados *patinetes eléctricos* (esto es, vehículos de una o más ruedas que dispone únicamente de una plaza y se propulsa por medio de motores eléctricos, que les confiere una velocidad de entre 6 y 26 kilómetros por hora). Además de la polémica que se suscita en torno a la cuestión relativa a la edad en que se puede conducir un VMP[88], el legislador lo tiene claro: la responsabilidad de las infracciones cometidas durante el uso de

87 *Vid.* SANZ BAOS, P.: «Significado de la culpa in vigilando en el Derecho administrativo sancionador», online, disponible en la página web oficial de la Comunidad de Madrid: https://www.comunidad.madrid/

88 Son las Ordenanzas municipales las que establecen la edad mínima; así, por ejemplo, el Ayuntamiento de Madrid o el de Córdoba han establecido la edad mínima en 15 años, y el de Pamplona en 14 años. Sin embargo, si la regulación municipal no establece nada al respecto, la edad mínima es de 16 años, conforme a la normativa elaborada por la Dirección General de Tráfico. Todo ello provoca una situación de disparidad ante situaciones que son idénticas, que genera inseguridad jurídica.

estos patinetes eléctricos por conductores menores de 18 años corresponderá directamente a sus padres o tutores legales[89].

La normativa sectorial autonómica ha venido aplicando dicha técnica legislativa y, por poner otros ejemplos, cabe mencionar las diferentes normas autonómicas aprobadas para afrontar la crisis sanitaria derivada de la COVID-19, en las que se contemplaban previsiones sancionadoras en caso de incumplimiento, y que han seguido fielmente el canon instaurado por el legislador en la normativa general[90].

Pero, aunque se quisiera salvar la aparente contradicción en la que incurre el art. 28.4 LRJSP, acudiendo a la figura de «garante», en el sentido del art. 154 Cciv, se estaría produciendo una importante extralimitación, pues este último precepto se refiere a otra cuestión diferente —no menos importante—, que es la relación de patria potestad en beneficio del menor, con una serie de deberes y facultades que se imponen, entre ellas la de velar por ellos, alimentarlos, educarlos, etc. En dicha norma no encontramos la imposición al padre o tutor de un menor de 18 años la obligación de prevenir la posible infracción que aquel hubiere podido cometer, en todo momento y en todo lugar, pues ello supondría la imposición de una carga extrema y desmesurada, como sería una vigilancia permanente del menor, todo lo cual no es asumible en la vida real.

La previsión del art. 28.4 LRJSP parece referirse, como así advierte Recoder Vallina (en alusión al anterior art. 130 LRJAP), «a un deber específico de prevenir la comisión de infracciones, que podría ser más estricto que el deber general de vigilancia de los padres y tutores respecto de los hijos y pupilos»[91]. El art. 1903 párrafos segundo y tercero del Código Civil establece que «los padres son responsables de los daños causados por los hijos que

89 El art. 82.b) de la Real Decreto Legislativo 6/2015, de 30 de octubre, por el que se aprueba el texto refundido de la Ley sobre Tráfico, Circulación de Vehículos a Motor y Seguridad Vial (BOE núm. 261, de 31 de octubre de 2015) establece: «cuando la autoría de los hechos cometidos corresponda a un menor de dieciocho años, responderán solidariamente con él de la multa impuesta sus padres, tutores, acogedores y guardadores legales o de hecho, por este orden, en razón al incumplimiento de la obligación impuesta a éstos que conlleva un deber de prevenir la infracción administrativa que se impute a los menores».

90 Como botón de muestra, dos ejemplos: art. 2.4 del Decreto-ley Foral 9/2020, de 16 de septiembre, por el que se establece el régimen sancionador por el incumplimiento de las medidas de prevención y contención sanitarias para afrontar la situación de crisis sanitaria ocasionada por COVID-19, en la Comunidad Foral de Navarra: «cuando el infractor sea un menor de edad, responderán solidariamente con él de la multa impuesta los padres, tutores legales, acogedores o guardadores legales»; y, art. 5.3 de la Ley 1/2021, de 29 de abril, por la que se establece el régimen sancionador por incumplimiento de las medidas de prevención y contención frente al COVID-19 en la Comunidad Autónoma de Canarias: «cuando el infractor sea un menor de edad, serán responsables solidarios los padres, tutores acogedores o guardadores legales, en el supuesto de multas pecuniarias».

91 *Vid.* Recoder Vallina, T.: «Principio de personalidad de las sanciones administrativas: responsabilidad solidaria y subsidiaria. Responsabilidad de las personas jurídicas y de los

se encuentren bajo su guarda. Los tutores lo son de los perjuicios causados por los menores o incapacitados que están bajo su autoridad y habitan en su compañía». Sin embargo, no parece jurídicamente admisible equiparar y, por ende, poner al mismo nivel el pago de una sanción administrativa por parte de los padres en base a una supuesta posición de garante, y la asunción de la responsabilidad civil que podrían asumir aquellos por los daños que dichos menores a su cargo pudieran ocasionar. Son planos y niveles de responsabilidad totalmente diferentes, que dimanan de finalidades también muy diferentes. En este sentido, no cabe sostener la extensión analógica de las normas sobre responsabilidad civil al Derecho administrativo sancionador, pues no es correcto derivar la responsabilidad administrativa de los menores a los padres o tutores, basándonos en los preceptos civiles[92]. Es obvio que la responsabilidad puede ser administrativa y civil a la vez, pero no cabe confundir o entremezclar ambos regímenes.

Una cuarta y última cuestión que debemos abordar es la relativa a la instauración de medidas de reeducación a los menores infractores. La aplicación práctica de la letra de la Ley revela que se antepone una finalidad económica a una finalidad que debiera ser prioritaria, como es la instauración generalizada de medidas de reeducación a los menores de edad infractores, como así se contemplan en el ámbito penal. No se nos oculta que, aun cuando la finalidad primordial de la sanción es *retributiva* o represiva, al igual que las penas, las sanciones administrativas, en lo que tienen de disuasión de conductas infractoras, cumplen también una finalidad de prevención general[93]. En el ámbito de la justicia penal de los menores, su normativa reguladora nació con una vocación preventivo-especial, contemplando un amplio catálogo de sanciones cuyo objeto ha venido siendo aplicar al menor la sanción más adecuada para evitar su reincidencia, siendo un catálogo cuya aplicación no depende de las Comunidades Autónomas, pues es de ámbito estatal y general[94]. En el Derecho administrativo sancionador de menores, el esquema

menores de edad», *Asamblea: revista parlamentaria de la Asamblea de Madrid*, núm. 19, 2008, pág. 161.

92 A nuestro entender, ello no obsta para que la regla de la solidaridad pueda ser operativa en determinadas circunstancias, tal y como reconoce la jurisprudencia, y que pueda ser exigida en casos en los que las obligaciones correspondan a varias personas, pues estaríamos ante supuestos diferentes. Es el caso del art. 70.2 de la Ley 43/2003, de 21 de noviembre, de Montes (BOE núm. 280, de 22 de noviembre de 2003).

93 A este respecto, GAMERO CASADO y FERNÁNDEZ RAMOS matizan que este efecto de prevención general no depende tanto de la gravedad de la acción represiva prevista en las normas sancionadoras, como de la percepción por parte de los destinatarios de las mismas de la existencia de un aparato administrativo razonablemente eficaz que respalde su cumplimiento, *Vid.* GAMERO CASADO, E. y FERNÁNDEZ RAMOS, S.: *Manual básico de Derecho administrativo*, 3ª ed., Tecnos, Madrid, 2006, págs. 436-437.

94 Puede consultarse al respecto GARCÍA PÉREZ, O.: «La práctica de los Juzgados de Menores en la aplicación de las sanciones, su evolución y eficacia», *Revista Electrónica de Ciencia*

es fragmentario, al igual que pone en entredicho la eficacia de las posibles medidas que se pudieran adoptar. Por citar un ejemplo, la Ley 7/2023, de 28 de marzo, de protección de los derechos y el bienestar de los animales[95], en caso de infracción imputada a menores, establece una responsabilidad solidaria de los padres en razón del deber de prevenir la infracción administrativa, y hace prevalecer la imposición de la multa pecuniaria, pero contemplando, con carácter accesorio, su sustitución por las medidas reeducadoras que determine la normativa autonómica. Otro ejemplo, pero anterior en el tiempo, es la Ley 5/2002, de 27 de junio, de la Comunidad de Madrid, sobre Drogodependencias y otros Trastornos Adictivos[96], que prevé como sanción, por consumo de alcohol en la vía pública, las prestaciones en beneficio de la comunidad durante un número de sesiones previamente fijado, bien en beneficio de la colectividad o de personas que se encuentren en situación de precariedad por cualquier motivo. Pero sucede que, si el infractor no consiente, dicha sanción será sustituida por la multa correspondiente, de la que responden solidariamente los representantes legales del menor.

Por lo tanto, sería deseable prever un tipo de sanciones específicas para los menores de edad, pues en palabras de Cano Campos, «parece evidente que la sanción pecuniaria no resulta la más adecuada para las infracciones cometidas por los menores, pudiendo resultar más eficaces y, sobre todo, más acordes con los propios intereses de los menores las sanciones de finalidad o contenido educativo»[97]. De esta forma, se evitaría que a la postre sean los progenitores del menor quienes sufraguen la sanción pecuniaria, y, en cambio sí se aplicarían medidas educativas y de sensibilización[98] dotadas de mayor efectividad.

En conexión con lo anterior, cabe señalar que la imposición de prestaciones personales a un sujeto infractor, en concepto de sanción, no es un hecho nuevo. Nos estamos refiriendo a la imposición de una prestación personal que se aplica como consecuencia de la realización de una conducta tipificada como infracción por las normas jurídicas, cometida por un sujeto que el Ordenamiento jurídico-administrativo considera responsable[99]. Esta modali-

---

Penal y Criminología, núm. 12, 2010, págs. 12-36.

95 BOE núm. 75, de 29 de marzo de 2023.

96 BOE núm. 176, de 24 de julio de 2002.

97 *Vid.* Cano Campos, T.: «La potestad sancionadora de la Administración: una regulación fragmentaria, incompleta y perniciosa», *Documentación Administrativa*, núm. 2, enero-diciembre, 2015.

98 Como ejemplo ilustrativo, en el ámbito de la legislación administrativa de seguridad vial, el legislador optó por contemplar los cursos de medidas reeducadoras necesarios para la recuperación parcial o total de los puntos del permiso de conducir impartidos en los centros autorizados por la DGT.

99 Sobre este tema puede verse García García, M.ª. J.: «La imposición de prestaciones personales en concepto de sanción en el ámbito educativo», *Revista Catalana de Dret Públic*,

dad parece haber cristalizado en el ámbito educativo, mediante la imposición de una prestación personal que se concreta en la realización de una actividad que tiene incidencia positiva en el centro educativo. Sin embargo, su articulación no está exenta de problemas jurídicos. En primer lugar, son las diferentes Comunidades Autónomas las que dictan la normativa reguladora de esta materia, lo que provoca divergencias y disparidades en el entorno regulatorio. En segundo lugar, se plantean problemas jurídico-conceptuales, pues las normas que las regulan, mayoritariamente, las definen como «medidas correctoras de carácter educativo» sin otorgarles el calificativo de sanciones; si bien otras normativas autonómicas les confiere expresamente la consideración de sanción. Incluso hay jurisprudencia que de modo expreso les niega la condición de actos administrativos sancionadores, considerándolas como medidas de carácter educativo, de lo que resultaría la ausencia de necesidad de cualquier garantía que estuviera relacionada con su calificación como medida punitiva, mientras que otras sentencias admiten la naturaleza jurídico-sancionadora[100]. Y, por último, más allá de las medidas disciplinarias que a modo de medidas correctivas se pueden imponer (que van desde la amonestación verbal o el apercibimiento por escrito a la suspensión del derecho de asistencia al centro o la expulsión del alumno o alumna), respecto de las prestaciones personales se plantea nuevamente el espinoso tema de cuál es la edad mínima para sancionar, lo cual debiera ser igualmente establecido. En todo caso, creemos firmemente que un régimen administrativo sancionador debe posibilitar que las sanciones que recaigan sobre menores de edad compaginen la función preventiva con la educativa y reformadora.

IV. REFLEXIONES FINALES

En el presente estudio hemos abordado un aspecto que a priori puede parecer parcial dentro del Derecho administrativo sancionador, pero que, antes bien al contrario, resulta crucial, como es la posición que ocupa el menor de edad en nuestro Ordenamiento jurídico-administrativo, en la medida en que, a pesar de las reformas operadas, la normativa vigente prosigue sin aclarar dicha cuestión a través de un marco general. La regulación actual es obsoleta y no se adapta a los tiempos actuales, habida cuenta el ingente número de normas que, con carácter sectorial, regulan los diferentes ámbitos de intervención administrativa.

En este sentido, la senda seguida por el Derecho penal constituye una vía factible para articular tramos de edad que permitan determinar la responsa-

núm. 49, 2014, págs. 130-150.

100 La STSJ de Madrid, de 16 de enero de 2008 les niega el carácter de sanciones, mientras que la STS de 16 de diciembre de 2009 (rec. núm. 1198/2008), que resuelve el recurso de casación planteado contra la primera, admite la naturaleza jurídico-sancionadora.

bilidad de los menores de edad que cometen infracciones administrativas, si bien, al margen de los tramos de edad, en lo sustantivo no debe hacerse una extrapolación automática del Derecho penal al Derecho administrativo sancionador, pues hay matices que deben ser tenidos en consideración. A día de hoy, y, a falta de disposición general al efecto, se viene admitiendo que no serán responsables los menores de 14 años. Pero a renglón seguido se puede añadir que, cuestión distinta, y muy importante, son las sanciones que cabe imponer a los menores de cierta edad, que también debería ser objeto de una regulación expresa con carácter general, pues no resulta viable someter a un tratamiento unitario y homogéneo el largo y decisivo período que va desde el nacimiento hasta los dieciocho años. Así, la ausencia en Derecho administrativo de una regulación escalonada que sí está presente en el plano de la responsabilidad penal de los menores, pone encima de la mesa la necesidad de asumir con naturalidad la dogmática jurídico-penal, y dotar de seguridad jurídica nuestro Derecho administrativo sancionador en general (por supuesto, a nivel procedimental), y, en especial, en lo que se refiere a los menores de edad.

Asimismo, la normativa no integra un esquema mínimo prediseñado de las sanciones administrativas y de su contenido y extensión, lo que provoca que cada ley sectorial vaya creando ex novo las que considera adecuadas para el sector en cuestión. Esto provoca la existencia de una amalgama normativa en la que se entrecruzan diferentes legislaciones emanadas de diferentes niveles (estatal, autonómico, local), lo que provoca situaciones jurídicas incoherentes y carentes de uniformidad. Asimismo, debiera apostarse por una regulación que contemple con homogeneidad aspectos que, a nivel sancionador (al igual que sucede en Derecho penal), resultan de vital importancia, como los concursos —de normas y de infracciones—, las circunstancias modificativas de la responsabilidad, o la figura del error. Partiendo de un adecuado reflejo de los principios que inspiran la potestad sancionadora de las Administraciones públicas, deben articularse, de la misma manera no solamente los aspectos sustantivos, sino también los procedimentales.

Finalmente, la extrapolación directa de la responsabilidad civil al plano del Derecho administrativo sancionador es una realidad que se viene produciendo de facto desde hace ya muchas décadas, precisamente amparada por el legislador, en la medida en que hace recaer la responsabilidad de los menores en la figura de sus progenitores o tutores. Ello no resulta asumible en nuestro Ordenamiento jurídico, por cuanto supone una vulneración del principio de personalidad de la pena y va en contra de la reeducación del menor, contraviniendo así lo dispuesto en el art. 25 CE. Las sanciones pecuniarias, a la vista está, que no resultan eficaces. Por ello, debe apostarse por dotar a las sanciones de una función de prevención especial, siendo más congruentes con los propios intereses de los menores las sanciones de finalidad o contenido educativo; cuestión que precisa de una seria reforma a fin de proceder a su instauración general.

V. BIBLIOGRAFÍA

Alarcón Sotomayor, L.: «Los confines de las sanciones: en busca de la frontera entre Derecho penal y Derecho administrativo sancionador», *Revista de Administración Pública*, núm. 195, septiembre-diciembre 2014, págs. 135-167.

Aldecoa Luzárraga, F. y **Forner Delaygua, J.J.** (Dirs.): *La protección de los niños en el Derecho internacional y en las relaciones internacionales*, Marcial Pons, Madrid, 2010.

Cano Campos, T.:

- «El autismo del legislador: la «nueva» regulación de la potestad sancionadora de la Administración», *Revista de Administración Pública*, núm. 201, 2016, págs. 25-68.

- «La potestad sancionadora de la Administración: una regulación fragmentaria, incompleta y perniciosa», *Documentación Administrativa*, núm. 2, enero-diciembre, 2015.

- «La culpabilidad y los sujetos responsables en las infracciones de tráfico», *Documentación Administrativa*, núm. 284-285, mayo-diciembre 2009, págs. 83-119.

Castán Tobeñas, J.: *Derecho civil español, común y foral. Tomo I. Introducción y parte general*. Volumen II, Reus, Madrid, 2007.

Chaves García, J.R.: «Edad administrativa y edad natural», 2007, en el blog https://delajusticia.com/

Cueto Pérez, M.: «Los principios de la potestad sancionadora de las Administraciones públicas: tipicidad y responsabilidad», *Documentación Administrativa*, núm. 280-281, 2008.

De Lorenzo y Montero, R.: «La contradicción de los dieciséis años como mayoría de la edad sanitaria», *Redacción Médica*, 14-09-2022.

De Palma del Teso, A.:

- «El derecho de los menores a recibir protección: el papel de la familia y de las Administraciones públicas. La actuación de las Administraciones públicas en situaciones de riesgo, dificultad social y desamparo de los menores», *Anuario de la Facultad de Derecho de la Universidad Autónoma de Madrid*, núm. 15, 2011 (Ejemplar dedicado a: El menor ante el derecho en el siglo XXI / coord. por J. Díaz-Maroto y Villarejo y A. M. Rodríguez Guitián).

- *El principio de culpabilidad en el Derecho administrativo sancionador*, Tecnos, Madrid, 1996.

Diez Picazo Ponce De León, L., **Gullón Ballesteros, A.**, *Sistema de Derecho Civil*, vol. 1, 13 ed., Tecnos, Madrid, 2016.

Doral García, J.A.: «La personalidad jurídica. De la libertad formal a la libertad civil», *Revista de Derecho Privado*, núm. 61, 1977, págs. 104-122.

El Global: «Dispensación a menores: el criterio profesional, principal herramienta para paliar el vacío legal», semana del 13 al 19 de abril, 2020, pág. 17.

Fiscalía General del Estado, Circular 3/2009, de 10 de noviembre, sobre protección de los menores víctimas y testigos (Referencia: FIS-C-2009-00003),

Galicia Mangas, F.J.: «La minoría de edad en Derecho administrativo sancionador», *Revista Española de Derecho Administrativo*, núm. 217/2022, parte Estudios (BIB 2022\454).

Gálvez Muñoz, L.: «Sinopsis artículo 12», en: *Comentarios a la Constitución Española*, Congreso de los Diputados, 2003 (actualizado en 2011 por Sieira, S.).

Gamero Casado, E. y **Fernández Ramos, S.**: *Manual básico de Derecho administrativo*, 3.ª ed., Tecnos, Madrid, 2006.

García García, M.ª. J.: «La imposición de prestaciones personales en concepto de sanción en el ámbito educativo», *Revista Catalana de Dret Públic*, núm. 49, 2014, págs. 130-150.

García Gómez del Mercado, F.: *Sanciones administrativas: garantías, derecho y recursos del presunto responsable*, Comares, Granada, 2002.

García Pérez, O.: «La práctica de los Juzgados de Menores en la aplicación de las sanciones, su evolución y eficacia», *Revista Electrónica de Ciencia Penal y Criminología*, núm. 12, 2010, págs. 12-36.

Garrido Falla, F. y **Fernández Pastrana, J.M.**: *Régimen jurídico y procedimiento de las Administraciones públicas,* Civitas, Madrid, 1993.

González García, A.: «La capacidad de obrar de los menores ante las Administraciones públicas», *Revista Jurídica de Catalunya*, vol. 116, núm. 4, 2017, págs. 909-928.

González León, C.: «Aspectos legales sobre el paciente menor de edad», en: AEPap (ed.), *Congreso de Actualización en Pediatría 2022,* Lúa Ediciones 3.0, Madrid, 2022, págs. 135-140.

González Pérez, J. y **González Navarro, F.**: *Comentarios a la Ley de Régimen Jurídico de las Administraciones Públicas y Procedimiento Administrativo Común*, Tomo I, Civitas, Madrid, 2007.

Gutiérrez i Albentosa: *Proporcionalidad y reeducación en la Jurisdicción de Menores*, Bosch, Barcelona, 2021.

Jordano Fraga, F.: «La capacidad general del menor», *Revista de Derecho Privado*, octubre, 1984, págs. 883-904.

Lacruz Berdejo, J.L. y **Delgado Echeverría, J.**: *Elementos de Derecho Civil. I. Parte general*, Volumen II. Personas, Dykinson, Madrid, 2010.

Martínez de Aguirre Aldaz, C.: «La persona y el derecho de la persona», en: De Pablo Contreras, P. (Coord.): *Derecho de la Persona*, vol. II, 7.ª ed., Edisofer, Madrid, 2021.

Martín-Retortillo Baquer, L.: «Multas administrativas», *Revista de Administración Pública*, núm. 79, 1976, págs. 9-65.

López Benítez, M.: «La potestad sancionadora de la Administración», en: Menéndez García, P. y Ezquerra Huerva, A. (Dirs.): *Lecciones de Derecho Administrativo*, 2.ª ed., Thomson Reuters Civitas, Madrid, 2021, págs. 873-917.

Mir Puig, S.: *Derecho penal. Parte General*, 10.ª edición, Reppertot, Barcelona, 2015 (2ª reimpresión, agosto 2016).

Nieto García, A.: *Derecho administrativo sancionador*, 4.ª ed., Tecnos, Madrid.

Pemán Gavín, I.: *El sistema sancionador español (Hacia una teoría general de las infracciones y sanciones administrativas)*, Cedecs Editorial, Barcelona, 2000.

Pemán Gavín, J. M.ª.:

- *Derecho sancionador bancario. El régimen sancionador de las entidades supervisadas por el Banco de España*, Iustel, Madrid, 2022.

- «Elementos comunes de los regímenes sancionadores aplicables a los sujetos que operan en el sistema financiero», *Revista Vasca de Administración Pública*, núm. 124, 2022, págs. 101-154.

- «La regulación de la potestad sancionadora de la Administración en la Ley 30/1992, de 26 de noviembre: notas sobre su tramitación parlamentaria», *Revista de Administración Pública*, núm. 132, 1993, págs. 377-416.

Ramos Chaparro, E.: «Niños y jóvenes en el Derecho civil constitucional», *Derecho Privado y Constitución*, núm. 7, 1995 (Ejemplar dedicado a: Monográfico sobre protección de menores), págs. 167-230.

Real Academia Española: *Diccionario de la Lengua Española*. Disponible en: https://www.rae.es/

Rebollo Puig, M. y **OO.AA.**: *Derecho administrativo sancionador*, Lex Nova, Valladolid, 2010.

Recoder Vallina, T.: «Principio de personalidad de las sanciones administrativas: responsabilidad solidaria y subsidiaria. Responsabilidad de las personas jurídicas y de los menores de edad», *Asamblea: revista parlamentaria de la Asamblea de Madrid*, núm. 19, 2008, págs. 133-164.

Ruíz Jiménez, J.: «La capacidad del menor», en: Pous de la Flor, M.ª. P. y Tejedor Muñoz, L. (Coords.): *Protección Jurídica del Menor*, 2.ª Edición, Tirant Lo Blanch, Valencia, 2022.

Sanz Baos, P.: «Significado de la culpa in vigilando en el Derecho administrativo sancionador», online, disponible en la página web oficial de la Comunidad de Madrid: https://www.comunidad.madrid/

Toledo Picazo, A.: «Derecho administrativo sancionador y menores de edad», *Revista Aranzadi Doctrinal*, núm. 6/2009, parte Estudios (BIB 2009\856).

Tolivar Alas, L.: «Aspectos jurídico-administrativos de la protección de menores», *Revista de Administración Pública*, núm. 124, 1991, págs. 35-64.

Vaquer, A. (coord.); **Arroyo, E.**, **Bosch, E.**, **Ferrer, E.**: *Dret civil: part general i dret de la persona*, Atelier, Barcelona, 2013.

Villanueva Torres, A.: «La mayoría de edad. Artículo 12 de la Constitución Española de 1978», *Estudios de Deusto 65 (2)*, 321-48.

LA RESPONSABILIDAD CIVIL DERIVADA DE LA INFRACCIÓN ADMINISTRATIVA

Eduard-Valentin Pavel
Profesor Lector de Derecho Administrativo
Universidad de Lleida

SUMARIO. I. APROXIMACIÓN AL MARCO NORMATIVO VIGENTE DE LA RESPONSABILIDAD CIVIL DERIVADA DE LA INFRACCIÓN ADMINISTRATIVA. II. LA DISTINTA NATURALEZA JURÍDICA ENTRE LA SANCIÓN Y LAS FIGURAS PROPIAS DE LA RESPONSABILIDAD CIVIL. III. UNA VISIÓN PANORÁMICA DE LA RESPONSABILIDAD CIVIL DERIVADA DE LA INFRACCIÓN ADMINISTRATIVA. 1. La posibilidad de atribuir la responsabilidad civil derivada de la infracción en la legislación sectorial. 2. La posibilidad de atribuir la responsabilidad civil derivada de la infracción en la doctrina. A. Las tesis contrarias. B. Las tesis partidarias. 3. La posibilidad de atribuir la responsabilidad civil derivada de la infracción en la jurisprudencia. A. La perspectiva constitucional de la compatibilidad entre sanción y responsabilidad civil en el seno del procedimiento administrativo. B. El tratamiento de la indemnización por daños y perjuicios en el marco del procedimiento administrativo por parte de la jurisprudencia contencioso-administrativa. IV. LA VIABILIDAD DE LA DETERMINACIÓN Y EXIGIBILIDAD DE LA RESPONSABILIDAD CIVIL DERIVADA DE LA INFRACCIÓN ADMINISTRATIVA. 1. La inexistencia de un exceso en la autotutela administrativa. 2. El cumplimiento con la defensa del interés general. 3. El respeto del principio de legalidad. 4. El respeto de la teoría general del acto administrativo: una vez dictado, la administración lo puede ejecutar. V. FINAL: UNA COMPATIBILIDAD VIABLE CON ALGUNAS CUESTIONES PENDIENTES. VI. BIBLIOGRAFÍA.

I. APROXIMACIÓN AL MARCO NORMATIVO VIGENTE DE LA RESPONSABILIDAD CIVIL DERIVADA DE LA INFRACCIÓN ADMINISTRATIVA

Uno de los aspectos más controvertidos y menos resueltos del procedimiento administrativo sancionador es la posibilidad de la Administración de determinar y, en su caso, ejecutar, la responsabilidad civil en la que hubiesen incurrido los autores de una infracción administrativa. Se trata de una facultad establecida en la ley 40/2015, de 1 de octubre, de régimen jurídico del sector público (en adelante, LRJSP), bajo la rúbrica de la reposición de la situación alterada a su estado originario, así como la indemnización por los daños y perjuicios causados.

Ni su regulación ni el debate sobre la viabilidad de esta salida son aspectos nuevos, especialmente en lo que se refiere a la imputación de responsabilidad civil en beneficio de otros particulares. Ahora bien, existen algunas señales de que se trata de una discusión que ha rebrotado con fuerza. La LRJSP es solo una muestra, dado que prevé la posibilidad de compatibilizar la sanción con la imposición de daños y perjuicios, yendo más allá que su antecesora. A pesar de ello, se topa con los mismos problemas que aquélla: una fuerte resistencia doctrinal y una cierta timidez jurisprudencial a la hora de aplicar dicha compatibilidad sanción-responsabilidad civil de forma directa por parte de la Administración.

El artículo en cuestión es el artículo 28.2 de la LRJSP, el cual, por razón de ser el protagonista del presente trabajo, debe ser objeto de transcripción:

> «Las responsabilidades administrativas que se deriven de la comisión de una infracción serán compatibles con la exigencia al infractor de la reposición de la situación alterada por el mismo a su estado originario, así como con la exigida por el órgano al que corresponda el ejercicio de la potestad sancionadora. De no satisfacerse la indemnización en el plazo que al efecto se determine en función de su cuantía, se procederá de la forma prevista en el artículo 101 de la Ley del Procedimiento Administrativo Común de las Administraciones Públicas».

Este precepto se encarga de recoger principalmente dos cuestiones, cuyo tratamiento van a tener un papel angular en el presente trabajo. De un lado, el reconocimiento de la *compatibilidad entre sanción y responsabilidad civil* como consecuencia de la infracción administrativa, la cual deberá ser determinada por el órgano sancionador. De otro lado, la posibilidad de que la Administración pueda acudir a los mecanismos de ejecución forzosa en caso de incumplimiento del pago de la responsabilidad civil por parte del infractor.

Respecto del primero de los apuntes, en términos de claridad, la legislación del 2015 vuelve a establecer la compatibilidad entre la responsabilidad administrativa del infractor, es decir, la sanción, con la exigencia de la responsabilidad civil por los percances causados a través de dicha conducta tipificada como infracción. Esta responsabilidad civil responde a dos subtipos: a) la reposición de la situación jurídica alterada; y b) así como «la indemnización por los daños y perjuicios causados».

Aunque no me atrevería a señalar que en este campo haya una regla general exenta de matices, se podría avanzar que la posibilidad de que converjan figuras como la sanción y el restablecimiento de la situación jurídica alterada a su estado originario no plantea polémica alguna. Se trata de una cuestión pacífica, que tiene presencia en muchas normas sectoriales, es reconocida en la jurisprudencia constitucional y existe cierta paz entre la doctrina sobre su necesidad y su uso en la práctica administrativa es frecuente. Sin embargo, no está en igualdad de condiciones el caso de la exacción de la imputación de los daños y perjuicios como consecuencia del segundo de los subtipos de responsabilidad civil mencionados, esto es, la indemnización. Cuando de este último supuesto se trate el precepto atribuye *la competencia para su determinación y exigibilidad al órgano que ejerce la potestad sancionadora*, el cual podrá incluso acudir a los mecanismos de ejecución forzosa del artículo 101 de la Ley 39/2015, de 1 de octubre, de procedimiento administrativo común de las administraciones públicas (en adelante, LPAC) en caso de que no se pagara voluntariamente.

En la misma línea, menos clara está la posibilidad de que la determinación y exigibilidad de la responsabilidad civil por parte de la Administración se realice entre particulares. Dicho de otro modo, de la literalidad del artículo 28.2 de la LRJSP se puede desprender que la Administración debe determinar y, en su caso, ejecutar, la responsabilidad civil incluso entre terceros —incluyendo los terceros particulares— en el marco de un procedimiento sancionador en el que se llegue a la conclusión de que el sujeto infractor, mediante dicha conducta tipificada como infracción, ha causado daños a un tercero. Por tanto, no se limita dicha compatibilidad entre sanción y responsabilidad civil a aquellos supuestos en que la afectada por los daños y perjuicios es la propia Administración, sino también cuando se trata de una relación *interprivatos*. Y este va a ser el caballo de batalla de este trabajo: contribuir a los muchos análisis ya realizados sobre la viabilidad o inviabilidad jurídica de esta posibilidad.

Por lo demás, este precepto predica y refuerza el mismo criterio que ya contemplaba su predecesor, el artículo 130.2 de la anterior Ley 30/1992, de 26 de noviembre, de régimen jurídico de las Administraciones Públicas y del Procedimiento Administrativo Común (en adelante, LRJPAC), aunque con una importante diferencia. El artículo 130.2 de la LRJPAC también declaraba la compatibilidad de la sanción con la determinación de los daños y perjuicios causados en sentido amplio. Sin embargo, señalaba que en este caso debía comunicarse al infractor la cuantificación de la responsabilidad civil para que, en el plazo que dispusiera el órgano administrativo competente, efectuara el pago de dicha responsabilidad «y, quedando, de no hacerse así, expedita la vía judicial correspondiente».

Por tanto, con anterioridad se establecía igualmente la determinación de la responsabilidad civil, incluso *interprivatos*, por parte de la Administración como consecuencia de la comisión de una infracción. Pero se dividía la fase declarativa de la ejecutiva, dado que la primera de ellas se le atribuía a la Administración, mientras que la segunda de ellas quedaba reservada a la vía judicial.

Con las leyes de 2015, particularmente con la LRJSP, se ha dado incluso un paso más en el refuerzo de la *autotutela* de la Administración no solo para determinar la responsabilidad civil derivada de la infracción, sino también para ejecutarla si es el caso, pudiendo acudir al apremio sobre el patrimonio como medio de ejecución forzosa que se recoge en el art. 101 de la LPAC.

II. LA DISTINTA NATURALEZA JURÍDICA ENTRE LA SANCIÓN Y LAS FIGURAS PROPIAS DE LA RESPONSABILIDAD CIVIL

A modo de apunte previo, es imprescindible deslindar el terreno existente entre las figuras principales sobre las que pivota el presente estudio, esto es, la sanción y la responsabilidad civil *ex* infracción, siendo este último el concepto matriz del cual, a su vez, deriva la reposición de la situación alterada y la indemnización por daños y perjuicios en sentido estricto.

La razón por la que, en ocasiones, surge el riesgo de fundir en una misma concepción estas dos figuras, sanción y responsabilidad civil, se encuentra, principalmente, en que, tanto la legislación de régimen jurídico del sector público (art. 28.2 LRJSP; o anteriormente el artículo 130.2 de la LRJPAC) como la sectorial, suelen atribuirle una regulación unitaria, porque en un mismo precepto se conjugan las dos figuras. En realidad se trata de una convergencia explicada a raíz de que la consecuencia de la comisión de una infracción puede derivar en una sanción pero también en una imputación de responsabilidad civil por daños y perjuicios causados en las personas o los bienes. Con motivo de tal relación causal, el legislador ha considerado, *por razones de economía procedimental*, que sea la propia Administración quien se encargue de establecer el resarcimiento de dichos daños.

Ahora bien, esta acumulación material no debe llevar a la confusión de ambas figuras, ya que cada una de ellas coexisten jurídicamente con independencia de la otra, sin perjuicio de que, desde el punto de vista del factum, encuentren, como es natural, muchos canales de comunicación. En este sentido, la jurisprudencia se ha encargado de repetir en reiteradas ocasiones la distinción entre las mismas, particularmente, en lo que se refiere a la diferenciación entre sanción y reparación *in natura*[1]:

1 Así, por todas, véase la STS de 21 de febrero de 2000 (ROJ 1259/2000). En el mismo sentido se reitera doctrina, por ejemplo, en las SSTS de 1 de abril de 2002 (ROJ 2272/2002);

> «En efecto: de un lado, la obligación de reponer las cosas a su primitivo estado no tiene carácter sancionador en sentido estricto, pues no se trata de un efecto o consecuencia jurídica que el ordenamiento conciba, sólo, como retributivo de la infracción, a modo de pena ligada a ésta; al contrario, es una obligación que deriva, en sí misma, del acto de alteración o modificación del estado de cosas querido por el ordenamiento, que cabe así imponer a quien lo haya realizado, con independencia de que su conducta reúna o no la totalidad de las circunstancias, objetivas y subjetivas, que son necesarias para su calificación como infracción administrativa y para su sanción como tal; (...) pues obedece más bien a un mero propósito de economía procedimental, concentrando en un solo procedimiento, sin merma alguna de garantías, dado el plus de las que adornan al sancionador, el haz o conjunto de decisiones derivables de aquel acto de alteración o modificación».

Descartada su naturaleza de sanción, la imposición de la responsabilidad civil en las dos vertientes previstas en el art. 28.2 de la LRJSP no deja de ser una medida complementaria que solo pretende la *restauración* de los efectos producidos por la conducta infractora, es decir, el restablecimiento de la legalidad a su estado originario[2]. Y, en dicho restablecimiento va a tener preferencia la medida de restablecimiento estricta (reparación *in natura*) ante la solución consistente en el pago de una cantidad de dinero, una indemnización, que será subsidiaria a la primera[3]; sin perjuicio de que en algunas ocasiones, en virtud de las circunstancias del caso, un daño concreto no pueda repararse íntegramente in natura, supuesto en el cual cabría la posibilidad de compatibilizarla con la indemnización respecto a la parte restante[4].

La diferencia en la naturaleza jurídica entre las dos instituciones —la sanción y la responsabilidad civil— tiene dos efectos destacados. La idea, en primer lugar, remueve el debate sobre la prohibición del *bis in ídem*, dado que la interdicción de concurrencia de sanciones se produce solo respecto de dos *sanciones*, mientras que existe plena compatibilidad entre una sanción y la responsabilidad civil (en cualquiera de sus dos vertientes)[5]. En segundo lugar, su distinción también nos ofrece algunas pistas importantes sobre el

de 24 de junio de 2002 (ROJ 4635/2002); de 7 de junio de 2010 (ROJ 2819/2010); o de 30 de diciembre de 2015 (ROJ 5637/2015).

2 J. de Fuentes Bardají (Dir.), *Manual de Derecho Administrativo Sancionador,* Thomson-Aranzadi, Cizur Menor, 2005, págs. 218 a 222.

3 Así lo han declarado en ocasión los tribunales, p. ej., STS de 22 de noviembre de 2004 (ROJ 7562/2004); las SSTSJ de Cataluña de 21 de febrero de 2006 (ROJ 2140/2006) o de 4 de febrero de 2014 (ROJ 3671/2014); o la STSJ de Castilla-La Mancha de 23 de febrero de 2017 (ROJ 525/2017).

4 Véase las sentencias citadas en la nota anterior.

5 En este sentido, véase I. Lasagabaster Herrarte, «Artículo 12.- Reposición e indemnización», en la obra colectiva dirigida por el autor, *Ley de la potestad sancionadora: comentario* sistemático, LETE-Instituto Vasco de Administración Pública, pág. 210.

régimen jurídico substantivo y procedimental que se aplicará a una y otra institución jurídica. Sobre este particular es aleccionador el hecho de que la jurisprudencia venga diferenciando el régimen de la prescripción en función de si nos hallamos ante la imposición de una *sanción* o la determinación de la *responsabilidad civil* como consecuencia de la infracción[6]. De ahí se puede deducir que el régimen jurídico aplicable a una y otra figura será el propio de su naturaleza jurídica, lo cual no deja de ser razonable.

III. UNA VISIÓN PANORÁMICA DE LA RESPONSABILIDAD CIVIL DERIVADA DE LA INFRACCIÓN ADMINISTRATIVA

1. La posibilidad de atribuir la responsabilidad civil derivada de la infracción en la legislación sectorial

La última de las reformas realizadas en la legislación de básica del régimen jurídico del sector público no deja de ser una especie de culminación de un camino que el legislador lleva recorriendo desde hace décadas. En este sentido, brilla con luz propia la tendencia expansionista de reconocer, cada vez en más leyes —generales y sectoriales—, la posibilidad de acumular a la potestad sancionadora las diferentes figuras propias de la responsabilidad civil[7].

Interesa en este instante subrayar que las *normas sectoriales* son un caldo de cultivo que albergan una importante muestra de la expansión de la autotutela administrativa, en el sentido de la asunción por parte de la Administración de un rol mucho más amplio. Este rol consiste precisamente en atraer la potestad de determinar (y ejecutar) los daños y perjuicios causados con la conducta infractora, incluso a favor de otros particulares.

Una de las muestras más emblemáticas se encuentra en la normativa de defensa de los consumidores y usuarios, más concretamente, en el Real

6 *Ibid.*

7 Una tendencia ya puesta de manifiesto y criticada hace más de una década por M. Izquierdo Carrasco y L. Alarcón Sotomayor, «Potestad sancionadora. Disposiciones generales», en la obra colectiva dirigida por M. Rebollo Puig y M. Izquierdo Carrasco, *La defensa de los consumidores y usuarios. Comentario sistemático del Texto Refundido aprobado por el Real Decreto Legislativo 1/2007*, Iustel, Madrid, 2011, págs. 692 a 694, un momento en el cual calificaron al anterior artículo 130.2 de la LRJPAC de «un salto cualitativo revolucionario», ¿Qué pensaran los citados autores sobre la nueva redacción del art. 28.2 de la LRJSP después de dejar atrás la timidez de su precepto antecesor?

Decreto Legislativo 1/2007, de 16 de noviembre, por el que se aprueba el texto refundido de la Ley General para la Defensa de los Consumidores y Usuarios y otras leyes complementarias (en adelante, TRLGDCU), ámbito en el cual también se ha producido una importante discusión sobre el tema que es objeto de debate. Eso sí, no debe perderse de vista que se trata de un debate que arraiga en la legislación general, dado que realmente trae causa en el artículo 130.2 de la anterior LRJPAC.

De este modo, en la actualidad, el artículo 51.6 del TRLDCU se alinea con lo previsto en el artículo 28.2 de la LRJSP, estipulando que la reposición de la situación alterada o la indemnización por daños y perjuicios causados al consumidor o usuario se *determinará y exigirá* por parte del órgano sancionador, el cual deberá notificar al infractor para la satisfacción en el plazo que se establezca al efecto. Este nuevo precepto, introducido en el TRLDCU por el Real Decreto-ley 24/2021, de 2 de noviembre, y en vigor desde el 28 de mayo de 2022, es igual de ambicioso que su homólogo de la LRJSP. En una dirección idéntica, no se limita a señalar el camino de la *fijación* de la situación alterada o la indemnización previamente determinada por la Administración sancionadora, sino que también establece su *exigibilidad* en caso de la falta de cumplimiento por parte del infractor: la ejecución forzosa. Dicho de otro modo, igual que la norma general, también en este campo se habilita a la Administración a ejecutar su propia resolución en la que se establece la imputabilidad de la responsabilidad civil[8].

Fuera de la órbita del derecho de consumo también existen otras leyes sectoriales que abren la posibilidad de que la Administración *establezca y exija la responsabilidad civil en alguna de sus vertientes* —en algunos casos, incluso entre privados—[9]. Así, por ejemplo, la normativa relativa a las viviendas de

8 Se trata de una regulación que en todo momento ha ido de la mano de la legislación básica de procedimiento administrativo común y régimen jurídico de las administraciones públicas. Así, en su versión original, el artículo 48 del TRLGDCU decía que, de conformidad con lo previsto en el artículo 130.2 de la LRJPAC, en el procedimiento sancionador de consumo también podrá exigirse al infractor la reposición de la situación alterada por la infracción a su estado original y, en su caso, la indemnización por los daños y perjuicios. Y, siguiendo la estela del art. 130.2 de la LRJPAC, el precepto del TRLGDCU también establecía que las dos actuaciones podrán determinarse por el órgano competente para sancionar, debiendo notificarlo al infractor para que proceda a su satisfacción en el plazo de un mes y «quedando expedita la vía judicial» en caso de falta de pago por parte de aquel.

9 Véase con detenimiento algunos de los ejemplos que van a mostrarse a continuación en el completo trabajo de Á. Carrasco Perera y E. Cordero Lobato, «Alcance de la reposición e indemnización al consumidor en el seno del procedimiento sancionador de consumo (artículo 48 TRLGDCU)», *Revista CESCO de Derecho de Consumo*, núm. 6, 2013, págs. 4 a 12.

protección oficial[10], la regulación medioambiental[11], la legislación turística[12], la

10 Artículo 36 d) del Real Decreto 2960/1976, de 12 de noviembre, por el que se aprueba el texto refundido de la Legislación de Viviendas de Protección Oficial, así como el artículo 155 del Decreto 2114/1968, de 24 de julio, por el que se aprueba el Reglamento para la aplicación de la Ley sobre Viviendas de Protección Oficial, texto refundido aprobado por Decretos 2131/1963, de 24 de julio, y 3964/1964. El primero de los preceptos establece que las infracciones graves y muy graves podrán ser sancionadas complementariamente, aparte de las sanciones de carácter pecuniario, con el reintegro de las cantidades indebidamente percibidas de adquirentes, arrendatarios o beneficiarios de viviendas de protección oficial. El segundo, por su parte, también prevé la posibilidad de complementar las sanciones *stricto sensu* con (1) la obligación de reintegrar a los adquirentes, arrendatarios o beneficiarios de las viviendas las cantidades indebidamente percibidas; así como (2) con la realización de las obras de reparación, conservación así como de aquellas que sean necesarias para acomodar la edificación al proyecto aprobado y a las ordenanzas técnicas y normas constructivas que sean aplicables.

11 Entre la legislación medioambiental existen diferentes cuerpos normativos que habilitan a la Administración sancionadora para ir más allá de la mera imposición de sanciones para resolver conflictos entre privados.

Un primer ejemplo es el artículo 36 de la Ley 22/1988, de 28 de julio, de Costas, el cual establece que en casos de usos del dominio público marítimo-terrestre que puedan producir daños y perjuicios sobre el dominio público o *privado*, la Administración del Estado podrá exigir al causante de dichos daños, entre otras cosas, la reposición de los bienes afectados y las indemnizaciones que correspondan.

Un segundo ejemplo, aunque con carácter más general, es el de la Ley 7/2022, de 8 de abril, de residuos y suelos contaminados para una economía circular. Su artículo 116.1 establece que el sancionado también quedará obligado a la reposición de la situación alterada por el mismo a su estado originario, así como a la indemnización de los daños y perjuicios causados, que se determinarán por el órgano competente.

El tercero y último de los ejemplos es el establecido en el artículo 45 de la Ley 1/1970, de 4 de abril, de caza. Este precepto establece la competencia de la Administración General del Estado no solo para sancionar las infracciones cometidas en esta materia, sino también para determinar la indemnización por daños y perjuicios que de ellas se pudieran derivar, así como la determinación de las personas que han de recibir esta indemnización. Entre la legislación de caza, alguna norma autonómica es aún más clara al señalar en la dirección de que la indemnización derivada de las infracciones también se puede imputar, en vía administrativa, a otros particulares, así como lo señala la Ley 4/2021, de 1 de julio, de caza y de gestión sostenible de los recursos cinegéticos de Castilla y León en su artículo 93.1, al señalar que «[l]a indemnización por daños ocasionados a las especies cinegéticas se exigirá al infractor y será abonada al titular cinegético del terreno donde se cometió la infracción (...)».

12 En algunas leyes autonómicas de turismo se recoge también la posibilidad de que la Administración, al margen, al margen de hacer uso de la sanción para castigar infracciones administrativas, también pueda imponer al infractor la restauración del orden alterado y la reparación de los daños y perjuicios. Es el caso, por ejemplo, del Decreto Legislativo 1/2016, de 26 de julio, del Gobierno de Aragón, por el que se aprueba el texto refundido de la Ley del Turismo de Aragón, en su artículo 90. Este precepto se encarga de precisar que el responsable estará obligado a reparar los daños y perjuicios causados a terceros, no solo a la Administración o al patrimonio natural y cultural o a los demás recursos turísticos. También, en términos semejantes, el artículo 89.1 y 2 de la Ley 15/2018, de 7 de junio, de turismo, ocio y hospitalidad de la Comunidad Valenciana.

relativa a las telecomunicaciones[13] o, por señalar un último caso, la reguladora de los bienes de las administraciones públicas[14]. Contrariamente, también se observa en alguna ocasión puntual que la legislación sectorial configura la solución contraria. Como muestra, el artículo 72 de la Ley 15/2007, de 3 de julio, de Defensa de la Competencia, precepto que señala que en caso de que cualquier particular haya sufrido un daño como consecuencia de una infracción administrativa, *este tendrá derecho a reclamar al infractor ante la jurisdicción civil*. Por tanto, en sentido opuesto a la premisa que se expone en este trabajo, también existe legislación que obvia la posibilidad de dar cauce a la responsabilidad civil entre el infractor y víctima *en el marco de la vía administrativa sancionadora*, limitándose al reenvío simple a la jurisdicción civil.

De todas formas, aunque puedan localizarse respuestas muy variopintas sobre este asunto en la legislación sectorial, lo cierto es que la línea que predomina es el reconocimiento general de la reparación *in natura*, con más fuerza en aquellos casos en los que dicha reparación deba reconocerse en beneficio de la propia Administración y con menos en aquellos supuestos cuyos beneficiarios pudieran ser los sujetos privados. Ahora bien, estos últimos casos también existen puntualmente[15]. Y no solo en su vertiente *in natura*, sino también en lo correspondiente a la imposición de una indemnización, aunque la primera forma de reparación sea la prioritaria.

De forma similar lo prevé el artículo 53.3 la Ley 5/1999, de 24 de marzo, de ordenación del turismo de Cantabria, aunque sin referirse expresamente a la compatibilidad entre la indemnización por daños y perjuicios y la sanción cuando la víctima de aquellos daños y perjuicios sea un particular.
En cambio, un ejemplo de regulación que solo prevé la posibilidad de que la resolución sancionadora imponga además la reposición de la situación alterada por la infracción o la indemnización por daños y perjuicios causados únicamente a la Administración es el artículo 124.2 de la Ley 7/2011, de 27 de octubre, del Turismo de Galicia.

13 El artículo 55.1 de la Ley 9/2014, de 9 de mayo, General de Telecomunicaciones, prevé la posibilidad de que los usuarios finales que sean persona físicas dispongan de un derecho a la resolución de controversias ante la Administración, la cual resolverá la reclamación, resolución que será recurrible ante la jurisdicción contencioso-administrativa. No se trata de una muestra de imposición de obligaciones de indemnización por parte de la Administración como consecuencia de un procedimiento sancionador, pero sí de un mecanismo legal para que la Administración ejerza un rol de juez entre administrados particulares.

14 El artículo 193.3 de la Ley 33/2003, de 3 de noviembre, del patrimonio de las administraciones públicas, subraya que al margen de las sanciones que pueden imponérsele al infractor, éste también tendrá la obligación de restituir y reponer los bienes a su estado anterior, así como indemnizar aquellos daños que sean irreparables; pudiendo la Administración fijar ejecutoriamente el importe de la sanción. Ahora bien, parece que este precepto hace referencia solo a aquellos daños, cometidos mediante la conducta infractora, que son producidos a los bienes de la Administración. Por tanto, a simple vista no engloba los daños producidos a otros particulares.

15 Tal y como se puede deducir de las notas anteriores.

El horizonte sucintamente descrito no es novedoso —aunque tengamos algunas normas más actuales que otras—, pero sí que se detecta una cierta tendencia de consolidación de la *responsabilidad civil*, un hecho que, como veremos más adelante, se reproducirá y reafirmará también en el terreno jurisprudencial.

2. La posibilidad de atribuir la responsabilidad civil derivada de la infracción en la doctrina

Entre la doctrina, los pronunciamientos sobre la posibilidad de habilitar a la Administración para que determine y liquide daños y perjuicios, especialmente por lo que se refiere a la posibilidad de hacerlo entre particulares, ha sufrido pareceres encontrados. Por este motivo, es preciso someter a examen cuál ha sido el debate generado, así como los argumento a favor y en contra de tal posibilidad.

En línea de principio no se muestran reticencias destacables cuando la Administración debe determinar la responsabilidad civil de aquellos daños y perjuicios sufridos por ella. Sin embargo, se produce un giro trascendental entre los discursos doctrinales cuando pasamos a movernos en el marco de la imputación de responsabilidad civil a favor de terceros particulares, especialmente en lo que se refiere a la determinación y ejecución de la indemnización.

De ahí que se trace una poderosa línea divisoria entre los dos asuntos, hasta tal punto que en el presente trabajo se primará el análisis destacado de esta última opción, mientras que la primera es una cuestión bastante más pacífica y cuya aparición va a ser más bien incidental.

A. Las tesis contrarias

Entre los autores que defienden la imposibilidad de la compatibilidad sanción-responsabilidad civil entre privados se plasman innumerables alegatos. En consecuencia, es procedente, por razones sistemáticas, acogerlos en cuatro bloques argumentales diferenciados.

El argumento que más fuerza irradia para poner en cuarentena la opción de imputar la responsabilidad civil en beneficio de otros particulares es que dicha potestad *le pertenece a la jurisdicción civil*, al tiempo que no le corresponde a la Administración[16]. Se suelen utilizar expresiones como *abuso* o

16 Así, entre *administrativistas*, M. Izquierdo Carrasco y L. Alarcón Sotomayor, «Potestad sancionadora. Disposiciones generales», *op. cit.*, págs. 692 a 701; M. Rebollo Puig, «Novedades relativas al procedimiento sancionador y al de responsabilidad en la Ley 39/2015 de procedimiento administrativo común», en la obra colectiva dirigida por M.J. Gallardo Castillo, *Aproximación al nuevo procedimiento administrativo común de la Ley 39/2015: reflexiones y claves para su aplicación*, CEMCI, Granada, 2016, págs. 537

exceso en el ejercicio de la autotutela de la Administración para sostener la existencia de situaciones en las que se utiliza este poder administrativo exorbitante fuera de los casos de gestión de los servicios públicos y con el fin de eludir los complejos procesos judiciales[17].

Como sabemos, la autotutela es una prerrogativa de la Administración consistente en crear, aplicar, modificar y extinguir situaciones jurídicas de forma unilateral sin necesidad de acudir al auxilio judicial[18]. A su vez, la división tradicional clásica de la autotutela, forjada por García de Enterría y Fernández Rodríguez, se encarga de distinguir entre la autotutela *declarativa* y la *ejecutiva*[19]. Aunque no explícitamente, la primera se encuentra a nivel legislativo en el establecimiento de la presunción *iuris tantum* de legalidad de los actos administrativos que los convierte en obligatorios desde el propio momento en el que se dictan (art. 39.1 LPAC). Bajo la misma circunstancia, la autotutela ejecutiva no deja de ser, al fin y al cabo, la potestad de ejecución forzosa de dichos actos administrativos (art. 99 LPAC).

---

a 539; también, M. Rebollo Puig, «La protección administrativa del espacio público. En particular, mediante sanciones», en la obra colectiva coordinada por C. Cierco Seira, R. García Albero y H. Silveira Gorski, *Uso y control del espacio público: viejos problemas, nuevos desafíos*, Aranzadi, Cizur Menor, 2015, pág. 201; J.C. Laguna De Paz, *Tratado de Derecho administrativo. General y económico*, 4.ª edición, Thomson-Civitas, Cizur Menor, 2022, pág. 1663; J.A. Santamaría Pastor, *Principios de Derecho Administrativo General,* Vol. II, 3.ª edición, Iustel, Madrid, 2015, pág. 433; J.M. Baño León, «Los excesos de la llamada autotutela administrativa», *Revista Española de Derecho Administrativo* (en adelante, *REDA*), núm. 181, octubre-diciembre, 2016, págs. 69 a 86; o también en el comentario al «Artículo 28», en la obra colectiva dirigida por J.M. Baño León y J.J. Lavilla Rubira, *Comentarios al procedimiento administrativo*, Tirant lo Blanch, Valencia, 2021, pág. 1113; T. Cano Campos, «El autismo del legislador: la «nueva» regulación de la potestad sancionadora de la Administración», *RAP*, núm. 201, septiembre-diciembre, 2016, pág. 66; M. I., González Cano, «La exigencia de responsabilidad por daños y perjuicios derivados de la infracción administrativa: exclusividad jurisdiccional y autotutela de la Administración», *REDA*, núm. 85, 1995, págs. 56 a 58; entre otros.

Más matizada es B. Gifre Àlvarez, «L'activitat sancionadora local», en la obra colectiva dirigida por J. Gifreu Font y J.R. Fuentes Gasó, *Règim jurídic dels governs locals de Catalunya*, 2.ª edición, Tirant lo Blanch, Valencia, 2022, págs. 883 y 884, que considera como posible la determinación de la responsabilidad civil pero no, en cambio, la ejecución forzosa de dicho concepto.

Entre *procesalistas*, aunque muy matizados, también se oponen a esta posibilidad, R. Bonachera Villegas y J. del Águila Martínez, «Las reclamaciones administrativas en materia de consumo y la potestad sancionadora de la Administración», *RGDA*, núm. 60, 2022, págs. 1 a 24; M. Ortells Ramos, *Introducción al Derecho Procesal*, Comares, Granada, 1999, págs. 89 a 93.

17 De este modo lo explican, por ejemplo, E. García de Enterría y T-R. Fernández Rodríguez, *Curso de derecho administrativo*, Vol. I, 15.ª edición, Thomson-Civitas, Cizur Menor, Navarra, 2011, pág. 547.

18 L. Míguez Macho, «Autotutela administrativa y tutela judicial efectiva: nuevas perspectivas para el proceso contencioso-administativo», *RGDA*, núm. 38, 2015, pág. 4.

19 E. García de Enterría y T-R. Fernández Rodríguez, *Curso de derecho administrativo*, *loc. cit.*

La convergencia de las dos vertientes de autotutela es la que, teóricamente, origina la viabilidad jurídica del fenómeno objeto de estudio y, al mismo tiempo, dan lugar a otros supuestos en los que la Administración asume un papel de *juez* entre particulares, una función que la doctrina se encarga de denominarla como *arbitral*[20]. Sin embargo, el ejercicio de la autotutela dista en muchas ocasiones de constituir un asunto pacífico, dado que la línea doctrinal mencionada alerta contra la expansión, desmesurada, del Derecho administrativo frente al Derecho civil o el Derecho penal[21]. Se defiende que pronunciarse sobre un conflicto entre particulares constituye algo impropio y extraño a la Administración[22].

Algún autor, como BAÑO LEÓN, va más allá e incluso sostiene que es un exceso la fijación ejecutoria de las indemnizaciones que procedan cuando los daños y perjuicios son provocados a la propia Administración, como por ejemplo dispone el artículo 118 del Real Decreto Legislativo 1/2001, de 20 de julio, por el que se aprueba el texto refundido de la Ley de Aguas (en adelante, TRLAg), un artículo que, sin embargo, no prevé la posibilidad de hacer lo mismo cuando la víctima sea otro particular[23][24].

---

20 A. HUERGO LORA, *La resolución extrajudicial de conflictos en el Derecho administrativo*, Studia Albornotiana, Bolonia, 2000, págs. 237 a 296.

21 Véase, en este sentido, por citar algún ejemplo, J.M. BAÑO LEÓN, «Los excesos de la llamada autotutela administrativa», *loc. cit.,* así como E. CALVO ROJAS, «La autotutela ejecutiva de la Administración», *RAP*, núm. 223, 2024, págs. 28 a 34.; o, entre penalistas, M. SALAT PAISAL, «El Derecho penal como prima ratio: la inadecuación del Derecho administrativo sancionador y la necesidad de buscar soluciones en el seno del Derecho penal» *Revista General de Derecho Administrativo* (en adelante, *RGDA*), núm. 51, 2019.

22 M. REBOLLO PUIG, «Novedades relativas al procedimiento sancionador»..., *loc. cit.* Sin embargo, defiende el autor que esta solución podría estar justificada en determinados ámbitos sectoriales siempre de profunda intervención administrativa siempre y cuando se haga sobre la base de una ley clara al efecto, aunque acaba señalando que «fuera de estos casos, todas esas cuestiones entre particulares deben corresponder a la jurisdicción civil incluso en el caso en el que el daño causado a un particular tenga su origen en una acción constitutiva de infracción administrativa».

23 El mencionado art. 118.1 del TRLAg dispone lo siguiente: «1. Con independencia de las sanciones que les sean impuestas, los infractores podrán ser obligados a reparar los daños y perjuicios ocasionados al dominio público hidráulico, así como a reponer las cosas a su estado anterior. El órgano sancionador fijará ejecutoriamente las indemnizaciones que procedan».

24 Es más, en muchas ocasiones también se ha vislumbrado como un exceso el hecho de que la Administración ejerciera, per se, la potestad sancionadora, eludiendo de esta manera la jurisdicción penal. En este sentido, E. GARCÍA DE ENTERRÍA y T-R. FERNÁNDEZ RODRÍGUEZ, *Curso de derecho administrativo*, *op. cit.*, pág. 547, explican como la potestad sancionadora viene a sustituir «con frecuencia indebidamente al juez penal» y con vulneración del principio *nulla poena sine iuditio* que expresamente es recogido en el artículo 24.2 de la CE. Incluso recientemente, algún autor, desde el ámbito penal, parece volver a poner de manifiesto la necesidad de frenar la expansión de la autotuela administrativa y, en lo que se refiere al ejercicio del *ius puniendi* del Estado, volver al Derecho penal como prima

Un segundo argumento utilizado ha sido el relativo a la *inconstitucionalidad* de una tal compatibilidad a causa de la falta de superación del test de proporcionalidad. En efecto, también BAÑO LEÓN sostiene que la medida es innecesaria, inidónea i no proporcional en sentido estricto. En primer lugar, subraya que una tal solución es innecesaria porque no responde a ningún interés público. A título ejemplificativo, no se trata dar solución a la recaudación tributaria, sino que se trata de un daño presunto que solo quedará determinado cuando así lo disponga una sentencia dictada por un juez civil. Pero también es innecesaria, porque ya se garantiza en determinados campos, como en el dominio público, la potestad de restablecimiento de la legalidad alterada, lo cual para el autor es suficiente. Desde el punto de vista de la idoneidad, sugiere que en estos casos la Administración tendría mucho más poder del que el demandante en vía jurisdiccional conforme la LEC. Y, finalmente, apunta que la medida no es proporcional en sentido estricto porque se estaría poniendo en una mejor posición al perjudicado reclamante que al particular reclamado. En definitiva, su posición es que este tipo de medidas consistentes en que la Administración decida sobre la imputación de daños y perjuicios a terceros y la eventual liquidación de los mismos no deja de ser un artificio que rompe la tradicional división entre Derecho público y privado, atribuyéndole a la Administración poderes exorbitantes que no le corresponden[25].

El tercer argumento en contra tiene tintes *adjetivos*. En este sentido, se advierte que se debería revisar el procedimiento sancionador en su integridad para posibilitar la convergencia de la potestad sancionadora y la responsabilidad civil. Sobre esta idea se sostiene que cabría revisar las formas de iniciación de la pieza separada de responsabilidad civil, las reglas de la carga de la prueba o, entre otros aspectos, el rol de la Administración en el proce-

ratio. Así, véase M. SALAT PAISAL, «El Derecho penal como prima ratio: la inadecuación del Derecho administrativo sancionador y la necesidad de buscar soluciones en el seno del Derecho penal», *Revista General de Derecho Administrativo* (en adelante, *RGDA*), núm. 51, 2019.

25 J.M. BAÑO LEÓN, «Los excesos de la llamada autotutela administrativa, *op. cit.,* págs. 82 y 83, es mucho más contundente al respecto al disponer que: «[p]ero lo que parece el colmo del despropósito, o mejor dicho lo que es el culmen de una visión autoritaria disfrazada de eficacia administrativa, en el más estricto pensamiento utilitarista (el fin justifica los medios), es que se atribuya a la Administración por acto unilateral no solo la potestad de fijar los daños derivados de la responsabilidad civil de los particulares sino la potestad de ejecución forzosa. No sólo va, en contra de la naturaleza de las cosas, por lo que supone de allanamiento de la lógica de las instituciones, e incluso del principio de división de poderes (que es el gran ausente del debate constitucional), pugna con el principio de igualdad de armas al invertir sin justificación la posición procesal lógica cuando no hay poder público implicado (la Administración pasa de la incómoda posición de demandante a la muy cómoda de parte demandada), y, en fin, grava, desproporcionada e innecesariamente la posición del particular al que se le imputa el daño causado».

dimiento[26]. Particularmente, también se ha sostenido que la interpretación en sentido estricto de lo que disponen conjuntamente el artículo 28.2 de la LRJSP y 90.4 de la LPAC requeriría la reforma de la ley de procedimiento dado que implicaría la necesidad de integrar a los terceros interesados los correspondientes expedientes administrativos, porque, entre otros aspectos, estos terceros «no tienen derecho a una revisión plena de la sanción», en la medida que la responsabilidad civil nacería de aquella, mientras que tampoco queda claro cómo debería gestionarse su llamada al procedimiento[27]. Conectada con esta idea, también se dice traer al procedimiento administrativo la responsabilidad civil genera una *pérdida de garantías procesales*, hecho del cual saldrán perjudicados de los interesados afectados. En este sentido, el argumento de base es que se produce una inversión de la posición procesal al tiempo que el presunto causante del daño es el que deberá probar que la evaluación de los daños de la Administración es errónea[28].

Un cuarto y último argumento —de corte más práctico o, si se quiere, realista— es el de la incapacidad técnica y organizativa de la Administración para hacer frente a este tipo de procesos, dada la falta de los recursos necesarios por parte de (muchos) de los órganos competentes que tienen encargada la tramitación de los procedimientos sancionadores.

B. Las tesis partidarias

Al otro lado de la balanza se encuentra el sector más partidario o abierto a la atribución de esta potestad a la Administración, unos posicionamientos que, o bien tienden a otorgar la bendición total de la compatibilidad entre sanción y responsabilidad civil, o bien la acogen de forma más matizada[29].

---

26 M. Izquierdo Carrasco y L. Alarcón Sotomayor, «Potestad sancionadora. Disposiciones generales», *op. cit.*, pág. 700.

27 J.M. Baño León, «Los excesos de la llamada autotutela administrativa», *op. cit.*, págs. 83 y 84.

28 J.M. Baño León, «Los excesos de la llamada autotutela administrativa», *op. cit.*, pág. 80.

29 Entre *administrativistas* cabe destacar los trabajos de A. Huergo Lora, «Sanciones administrativas y responsabilidad civil: ¿puede declarar la administración la responsabilidad civil del infractor frente al perjudicado por la infracción?», en la obra colectiva *Liber amicorum. Homenaje al profesor Luis Martínez Roldán*, Ed. Universidad de Oviedo, Oviedo, 2016, págs. 399 a 411; M. Cueto Pérez «Los principios de la potestad sancionadora de las Administraciones Públicas. Tipicidad y responsabilidad», *Documentación Administrativa*, núm. 280-281, 2008, págs. 110 a 113; S. González-Varas Ibáñez, *Tratado de Derecho administrativo*, 3.ª edición, Thomson-Civitas, Cizur Menor, 2017, pág. 188; P. García Cruz, «Especialidades de la resolución en procedimientos administrativos», en la obra colectiva coordinada por A.M. Burgués Pascual y P. García Cruz, *Derecho administrativo sancionador*, Atelier, Barcelona, 2022, págs. 519 a 523; P. Teso Gamella, «Artículo 130. Responsabilidad», en la obra colectiva dirigida por M. Sánchez Morón y N. Maurandi Guillén, *Comentarios a la ley 30/92,* Thomson-Lex Nova, Valladolid, 2013, págs. 792 y 793; I. Lasagabaster Herrarte, «Artículo 12.- Reposición e indemnización», *op. cit.*, págs.

El argumento inicial y, al mismo tiempo, central, de esta corriente, defendido con precisión por parte de HUERGO LORA, viene a sostener que no debería existir demasiada polémica por el hecho de que la Administración pueda determinar en vía administrativa —basándose en la prerrogativa de la autotutela— los daños y perjuicios causados entre particulares[30]. El autor apunta que es habitual que la Administración asuma, en ocasiones, el rol de *juzgar*, motivo por el cual se plantea si en este caso concreto es justificado que lo haga o no. Asimismo explica que la razón de ser de la autotutela de la Administración no es otra que ofrecer una respuesta administrativa ante la entrada en el terreno de juego de algún interés público (art. 103.1 de la CE), de ahí que se sostenga en la mayoría de las ocasiones que sí es posible la determinación de los daños y perjuicios en vía administrativa cuando estos le son causados a la propia Administración.

Ahora bien, considera que el interés general puede transformarse en interés social, previa habilitación legal, y de este modo pueda salvaguardarse en el procedimiento administrativo también los intereses de particulares. No es nada extraño, apunta, que la Administración actúe de este modo en otros ámbitos que no están cuestionados, como por ejemplo en aquellos casos de expropiación forzosa en beneficio de intereses privados (las expropiaciones urbanísticas). Por lo demás, este tipo de soluciones abren camino a que se ofrezca una respuesta jurídica por una vía mucho más ágil y menos costosa para los particulares que un proceso el cual, si es llevado de forma directa a la justicia civil, puede durar años. En un último término destaca en ningún caso hay una sustitución del orden jurisdiccional por la Administración, sino simplemente un cambio en cuanto a la jurisdicción que eventualmente podrá conocer de este asunto, pasando de la civil a la contencioso-administrativa. Ahora bien, el autor no deja pasar la oportunidad de introducir algún contrapeso. Si bien considera idónea esta compatibilidad con carácter general para todo tipo de procedimientos, podría tener sentido por razones de economía procedimental en aquellos asuntos de escasa cuantía, pero sería más cuestionable en aquellos asuntos en los que se ventilaran cuestiones civiles complejas o de cierta entidad[31].

Un segundo argumento que se plantea es que la idea de la imposibilidad de que la Administración determine de forma ejecutoria la indemnización por daños y perjuicios de la resolución que se derive de la aplicación del art. 28.2

209 a 225; o J. DE FUENTES BARDAJÍ (Dir.), *Manual de Derecho Administrativo Sancionador, op. cit.*, págs. 241 a 244.
Entre *civilistas* destaca el trabajo de Á. CARRASCO PERERA y E. CORDERO LOBATO, «Alcance de la reposición e indemnización al consumidor en el seno del procedimiento sancionador de consumo...», *loc. cit.*; o de E. CORDERO LOBATO, «La liquidación de daños entre particulares en el procedimiento administrativo», *InDret*, núm. 132, abril, 2003, págs. 1 a 16.

30 A. HUERGO LORA, «Sanciones administrativas y responsabilidad civil...», *op. cit.*, págs. 402 a 404.

31 A. HUERGO LORA, «Sanciones administrativas y responsabilidad civil...», *op. cit.*, pág. 410.

LRJSP supondría una excepción injustificada de la teoría general sobre actos administrativos, dado que los actos son válidos y producen efectos desde que se dictan[32]. Por tanto, si la Administración puede pronunciarse sobre la responsabilidad civil *ex* infracción, también la puede posteriormente ejecutar, sea en su propio beneficio o a favor de un tercero privado.

También se ha apuntado, en tercer lugar, que la nueva regulación del artículo 28.2 LRJSP ha colmado los anteriores problemas de concreción que presentaba el artículo 130.2 de la LRJPAC[33]. Se defendía con anterioridad que la LRJPAC configuraba la responsabilidad civil derivada de la infracción de una forma indeterminada, ambigua y contradictoria por varios motivos: (1) porque la determinación de los daños y perjuicios se configuraba como potestad discrecional de la Administración; (2) porque no se establecía con certeza a quien le correspondía esa determinación al hablar la norma vagamente de «órgano competente»; y (3) porque no se deducía de la norma qué efectos tendría esa determinación dado que se limitaba a señalar que en caso de incumplimiento de esas obligaciones «quedaba expedita la vía judicial correspondiente». Mientras, en la actualidad todas estas cuestiones han sido solucionadas por el artículo 28.2 de la LRJSP, dado que la responsabilidad civil va a tener que exigirse obligatoriamente por parte del órgano competente, que será el ejerciente de la potestad sancionadora, mientras que ya no se reenvía a la vía judicial al perjudicado por la conducta infractora, sino que será la Administración quien podrá reaccionar ejecutoriamente[34].

En cuarto lugar y por último, respondiendo a un inconveniente puesto de manifiesto por algunos autores, no habría problema alguno de legitimación. En este sentido, el perjudicado sí puede tener el carácter de interesado, dado que la jurisprudencia así lo ha aceptado en varias ocasiones[35].

32 M. Cueto Pérez, «Los principios de la potestad sancionadora de las Administraciones Públicas. Tipicidad y responsabilidad», *loc. cit.*, se pronunciaba en este sentido incluso bajo la vigencia de la anterior LRJPAC, la cual, como ya hemos visto, era mucho menos tajante que la actual regulación.

33 Así lo defienden en la actualidad J. Garberí Llobregat y G. Buitrón Ramírez, *El procedimiento administrativo sancionador*, 7.ª edición, Tirant lo Blanch, Valencia, 2021, consulta electrónica. Es curioso porque estos autores, en versiones anteriores de la citada obra, criticaron duramente este sistema precisamente a causa de la deficiente técnica legislativa que afectaba al artículo 130.2 de la LRJPAC. Sin embargo, en la actualidad, parecen estar conformes en términos generales con la regulación del art. 28.2 de la LRJSP, sin cuestionar otros aspectos más profundos como por ejemplo la colisión que podría tener esta previsión con la reserva jurisdiccional (del art. 117.1 CE) o el exceso de jurisdicción.

34 J. Garberí Llobregat y G. Buitrón Ramírez, *El procedimiento administrativo sancionador*, *loc. cit.*

35 Á. Carrasco Perera y E. Cordero Lobato, «Alcance de la reposición e indemnización al consumidor en el seno del procedimiento sancionador de consumo...», *op. cit.*, págs. 14 y 15; o P. García Cruz, «Especialidades de la resolución en procedimientos administrativos», *loc. cit.*

3. La posibilidad de atribuir la responsabilidad civil derivada de la infracción en la jurisprudencia

La jurisprudencia ha ido fluctuando entre dos aguas en función de la legislación vigente en cada momento. Por este motivo procede verificar, separadamente, los argumentos que se dan, en función de si se aplicaba la anterior LRJPAC o la actual LRJSP, sin perjuicio de los muchos matices que se han podido dar a raíz de la intervención de la normativa sectorial. En este campo, igual que sucede en el plano doctrinal, es mucho más consolidada y aceptada en nuestro ordenamiento jurídico la figura de la reposición de la situación alterada a su estado original como consecuencia de la imputación de una sanción que la atribución de la indemnización.

A. La perspectiva constitucional de la compatibilidad entre sanción y responsabilidad civil en el seno del procedimiento administrativo

El TC se ha encargado de validar la compatibilidad de la sanción con los dos subtipos de responsabilidad civil desde los inicios de su etapa post-constitucional, en un criterio expuesto, entre otras, en la sentencia de 29 de noviembre de 1988[36]. De este pronunciamiento se pueden extraer dos importantes ideas-fuerza sobre la idea de la compatibilidad: por un lado, que estamos ante un *supuesto especial de responsabilidad civil por daños*; y, por otro lado, que forma parte de la legislación civil reservada al Estado (art. 194.1.8.ª CE) en lo que se refiere a su ámbito declarativo, mientras que, en lo que se refiere a su ámbito ejecutivo, no deja de ser legislación procedimental, también reservada al Estado (art. 194.1.18.ª CE).

36 STC de 29 de noviembre de 1988, núm. 227/1988, cuando sostuvo que los artículos 110 y 11 de la entonces Ley 29/1985, de 2 de agosto, de Aguas (actuales artículos 118 y 119 del TRLAG), «son también de aplicación directa en todo el territorio del Estado, puesto que se limitan a regular, de un lado, las indemnizaciones por daños y perjuicios ocasionados en el dominio público hidráulico (...), lo que constituye un supuesto específico de responsabilidad civil por daños, materia que forma parte de la legislación civil reservada al Estado por el art. 149.1.8.ª de la Constitución, o a disponer, de otro, medios de ejecución forzosa de las medidas sancionadoras, que forman parte del procedimiento administrativo común cuya aprobación corresponde al Estado por el art. 149.1.18.ª de la Constitución».
Cierto es que algún autor ha resultado especialmente crítico frente a este pronunciamiento, como por ejemplo, M. REBOLLO PUIG, «La protección administrativa del espacio público...», *op. cit.,* pág. 201. Pero no es menos cierto que, a pesar de la discrepancia que legítimamente puede existir en este campo, alguna ley autonómica, como por ejemplo la Ley 2/1998, de 20 de febrero, de la potestad sancionadora de las Administraciones Públicas de la Comunidad Autónoma del País Vasco, se han dado por aludidas de tal forma que se han abstenido de desarrollar lo establecido en el art. 130.2 de la LRJPAC, tal y como se relata en su exposición de motivos (a pesar de que esta ley sí que ha recogido en su articulado el núcleo esencial de lo establecido en el mencionado precepto estatal).

Bien es cierto que este pronunciamiento se realiza sobre las indemnizaciones por daños y perjuicios ocasionados en el dominio público hidráulico o lo que, formulado en términos distintos, *se refiere a los daños provocados a la propia Administración y no a particulares*. Sin embargo, se trata de un criterio cuyo significado puede trascender de esta simple premisa, en tanto en cuanto que es aceptado por el TC a pesar de señalarse que se trata de *legislación civil reservada al Estado*, lo cual no impide que se le tenga como un supuesto especial de responsabilidad civil; una validación que, en mi opinión, puede trasladarse al supuesto del art. 28.2 LRJSP. No debe perderse de vista que en ningún procedimiento posterior de entre todas las ocasiones que ha tenido oportunidad para pronunciarse sobre la reposición o reparación *in natura* ha declarado su inconstitucionalidad, más bien al contrario, en pronunciamientos que han remarcado la normalización de tal posibilidad[37].

De hecho, en su diferenciación respecto de la noción de sanción, la imposición de la reposición de la situación alterada (o reparación del daño) ha sido tildada por el TC en alguna ocasión de *disposición con carácter obligacional*. Una exigencia que radica, en todo caso, en la necesidad de la Administración de preservar la tutela de algún bien jurídico constitucionalmente protegido. A efectos de mostrar algún patrón aleccionador, el tribunal ha sostenido que la Administración debe ordenar la restauración del daño medioambiental (figura prevista expresamente en el art. 118 TRLAg) con la finalidad de garantizar el derecho de los ciudadanos de disfrutar de un medio ambiente adecuado y, al mismo tiempo, hacer cumplir el deber de conservarlo (art. 45 CE). Este «interés público en la conservación del medio ambiente», consagrado en el mencionado precepto constitucional, en palabras del TC, es el que justifica la legitimidad constitucional de medidas de reparación de daños producidos al medioambiente (como lo es la establecida por el art. 118.1 del TRLag)[38].

---

37 En la gran mayoría de dichas resoluciones, el TC no se ha pronunciado directamente sobre la constitucionalidad o inconstitucionalidad de la imposición de este tipo de medidas por parte de la Administración, sino que lo ha hecho principalmente al objeto de diferenciar entre ellas y las medidas de carácter sancionador. Véase, por ejemplo, las SSTC de 3 de junio de 1991, núm. 119/1991; de 16 de noviembre de 2000, núm. 276/2000; de 8 de junio de 2001, núm. 132/2001; de 18 de julio de 2005, núm. 210/2005; de 25 de julio de 2006, 252/2006; o, finalmente, la STC de 25 de enero de 2018, núm. 8/2018.

38 Véase el ATC de 16 de julio de 2012, núm. 145/2012, que formula un alegato merecedor de transcripción: «Distinción que deriva ya de lo dispuesto en el art. 45 CE, el cual, tras reconocer el derecho de los ciudadanos a disfrutar de un medio ambiente adecuado establece que quienes incumplan la obligación de utilizar racionalmente los recursos naturales y la de conservar la naturaleza estarán obligados reparar el daño causado con independencia de las sanciones administrativas o penales que también correspondan. Esa distinta consideración de la obligación de restaurar el daño medioambiental, expresión del interés público en la conservación del medio ambiente que consagra el art. 45 CE, se basa en que la misma pretende la adopción de las medidas necesarias para el restablecimiento de la situación indebidamente alterada a consecuencia de una actuación que no se ajusta al orden jurídico y que se ve así infringido y eso con independencia de las consecuencias punitivas en forma de sanción administrativa que, en su caso, pudieran derivarse. Es decir,

Sobre la base de tal argumentación, el tribunal ha trazado la ya explicada *autonomía* de la responsabilidad civil respecto de la sanción, sin que sea menester la existencia previa de la imposición de una sanción para una ulterior imputación de la responsabilidad por daños mediante la restauración de la situación alterada, sino que sería suficiente solo el incumplimiento del orden jurídico medioambiental o la existencia de una infracción[39].

El mentado criterio constitucional, aunque focalizado en la reparación del daño ambiental (daño provocado, en un sentido muy amplio, a la Administración, al «dominio público natural») aporta un elemento clave que puede ser trasladables a la sostenibilidad de la expansión la responsabilidad civil en la vía administrativa también cuando quienes se beneficien de ella, totalmente o en parte, sean sujetos particulares, aunque sobre esta cuestión se volverá más adelante. La idea-fuerza que se viene a plasmar no es otra que el hecho de que es procedente reparar los daños indebidamente producidos como consecuencia de una actuación contraria al ordenamiento jurídico o lo que es lo mismo, contraria al bien jurídico que protege la infracción tipificada como tal. De ahí que se deba ir más allá de la intención de velar solamente por aquellos daños de carácter marcadamente público.

B. El tratamiento de la indemnización por daños y perjuicios en el marco del procedimiento administrativo por parte de la jurisprudencia contencioso-administrativa

Descendiendo a la órbita de la jurisprudencia del orden contencioso-administrativo, cabe señalar, de entrada, que existe una gran diferencia cuantitativa entre aquellos pronunciamientos en los que se acepta la utilización de la responsabilidad civil en su versión *in natura* frente a la indemnización. A su vez, de entre aquellos supuestos en los que se declara por parte de la Administración la primera de las medidas —el restablecimiento de la situación alterada a su estado originario— en una gran mayoría de supuestos se realiza a favor de la propia Administración y en muy pocas ocasiones los tribunales se pronuncian en beneficio de terceros particulares[40].

---

como apunta el Ministerio Fiscal, para que la medida correctora se imponga no es necesaria la previa existencia de sanción, sino el incumplimiento de la infracción».
En sentido similar se pronuncian, entre otras, las SSTC de 19 de junio de 2006, núm. 187/2006; o de 25 de julio de 2006, núm. 252/2006.

39 *Ibid*.

40 Como es de imaginar, esta situación no trae causa en el propio desarrollo judicial, sino en la vía administrativa previa, dado que los juzgados y tribunales, al fin y al cabo, solo se pronuncian sobre aquellas cuestiones que se derivan de la vía administrativa.

Esta fuerza desorbitada de la reparación *in natura* se explica por dos factores que ya se han ido mostrando en las páginas anteriores. En primer lugar, porque es la institución jurídica menos polémica, teniendo una mayor aceptación doctrinal[41] y jurisprudencial desde sus inicios. Y, en segundo lugar, porque es una de las figuras más tradicionales en la legislación administrativa sectorial —tal y como hemos podido ver anteriormente—, especialmente de ámbitos tan destacados como el urbanismo o, sobre todo, el medio ambiente, cuya constitucionalidad está aceptada desde antaño[42].

Existen muchos casos de confirmación judicial de medidas de reposición del estado de las cosas a su estado anterior, así como sucede, a título meramente ejemplificativo, en los siguientes supuestos que parten nítidamente de una previsión de corte sectorial: a) la necesidad de restaurar una vía pecuaria a su estado original, retirando un vallado y determinados cultivos realizados por los titulares de una finca colindante[43]; b) la obligación de reponer los terrenos en los que se ha instalado de una tubería para realizar un vertido en un lugar distinto al autorizado[44]; c) obligación de reponer unos terrenos a su estado anterior como consecuencia de un movimiento de tierras no autorizados[45]; o, por poner un último ejemplo, d) la obligación de reponer a su estado anterior una zona de policía fluvial mediante la demolición de la obra u otras formas de ocupación realizadas[46]. Incluso en alguna ocasión, algún tribunal ha señalado el carácter imperativo de la imposición de los deberes de reparar como consecuencia de la infracción administrativa del art. 28.2 de la LRJSP[47].

Los casos de establecimiento y posterior confirmación judicial de las medidas de reposición de la situación alterada no son las únicas que se pueden

---

41 Aunque este aspecto ya haya sido objeto de comentario, véase, por todos, M. Izquierdo Carrasco y L. Alarcón Sotomayor,«Potestad sancionadora. Disposiciones generales», *op. cit.*, pág. 698, cuando señalan que dentro de las dos modalidades de responsabilidades previstas en el anterior art. 130.2 de la LRJPAC, la reposición de la situación alterada es la que, en su opinión «podría tener más sentido, al menos, en cierto tipo de infracciones».

42 Tal y como se ha señalado en el epígrafe anterior.

43 STSJ de Murcia de 26 de mayo de 2022 (ROJ 1052/2022).

44 STSJ de la Comunidad Valenciana de 14 de marzo de 2022 (ROJ 866/2022). Se da la casualidad que, en este pronunciamiento, el magistrado ponente no solo acude a la legislación sectorial para justificar formalmente tal medida, sino también a la actual redacción del art. 28.2 de la ley de régimen jurídico del sector público. Es más, señala que este precepto, a diferencia del artículo 130.2 de la anterior LRJPAC, tiene un carácter imperativo (y, por tanto, obligacional).

45 STSJ de Murcia de 21 de diciembre de 2021 (ROJ 2529/2021).

46 STSJ de Asturias de 28 de julio de 2021 (ROJ 2564/2021) o, en sentido similar, las STSJ de Madrid de 1 de abril de 2020 (ROJ 10273/2020); o la STSJ de Galicia de 21 de noviembre de 2019 (ROJ 6857/2019).

47 STSJ de la Comunidad Valenciana de 14 de marzo de 2022 (ROJ 866/2022), anteriormente citada.

localizar del buceo por la jurisprudencia menor. Como se verá, recientemente se han dictado sentencias en las que, de alguna forma u otra, se convalida la imposición de indemnizaciones por daños y perjuicios a determinados infractores[48]. No es menos cierto que la nota primordial de esas ratificaciones se redirige en las ocasiones más claras a una norma de carácter sectorial que así lo establece nítidamente, con la finalidad de atajar cualquier tipo de duda que pudiera haber sobre la viabilidad de esa imposición de responsabilidad civil.

De este modo, si la norma sectorial establece dicha posibilidad es que la naturaleza de la materia sugiere que así sea, ¿por qué cuestionarla? En realidad, lo más destacable de estas decisiones es que no se quedan en la mera aplicación de la norma especial para otorgar la bendición a este tipo de medidas indemnizatorias, sino que una amplia mayoría de las más recientes utiliza un argumento *a fortiori* que, a mi modo de ver, es clave: la redacción que actualmente ofrece el art. 28.2 de la LRJSP (incluso algunas de ellas se refieren al anterior 130.2 de la LRJPAC)[49]. Dicho de otro modo, los tribunales empiezan a justificar, cada vez con más frecuencia, la adopción de una tal medida no solo porque lo prevea expresamente una norma sectorial, sino porque ahora la ley de régimen jurídico del sector público así lo dispone con carácter general —una nota que también se suele dar en los casos de restablecimiento de la situación alterada[50]—.

Ahora bien, enfocando este último plano, son más abundantes aquellos pronunciamientos en los cuales se aplica la determinación de la responsabilidad civil derivada de la infracción a favor de la propia Administración. A

48 A título enunciativo, véase las SSTSJ de Castilla y León de 18 de febrero de 2022 (ROJ 724/2022) o de Cantabria de 27 de diciembre de 2021 (ROJ 1023/2021).

49 De hecho, el TS tuvo la ocasión de manifestar la plena operatividad, tanto del art. 28.2 LRJSP como de sus artículos homólogos en la legislación sectorial, en la STS de 16 de octubre de 2023 (ROJ 4308/2023): «Por ello, no se aprecia que la reparación de los daños causados a dichas especies esté carente de protección ni que se incumpla el mandato contenido en el art. 28.2 de la ley 40/2015, previsión que establece que en los casos de responsabilidad administrativa que se deriven de la comisión de una infracción han de indemnizarse los daños y perjuicios causados en la cantidad que se determine y se exija por el órgano que ejercita la potestad sancionadora. Esta disposición no exige para ser aplicada un baremo a nivel nacional, sino que cuando se entienda que se cometió una infracción generadora de daños medio ambientales deberán fijarse las medidas reparadoras necesarias y en su caso el importe de las indemnizaciones correspondientes, lo cual es perfectamente posible con la legislación actualmente existente».

50 En este sentido, véase la STSJ de Cataluña de 1 de octubre de 2018 (ROJ 8697/2018), en la que se señala lo siguiente: «(...) no nos hallamos en el concepto de sanción sino en el de la responsabilidad de reposición de la situación alterada, reparación o reconstrucción en los términos en Cataluña y para promotores del artículo 112.1 de la Ley 18/2007, de 28 de diciembre, del derecho a la vivienda, *y en general para infractores en el artículo 130.2 de la Ley 30/1992*, de 26 de noviembre, de Régimen Jurídico de las Administraciones Públicas y del Procedimiento Administrativo Común, aplicable al caso por razones temporales (...)». La cursiva es mía.

pesar de ello, también han brotado algunas decisiones en las que, como consecuencia de la aplicación del art. 28.2 de la LRJSP (o, por razones temporales, del anterior artículo 130.2 de la LRJPAC), esa indemnización por daños y perjuicios se ha reconocido como posible respecto de terceros particulares[51].

Un supuesto merecedor de mención específica, aunque ligeramente limitado, es el conocido por la STS de 8 de octubre de 2019[52]. El alto tribunal enjuiciaba de un asunto en el cual la persona recurrente cuestionaba una sentencia previa del TSJ de Castilla y León —confirmatoria de la resolución administrativa dictada en el marco de un procedimiento sancionador— que, al margen de la correspondiente sanción, se obligaba al infractor al pago de una indemnización por producción de daños a especies cinegéticas. El recurrente alegó falta de relación de causalidad entre la infracción y los daños imputados, un argumento que fue acogido por el TS y ello llevó a la estimación de su recurso de casación. Ahora bien, el *factum* basilar merecedor de ser destacado es el tratamiento que la sentencia ofrece respecto de la posibilidad de imponer el deber de responder civilmente como consecuencia de la sanción, sin perjuicio de que luego acabe desechando su aplicación por razones de fondo. En primer lugar, el TS —igual que hiciere antes el TSJ castellanoleonés— no duda en acoger la relación de compatibilidad entre infracciones y la reposición de la situación alterada, así como la indemnización por daños y perjuicios. Mientras que, en segundo lugar, ese reconocimiento —propio de la legislación sectorial sobre caza— se discute ante el TS a la luz del artículo 130.2 de la anterior LRJPAC, dado que el recurrente señala su vulneración. Y, tercero y último lugar, bajo ese enfoque general de la figura, el TS aprecia que «[a]mbas reparaciones son consecuencia de la conducta infractora (...)», mientas que la indemnización por daños y perjuicios «sería procedente cuando la infracción consiste en cazar sin la debida autorización, pues se indemniza el valor de cada una de las piezas cobradas ilegalmente (coste que se sitúa en 6.174 € por cada corzo macho) y los perjuicios que esta actividad ilícita *ha causado bien al titular del coto* o la Administración»[53].

---

51 Hay supuestos que son más matizados. En la antes citada STSJ de Castilla y León de 18 de febrero de 2022 (ROJ 724/2022) se enjuiciaba un asunto en el cual la Junta de Castilla y León impuso a una persona una sanción de 437,25 euros, la retirada de la licencia de caza con la consiguiente inhabilitación para obtenerla durante un plazo determinado, así como una indemnización derivada por el importe de 6.174 euros por no llevar debidamente precintada una pieza de caza. Los precintos son necesarios para poder acreditar el origen de la pieza y que su caza haya sido efectuada de conformidad con la normativa aplicable. En este supuesto, debido a las circunstancias concretas del caso, la indemnización por la comisión de la infracción se determinó a favor de la Junta de Castilla y León, a favor, por tanto, de la Administración. Sin embargo, la normativa, como se ha señalado anteriormente, permite deducirla a favor de los titulares de los terrenos (que, en su caso, pueden ser de particulares), y todo lleva a pensar que si hubiéramos estado ante este supuesto, el desenlace del fallo hubiera sido el mismo.

52 STS de 8 de octubre de 2019 (ROJ 3016/2019).

53 La cursiva es mía.

En otras palabras, el tribunal acoge la viabilidad de que la Administración condene al infractor a hacer frente a la responsabilidad civil derivada de la infracción *incluso en el supuesto de que los daños y perjuicios se hayan producido a otro particular*, como lo es, por ejemplo, el titular de un coto de caza diferente a la Administración.

Pero el caso especialmente señalado —mucho más directo que el anterior— es el de la STSJ de Cantabria de 27 de diciembre de 2021[54]. Sus antecedentes se remontan a un procedimiento sancionador, tramitado por el Ayuntamiento de Santander, por la realización de unas obras que se extralimitaban de la licencia correspondiente. Como consecuencia de tales obras el edificio se derrumbó parcialmente. En la resolución de la corporación local —confirmada luego por la sentencia del Juzgado de lo Contencioso-Administrativo núm. 1 de Santander—, aparte de la imposición de una serie de sanciones a la promotora, el director y la empresa contratista, también se imputó a estos *la obligación de indemnizar los daños y perjuicios causados a los terceros afectados*, esto es, a vecinos del edificio, así como a la propia Administración; mientras que se remitió a un «futuro procedimiento administrativo» para el diagnóstico concreto de los daños y su cuantía.

El elemento más trascendente de esta sentencia radica en que los sujetos sancionados cuestionaron en parte esta imputación de responsabilidad civil por parte de la Administración utilizando uno de los argumentos doctrinales más poderosos al efecto: que se ha producido un exceso de jurisdicción, pronunciándose la sentencia de instancia sobre asuntos pertenecientes a la jurisdicción civil. En el terreno de los hechos sucedió que el JCA núm. 1 de Santander estableció la imperatividad de la responsabilidad civil a cargo de los infractores, sin concretar los daños, la cuantía ni la forma de la responsabilidad, *pero remitiendo a un ulterior procedimiento administrativo para su establecimiento* y no a la jurisdicción civil. El TSJ acoge esta opción y ofrece unos argumentos que merecen ser objeto de transcripción:

> «(...) no tendría sentido imponer la obligación de indemnizar a terceros por los daños causados por la infracción en la propia resolución administrativa (lo que implica llevar la autotutela declarativa más allá de la imposición de la sanción y de la obligación de restauración de la legalidad y la compensación por los perjuicios causados al patrimonio público o privado de la Administración) y remitir su concreción cuantitativa y demás aspectos al orden civil.
>
> (...) Hay que fijar la atención, no obstante en lo que dispone el art. 28.2 de la Ley 40/2015 (...)
>
> Véase que el precepto citado parece incluir en la autotutela declarativa y ejecutiva de la Administración la responsabilidad civil por daños derivados de las infracciones administrativa».

54 STSJ de Cantabria de 27 de diciembre de 2021 (ROJ 1023/2021).

Hasta la actualidad y, salvo error por mi parte, se trata del pronunciamiento judicial más poderoso y directo en aras del reconocimiento de la compatibilidad sanción-responsabilidad civil. Y si bien es cierto que este tipo de resoluciones aún sigue siendo minoritarias, también es verdad que existen cada vez más indicios de pérdida de miedo entre la jurisprudencia a la hora de reaccionar contra el clásico argumento del exceso de la autotutela. Este hecho, naturalmente, debe ser bienvenido, ya que no puede haber exceso en la autotutela si luego, como estamos viendo, está garantizada la revisión jurisdiccional posterior.

IV. LA VIABILIDAD DE LA DETERMINACIÓN Y EXIGIBILIDAD DE LA RESPONSABILIDAD CIVIL DERIVADA DE LA INFRACCIÓN ADMINISTRATIVA

A la luz del panorama expuesto, es procedente entrar en el análisis y posicionamiento respecto de los principales inconvenientes o bondades que puede tener esta solución desde el punto de vista de la imputación de daños y perjuicios a terceros en los procedimientos sancionadores, pero teniendo en cuenta que se trata de una contingencia que no afecta solamente al problema planteado en el presente trabajo, sino que su presencia es discutida también en otros campos de la vía administrativa[55]. Esta idea da a entender que nos encontramos ante un debate de mucha más amplitud que la simple singularidad de la responsabilidad civil derivada de la infracción administrativa, pero cuyos lindes trascienden del objeto de este trabajo.

1. La inexistencia de un exceso en la autotutela administrativa

Ya se ha adelantado anteriormente que el exceso en la autotutela administrativa ha sido el pilar fundamental de los argumentos defendidos por la corriente que rechaza la utilización de este poder exorbitante para que la Administración, además de imponer una sanción, se pronuncie sobre la responsabilidad civil que pudiera derivarse de una determinada infracción, par-

55 Un ejemplo es el analizado en mi trabajo, «La ejecución de la resolución de responsabilidad patrimonial en vía administrativa contra terceros», *Anales de Derecho*, núm. 40, 2023, págs. 193 a 223, sobre la imputación por parte de la Administración de la responsabilidad patrimonial que se deduce en el marco de su procedimiento contra un tercero particular. En este caso también defiendo, de igual modo que en el presente trabajo, que la Administración no solo ha de imputarle la responsabilidad al tercero, sino que, en su caso, también deberá ejecutar su propia resolución.

ticularmente cuando ésta se impone (y ejecuta) para restaurar la indemnidad de otros sujetos privados.

Así las cosas, el conflicto se perfila en el sentido de dilucidar si la habilitación a la Administración sobrepasa los límites de la autotutela por medio del procedimiento administrativo y topa, consiguientemente, con la reserva de jurisdicción del artículo 117 CE[56], conforme la cual corresponde al *poder judicial* juzgar y ejecutar lo juzgado.

Este debate no deja de ser más que otro capítulo de la tendencia doctrinal, pero también social, de observar con desconfianza cualquier prerrogativa extraordinaria que se pretenda atribuir la Administración en el ejercicio de sus funciones[57]. Se trata de unos recelos que, siendo absolutamente justificados en otras épocas, no tiene sentido que se preserven, con la misma rotundidad e intensidad, hoy en día. Ello siempre y cuando —claro está— se dote a este ejercicio de un poder público «extraordinario» de las garantías idóneas para tal ejercer tal menester, igual que se hizo en su día, por ejemplo, con el ejercicio de la potestad sancionadora *stricto sensu*.

La pugna planteada ha sido objeto de análisis en profundidad por parte de la doctrina, no solo con ocasión del artículo 28.2 de la LRJSP (o su antecesor, el 130.2 de la LRJPAC), sino también con motivo de uno de los debates más amplios que se han ido produciendo, esto es, el ejercicio global de la llamada *actividad arbitral* de la Administración o la limitación de la reserva jurisdiccional para la imposición de sanciones administrativas frente a las penas. Así, autores como Huergo Lora[58] o Rodríguez Portugués[59] han reflexionado rigurosamente sobre esta discusión, poniendo de manifiesto varias ideas capitales que pueden trasladarse miméticamente al asunto que ahora es objeto de estudio.

En primer lugar, el ejercicio de la autotutela administrativa en ningún caso proporciona a la Administración la facultad de dictar actos irrevocables, sino que siempre se someten a un posterior control judicial, en lo que viene a

56 Así lo apunta, entre muchos otros, T. Cano Campos, «El autismo del legislador...», *loc. cit.*

57 Sobre esta tendencia, L. Medina Alcoz, «Historia del Derecho administrativo (II). Del Estado autoritario al Estado constitucional», en la obra colectiva coordinada por J.M.ª. Rodríguez de Santiago, Gabriel Doménech Pascual y Luis Arroyo Jiménez, *Tratado de Derecho administrativo*, Vol. I, Marcial Pons, Madrid, 2021, págs. 265 a 267, explica que la doctrina suele reaccionar críticamente contra la ampliación de los términos de la autotutela administrativa, siendo la legislación —siempre por delante en esta materia— la que ha ido conquistando terreno en este ámbito, sin perjuicio de qué con la promulgación de la CE pareció frenarse dicha expansión.

58 A. Huergo Lora, *La resolución extrajudicial de conflictos en el Derecho administrativo*, *loc. cit.*

59 M. Rodríguez Portugués, «Reserva de jurisdicción y libertad del legislador para optar entre penas y sanciones administrativas», *RAP*, núm. 208, enero-abril, 2019, págs. 151-178.

ser un fenómeno de *provisionalidad de los actos*. Los actos administrativos generados a partir de la función de la autotutela administrativa son, en cierto modo, provisionales, por no escaparse en ningún momento de la fiscalización del poder judicial. Y, aunque la regla general sea su inmediata producción de efectos, cabe la posibilidad de que sean suspendidos[60]. Por decirlo de otra manera, la autotutela, bajo los controles (judiciales) adecuados y eficaces[61], es una herramienta beneficiosa para el actuar administrativo y, en concreto, para adopción de decisiones sobre derechos subjetivos de los diferentes interesados con celeridad.

La segunda idea, que deriva de este carácter de provisionalidad de los actos administrativos, es que el ejercicio de la autotutela sí conllevaría una *modulación* de la reserva jurisdiccional, en tanto en cuanto la jurisdicción de los tribunales se ve temporalmente «suspendida o dilatada en beneficio de la Administración»[62] o, añadiría, de terceros (también particulares). No solo eso, sino que, además, esta concepción traslada al administrado la carga de acudir a la vía judicial para hacer efectiva la tutela jurisdiccional, lo cual también implica una restricción de la vertiente subjetiva respecto del derecho de acceso a la jurisdicción por parte del administrado[63]. No obstante, el hecho de que la autotutela implique una modulación de la reserva jurisdiccional sigue respetando los lindes constitucionales, según defiende el autor. Esto se debe a que las competencias y potestades de la Administración se infieren de su orientación hacia el servicio *de los intereses generales del art. 103.1 CE*. Por tanto, no está reñida la modulación de la reserva jurisdiccional con el art. 117 CE mientras que su ejercicio esté centrado en tutelar los intereses generales[64]. Y, en el campo del objeto de estudio, la consecución del cum-

60 Además, M. Rodríguez Portugués, «Reserva de jurisdicción y libertad del legislador...», *op. cit.*, págs. 164 y 165, acaba destacando que la presunción de validez del art. 39 de la LPAC no es una *presunción iuris et de iure*, sino que se trata de una *presunción iuris tantum*, que no tiene fuerza de cosa juzgada. De este modo, concluye que la falta de incompatibilidad entre autotutela administrativa y reserva de jurisdicción, ya que la primera no excluye (o excepciona) la segunda.

61 Aunque esto es otro tema, dado que los órganos jurisdiccionales, en términos generales, no se caracterizan precisamente por su eficacia, sino principalmente por los terribles costes, económicos, psicológicos y, sobretodo, temporales que la sumisión jurisdiccional produce.

62 M. Rodríguez Portugués, «Reserva de jurisdicción y libertad del legislador...», *op. cit.*, págs. 165 a 167.

63 M. Rodríguez Portugués, «Reserva de jurisdicción y libertad del legislador...», *loc. cit.* Esta es una idea transmitida por otros autores con el fin de poner de manifiesto una incrementada posición de debilidad de los responsables de los daños y perjuicios, como por ejemplo señalaba J.M. Baño León, «Los excesos de la llamada autotutela administrativa», *op. cit.*, pág. 80, tal y como he explicado en páginas anteriores.

64 M. Rodríguez Portugués, «Reserva de jurisdicción y libertad del legislador...», *op. cit.*, pág. 167.

plimiento de dichos intereses generales está garantizada, aunque este es un aspecto que será objeto de análisis detallado en el subepígrafe siguiente.

De hecho, sendas ideas se desprenden de una reiterada jurisprudencia del Tribunal Constitucional (en adelante, TC), que a continuación se transcribe:

> «Reiteradamente hemos declarado que el privilegio de la autotutela atribuido a la Administración Pública no es contrario a la Constitución, sino que engarza con el principio de eficacia enunciado en el art. 103 de la C.E. (...), y que la ejecutividad de los actos en términos generales y abstractos tampoco puede estimarse como incompatible con el art. 24.1 C.E. (...), pero sin que tal prerrogativa pueda primar sobre el contenido de los derechos y libertades de los ciudadanos. Ahora bien, del art. 106.1 de la Constitución se deriva que la actuación administrativa está sometida al control de la legalidad de los Tribunales, y el art. 117.3 atribuye a éstos no sólo la potestad de juzgar sino además la de ejecutar lo juzgado. De modo que si los particulares acuden ante éstos para impugnar los actos de la Administración y, en su caso, para que decidan sobre la ejecutividad o suspensión de los mismos, el derecho de los ciudadanos a la tutela judicial efectiva garantizado en el art. 24.1, implica que los órganos judiciales se deban pronunciar sobre ambos aspectos, con independencia del sentido concreto de la decisión. Por lo que se refiere a la ejecutividad o suspensión de los actos, ya en la STC 66/1984 se declaró que el derecho a la tutela se satisface facilitando que la ejecución pueda ser sometida a la decisión de un Tribunal y que éste, con la información y contradicción que resulte menester, resuelva sobre la suspensión, declaración ésta reiterada en posteriores resoluciones (...). Y en sentido similar se afirmó que la protección de los Tribunales del orden contencioso-administrativo incluye la facultad de suspender cautelarmente los actos de ejecución en los términos que resulten precisos para garantizar la tutela judicial de los derechos implicados»[65].

En tercer lugar, se debe sumar el argumento de que en otros casos también se ha aceptado que la Administración juegue un *rol arbitral o de juzgadora* entre interesados particulares[66]. Es muestra de ello el ejercicio de la potestad expropiatoria urbanística, un caso en el cual se pone al servicio de particulares la potestad administrativa más punzante[67], cuya previsión se encuentra en las principales leyes de urbanismo, como por ejemplo, en el artículo 109.2 del Decreto Legislativo 1/2010, de 3 de agosto, por el que se aprueba el texto refundido de la ley de urbanismo de Cataluña (en adelante, TRLUC).

También en el supuesto de la transparencia y el acceso a la información pública, en el cual algunas normas, como por ejemplo, la Ley 19/2013, de 9 de diciembre, de transparencia, acceso a la información pública y buen

65 Por todas, véase la STC de 13 de octubre de 1998, núm. 199/1998.

66 A. Huergo Lora, «Sanciones administrativas y responsabilidad civil...», *op. cit.*, págs. 403 a 406.

67 *Ibid.*

gobierno (artículo 4), han extendido determinadas obligaciones de suministro de información para sujetos nítidamente privados, como los adjudicatarios de contratos del sector público, una información que —a través de la resolución del procedimiento de acceso a la información pública— la Administración trasladará normalmente a otro particular, el solicitante de acceso. ¿Cuál es el fundamento de esta previsión? Nuevamente el interés público. En este caso, el interés en garantizar la transparencia mediante el derecho de acceso a la información generada con las actuaciones públicas, cuyo origen radica en el art. 105.b) de la CE.

Otro supuesto aleccionador —que tampoco está exento de polémica— puede ser esa situación en la cual, en virtud del artículo 73.3, *in fine,* de la Ley 7/1985, de 2 de abril, reguladora de las bases del régimen local (en adelante, LBRL) una corporación local deba controlar parte de la potestad de expulsión de los militantes de los partidos políticos que ostentan un cargo representativo en la entidad local y esa expulsión del partido suponga, a su vez, la expulsión del grupo político local formado por el partido en el seno de dicha Administración. En estos casos, y en virtud del citado precepto, el TS ha interpretado que para la producción efectiva de la expulsión del grupo político local —cuya naturaleza es cercana a la asociación privada— la corporación local debe verificar que el partido político haya tramitado correctamente el procedimiento contradictorio de expulsión al que se refiere el artículo 3.2 s) de la Ley orgánica 6/2002, de 27 de junio, de partidos políticos (en adelante, LOPP)[68]. En este caso, el interés público se puede localizar en la necesidad de proteger el *derecho a la representación política* establecido en el artículo 23 de la CE.

Un último ejemplo de la posición administrativa arbitral en relaciones de naturaleza privada lo podemos detectar en el ámbito de la protección de datos personales. En este sentido, la Ley orgánica 3/2018, de 5 de diciembre, de protección de datos personales y garantía de los derechos digitales (en adelante, LOPD), regula en su Título VIII (artículos 63 a 69) todo el procedimiento de garantía de la normativa de protección de datos en un Título. Se trata de una vía que puede utilizar cualquier persona para reclamar ante la Agencia Española de Protección de Datos (o la correspondiente autonómica) la desatención

68 En este sentido se ha pronunciado la STS de 28 de diciembre de 1984 (ROJ 1962/1984): «ante la comunicación de un partido político a una Corporación local dando cuenta de la pérdida de la condición de miembro del mismo de una persona que ostenta un cargo electivo municipal, el órgano plenario de la Corporación está obligado a calificar o examinar si se dan los requisitos esenciales (formalidades extrínsecas) que aparentemente legitiman la decisión de baja, pues al menos deben quedar acreditados que ésta fue adoptada por el órgano competente, a través del procedimiento establecido y mediante decisión motivada». Esta postura fue desarrollándose posteriormente y, de forma más reciente, por algunos órganos consultivos, como por ejemplo, el Consell Jurídic Consultiu de la Comunitat Valenciana (Dictámenes núm. 311/2013 y de 15 de septiembre de 2021, núm. 540/2021) o el Consejo Consultivo de Andalucía, en su Dictamen de 14 de febrero de 2018 (núm. 81/2018).

de una solicitud relacionada con alguno de los derechos derivados del de protección de datos (acceso, supresión, limitación, etc.), de conformidad con los artículos 63 y siguientes de la LOPD. Consecuentemente, la AEPD podrá dictar resolución ordenando la satisfacción de los derechos reclamados, una decisión que no deja de ser una actuación arbitral entre particulares[69].

2. El cumplimiento con la defensa del interés general

En este orden de cosas, la convergencia de las dos primeras premisas observadas en el apartado anterior —esto es, la provisionalidad del acto y el cumplimiento de los intereses generales—, pero especialmente el alcance y satisfacción de los *intereses generales*, son los principales presupuestos habilitantes para legitimar la potestad administrativa de pronunciarse sobre la responsabilidad civil derivada de la infracción y con ello no adentrarse sin habilitación alguna en terreno reservado a la jurisdicción civil[70].

En la teoría general de la potestad administrativa ya se conoce que la persecución del interés general es un presupuesto de dicha función, de modo que la falta de este objetivo (que necesariamente ha de estar sometido al principio de legalidad) supondría que el TC podría llegar a anular una determinada potestad legalmente reconocida[71]. El interés general no ha de ser

69 Por todas, entre muchas otras, véase la Resolución de la AEPD número R/00904/2022, en la que ordena a una sociedad mercantil que le remita certificación por la que se atiende el derecho de acceso a los datos personales de una persona física.

70 Así lo ha entendido también A. Huergo Lora, *La resolución extrajudicial de conflictos en el Derecho administrativo*, *op. cit.,* págs. 266 a 268, destacando estas dos ideas: a) la primera, que siempre que haya un control judicial posterior sobre el ejercicio de la potestad administrativa, la simple atribución de ejercer dicha potestad —declarativa y ejecutoriamente— no va a suponer por sí misma una vulneración del artículo 117.1 CE; b) mientras que la segunda consiste en que si la actividad administrativa en cuestión se dirige a la satisfacción de determinados intereses públicos, se estará cumpliendo con el principio de eficacia, siendo este el presupuesto que justifica la atribución de las potestades administrativas polémicas por su incidencia en la esfera del poder judicial.
En este sentido, el autor, en su trabajo, «Sanciones administrativas y responsabilidad civil...», *op. cit.,* págs. 403 a 406, señala respecto de las expropiaciones urbanísticas tienen como resultado «que se convierte en forzosa una transacción inmobiliaria que en principio debería ser voluntaria, y además se somete —por supuesto— al procedimiento administrativo, en el que se produce la transferencia de la propiedad desde el expropiado al beneficiario, tampoco es sorprendente que el legislador considere de interés público que determinados conflictos entre particulares alcancen una solución rápida y barata, lo que justificaría que en esos asuntos se atribuya a la Administración no solo la potestad sancionadora sino también la posibilidad de ordenar al infractor el pago de una indemnización, ahorrándole al perjudicado los costes del proceso judicial (civil)».

71 E. Gamero Casado, «Delimitación conceptual de la potestad administrativa», en la obra colectiva dirigida por el propio autor, *La potestad administrativa. Concepto y alcance prác-*

abstracto, sino que ha de concretizarse en la defensa de algún bien jurídico de los previstos en el ordenamiento jurídico, mientras que «[l]a persecución de ese concreto objetivo es lo único que legitima el ejercicio de la potestad administrativa»[72].

Reconduciendo todo esto a un contexto más cercano, tal y como hemos visto, el TC ya ha reconocido en alguna ocasión la legitimidad de la restauración del daño medioambiental gracias a que esta medida cumple con el *interés público en la conservación del medio ambiente*, más que nada, porque este es un interés público cuyas raíces radican en el artículo 45 CE[73].

En la misma dirección ¿hay realmente un interés público para que la Administración se pueda pronunciar sobre la responsabilidad civil derivada de la infracción con carácter general?

A modo de idea preliminar, no ofrecen ninguna pista sobre este extremo los debates producidos en el marco de la tramitación parlamentaria de la LRJSP, dado que nada se ha discutido sobre el artículo 28.2. En cambio, sí que se produjo un debate sobre el proyecto de ley que acabó estableciendo lo que luego sería el art. 130.2 de la LRJPAC. Sin embargo, este debate solo puso de manifiesto que algunos senadores no sabían muy bien de qué hablaban. Este asunto ha sido estudiado por el profesor Pemán Gavín, en un trabajo en el que destaca la idea transmitida por uno de los senadores del grupo parlamentario entonces mayoritario según la cual se venía a decir que, mediante la regulación del artículo 130.2 LRJPAC se renunciaba «a la autotutela ejecutiva porque se trata de bienes patrimoniales de la Administración. *No estamos actuando aquí sobre un interés público o colectivo*, sino sobre un interés patrimonial de la Administración»[74]. Sobre este extremo, Pemán Gavín señaló que «[l]as indicaciones que sobre el pensamiento del legislador nos suministran los Diarios de Sesiones no revelan en este punto precisamente consistencia y claridad de ideas, sino, por el contrario, una cierta confusión mental»[75], dado que, según el autor, no es de recibo sostener que los daños

tico de un criterio clave para la aplicación del Derecho administrativo, Tirant lo Blanch, Valencia, 2021, págs. 74 a 80.

Sin embargo, no procede en este momento determinar el concepto de interés general ni buscar sus lindes, remitiéndome para ello al completo trabajo de D. González Gil, «El interés general, presupuesto de atribución y ejercicio de la potestad administrativa», en la obra colectiva dirigida por E. Gamero Casado, *La potestad administrativa..., op. cit.,* págs. 153 a 226.

72 *Ibid.*

73 *P. ej.*, SSTC de 19 de junio de 2006, núm. 187/2006; o de 25 de julio de 2006, núm. 252/2006.

74 La cursiva es mía.

75 En palabras de J. Pemán Gavín, «La regulación de la potestad sancionadora de la Administración en la Ley 30/1992, de 26 de noviembre: notas sobre la tramitación parlamentaria», *RAP*, núm. 132, septiembre-diciembre, 1993, pág. 402.

contemplados en el artículo 130.2 LRJPAC fuesen daños a los bienes patrimoniales de la Administración.

Ahora bien, volviendo al interrogante planteado, considero que la respuesta debe ser afirmativa, dado que el carácter general de la medida no tiene una naturaleza abstracta o difusa, sino que se encuentra en un campo bien delimitado. Si se comete una infracción y existe un interés público en que la Administración pueda castigar al infractor, también *debe servir ese mismo bien jurídico o interés público protegido por la potestad sancionadora* para que la Administración pueda imponer los deberes de resarcimiento de los daños y perjuicios causados con esa conducta tipificada previamente como ilícita.

Con el objeto de profundizar en esta idea, es procedente acudir a los orígenes y la naturaleza misma de la sanción. Cuando se trata conceptualmente la *sanción* (ya sea en su visión penal o en la administrativa[76]) se apunta que uno de sus elementos esenciales es que se impone como consecuencia de una *conducta ilícita*, una conducta *antijurídica*: la infracción[77]. A su vez, la consideración de antijuridicidad o ilicitud de la conducta se establece por la ley (tipicidad) a modo de presupuesto previo para la sanción con el objetivo de la defensa de unos intereses *privados, generales o públicos*[78]. El hecho de cualificarse legalmente como tal trasluce dos de las pretensiones o finalidades de la potestad sancionadora más allá del fin represivo: su carácter preventivo o disuasorio y restaurativo[79].

Dicho de otro modo, en primer lugar, a través de la imposición de sanciones, la Administración persigue el objetivo de evitar que se cometan acciones perturbadoras de los intereses generales[80]; o incluso se canaliza como un instrumento para la consecución del interés general perseguido en un determinado sector[81]. Y, en segundo lugar, con la finalidad de mantener intactos

---

76 La diferencia entre ambas no está en la naturaleza jurídica, sino en la intensidad o gravedad de los hechos. Para más abundamiento, véase L. Alarcón Sotomayor, «Los confines de las sanciones: en busca de la frontera entre Derecho penal y Derecho administrativo sancionador», *RAP*, núm. 196, septiembre-diciembre, 2014, págs. 140 a 148.

77 Por todos, véase B. Mayo Calderón, «Acerca de las diferencias entre el Derecho penal, el Derecho administrativo sancionador y el Derecho de policía. A la vez, una reflexión sobre el concepto de sanción», en la *Revista Aragonesa de Administración Pública* (en adelante, *RAAP*), núm. 56, 2021, págs. 200 a 212.

78 *Ibid.*

79 M. Rebollo Puig, «Definición y delimitación de las sanciones administrativas», en la obra colectiva dirigida por el propio autor, A. Huergo Lora, J. Guillén Caramés y T. Cano Campos, *Anuario de Derecho administrativo sancionador*, Thomson-Civitas, Cizur Menor, 2021, págs. 70 a 72.

80 M. Rebollo Puig, «Definición y delimitación de las sanciones administrativas», *loc. cit.*

81 L. Parejo Alfonso, «Algunas reflexiones sobre la necesidad de la depuración del *status* de la sanción administrativa», *RGDA*, núm. 36, 2014, pág. 10.

dichos intereses, en el caso que se haya cometido la conducta ilícita y los hubiese perturbado, la vía abierta por el artículo 28.2 de la LRJSP se dirige a una senda restaurativa. Ciertamente no cabe perder de vista que no se trata de una función naturalmente intrínseca de la sanción, dada la distinta naturaleza jurídica de las figuras propias de la responsabilidad civil y la sancionadora. Sin embargo, resulta significativo que el legislador haya optado por contemplar las instituciones propias del resarcimiento de los daños y perjuicios como una especie de *elemento aledaño o complementario* a la potestad sancionadora. El paso dado, por tanto, no deja de ser un apuntalamiento de la finalidad restaurativa del ejercicio de la potestad sancionadora.

Así las cosas, allí donde está prevista una sanción por comisión de una infracción significa que, al mismo tiempo, existe un determinado *interés general* que dicha sanción busca salvaguardar. Y normalmente, todos esos intereses generales suelen tener ramificaciones en algún *interés protegido constitucionalmente*. La tipificación de infracciones y sanciones en el Real Decreto Legislativo 1/2016, de 16 de diciembre, por el que se aprueba el texto refundido de la Ley de prevención y control integrados de la contaminación, tiene por objeto *la protección del medioambiente* que se encuentra en el artículo 45 de la CE. Lo mismo sucede con las infracciones y sanciones previstas en la Ley Orgánica 4/2015, de 30 de marzo, de protección de la seguridad ciudadana, cuya finalidad no es otra que proteger intereses públicos en materia de *seguridad ciudadana y seguridad pública* asumidos por la CE en sus arts. 104.1 y 149.1.29.ª, respectivamente. Idéntica lógica persigue la potestad sancionadora prevista en la Ley Orgánica 3/2018, de 5 de diciembre, de protección de datos personales y garantía de los derechos digitales, cuyo interés público protegido se encuentra ni más ni menos en el derecho fundamental a la *protección de datos* del art. 18.4 de la CE. Por señalar un último patrón entre muchos, el régimen sancionador establecido en la Ley 38/2003, de 17 de noviembre, general de subvenciones, pretende defender *la gestión de los fondos de la hacienda pública* (art. 128.1 de la CE).

En este sentido, considero que el núcleo irreductible que requiere que el ejercicio de la *autotutela administrativa* esté sometido al interés general se observa con facilidad. En este sentido, cabe tener en cuenta que el fundamento mismo de la tipificación de una determinada infracción que luego se castiga a través de una sanción administrativa es ni más ni menos que la voluntad del legislador de reprimir determinadas conductas consideradas como reprochables socialmente. En este orden de ideas, no tendría sentido que, aceptando la nota anterior, se dijera, en cambio, que no tienen interés público (o incluso el interés social) los daños y perjuicios causados como consecuencia de la materialización de esa conducta tipificada como infracción. La Administración, al margen de reprimir y prevenir ciertas conductas mediante la imposición de sanciones por vulneración de los intereses públicos en la protección del medio ambiente, seguridad ciudadana, protección de datos o la hacienda pública, ha de poder garantizar el restablecimiento de los daños provocados mediante la conducta infractora con el fin de llevar a cabo una *protección integral* de dichos intereses (*vis restaurativa* de la sanción[82]). De lo contrario, si nos quedamos exclusivamente con la vertiente retributiva de la potestad sancionadora, esa protección de los intereses generales —que es presupuesto del ejercicio de la propia potestad sancionadora— se alcanzaría de forma relativa o parcial, con lo cual, no garantizaría, al menos completamente, que la Administración sirva «con objetividad los intereses generales» y actúe «de acuerdo con los principios de eficacia (...)», según como le manda el artículo 103 de la CE.

Por tanto, si la infracción ha producido un daño o perjuicio a un tercero, como consecuencia natural, este debería verse afectado no solo desde el punto de vista del *factum,* sino que deberían reconocérsele garantías *de iure*, unas garantías ágiles, que pasan necesariamente por hacer posible su presencia en el procedimiento sancionador o posterior procedimiento complementario de determinación de la responsabilidad civil y, en su caso, verse beneficiado por una hipotética imputación de responsabilidad civil al infractor. De lo contrario, si se entendiera que esta no se puede ejercer en vía administrativa, estaríamos ante una verdadera distorsión jurídica: de un lado, se acepta como punible la conducta del infractor (porque así lo establece una ley a la luz de la protección de los intereses generales por parte de la Administración); pero no se aceptaría que, bajo el mismo fundamento, la Administración intercediera en la reparación del derivado de una infracción.

3. El respeto del principio de legalidad

Salvados los dos obstáculos referenciados en las páginas anteriores, es procedente señalar que las medidas resarcitorias derivadas de la infracción administrativa son el reflejo de una potestad administrativa que cumple con el principio de legalidad en su vertiente positiva. En efecto, es la propia ley, el propio ordenamiento, el que faculta a la Administración para pronunciarse y, en su caso, ejecutar, tal responsabilidad civil[83].

En lo que se refiere a la potestad administrativa de ejercer esta función arbitral o semi-judicial entre particulares, en la línea de algunos posicionamientos intermedios, es suficiente con que la ley prevea (y de este modo, habilite) a la Administración para que pueda fijar la responsabilidad civil derivada de infracción incluso entre terceros particulares. Y, en este caso, tras

---

82 M. Rebollo Puig, «Definición y delimitación de las sanciones administrativas», *loc. cit.*

83 De este modo, es pacífico que la ley es un instrumento válido de apoderamiento de la Administración para el ejercicio de potestades administrativas. A mayor abundamiento, véase R. Navarro González, «La atribución de las potestades administrativas», en la obra colectiva coordinada por E. Gamero Casado, La potestad administrativa..., *op. cit.,* págs. 231 a 276.

la entrada en vigor de la LRJSP y la superación de la LRJPAC, aunque siga habiendo resistencias, la ley es clara y no da lugar a dudas: se cumple el principio de legalidad. En este sentido, el artículo 28.2 LRJSP establece la posibilidad de determinación de los «daños y perjuicios causados» y su posterior ejecución forzosa acudiendo al apremio sobre el patrimonio, de conformidad con el art. 101 LPAC.

La duda razonable que podría surgir es que la claridad y amplitud que se extrae del art. 28.2 de la LPAC no se traslada al artículo 90.4 de la LPAC, regulador de las especialidades de la resolución en los procedimientos sancionadores. Este último artículo prevé la posibilidad de fijar la responsabilidad civil derivada de la infracción en un procedimiento complementario cuando no se haya determinado en el expediente sancionador[84], pero limitando esta posibilidad a aquellos casos en los que se hubieran causado «daños o perjuicios a las Administraciones». En una visión literal, se podría entender que se está restringiendo esta posibilidad solo para aquellos casos en los se haya causado daños únicamente a la Administración, excluyéndose la imputación de responsabilidad civil a particulares. Existen algunos apoyos a esta salida entre la doctrina[85].

Ahora bien, no considero que esta sea realmente la solución. Sí debemos partir de la premisa de que hay una importante deficiencia de técnica legislativa a la hora de hacer coordinar los dos preceptos de la LPAC y la LRJSP, respectivamente, dado que el artículo 90.4 de la LPAC no parece tener la misma ambición que el 28.2 LRJSP. Sin embargo, no es menos cierto que el precepto regulador del ámbito material de la responsabilidad civil derivada de la infracción es el 28.2 LRJSP, el cual no distingue entre daños causados a la propia Administración y daños causados a los particulares, mientras que donde la ley no distingue no debemos distinguir[86]. Además, la LPAC solo

---

84 De hecho, alguna sentencia, como, por ejemplo, la STSJ de Castilla-La Mancha de 23 de enero de 2023 (ROJ 185/2023), ha tenido la ocasión de subrayar que no se puede acudir al procedimiento complementario fijado en el artículo 90.4 de la LPAC cuando la administración pudo fijar la responsabilidad por daños y perjuicios en el procedimiento sancionador principal. En este sentido, la mencionada sentencia acabó señalando la nulidad de la resolución del procedimiento complementario posterior que se dirigía única y exclusivamente a tramitar y resolver dicha responsabilidad civil cuando ya era determinable en el expediente sancionador.

85 Con el objetivo de no ser reiterativo, véase, a título de ejemplo, J. García Luengo, «Instituciones sustantivas en la ley 40/2015, de régimen jurídico del sector público: los principios de la potestad sancionadora, la responsabilidad administrativa y el nuevo régimen de los convenios administrativos», *El Cronista del Estado Social y Democrático de Derecho*, núm. 63, octubre, 2016, págs. 14 a 27.

86 Algo así señaló también el Consejo de Estado en su Dictamen de 10 de junio de 1993, núm. 660/1993, sobre el proyecto del Real Decreto por el que se aprobaba el Reglamento para el ejercicio de la Potestad Sancionadora. En desarrollo del artículo 130.2 de la anterior LRJPAC, este reglamento venía a delimitar la imputación de la responsabilidad civil derivada de infracción solo para los daños provocados a la Administración y no a los ter-

recoge —en parte— una previsión de naturaleza adjetiva, es decir, procedimental, de la materia.

4. El respeto de la teoría general del acto administrativo: una vez dictado, la Administración lo puede ejecutar

Además es importante no olvidar que si la Administración, en aplicación de lo previsto en el art. 28.2 LRJSP, fija —al margen de una sanción— una obligación de responsabilidad civil, estaremos ante el ejercicio de potestades administrativas atribuidas legislativamente, ya sea en su vertiente declarativa o, en caso de que fuese necesario, en su vertiente ejecutiva.

Por tanto, nos encontraremos ante un *acto administrativo ejecutable* (art. 38 LPAC) que se presumirá válido y producirá efectos desde que se dicte (art. 39.1 LPAC), una presunción de validez cuyo carácter es imperativo, no potestativo[87]. Consecuentemente, producirán efectos sin ningún requisito complementario (autotutela declarativa)[88]. Mientras que a la ejecutividad le sigue y refuerza la previsión de ejecutoriedad (art. 99 LPAC), potestad conforme la cual la Administración puede ejecutar por sí misma, sin intervención judicial alguna, cuando el interesado no lo hace o se opone (autotutela ejecutiva). Todo ello en el buen entender que existe la posibilidad de los interesados de impugnar dicha resolución y, en su caso, obtener la suspensión de la ejecución forzosa (art. 117 LPAC).

El hecho característico de la ejecución administrativa es que se trata de una garantía que ha de estar en línea directa de continuación del acto administrativo previo (de naturaleza declarativa). Dicho de otro modo, deberá limitarse «a realizar el contenido del acto sin transformar dicho contenido y sin añadir ninguna obligación nueva»[89]. De no existir este nexo de continuación

ceros privados. Sobre este particular, el órgano consultivo consideró más conforme con la garantía de los intereses de los particulares lesionados por la acción u omisión constitutiva de infracción administrativa que la Administración también pudiera determinar la responsabilidad por los daños causados a estos, siendo que además, este planteamiento respondía «al designio de lo dispuesto en el artículo 130.2 de la Ley 30/1992».

87 Con el objeto de profundizar en esta idea, véase T. Cano Campos, «La presunción de validez de los actos administrativos», *REALA*, núm. 14, octubre-marzo, 2020, págs. 6 a 28.

88 Como explican E. García de Enterría y T-R. Fernández Rodríguez, Curso de derecho administrativo, *op. cit.*, pág. 807, todos los actos son ejecutorios, y ello implica que «obligan al inmediato cumplimiento aunque otro sujeto discrepe sobre su legalidad».

89 Esta expresión, «en línea directa de continuación del acto», según explican J. González Pérez y F. González Navarro, *Comentarios a la Ley de régimen jurídico de las Administraciones públicas y procedimiento administrativo común (Ley 30/1992, de 26 de noviembre)*, Tomo II, Thomson-Civitas, Cizur Menor, 2011, págs. 2349 a 2351, fue recogida en la STS de 13 de julio de 1987 (ROJ 4989/1987) y, de conformidad con el parecer de los autores,

entre un proceso declaratorio y otro ejecutivo (en caso de que el interesado se negara a llevar a efecto el primero), la Administración «no podría dar cumplimiento a su facultad promotora de la realidad de su actuación, según el artículo 9.2 de la Constitución»[90]. Por tanto, es tan simple entender la ejecución en línea directa de continuación del acto como algo que «no implica nada más de lo que el acto ordena»[91]. Y si lo ordena es por un motivo concreto: porque tiene una previa habilitación legal para ello. En este sentido, si la Administración dicta un acto administrativo en el marco de sus competencias en un supuesto, como es el discutido, en el cual no existe ninguna exigencia legal o constitucional de auxilio judicial (art. 99, *in fine*, LPAC) ni alguna causa de suspensión del acto administrativo (de los arts. 90.3 o 117 LPAC) no cabría más que ejecutarlo[92].

Esta idea general, desprendida de la esencia de los actos administrativos, es la misma que se ha de predicar respecto de la potestad de ejecutar el acto administrativo declarativo de la responsabilidad civil derivada de infracción administrativa. De hecho, una de las críticas expresadas por la doctrina al anterior artículo 130.2 de la LRJPAC ha sido precisamente el hecho de que, al renunciar a la autotutela ejecutiva, se estaba estableciendo una excepción a la regla general según la cual la Administración puede ejecutar sus actos administrativos. Este hecho llevó en su momento a que el profesor PEMÁN GAVÍN[93] explicara como una sorprendente *disociación* del principio de autotutela y cuya crítica merece ser objeto de transcripción:

> «Parece aquí como si el legislador se hubiera quedado a mitad de camino —en un extraño punto intermedio— en una «desadministrativización» de la acción para exigir el resarcimiento de los daños causados a la Administración como consecuencia de una infracción administrativa: no llega a optar por la acción ante los Tribunales —privando a la Administración del poder de decidir sobre el tema—, pero tampoco es coherente con la existencia de esta potestad administrativa para

seguramente el Ponente la habrá tomado de Otto Mayer (que la utilizaba en su manual de *Derecho administrativo alemán*) o del *Curso de Derecho administrativo* de los profesores E. García de Enterría y T-R. Fernández Rodríguez. Los autores destacan la brillantez de esta frase, mediante la cual no se quiere decir otra cosa que la ejecución es consecuencia natural de una decisión administrativa y así lo ha entendido el ordenamiento jurídico. Lo cierto es que esta expresión fue recogida en algunas sentencias más de la época, como por ejemplo la STS de 29 de septiembre de 1989 (ROJ 4952/1989).

90 Así lo recuerda M. LAFUENTE BENACHES, *La ejecución forzosa de los actos administrativos por la Administración pública,* Tecnos, Madrid, 1991, pág. 39, citando la jurisprudencia del TS.

91 J. BARCELONA LLOP, *Ejecutividad, ejecutoriedad y ejecución forzosa de los actos administrativos*, Universidad de Cantabria, Santander, 1995, pág. 352.

92 J. BARCELONA LLOP, «Cuestiones sobre la ejecución forzosa de los actos administrativos», *RAP*, núm. 223, enero-abril, 2024, pp. 66 a 80.

93 J. PEMÁN GAVÍN, «La regulación de la potestad sancionadora...», *op. cit.*, pág. 404.

imponer la obligación de resarcimiento (que parece conllevar la posibilidad de su ejecución forzosa».

A día de hoy este problema «legislativo» ha quedado para la historia, porque el artículo 28.2 de la LRJSP es mucho más claro, y abarca de forma indubitable también la *autotutela ejecutiva*. A pesar de ello, lamentablemente siguen existiendo muchos reparos doctrinales y también dudas jurisprudenciales sobre la viabilidad de esta cuestión, por no hablar de la escasa confianza que tienen los empleados públicos en la utilización de dicho artículo en las dos vertientes de la autotutela, pero especialmente en su modo ejecutivo. Por este motivo resurge el valor de lo que en su día señaló PEMÁN GAVÍN, y ya bajo el paraguas de la nueva LRJSP, algún tribunal venga a recordar exactamente lo mismo, tal y como lo hizo la antes analizada STSJ de Cantabria de 21 de diciembre de 2021, al subrayar que a la autotutela declarativa le sigue la natural autotutela ejecutiva.

A pesar de todos los recelos existentes, la ley es clara, «[d]e no satisfacerse la indemnización en el plazo que al efecto se determine en función de su cuantía, se procederá de la forma prevista en el artículo 101 de la Ley del Procedimiento Administrativo Común de las Administraciones Públicas»; por tanto, ni siquiera haría falta acudir a la teoría general de los actos administrativos para explicar lo evidente.

Es más, acudiendo a la Ley 29/1998, de 13 de julio, reguladora de la jurisdicción contencioso-administrativa (en adelante, LRJCA) se refuerza esta argumentación en tanto en cuanto su artículo 29.2 especifica que en el aquel momento en el cual la Administración no ejecute sus actos firmes «podrán los afectados solicitar su ejecución»[94/95].

---

94 R. DE VICENTE DOMINGO, *La inactividad administrativa en la ejecución de actos firmes. Análisis del artículo 29.2 LJCA*, Thomson-Civitas, Cizur Menor, 2015, pág. 70, explica que este precepto no distingue entre actos firmes en vía administrativa o en vía jurisdiccional, con lo que, se evita el malentendido de interpretar que puedan existir actos firmes en la vía administrativa pendientes de un proceso judicial. Y consiguientemente asocia firmeza y ejecutividad: de un lado, en favor del principio de seguridad jurídica, provocando la inatacabilidad del acto (salvo excepciones; p.ej., recurso extraordinario de revisión); y, de otro lado, se evita de este modo también dos reacciones diferenciadas contra el mismo acto: uno atacando su legalidad y otro pidiendo su ejecución.

95 El término «afectados» parece incluso más amplio que el propio de interesados (participantes en el procedimiento), por lo que se trata de un argumento *a fortiori* a través del que, sin perjuicio de la claridad de todo lo dicho, el ordenamiento jurídico-administrativo construye un entramado articular conforme al cual se garantiza la efectiva lógica continuadora de los actos. Ahora bien, debo señalar que este precepto sirve como argumento de refuerzo porque lo que es evidente es que el *tercer interesado* en el procedimiento sancionador, que es susceptible de verse beneficiado por una indemnización de daños y perjuicios, no deja de ser un interesado en toda regla conforme al art. 4 de la LPAC (y posterior legitimado —activo o pasivo— en un hipotético proceso contencioso-administrativo conforme el art. 21 de la LRJCA). Más que un mero afectado, estamos ante un *destinatario del acto*.

Desde este punto de vista, una resolución sancionadora (o una resolución complementaria a la anterior en la que se determine la responsabilidad civil derivada) en la que, previa tramitación de un procedimiento administrativo específico, haya ordenado el pago de una indemnización por parte del sujeto infractor (interesado principal) a la víctima (tercer interesado), encaja perfectamente con dicha posibilidad, por cuanto a aquél no se le coaccionaría (ejecutoriamente) a una cosa distinta a aquella ordenada. Por otro lado, sin embargo, para la viabilidad de lo dicho es necesario que exista la orden concreta y exacta, detallada sobre la responsabilidad y alcance de esta, además, claro está, de la obligatoria presencia del mismo en el procedimiento.

Cualquier otra solución que no sea la posible ejecución forzosa en vía administrativa de la resolución, aún contra tercero (particular), resultaría incongruente con lo dispuesto en el artículo 28.2 LRJSP, con la teoría general de los actos administrativos y con la propia institución del procedimiento administrativo bajo cuyo seguimiento se han gestado[96].

V. FINAL: UNA COMPATIBILIDAD VIABLE CON ALGUNAS CUESTIONES PENDIENTES

El hecho de que la Administración pueda (y deba) compatibilizar el uso de la potestad sancionadora con las dos vertientes de la responsabilidad civil por daños como consecuencia de la comisión de una infracción administrativa es posible a la luz del ordenamiento jurídico vigente. Aunque el rechazo a esta idea se vislumbre con fuerza entre la doctrina y, en cierto modo, entre la jurisprudencia (particularmente en lo que se refiere al uso administrativo de los poderes de la responsabilidad civil entre particulares) existen muchos indicios que apuntan a la viabilidad jurídica de esta idea.

La legislación sectorial lleva tiempo permitiendo, en mayor o menor medida, el uso de esta posibilidad, mientras que el TC la ha validado desde hace décadas. No creo razonable que se le pueda reprochar ninguno de los

Además, hoy en día, es pacífico el hecho de que un acto administrativo favorable para un interesado suele resultar desfavorable para otro, «por la frecuencia con que se dan los llamados por la doctrina «procedimientos triangulares», tal y como sostiene M. García Pérez, «El régimen jurídico delas normas y los actos administrativos», en el libro escrito con J.L. Meilán Gil, *Norma y acto administrativo*, Iustel, Madrid, 2018, pág. 247; y según también vengo defendiendo en mi trabajo E-V. Pavel, *El procedimiento administrativo de responsabilidad patrimonial*, Tecnos, Madrid, 2020.

96 La ejecución de sus actos deviene obligatoria para la Administración, según como apuntaba M. Gómez Puente, *La inactividad de la Administración*, Thomson-Aranzadi, Cizur Menor, 2011, pág. 958: «el acto no confiere a la Administración poder de disposición sobre su contenido una vez que aquél, después de dictarse, queda incorporado a la realidad y cuenta con la fuerza vinculante u obligatoriedad que le comunica el propio ordenamiento jurídico, al que también la administración se halla subordinada».

argumentos que tradicionalmente se han usado para desecharla. El hecho de que la Administración pueda pronunciarse sobre la responsabilidad civil *ex* infracción no incurre en un exceso de autotutela administrativa porque no se evadirá en ningún momento del posible control judicial, aunque se realice por parte de la jurisdicción contenciosa-administrativa, como jurisdicción revisora de su actividad. El salto jurisdiccional, condicionado a la previa y lógica tramitación administrativa, está justificado en el hecho de que la Administración se puede pronunciar sobre los daños causados como consecuencia de la conducta ilícita previamente tipificada como infracción administrativa y cuya génesis es la defensa de algún interés general protegido precisamente por dicha *tipificación*. A partir de ahí, la simple previsión de la compatibilidad en el art. 28.2 de la LRJSP cumple con la vinculación positiva del principio de legalidad, al estar la Administración expresamente habilitada por la ley para llevar a cabo una tal potestad administrativa; y además, concuerda con la presunción de validez de todo acto administrativo, en el sentido que una vez dictado, debe ser ejecutable por parte de la Administración.

Por todas estas razones, la deriva *arbitral* de la Administración en el supuesto de responsabilidad civil derivada de la infracción es una posibilidad viable.

Ahora bien, ello no obsta a señalar que aún quedan muchos aspectos por clarificar, al no existir más desarrollo normativo de la forma de ejercer esta potestad más allá que su simple reconocimiento en su vis declarativa y ejecutiva, por tanto, se trata de una figura cuyo régimen no está acabado. En este sentido, con carácter no exhaustivo, procede apuntar algunas cuestiones que aún están pendientes de resolver y cuyas respuestas —hasta que no se ofrezcan específicamente por el Derecho positivo— deberán ser tratadas por la doctrina y solucionarse, en la medida de lo posible, por los juzgados y tribunales. ¿Qué hay de la regulación adjetiva y substantiva de la compatibilidad sanción-responsabilidad civil en vía administrativa?

En este orden de cosas, en primer lugar, un enésimo punto conflictivo que resulta de la posibilidad de compatibilizar el ejercicio de la potestad sancionadora con la imposición de la responsabilidad civil derivada de infracción es el de la inacabada estructura adjetiva para el cumplimiento de tal misión. La deficiencia está a la vista. El artículo 28.2 LRJSP no ofrece respuestas a las dudas respecto del encaje procedimental de los sujetos afectados, principalmente, sobre la posición del infractor y de la víctima. Está fuera de duda que no se fija una especialidad procedimental que canalice la integración del tercero —víctima de la infracción— al procedimiento sancionador en el que se dilucida una pieza separada de responsabilidad civil entre los sujetos interesados. Sin perjuicio de que una regulación específica sería necesaria, no considero que su falta de regulación en este momento sea un obstáculo insuperable ni deba servir como excusa para su inaplicación. La experiencia que tenemos en materia de responsabilidad patrimonial de la Administración nos dará las claves generales para solventar el problema que ahora se dilucida.

En primer lugar, la víctima del daño será indudablemente un interesado en dicho procedimiento dado que —igual que en cualquier procedimiento de responsabilidad patrimonial contra la Administración— tendrá consideración de interesado, por ostentar un derecho subjetivo o interés legítimo, en virtud del artículo 4.1 de la LPAC. Igual que en un procedimiento de responsabilidad patrimonial se debe llamar a los terceros interesados al procedimiento (presuntos responsables, p. ej., contratistas o aseguradoras) y, en su caso, se les puede imputar la responsabilidad[97], la misma postura debe defenderse respecto de los terceros interesados presuntas víctimas.

Tampoco existe inconveniente alguno respecto de problemas planteados como por ejemplo las formas de iniciación. Los procedimientos administrativos generales se pueden iniciar de oficio o a solicitud del interesado (art. 54 LPAC) y este procedimiento conexo otro no tiene por qué ser la excepción. En esta línea, es totalmente admisible la acumulación procedimental entre varios procedimientos que guarden identidad sustancial o íntima conexión (art. 57 LPAC). Incluso en caso de que el *interesado-víctima* no se personare por sí mismo en el procedimiento para ejercer la acción material de responsabilidad civil, la administración tendrá la carga de llamarle (art. 8 LPAC).

A partir de aquí, el desarrollo procedimental, en lo que se refiere a las fases de iniciación, ordenación, instrucción, terminación y ejecución, no dejará de regirse por las normas dispuestas en el Título IV de la LPAC en todo aquello en lo que sea compatible con la naturaleza del procedimiento. Es cierto que habrá lagunas, matices o supuestos dudosos, pero las mismas que puede haber en el marco de cualquier otro expediente cuya regulación no se desarrolle con amplitud en alguna norma sectorial ni haya especialidades de tramitación dentro de la LPAC. Al mismo tiempo, no habrá rebaja de las garantías procedimentales del interesado, dado que —al menos sobre el papel, como en cualquier procedimiento— el tercero interesado va a disponer de todos los derechos establecidos en el artículo 53.1 de la LPAC.

Más dudosa resulta la determinación del régimen jurídico substantivo de las reglas de responsabilidad civil que se aplicarán en el desarrollo del rol arbitral de la Administración. ¿Se aplica el régimen del art. 1902 y siguientes del Código Civil o las normas de responsabilidad patrimonial de las Administraciones Públicas? Todo lleva a pensar que si es la Administración la encargada de imputar, en su caso, la responsabilidad civil a los terceros (aunque se trate de particulares), también debería aplicarse el régimen jurídico de la responsabilidad patrimonial, contenido en los arts. 32 y siguientes de la LRJSP. Así sucede en aquellos supuestos en los que se tramita el procedimiento de responsabilidad patrimonial de los poderes públicos pero se llega a la conclusión de que le corresponde —en todo o en parte— la responsabilidad

97 A mayor abundamiento, sobre este aspecto véase E.V. Pavel, *El procedimiento administrativo de responsabilidad patrimonial*, *op. cit.*, págs. 131 a 151.

a un tercero. En estos casos nada impide que la Administración, que habrá aplicado el régimen substantivo de la responsabilidad patrimonial contenido en la legislación administrativa, declare la responsabilidad del tercero y, consecuentemente, en su caso, ejecute contra este su propia resolución.

Aunque a simple vista no se observan razones que sugieran un cambio de rumbo en este caso, también se trata de una cuestión pendiente de resolver, con los muchos interrogantes y matices que se presentan, cuyo tratamiento requiere de mayor análisis.

VI. BIBLIOGRAFÍA

Alarcón Sotomayor, L., «Los confines de las sanciones: en busca de la frontera entre Derecho penal y Derecho administrativo sancionador», *Revista de Administración Pública*, núm. 196, septiembre-diciembre, 2014.

Baño León, J.M.,:

- «Los excesos de la llamada autotutela administrativa», *Revista Española de Derecho Administrativo*, núm. 181, octubre-diciembre, 2016.

- «Artículo 28», en la obra colectiva dirigida por J.M. Baño León y J.J. Lavilla Rubira, *Comentarios al procedimiento administrativo*, Tirant lo Blanch, Valencia, 2021.

Barcelona Llop, J.,:

- *Ejecutividad, ejecutoriedad y ejecución forzosa de los actos administrativos*, Universidad de Cantabria, Santander, 1995.

- «Cuestiones sobre la ejecución forzosa de los actos administrativos», *RAP*, núm. 223, enero-abril, 2024.

Bonachera Villegas, R., y **del Águila Martínez, J.**, «Las reclamaciones administrativas en materia de consumo y la potestad sancionadora de la Administración», *Revista General de Derecho Administrativo*, núm. 60, 2022.

Calvo Rojas, E., «La autotutela ejecutiva de la Administración», *RAP*, núm. 223, enero-abril, 2024.

Cano Campos, T.,:

- «El autismo del legislador: la «nueva» regulación de la potestad sancionadora de la Administración», *RAP*, núm. 201, septiembre-diciembre, 2016.

- «La presunción de validez de los actos administrativos», *Revista de Estudios de la Administración Local y Autonómica*, núm. 14, octubre-marzo, 2020.

Carrasco Perera, Á. y **Cordero Lobato, E.**, «Alcance de la reposición e indemnización al consumidor en el seno del procedimiento sancionador de consumo (artículo 48 TRLGDCU)», *Revista CESCO de Derecho de Consumo*, núm. 6, 2013.

Cordero Lobato, E., «La liquidación de daños entre particulares en el procedimiento administrativo», *InDret*, núm. 132, abril, 2003.

Cueto Pérez, M., «Los principios de la potestad sancionadora de las Administraciones Públicas. Tipicidad y responsabilidad», *Documentación Administrativa*, núm. 280-281, 2008.

De Fuentes Bardají, J. (Dir.), *Manual de Derecho Administrativo Sancionador*, Thomson-Aranzadi, Cizur Menor, 2005.

De Vicente Domingo, R., *La inactividad administrativa en la ejecución de actos firmes. Análisis del artículo 29.2 LJCA*, Thomson-Civitas, Cizur Menor, 2015.

Gamero Casado, E., «Delimitación conceptual de la potestad administrativa», en la obra colectiva dirigida por el propio autor, *La potestad administrativa. Concepto y alcance práctico de un criterio clave para la aplicación del Derecho administrativo*, Tirant lo Blanch, Valencia, 2021.

Garberí Llobregat, J., y **Buitrón Ramírez, G.**, *El procedimiento administrativo sancionador*, 7.ª edición, Tirant lo Blanch, Valencia, 2021.

García Cruz, P., «Especialidades de la resolución en procedimientos administrativos», en la obra colectiva coordinada por A.M. Burgués Pascual y P. García Cruz, *Derecho administrativo sancionador*, Atelier, Barcelona, 2022.

García de Enterría, E. y **Fernández Rodríguez, T.R.**, *Curso de derecho administrativo*, Vol. I, 15.ª edición, Thomson-Civitas, Cizur Menor, Navarra, 2011.

García Luengo, J., «Instituciones sustantivas en la ley 40/2015, de régimen jurídico del sector público: los principios de la potestad sancionadora, la responsabilidad administrativa y el nuevo régimen de los convenios administrativos», *El Cronista del Estado Social y Democrático de Derecho*, núm. 63, octubre, 2016.

García Pérez, M., «El régimen jurídico de las normas y los actos administrativos», en el libro escrito con J.L. Meilán Gil, *Norma y acto administrativo*, Iustel, Madrid, 2018.

GIFRE ÀLVAREZ, B., «L'activitat sancionadora local», en la obra colectiva dirigida por J. GIFREU FONT y J.R. FUENTES GASÓ, *Règim jurídic dels governs locals de Catalunya*, 2.ª edición, Tirant lo Blanch, Valencia, 2022.

GÓMEZ PUENTE, M., *La inactividad de la Administración*, Thomson-Aranzadi, Cizur Menor, 2011.

GONZÁLEZ CANO, M.I., «La exigencia de responsabilidad por daños y perjuicios derivados de la infracción administrativa: exclusividad jurisdiccional y autotutela de la Administración», *Revista Española de Derecho Administrativo*, núm. 85, 1995.

GONZÁLEZ GIL, D., «El interés general, presupuesto de atribución y ejercicio de la potestad administrativa», en la obra colectiva dirigida por E. Gamero Casado, *La potestad administrativa. Concepto y alcance práctico de un criterio clave para la aplicación del Derecho administrativo*, Tirant lo Blanch, Valencia, 2021.

GONZÁLEZ PÉREZ, J., y **GONZÁLEZ NAVARRO, F.**, *Comentarios a la Ley de régimen jurídico de las Administraciones públicas y procedimiento administrativo común (Ley 30/1992, de 26 de noviembre)*, Tomo II, Thomson-Civitas, Cizur Menor, 2011.

GONZÁLEZ-VARAS IBÁÑEZ, S., *Tratado de Derecho administrativo*, 3.ª edición, Thomson-Civitas, Cizur Menor, 2017.

HUERGO LORA, A.,:

- *La resolución extrajudicial de conflictos en el Derecho administrativo*, Studia Albornotiana, Bolonia, 2000.

- «Sanciones administrativas y responsabilidad civil: ¿puede declarar la administración la responsabilidad civil del infractor frente al perjudicado por la infracción?», en la obra colectiva *Liber amicorum. Homenaje al profesor Luis Martínez Roldán*, Ed. Universidad de Oviedo, Oviedo, 2016.

IZQUIERDO CARRASCO, M. y **ALARCÓN SOTOMAYOR, L.**, «Potestad sancionadora. Disposiciones generales», en la obra colectiva dirigida por M. REBOLLO PUIG y M. IZQUIERDO CARRASCO, *La defensa de los consumidores y usuarios. Comentario sistemático del Texto Refundido aprobado por el Real Decreto Legislativo 1/2007*, Iustel, Madrid, 2011.

LAFUENTE BENACHES, M., *La ejecución forzosa de los actos administrativos por la Administración pública*, Tecnos, Madrid, 1991.

LASAGABASTER HERRARTE, I. «Artículo 12.- Reposición e indemnización», en la obra colectiva dirigida por el autor, *Ley de la potestad sancionadora: comentario sistemático*, LETE-Instituto Vasco de Administración Pública, 2006.

Laguna de Paz, J.C., *Tratado de Derecho administrativo. General y económico*, 4.ª edición, Thomson-Civitas, Cizur Menor, 2022.

Mayo Calderón, B., «Acerca de las diferencias entre el Derecho penal, el Derecho administrativo sancionador y el Derecho de policía. A la vez, una reflexión sobre el concepto de sanción», *Revista Aragonesa de Administración Pública*, núm. 56, 2021.

Medina Alcoz, L., «Historia del Derecho administrativo (II). Del Estado autoritario al Estado constitucional», en la obra colectiva coordinada por J.M.ª. Rodríguez de Santiago, Gabriel doménech pascual y Luis arroyo jiménez, *Tratado de Derecho administrativo*, Vol. I, Marcial Pons, Madrid, 2021.

Míguez Macho, L., «Autotutela administrativa y tutela judicial efectiva: nuevas perspectivas para el proceso contencioso-administativo», *Revista General de Derecho Administrativo*, núm. 38, 2015.

Navarro González, R., «La atribución de las potestades administrativas», en la obra colectiva coordinada por E. Gamero Casado, *La potestad administrativa. Concepto y alcance práctico de un criterio clave para la aplicación del Derecho administrativo*, Tirant lo Blanch, Valencia, 2021.

Ortells Ramos, M., *Introducción al Derecho Procesal*, Comares, Granada, 1999.

Parejo Alfonso, L., «Algunas reflexiones sobre la necesidad de la depuración del status de la sanción administrativa», *Revista General de Derecho Administrativo*, núm. 36, 2014.

Pavel, E.V.,:

- *El procedimiento administrativo de responsabilidad patrimonial*, Tecnos, Madrid, 2020.

- «La ejecución de la resolución de responsabilidad patrimonial en vía administrativa contra terceros», *Anales de Derecho*, núm. 40, 2023, págs. 193 a 223.

Pemán Gavín, J., «La regulación de la potestad sancionadora de la Administración en la Ley 30/1992, de 26 de noviembre: notas sobre la tramitación parlamentaria», Revista de Administración Pública, núm. 132, septiembre-diciembre, 1993.

Rebollo Puig, M.,:

- «Novedades relativas al procedimiento sancionador y al de responsabilidad en la Ley 39/2015 de procedimiento administrativo común», en la obra colectiva dirigida por M.J. Gallardo Castillo,: *Aproximación al nuevo procedimiento administrativo común de la Ley 39/2015: reflexiones y claves para su aplicación*, CEMCI, Granada, 2016.

- «La protección administrativa del espacio público. En particular, mediante sanciones», en la obra colectiva coordinada por C. Cierco Seira, R. García Albero y H. Silveira Gorski, *Uso y control del espacio público: viejos problemas, nuevos desafíos*, Aranzadi, Cizur Menor, 2015.

- «Definición y delimitación de las sanciones administrativas», en la obra colectiva dirigida por el propio autor, A. Huergo Lora, J. Guillén Caramés y T. Cano Campos, *Anuario de Derecho administrativo sancionador,* Thomson-Civitas, Cizur Menor, 2021.

Rodríguez Portugués, M., «Reserva de jurisdicción y libertad del legislador para optar entre penas y sanciones administrativas», *Revista de Administración Pública*, núm. 208, enero-abril, 2019.

Salat Paisal, M., «El Derecho penal como prima ratio: la inadecuación del Derecho administrativo sancionador y la necesidad de buscar soluciones en el seno del Derecho penal», *Revista General de Derecho Administrativo*, núm. 51, 2019.

Santamaría Pastor, J.A., *Principios de Derecho Administrativo General*, Vol. II, 3.ª edición, Iustel, Madrid, 2015.

Teso Gamella, P., «Artículo 130. Responsabilidad», en la obra colectiva dirigida por M. Sánchez Morón y N. Maurandi Guillén, *Comentarios a la ley 30/92*, Thomson-Lex Nova, Valladolid, 2013.

LA RESPUESTA SANCIONADORA AL INCUMPLIMIENTO DE LA OBLIGACIÓN DE PORTAR MASCARILLA COMO CONSECUENCIA DE LA PANDEMIA

Javier Oliván del Cacho

SUMARIO: I. PLANTEAMIENTO. II. LA OBLIGATORIEDAD DE USO DE LA MASCARILLA Y SUS CONSECUENCIAS SANCIONADORAS HASTA LA ELIMINACIÓN DE ESTA IMPOSICIÓN. 1. La primitiva regulación en la pandemia. 2. La Orden SND/422/2020, de 19 de mayo. 3. La ratificación por el Tribunal Supremo de la Orden SND/422/2020 y, por ende, de la obligación de uso de las mascarillas. 4. El Real Decreto-ley 21/2020, de 9 de junio. 5. La Ley 2/2021, de 29 de marzo. 6. El Real Decreto-ley 13/2021, de 24 de junio. 7. El Real Decreto-ley 30/2021, de 23 de diciembre y la deslegalización que incorpora. 8. El cese de la obligación. III. DERECHOS FUNDAMENTALES Y OBLIGACIÓN DE USO DE LA MASCARILLA. IV. EL ILÍCITO DE DESOBEDIENCIA Y LA UTILIZACIÓN DE LA MASCARILLA. V. LA IMPOSIBILIDAD DE SANCIONAR CON UNA MULTA SUPERIOR A 100 EUROS EL INCUMPLIMIENTO DE PORTAR MASCARILLA. VI. ALGUNAS CONCLUSIONES.

I. PLANTEAMIENTO[1]

Sin duda, la pandemia supuso, si se me permite la expresión, un «test de esfuerzo» para los juristas, que debieron abordar un escenario inédito, tanto

---

1 Es para mí un honor y un motivo de alegría colaborar en este volumen colectivo dedicado a D. Juan Pemán Gavín, con quien tuve el placer de colaborar cuando después de leer mi tesis doctoral, bajo la dirección de D. José Bermejo Vera, me incorporé a la Facultad de Derecho de Lérida. Por ello, agradezco a los organizadores su generosidad y gentileza al invitarme a participar en este proyecto, lo que constituye una deuda adicional a las que ya tengo con ellos. Asimismo, es justo, también, mostrar mi gratitud a los doctores Antonio Ezquerra y César Cierco por sus atinadas observaciones y sugerencias formuladas al borrador de este trabajo, sin que, por supuesto, les sean imputables sus errores o deficiencias.

por la situación fáctica (de una gravedad sanitaria sin precedentes) como por la normativa adoptada al efecto[2].

En este sentido, en la mente de todos los cultivadores del Derecho público se encuentra el desenlace que, en sede del Tribunal Constitucional, tuvo la impugnación de las normas relativas a los estados de alarma[3], así como también la anulación de la competencia de autorización o ratificación judicial de las medidas sanitarias generales[4]. Sin duda, estos pronunciamientos abordaron cuestiones basilares en la configuración de España como un Estado de Derecho en un momento muy complicado —y trágico— para la salud pública.

Sin embargo, la pandemia también dio lugar a otras controversias jurídicas, que, quizás, puedan considerarse menores, pero que también concitaron la atención de los Tribunales. Precisamente, uno de estos conflictos ha tenido que ver con las medidas sancionadoras dispuestas para reprimir el no portar la mascarilla cuando su llevanza era un imperativo normativo, lo que constituye el objeto de las presentes reflexiones[5].

2 Entre las primeras publicaciones, que se ocuparon de las consecuencias jurídicas de la pandemia se encuentra la coordinada por David Blanquer, *Covid-19 y Derecho Público (durante el estado de alarma y más allá)*, Tirant lo Blanch, Valencia, 2020, que contó con la participación añadida de cualificados expertos (César Cierco, Tomás Ramón Fernández, Juan Ramón Fernández, Julio V. González, José Luis Piñar, Ana I. Santamaría, Juan Alfonso Santamaría, Joan Manuel Trayter y Francisco Velasco).

3 SSTC 148/2021, de 14 de julio, en relación esencialmente con el Real Decreto 463/2020, de 14 de marzo, por el que se declaró el primer estado de alarma; y 183/2021, de 27 de octubre, en lo que respecta al Real Decreto 926/2020, de 25 de octubre, por el que se declaró el denominado segundo estado de alarma. Por añadidura, hay que reseñar la STC 168/2021, de 5 de octubre, sobre suspensión de las actividades del Congreso de los Diputados, que ha sido glosada por María del Camino Vidal Fueyo, «La inconstitucionalidad de la suspensión de los plazos parlamentarios tras la declaración del estado de alarma. Comentario a la STC 168/2021, de 5 de octubre», *Revista General de Derecho Constitucional*, núm. 36, 2022.

4 La STC 70/2022, de 2 de junio, procedió, como es sabido, a la estimación de la cuestión de inconstitucionalidad planteada por el Tribunal Superior de Justicia de Aragón, lo que conllevó la declaración de inconstitucionalidad y anulación de los artículos 10.8 y 11.1 i) y del inciso «10.8 y 11.1 i)» del art. 122 *quater* de la Ley reguladora de la Jurisdicción Contencioso-Administrativa.

5 En general, las previsiones en materia sancionadora durante la pandemia han sido objeto de un juicio negativo en el trabajo de Tomás Cano Campos, «Sanciones administrativas» en Francisco Velasco Caballero y Beatriz Gregoraci Fernández (Coordinadores), *Derecho y Política ante la pandemia: reacciones y transformaciones, Tomo I. Reacciones y transformaciones en el Derecho Público*, Universidad Autónoma de Madrid y Agencia Estatal Boletín Oficial del Estado, Madrid, 2021, pp. 225 y siguientes, quien ha criticado la ausencia de un régimen sancionador en la legislación de excepción y en las propias normas declaratorias de los estados de alarma, así como ha denunciado lo que considera un abusivo uso de las remisiones a otras legislaciones sancionadoras.
Asimismo, ha reprobado la regulación sancionadora en los primeros momentos de la pandemia Joan Manuel Trayter Jiménez, «Derecho administrativo sancionador, estado de

A la vista de lo expuesto hasta ahora, se pretende en el presente trabajo exponer la evolución normativa relativa al uso obligatorio de la mascarilla con sus consecuencias sancionadoras (hasta la eliminación de su imposición), para después abordar su eventual incidencia en los derechos fundamentales, así como algunos otros aspectos que han tenido reflejo jurisprudencial y, en concreto, su relación con la infracción de desobediencia y la graduación de la multa a imponer por este ilícito.

II. LA OBLIGATORIEDAD DE USO DE LA MASCARILLA Y SUS CONSECUENCIAS SANCIONADORAS HASTA LA ELIMINACIÓN DE ESTA IMPOSICIÓN

1. La primitiva regulación en la pandemia

Durante la pandemia y hasta la fijación de una obligación concreta de utilización de las mascarillas[6], se dictaron varias normas relacionadas con el establecimiento de deberes de información al Ministerio de Sanidad sobre su disponibilidad y con el aseguramiento del acceso de la población a las mismas[7]. Ulteriormente, se establecieron obligaciones de portar las masca-

alarma y COVID-19», en BLANQUER, David (Coordinador), *Covid y Derecho Público*, Tirant lo Blanch, Valencia, 2020, pp. 242 y siguientes.

6 En este período inicial, son muy útiles las explicaciones ofrecidas por Dionisio FERNÁNDEZ DE GATTA SÁNCHEZ, en su completo trabajo «La gestión del uso de mascarillas: un ejemplo más de la desorganización administrativa en la lucha contra el COVID-19», *La Ley* 191/2022.

7 En cuanto a los deberes de información, cumple reseñar: la Orden SND/233/2020, de 15 de marzo, por la que se establecen determinadas obligaciones de información de acuerdo con lo previsto en el Real Decreto 463/2020, de 14 de marzo, por el que se declara el estado de alarma para la gestión de la situación de crisis sanitaria ocasionada por el COVID-19; y la Orden SND/234/2020, de 15 de marzo, sobre adopción de disposiciones y medidas de contención y remisión de información al Ministerio de Sanidad ante la situación de crisis sanitarias ocasionada por el COVID-19.
Por su parte, en lo que se refiere a la garantía de la oferta de mascarillas, hay que citar la Orden SND/354/2020, de 19 de abril, por la que se establecen medidas excepcionales para garantizar el acceso de la población a los productos de uso recomendados como medidas higiénicas para la prevención de contagios por el COVID-19. Además, por resolución de 22 de abril de 2020, de la Dirección General de Cartera Común de Servicios del Sistema Nacional de Salud y Farmacia, por la que se publica el Acuerdo de la Comisión Interministerial de Precios de los Medicamentos de 21 de abril de 2020, por el que se establecen importes máximos de venta al público en aplicación de lo previsto en la Orden SND/354/2020, de 19 de abril, se estableció el precio de las mascarillas (BOE del 23 de abril).
Entre los estudios doctrinales, además del análisis de FERNÁNDEZ DE GATTA, puede verse, con cita de otras normas, el trabajo de Carlos DEL CASTILLO RODRÍGUEZ y Silvia ENRÍQUEZ

rillas en diferentes sectores en el ámbito del transporte, del comercio o de la práctica del deporte, pero sin llegar a establecer una obligación universal[8].

2. La Orden SND/422/2020, de 19 de mayo

La utilización de la mascarilla se impuso, con carácter general para todas las personas de seis años en adelante[9], mediante la Orden SND/422/2020, de 19 de mayo, por la que se regularon las condiciones para el uso obligatorio de la mascarilla durante la situación de crisis sanitaria ocasionada por el COVID-19[10]. Dicha norma —que supuso un notable cambio de criterio respecto a los primeros momentos de la pandemia[11]— se dictó durante el primer estado de alarma, atendiendo a las potestades otorgadas al Ministro de Sanidad por el Real Decreto 463/2020, de 14 de marzo, de declaración de estado de alarma y por sus sucesivas prórrogas. De este modo, se estableció el carácter forzoso de la utilización de la mascarilla «en la vía pública, en espacios al aire libre, y en cualquier espacio cerrado de uso público o que

---

FERNÁNDEZ, «Medicamentos y productos sanitarios utilizados para combatir la enfermedad Covid-19: el principio de cautela y regulación del abastecimiento en España», *Revista General de Derecho Administrativo*, 5 (2021).

8 En este punto, deben reseñarse las siguientes normas: Orden TMA/384/2020, de 3 de mayo, por la que se dictan instrucciones sobre la utilización de mascarillas en los distintos medios de transporte y se fijan requisitos para garantizar una movilidad segura de conformidad con el plan para la transición hacia una nueva normalidad; Orden SND/386/2020, de 3 de mayo, por la que se flexibilizan determinadas restricciones sociales y se determinan las condiciones de desarrollo de la actividad de comercio minorista y de prestación de servicios, así como de las actividades de hostelería y restauración en los territorios menos afectados por la crisis sanitaria ocasionada por el COVID-19; y Orden SND/388/2020, de 3 de mayo, sobre condiciones para la apertura al público de determinados comercios y servicios, y la apertura de archivos, así como para la práctica del deporte profesional y federado.

9 El art. 2.2 establecía algunas excepciones a dicha obligatoriedad:
«a) Personas que presenten algún tipo de dificultad respiratoria que pueda verse agravada por el uso de mascarilla.
b) Personas en las que el uso de la mascarilla resulte contraindicado por motivos de salud debidamente justificados, o que por su situación de discapacidad o dependencia presenten alteraciones de conducta que hagan inviable su utilización.
c) Desarrollo de actividades en las que, por la propia naturaleza de estas, resulte incompatible el uso de la mascarilla.
d) Causa de fuerza mayor o estado de necesidad».
El concepto jurídico indeterminado relativo a las actividades incompatibles con el uso de la mascarilla fue objeto de una interpretación en el preámbulo de la norma, a modo ejemplificativo, al referirse a la «ingesta de alimentos y bebidas».

10 El fundamento de esta norma, de acuerdo con el preámbulo de la Orden, se justificó con base en el principio de precaución, y en la capacidad de las mascarillas para «bloquear la emisión de gotas infectadas, muy importante cuando no es posible mantener la distancia de seguridad».

11 FERNÁNDEZ DE GATTA SÁNCHEZ, «La gestión del uso de mascarillas: un ejemplo más de la desorganización administrativa», *cit*, nota 44.

se encuentre abierto al público, siempre que no sea posible mantener una distancia de seguridad interpersonal de al menos dos metros» (art. 3).

La Orden SND/422/2020 estaba vinculada, por tanto, con la regulación del estado de alarma, en cuanto que había sido dictada por el Ministro de Sanidad en su condición de autoridad delegada del Gobierno en aplicación del art. 4.3 del Real Decreto 463/2020, lo que también conllevó que perdiera su vigencia cuando decayó el llamado «primer estado de alarma» (a partir del 21 de junio de 2020); todo ello, en aplicación de la disposición final segunda de la Orden[12].

Dado que, en este momento, no existía, salvo error u omisión, alguna tipificación explícita sobre la ausencia de uso de la mascarilla, parece que, para la represión del incumplimiento de esta obligación, únicamente cabría acudir a las cláusulas generales de la legislación sancionadora en materia de salud pública, lo que plantearía problemas jurídicos de envergadura[13].

En efecto, la regulación sancionadora en materia de salud pública, al igual que en el resto de la legislación sanitaria, presenta aspectos controvertidos[14]. De hecho, las cláusulas sancionadoras consignadas en la Ley 33/2011, de 4 de octubre, General de Salud Pública, conllevan una potencial contradicción con el art. 25 de la Constitución, en cuanto incluyen entre las infracciones leves «el incumplimiento de la normativa sanitaria vigente, si las repercusiones producidas han tenido una incidencia escasa o sin trascendencia directa en la salud de la población» [art. 57.2 c) 1.º de la Ley 33/2011, de 4 de octubre, General de Salud Pública]. Nótese que no se exige que la normativa en cuestión tenga rango legal y además no existe una concreción de las conductas ilícitas, por lo que, al menos, y realizándose una interpretación conforme a la Constitución, debería evitarse la imposición de sanciones con base en

12 SANTAMARÍA PASTOR, «Notas sobre el ejercicio de las potestades normativas en tiempo de pandemia», en David BLANQUER CRIADO (Coord.), *Covid-19 y Derecho Público (durante el estado de alarma y más allá)*, Tirant lo Blanch, Valencia, 2020, pp. 207 y siguientes, realiza un agudo examen del régimen jurídico de las llamadas autoridades delegadas en los momentos temporales iniciales del primer estado de alarma.

13 En opinión de Joan Manuel TRAYTER JIMÉNEZ, «Derecho administrativo sancionador, estado de alarma y COVID-19», *cit*, p. 291, en este período, no podría imponerse una sanción, al no existir una tipificación hasta el Real Decreto-ley 21/2020, de 9 de junio, de medidas urgentes de prevención, contención y coordinación para hacer frente a la crisis sanitaria ocasionada por el COVID-19.
En general, Juan Alfonso SANTAMARÍA PASTOR, «Notas sobre el ejercicio de las potestades normativas en tiempo de pandemia», *cit*, p. 233, entiende que, ante la ausencia de un régimen sancionador, las conductas contrarias a las normas del estado de alarma serían atípicas.
Por su parte, Tomás CANO CAMPOS, «sanciones», *cit*, p. 232, considera posible defender una interpretación sistemática que relacione las prohibiciones vinculadas con el estado de alarma con las tipificaciones de infracciones de la legislación de salud pública.

14 Así, Gerardo GARCÍA ÁLVAREZ, «Derecho sancionador: infracciones y sanciones administrativas en materia de sanidad», en Juan PEMÁN GAVÍN (Dir.), *Derecho Sanitario Aragonés*, Cortes de Aragón, Zaragoza, 2004, p. 427.

una norma reglamentaria sin base legal suficiente[15]. Con todo, era también posible defender una respuesta punitiva de las autoridades sanitarias (por la no llevanza de mascarilla) relacionando la infracción leve precitada del art 57.2 c) con la infracción grave del art. 57.2 b) 3.°, esto es, «el incumplimiento de las instrucciones recibidas de la autoridad competente, si comporta daños para la salud, cuando no sea constitutivo de infracción muy grave». Esta conducta ilícita podría ser considerara infracción leve con arreglo a lo previsto en el art. 57.2 c) 2.° cuando tipifica como infracciones leves «las que conforme a lo establecido en este artículo no se califiquen como graves o muy graves»[16].

Por su parte, dentro de la normativa autonómica, pueden localizarse tipificaciones de conductas ilícitas, que se sitúan en línea con lo expuesto en relación con la regulación básica. Por ejemplo, en la Ley 5/2014, de 26 de junio, de Salud Pública de Aragón, también podría dar lugar a una interpretación sistemática semejante a la expuesta en la normativa estatal. En efecto, del mismo modo que en la ley nacional, debería partirse de una de las infracciones graves [art. 87.2 c) de la Ley 5/2014, de Salud Pública de Aragón] en relación con la posibilidad de castigar estas conductas como infracciones leves en determinadas circunstancias [art. 87.1 f) de la Ley precitada][17]. En concreto, el art. 87.2 c) considera a estos efectos infracción grave «el incumplimiento de los requerimientos específicos y de las medidas especiales y cautelares que impongan las autoridades sanitarias», entre los que, quizás, hubieran podido incluirse la contravención del deber de portar la mascarilla; contravención que, en principio, merecería la consideración de infracción leve.

En todo caso, parece claro que la declaración de inconstitucionalidad derivada de la impugnación del primer estado de alarma, en la STC 148/2021, no afectó en sí misma a la cuestión del uso de las mascarillas, sino más bien al

---

15 Miguel Casino Rubio, *El concepto constitucional de sanción administrativa,* Centro de Estudios Políticos y Constitucionales, Madrid, 2.ª edición, 2021, pp. 62-63, cita varias Sentencias del Tribunal Constitucional, que podrían tener relación con el caso que nos ocupa: SSTC 162/2008, de 15 de diciembre, en relación con el art. 31.3 de la Ley de Industria; 81/2009, de 23 de febrero, en referencia al art. 69.3 de la Ley del Deporte; y 160/2019, de 12 de diciembre, en lo que respecta a la Ley madrileña 17/1997, de 4 de junio, de Espectáculos Públicos y Actividades Recreativas.

16 El art. 57.1 establece la siguiente regla: «Las infracciones tipificadas en esta ley se califican como muy graves, graves y leves atendiendo a los criterios de riesgo para la salud de la población, gravedad de la alteración sanitaria o social producida, cuantía del eventual beneficio obtenido, grado de intencionalidad y reincidencia en las mismas».

17 El art. 86.2 de la Ley aragonesa 5/2014 dice a este respecto: «Las infracciones se clasifican en leves, graves y muy graves atendiendo a los criterios de riesgo para la salud de la población, gravedad de la alteración sanitaria o social producida, cuantía del eventual beneficio obtenido, grado de intencionalidad y reincidencia en la misma». Por añadidura, el art. 87.1 f) califica como infracciones leves a las contempladas como infracciones graves «cuando, en razón de los criterios fijados en el artículo anterior, merezcan la calificación de leves».

confinamiento impuesto de modo improcedente según el criterio mayoritario de los magistrados del Tribunal Constitucional[18].

3. La ratificación por el Tribunal Supremo de la Orden SND/422/2020 y, por ende, de la obligación de uso de las mascarillas

La Orden SND/422/2020 fue objeto de dos pronunciamientos desestimatorios del Tribunal Supremo, en los que, con una argumentación semejante[19], se produjo una ratificación de dicha reglamentación, al desestimarse dos recursos contencioso-administrativos interpuestos por la vía de tutela de derechos fundamentales[20].

En la primera de estas Sentencias, de fecha 20 de noviembre de 2020, rec. 140/2020, con ponencia de la Excma. Sra. D.ª Celsa Pico Lorenzo, se resolvió, de modo acumulado, la impugnación de dos disposiciones: la ya citada Orden SND/422/2020, de 19 de mayo; y la Orden SND/458/2020, de 30 de mayo, para la flexibilización de determinadas restricciones de ámbito nacional establecidas tras la declaración del estado de alarma en aplicación de la fase 3 del Plan para la transición hacia una nueva normalidad.

---

18 En el Boletín Oficial del Estado, han aparecido resoluciones dimanantes de la Administración General del Estado, en aplicación del art. 40.1 de la Ley Orgánica del Tribunal Constitucional, en relación con la revocación de las sanciones impuestas por la comisión de la infracción de desobediencia. Sirva de ejemplo la resolución de 20 de diciembre de 2021, de la Delegación del Gobierno en Cantabria, por la que se acuerda la revocación de resoluciones sancionadoras afectadas por la STC 148/2021, de 14 de julio.
También, y aunque con escasa referencia a los detalles de la controversia como es común en estas decisiones jurisdiccionales, es posible localizar algún allanamiento, como el dictado en la Sentencia de 31 de enero de 2022, del Juzgado de lo Contencioso-Administrativo de Palma de Mallorca, rec. 399/2021, en relación con la actuación ocurrida el 3 de junio de 2020 definida del siguiente modo: «el recurrente se encontraba en la esquina de la Calle (...) en el interior de un vehículo con otro ocupante no conviviente y sin mascarilla, sin hallarse comprendido en ninguno de los supuestos permitidos por el RD 463/2020, de 14 de marzo, por el que se declara el estado de alarma».

19 Sobre estas resoluciones, que son analizadas críticamente, puede verse el trabajo de Iñaki Serrano Lasa, «El uso obligatorio de las mascarillas y su afectación a los derechos fundamentales en el Tribunal Supremo», *Revista Vasca de Administración Pública,* núm. 120, 2021, pp. 275 y siguientes, quien también se refiere a otros pronunciamientos sobre esta cuestión en otros países.

20 Sobre este procedimiento especial, puede verse Róas Martín, Pedro Luis, «Artículo 130», en Antonio Ezquerra Huerva y Javier Oliván del Cacho (Dirs.), *Comentarios a la Ley reguladora de la Jurisdicción Contencioso-Administrativa*, T. II, Tirant lo Blanch, Valencia, 2021, pp. 2211 y siguientes.

En esta Sentencia inicial hubo de abordarse la eventual pérdida sobrevenida del objeto del recurso, que se habría materializado, en opinión de la Sra. Abogada del Estado, al haber perdido su vigencia ambas disposiciones.

Con buen criterio, el Alto Tribunal rechazó este primer obstáculo para un enjuiciamiento de fondo de la controversia, haciendo hincapié en la peculiaridad del tipo de procedimiento seguido —el de tutela de derechos fundamentales— y en la necesidad de reparar una eventual violación de los mismos.

Adicionalmente, tanto la Abogacía del Estado como el Ministerio Fiscal adujeron otro óbice para que pudiera dictarse una sentencia que resolviera la posible conculcación de los derechos invocados, toda vez que ambas representaciones se fijaron en que el recurrente no tenía su domicilio en ninguno de los territorios a los que se refería la Orden SND/458/2020. De ahí que, por el Tribunal, se decretase la inadmisión del recurso respecto a la impugnación de esta última disposición, con base en la falta de legitimación del actor.

También, pueden relacionarse con la inadmisión del recurso las consideraciones vertidas en la Sentencia en lo que atañe a la incapacidad de enjuiciar las normas declaratorias de los estados de alarma, al ostentar rango legal, por parte de la Jurisdicción Contencioso-Administrativa. De este modo, las objeciones expuestas por el demandante en esta dirección fueron rechazadas en línea con un pronunciamiento del Tribunal Constitucional (STC 83/2016, de 28 de abril) y con algunos Autos del Tribunal Supremo dictados poco antes (Autos de 4 de mayo de 2020, de 6 de mayo de 2020 y de 7 de octubre de 2020).

En cuanto a las cuestiones sustantivas, lo primero que efectuó el Tribunal Supremo fue una declaración sobre la imposibilidad de considerar que la Administración General del Estado hubiera incurrido en una desviación de poder, en la medida que la imposición del uso de mascarillas sería conforme con las directrices de la Organización Mundial del Salud, aunque ciertamente no fueran vinculantes para nuestro país.

Acto seguido, el Alto Tribunal se adentró en la alegada vulneración de tres derechos de la máxima protección constitucional: derecho a la expresión de ideas y a la información veraz; derecho a la libertad individual y a la integridad física y moral; y derecho al honor y a la propia imagen.

Por lo que se refiere al derecho a la información veraz, contenido en el art. 20 de nuestro texto constitucional, se declaró, en la Sentencia, que «ninguna mención se ha hecho sobre vulneración de acceso rápido a los datos de la pandemia y a su calidad ni tampoco a la necesidad de información fiable de los poderes públicos para enfrentarse a la situación».

Un segundo derecho, también glosado en la demanda en favor del reconocimiento de sus pretensiones, consistió en el derecho al honor y a la propia imagen, al que se refiere el art. 18 de la Constitución. La alegación desarrollada en este escrito procesal atendía al hecho de generarse una suerte de «estigmatización» de las personas que no cumplieran con la obligación de llevar la mascarilla. Sin embargo, para el Alto Tribunal, los eventuales juicios negativos que pudieran manifestarse en relación con los incumplidores de esta medida entrarían en el terreno de una polémica relativa a una cuestión de suma actualidad, sin que ello pudiera calificarse como algo deshonroso.

Mayor atención dedicó el Tribunal Supremo a la afirmada (por el actor) violación del derecho a la libertad individual y a la integridad física y moral, ya que, según sus razonamientos, se habría infringido el derecho al consentimiento informado e incluso el derecho a la integridad física y moral (art. 15 de la Constitución), al impedir la obtención de inmunidad a través del contagio.

Respecto a esta refutación de la Orden recurrida, el Tribunal Supremo comenzó subrayando la vinculación de la salud con el interés general y la prevalencia de éste sobre el interés particular. Precisamente, la obligación de llevanza de la mascarilla sería congruente con la protección de la salud, al constituir lo que se denomina como una medida «barrera»; medida que, además, habría sido adoptada por otros Estados de la Unión Europea y del mundo.

Aunque el Tribunal Supremo parece que vino a echar en falta una mayor precisión en la representación de la Abogacía del Estado a la hora de citar informes técnicos que avalarían la obligación cuestionada en el recurso, lo cierto es que fueron objeto de mención en la Sentencia informes y tomas de posición del Alto Consejo de la Salud Pública de Francia de 20 de agosto de 2020 y del Consejo Científico Covid-19 (también francés), así como el informe del Ministerio de Sanidad y del Consejo Superior de Investigaciones Científicas, de 15 de abril de 2020.

En punto a las contraindicaciones sanitarias, la Sentencia recordó que la normativa estableció una serie de excepciones a esta obligación de portar la mascarilla, entre las que se encontrarían las personas cuya salud podría verse comprometida por su utilización.

Finalmente, el Tribunal Supremo tampoco apreció una vulneración del derecho al consentimiento informado, en función de la situación extraordinaria que se vivía y de la no constancia de riesgos para la salud, con carácter general, como consecuencia del uso de las mascarillas.

La segunda Sentencia del Alto Tribunal lleva fecha de 17 de diciembre de 2020, rec. 128/2020, Ponente: Excmo. Sr. D. Luis María Díez-Picazo Giménez, abordó exclusivamente la legalidad de la Orden SND/422/2020. En esta decisión jurisdiccional, se efectuó, en primer lugar, una remisión al análisis efectuado por la Sentencia precedente, mediante la transcripción literal de varios fundamentos de derecho. Por lo demás, la Sentencia valoró los alegatos específicos del recurso, formulando hasta cinco consideraciones desestimatorias, a saber: a) existencia de base legal suficiente a la hora de imponer el uso de la mascarilla con fundamento en la regulación de declaración del estado de alarma; b) imposibilidad de alegar la vinculación a los actos propios de la Administración, al existir un legítimo cambio de criterio sobre la idoneidad de la medida cuestionada en el recurso; c) ausencia de referencia específica a las normas internacionales invocadas en contra la legalidad de la Orden SND/422/2020; d) justificada ejecutividad inmediata de la disposición, al concurrir la necesidad de lucha contra la pandemia; y e) obviedad de la bondad del uso de las mascarillas para evitar la propagación de la enfermedad, sin perjuicio de que, en casos individuales, pueda disponerse su exención[21].

4. El Real Decreto-ley 21/2020, de 9 de junio

El carácter forzoso del uso de la mascarilla, no obstante la pérdida de vigencia de la Orden SND/422/2020, se mantuvo a través del Real Decreto-ley 21/2020, de 9 de junio, de medidas urgentes de prevención, contención y coordinación para hacer frente a la crisis sanitaria ocasionada por el Covid-19[22]. En concreto, el art. 6 de esta norma gubernativa con rango legal vino incluso a ampliar el uso obligatorio de la mascarilla cuando no se pudiera garantizar la distancia de seguridad interpersonal de metro y medio[23].

En lo que se refiere a la prueba de la falta de separación de 1,5 metros, existe, por cierto, algún pronunciamiento judicial de interés, en la medida que, según el Juzgado, sería una carga de la Administración probar que no existiría tal distancia, toda vez que, en principio, y salvo excepciones, «en la vía pública se puede garantizar el mantenimiento de la distancia de segu-

21 En este procedimiento, se denegó una solicitud de medida cautelarísima de suspensión de la actuación recurrida en virtud de Auto de 27 de mayo de 2020. La pieza de medidas cautelares fue archivada por desistimiento del recurrente en Auto de 10 de junio de 2020.

22 Durante la pandemia se ha utilizado la figura del decreto-ley con gran profusión, profundizando en una tendencia que ya había denunciado con anterioridad la doctrina. Sirvan de ejemplo Manuel Aragón Reyes, *Uso y abuso del decreto-ley,* Iustel, Madrid, 2016 y Luis Martín Rebollo, «Uso y abuso del decreto-ley (un análisis empírico)», *Revista Española de Derecho Administrativo*, núm. 175, 2015.

23 El art. 6 del Real Decreto-ley 21/2020 establecía la vigencia de esta exigencia para las personas de seis años en adelante en los siguientes términos:
«a) En la vía pública, en espacios al aire libre y en cualquier espacio cerrado de uso público o que se encuentre abierto al público, siempre que no resulte posible garantizar el mantenimiento de una distancia de seguridad interpersonal de, al menos, 1,5 metros.
b) En los medios de transporte aéreo, marítimo, en autobús, o por ferrocarril, así como en los transportes públicos y privados complementarios de viajeros en vehículos de hasta nueve plazas, incluido el conductor, si los ocupantes de los vehículos de turismo no conviven en el mismo domicilio. En el caso de los pasajeros de buques y embarcaciones, no será necesario el uso de mascarillas cuando se encuentren dentro de su camarote o en sus cubiertas o espacios exteriores cuando resulte posible garantizar el mantenimiento de una distancia de seguridad interpersonal de, al menos, 1,5 metros».

ridad interpersonal exigible dado que las vías públicas tienen dimensiones suficientes para que esa garantía se produzca»[24].

El apartado segundo del art. 6, por su parte, enunciaba las excepciones a la anterior obligación y que concernían a «las personas que presenten algún tipo de enfermedad o dificultad respiratoria que pueda verse agravada por el uso de la mascarilla o que, por su situación de discapacidad o dependencia, no dispongan de autonomía para quitarse la mascarilla, o bien presenten alteraciones de conducta que hagan inviable su utilización». El párrafo siguiente añadió que tampoco sería exigible «en el caso de ejercicio de deporte individual al aire libre, ni en los supuestos de fuerza mayor o situación de necesidad o cuando, por la propia naturaleza de las actividades, el uso de la mascarilla resulte incompatible, con arreglo a las indicaciones de las autoridades sanitarias». A la vista de estas reglas especiales, parece que quien no portase la mascarilla conforme a lo previsto en cada momento, debería suministrar

24 Se trata de la Sentencia del Juzgado de lo Contencioso-Administrativo n.º 4 de Valladolid, de 22 de octubre de 2021, rec. 161/2021, Ilmo. Sr. Magistrado D. Jesús Mozo Amo, de la que vale la pena recoger lo siguiente:
«1.º. No existe una prueba de cargo suficiente del hecho que constituye la infracción imputada y sancionada. El boletín de denuncia, junto con el documento que ratifica el mismo, no contiene hechos objetivos de los que se pueda deducir que no resulta posible, en el lugar de la vía pública en el que se encuentra el demandante y en el momento en que se formaliza la denuncia, garantizar el mantenimiento de una distancia de seguridad interpersonal de, al menos, 1,5 metros. En el boletín de denuncia, sin que se añada nada al ratificarlo, se dice simplemente que el demandante no usa correctamente la mascarilla en la vía pública en espacios al aire libre y en cualquier espacio cerrado de uso público o que se encuentre abierto al público, hallándose a una distancia de seguridad interpersonal de menos de 1,5 metros de otras personas siendo evidente que lo dicho no es suficiente para entender que existe la prueba de cargo del hecho que constituye la infracción imputada.
2.º. El demandante manifiesta, sin que se haya desvirtuado, que se colocó la mascarilla cuando la agente denunciante le indicó que no se cumplía la distancia de seguridad. Desde luego, esta conducta del demandante, de la que no existen hechos ni datos que permitan dudar de su ocurrencia, no es intrascendente en cuanto que incide, tal y como se alega en el escrito de demanda, sobre la ocurrencia del hecho infractor entendiendo que el mismo no ocurre al haberse adecuado el demandante la conducta a la apreciación hecha por la Policía Local denunciante resultando que la conducta seguida por el demandante anterior a esa apreciación no puede considerarse culpable en cuanto que el tipo infractor refiere un elemento que, sin lugar a dudas, está sujeto a una apreciación subjetiva».
Recoge expresamente estas consideraciones y planteamiento la Sentencia del Juzgado de lo Contencioso-Administrativo n.º 2 de Valladolid, de 1 de diciembre de 2021, rec. 138/2021. También, se inscribe en esta línea de razonamientos —sobre la falta de concreción de la denuncia y de su ratificación— la Sentencia del Juzgado de lo Contencioso-Administrativo n.º 1 de Santander, de 9 de febrero de 2022, rec. 348/2021, en relación con hechos ocurridos el día 24 de junio de 2020. En concreto, la referencia a «estar en grupo», consignada en la denuncia, sería, al decir del órgano judicial, una «apreciación subjetiva, que sin más detalles, impide entender si efectivamente era una situación en la que se preveía la imposibilidad de guardar la distancia exigida.

algún elemento probatorio relativo a la concurrencia de alguna de las excepciones a esta imposición[25].

No obstante, y con independencia de lo anterior, resulta especialmente destacable que el Real Decreto-ley objeto de estudio incorporase ya una norma sancionadora de modo explícito en el art. 31.2 del siguiente modo:

> «2.- El incumplimiento de la obligación de uso de mascarillas establecido en el artículo 6 será considerado infracción leve a efectos de lo previsto en el artículo 57 de la Ley 33/2011, de 4 de octubre, y sancionado con multa de hasta cien euros».

A partir de este momento, se consagró, por tanto, una regulación con rango legal que tipifica una infracción relativa a la no utilización de la mascarilla con la correspondiente respuesta sancionadora, que pasaría al mismo precepto de la Ley 2/2021, de 29 de marzo.

Esta regulación mantuvo su vigencia con la declaración del segundo estado de alarma (de ámbito nacional); declaración que se materializó en virtud de lo dispuesto en el Real Decreto 926/2020, de 25 de octubre, que efectuó una delegación de competencias a las autoridades autonómicas y, en concreto, a los presidentes de las Comunidades Autónomas, lo que fue censurado más tarde por la STC 183/2021, de 27 de octubre[26].

5. La Ley 2/2021, de 29 de marzo

El siguiente estadio legislativo estuvo representado por la Ley 2/2021, de 29 de marzo, de medidas urgentes de prevención, contención y coordinación

---

25 Resulta de interés la Sentencia del Juzgado de lo Contencioso-Administrativo n.° 2 de Salamanca, de 10 de diciembre de 2021, rec. 148/2021, Ilma. Sra. D.ª Marta Sánchez Prieto, en la que se confirmó la sanción de cien euros de multa por el incumplimiento el día 28 de octubre de 2020 de la obligación de uso de mascarilla, a pesar de que se alegó una dolencia médica. El Juzgado aportó el siguiente razonamiento:
«En el acto de la vista se practicó prueba testifical-pericial de la Doctora (...), además de la documental aportada por el recurrente. De la valoración conjunta de dicha prueba cabe concluir que el hecho de padecer el demandante de tapones de cerumen bilaterales de repetición no afecta al sistema respiratorio ni le impide llevar mascarilla.
En este sentido, la doctora fue rotunda al afirmar que una dificultad respiratoria es independiente de la existencia de tapones y que no ha visto ningún caso en el que ni la otitis ni el padecer de tapones de cerumen aconsejen no utilizar mascarilla.
A preguntas de esta juzgadora aclaró que una otitis nunca puede derivar en una insuficiencia respiratoria, además de no recordar que el demandante haya padecido de otitis, únicamente presenta con cierta frecuencia tapones en los oídos.
En atención a lo expuesto, el demandante no ha acreditado que, como establece la norma, presente algún tipo de enfermedad o dificultad respiratoria que pueda verse agravada por el uso de la mascarilla».

26 Las dudas de constitucionalidad de esta opción organizativa fueron puestas de manifiesto por José Tudela Aranda, «El Estado Autonómico y la Covid-19», en el libro coordinador por este autor *Estado Autonómico y Covid-19: un ensayo de valoración general*, Fundación Manuel Giménez Abad, Zaragoza, pp. 201 y siguientes.

para hacer frente a la crisis sanitaria ocasionada por el Covid-19, que trajo causa de la tramitación como ley del Real Decreto-ley 21/2020. Al igual que en esta última norma gubernativa, es el art. 6 el precepto de la Ley 2/2021 que disciplina los casos de uso obligatorio de la mascarilla, así como sus excepciones, siendo reseñable que se estableciera el carácter forzoso de su uso, con independencia de la existencia, o no, de una distancia interpersonal.

Estos vaivenes normativos favorecieron la existencia de normas autonómicas con soluciones diversas en este punto, dentro de una tendencia que ya había comenzado en el verano de 2020 y que también fue objeto de conflictividad judicial[27].

6. El Real Decreto-ley 13/2021, de 24 de junio

El Real Decreto-ley 13/2021, de 24 de junio, modificó, entre otras normas, la Ley 2/2021, de 29 de marzo y, en concreto, el art. 6, que, rebajó, en palabras de su preámbulo, «la obligatoriedad del uso de mascarillas en determinados ambientes y escenarios». El precepto en cuestión incorporó la obligación de uso de la mascarilla en las siguientes circunstancias:

> «a) En cualquier espacio cerrado de uso público o que se encuentre abierto al público.
>
> b) En cualquier espacio al aire libre en el que por la aglomeración de personas, no resulte posible mantener una distancia mínima de 1,5 metros entre las mismas, salvo grupos de convivientes.

---

27 La Sentencia del Tribunal Superior de Justicia de la Comunidad Valenciana de 11 de enero de 2022, rec. 203/2020, resolvió un recurso contencioso-administrativo interpuesto por el procedimiento de tutela de derechos fundamentales frente a la Resolución de 17 de julio de 2020, de la Conselleria de Sanidad Universal y Salud Pública de la Generalidad Valenciana, de modificación y adopción de medidas adicionales y complementarias del Acuerdo de 19 de junio, del Consell, sobre medidas de prevención frente al Covid-19. La Administración valenciana, en dicha fecha, impuso la utilización de mascarilla aunque hubiera una distancia interpersonal de un metro y medio, estableciendo, por tanto, una prohibición que iba más allá de lo dispuesto en el art. 6 del Real Decreto-ley 21/2020. La Sala de Valencia (en Sentencia de 11 de enero de 2022, rec. 203/2020, Ponente Ilmo. Sr. D. Antonio López Tomás) rechazó esta impugnación, al considerar que se trataba de una alegación de legalidad ordinaria y que, en todo caso, la Comunidad Autónoma ostentaría competencias para complementar la normativa básica.
También puede recogerse la Sentencia del Tribunal Superior de Justicia de Madrid, de 11 de junio de 2021, rec. 812/2020, que también repelió la aducida infracción de varios derechos fundamentales en relación con la Orden 920/2020, de 28 de julio, de la Consejería de Sanidad de la Comunidad de Madrid, por la que se modifica la Orden 668/2020, que establece medidas preventivas para hacer frente a la crisis sanitaria ocasionada por el COVID-19 una vez finalizada la prórroga del estado de alarma establecida por Real Decreto 555/2020, de 5 de junio, así como la Orden 668/2020, de 19 de junio de 2020, por la que se establecen medidas preventivas para hacer frente a la crisis sanitaria ocasionada por el COVID-19, una vez finalizada la prórroga del estado de alarma establecida por Real Decreto 555/2020, de 5 de junio.

c) En los medios de transporte aéreo, marítimo, en autobús, o por ferrocarril, incluyendo los andenes y estaciones de viajeros, o en teleférico, así como en los transportes públicos y privados complementarios de viajeros en vehículos de hasta nueve plazas, incluido el conductor, si los ocupantes de los vehículos de turismo no conviven en el mismo domicilio. En el caso de los pasajeros de buques y embarcaciones, no será necesario el uso de mascarillas cuando se encuentren dentro de su camarote, ni en espacios exteriores de la nave cuando se pueda mantener la distancia de seguridad de 1,5 metros.

d) En los eventos multitudinarios al aire libre, cuando los asistentes estén de pie o si están sentados cuando no se pueda mantener 1,5 metros de distancia entre personas, salvo grupos de convivientes».

De entrada, debe notarse que la llevanza de mascarilla se predicaba de cualquier espacio cerrado de uso público o que se encontrara abierto al público. Por añadidura, en los espacios al aire libre, se impuso el uso de la mascarilla cuando, por la concurrencia de aglomeraciones, no existiera una distancia interpersonal de un metro y medio, salvo grupos de convivientes. También, se establecía, de modo preciso, esta obligación en los eventos multitudinarios cuando los asistentes estuvieren de pie o si estuvieren sentados cuando no se pudiera mantener 1,5 metros de distancia, con la salvedad de los grupos de convivientes[28].

En función de lo expuesto, se produjo, por tanto, una relajación de las normas de llevanza de la mascarilla al aire libre, que estaría en línea con la situación de la pandemia en ese momento y con la evolución de la vacunación.

7. El Real Decreto-ley 30/2021, de 23 de diciembre y la deslegalización que incorpora

La variante ómicron del virus —que conllevó un importante aumento de los contagios— impulsó un nuevo cambio normativo (a través del Real Decre-

---

28 El apartado segundo del art. 6 regulaba las excepciones a la obligación de portar mascarilla haciendo referencia a las siguientes situaciones:
«a) A las personas que presenten algún tipo de enfermedad o dificultad respiratoria que pueda verse agravada por el uso de la mascarilla o que, por su situación de discapacidad o dependencia, no dispongan de autonomía para quitarse la mascarilla, o bien presenten alteraciones de conducta que hagan inviable su utilización.
b) En el caso de que, por la propia naturaleza de las actividades, el uso de la mascarilla resulte incompatible, con arreglo a las indicaciones de las autoridades sanitarias.
c) En aquellos lugares o espacios cerrados de uso público que forman parte del lugar de residencia de los colectivos que allí se reúnan, como son las instituciones para la atención de personas mayores o con diversidad funcional, las dependencias destinadas a residencia colectiva de trabajadores esenciales u otros colectivos que reúnan características similares, siempre y cuando dichos colectivos y los trabajadores allí ejerzan sus funciones, tengan cobertura de vacunación contra el SARS-CoV-2 superiores al 80 % con pauta completa, acreditado por la autoridad sanitaria competente.
Esta última excepción no será de aplicación a los visitantes externos, ni a los trabajadores de los centros residenciales de personas mayores o con diversidad funcional».

to-ley 30/2021, de 23 de diciembre), estableciéndose una nueva regulación del art. 6 de la Ley 2/2021 en un sentido más restrictivo, ya que se forzaba a la utilización de las mascarillas en los siguientes casos:

> «a) En cualquier espacio cerrado de uso público o que se encuentre abierto al público.
> b) En cualquier espacio al aire libre de uso público o que se encuentre abierto al público.
> c) En los medios de transporte aéreo, marítimo, en autobús, o por ferrocarril, incluyendo los andenes y estaciones de viajeros, o en teleférico, así como en los transportes públicos y privados complementarios de viajeros en vehículos de hasta nueve plazas, incluido el conductor, si los ocupantes de los vehículos de turismo no conviven en el mismo domicilio. En el caso de los pasajeros de buques y embarcaciones, no será necesario el uso de mascarillas cuando se encuentren dentro de su camarote».

Sin embargo, es destacable que se contuviera una deslegalización de esta regulación al dar nueva redacción a la disposición final séptima de la Ley 2/2021, ya que se autorizó al Gobierno para que, mediante Real Decreto, y oído el Consejo Interterritorial del Sistema Nacional de Salud, modificara la obligatoriedad del uso de la mascarilla en los supuestos contemplados en los apartados 1 y 2 del artículo 6, cuando se diesen las circunstancias sanitarias apropiadas que así lo aconsejasen[29]. Esta deslegalización, como se ha visto, además de acotar su contenido, establecía un trámite esencial de tipo procedimental (la audiencia del Consejo Interterritorial) y se condicionaba a la concurrencia de un concepto jurídico indeterminado (la existencia de circunstancias sanitarias apropiadas). Ciertamente, esta eliminación de la reserva legal puede ser discutida desde la perspectiva del principio de legalidad; máxime, cuando la literalidad de la disposición final séptima, no solamente permitiría una dulcificación de las condiciones de uso de las mascarillas, sino también en puridad un mayor rigor en su uso, sin que, por lo demás, se delimitase de modo muy preciso el ámbito de capacidad normativa del Gobierno de la Nación[30].

29 Sobre la reserva de ley, en sus vertientes formal y material, véase el libro de los profesores Eduardo García De Enterría y Tomás-Ramón Fernández, *Curso de Derecho Administrativo, I,* Civitas, Madrid, 2017, pp. 273 y siguientes.

30 En concreto, el apartado segundo de la disposición final séptima de la Ley 2/2021 quedó redactado así:
«2. Se habilita al Gobierno, mediante real decreto, a propuesta de la persona titular del Ministerio de Sanidad y oído el Consejo Interterritorial del Sistema Nacional de Salud, a modificar la obligatoriedad del uso de la mascarilla en los supuestos previstos en los apartados 1 y 2 del artículo 6 cuando se den las circunstancias sanitarias apropiadas que así lo aconsejen. La inclusión de nuevos supuestos de obligatoriedad del uso de mascarillas o la eliminación de las excepciones a su uso solo podrá proponerse cuando se haya constatado un empeoramiento de la situación epidemiológica, conforme al sistema de indicadores acordado en el Consejo Interterritorial del Sistema Nacional de Salud. La eliminación o modulación de los supuestos de obligatoriedad del uso se podrán acordar

En cualquier caso, la previsión normativa enunciada (la disposición final séptima) ha permitido que se hayan dictado sucesivos reales decretos que habrían flexibilizado progresivamente la obligatoriedad del uso de la mascarilla hasta que finalmente se ha llegado a la eliminación de la obligación de su uso.

En primer lugar, y poco después de la convalidación del Real Decreto-ley[31], se aprobó el Real Decreto 115/2022, de 8 de febrero, por el que se modifica la obligatoriedad del uso de mascarillas durante la situación de crisis sanitaria ocasionada por el COVID-19, que limitó esta regla a los espacios cerrados de uso público o que se encontraran abiertos al público, a determinados eventos multitudinarios y a determinados medios de transporte[32].

solo cuando se haya constatado una mejora de la situación epidemiológica, conforme a los citados criterios».

De este precepto, llaman la atención, no solo la indefinición de los presupuestos para imponer mayores obligaciones de utilización de mascarillas (mediante un sistema de indicadores indeterminado), sino también la intervención de un órgano de cooperación, como es el Consejo Interterritorial del Sistema Nacional de Salud, que es la instancia que debe fijar tales indicadores.

31 Este dato temporal (ilustrativo de una «motorización legislativa») lleva a la magistrada María Prendes Valle, «La Covid-19 y el inicio del desordenamiento jurídico: los reglamentos judiciales o reglamentos COVID», *EDC* 2022/608307, a criticar, en general, la técnica normativa desarrollada con motivo de la pandemia:

«El mejor ejemplo de esta velocidad en el desarrollo de los acontecimientos se observa en relación con el uso de las mascarillas, pues por ejemplo una semana después de haberse ratificado en sede parlamentaria el RDL 30/2021, sería finalmente modificado por el RD 115/2022, por el que se elimina la obligatoriedad de portar mascarillas en espacios abiertos al público salvo eventos multitudinarios.

(...)

A lo anterior, debemos añadir la utilización de la figura de los Real Decretos-ley para introducir materias que no se encuentran directamente relacionadas con la lucha contra la pandemia. Aquí, podemos hacer alusión a la modificación del régimen de clases pasivas con la integración de MUFACE en la Seguridad Social, la composición de la Comisión del Centro Nacional de Inteligencia, derechos de explotación de contenidos audiovisuales, publicidad de los juegos de azar, contratación pública o la actualización de pensiones, entre otros.

Esta mezcolanza se hizo especialmente palpable en el caso del mencionado RDL 30/2021, cuando en el momento de la convalidación de la norma, la votación única sobre todo el texto de la norma, que no permite votaciones parciales, supuso que el resultado de la votación sobre la obligatoriedad de las mascarillas en exteriores se ligase a la revalorización de las pensiones. Todo ello, como consecuencia de haber operado en el mismo texto legal una modificación de la ley de presupuestos».

32 El art. 6.1 quedó así:

«1. Las personas de seis años en adelante quedan obligadas al uso de mascarillas en los siguientes supuestos:

a) En cualquier espacio cerrado de uso público que se encuentre abierto al público.

b) En los eventos multitudinarios que tienen lugar en espacios al aire libre, cuando los asistentes estén de pie. Si están sentados, será obligatorio cuando no se pueda mantener una distancia de seguridad de al menos 1,5 metros entre personas, salvo grupos de convivientes.

Ulteriormente, se produjo una segunda aplicación de la deslegalización a través del Real Decreto 286/2022, de 19 de abril, por el que se modifica la obligatoriedad del uso de mascarillas durante la situación de crisis sanitaria ocasionada por la COVID-19, limitándola a los centros, servicios y establecimientos sanitarios; a los centros sociosanitarios respecto a los trabajadores y los visitantes cuando estén en zonas compartidas; y a los medios de transporte aéreo, por ferrocarril o por cable y a los autobuses, así como a los transportes públicos de viajeros y en determinadas circunstancias a los espacios cerrados de buques y embarcaciones[33].

Finalmente, el Real Decreto 65/2023, de 7 de febrero, contuvo una nueva atenuación del uso imperativo de las mascarillas, en función, según su preámbulo, de las favorables tasas de vacunación y de la descendente presión asistencial como consecuencia de la enfermedad. De este modo, se eliminó el carácter forzoso de las mascarillas en el ámbito del transporte, de modo que su utilización quedaba restringida a dos situaciones, que pasan a comentarse[34].

---

c) En los medios de transporte aéreo, en autobús, o por ferrocarril, incluyendo los andenes y estaciones de viajeros, o en teleférico, así como en los transportes públicos y privados complementarios de viajeros en vehículos de hasta nueve plazas, incluido el conductor, si los ocupantes de los vehículos de turismo no conviven en el mismo domicilio. En espacios cerrados de buques y embarcaciones cuando no se pueda mantener la distancia de seguridad de 1,5 metros, salvo grupos de convivientes».

33 Las medidas se fijaron, en concreto, del siguiente modo:
«1. Las personas de seis años en adelante quedan obligadas al uso de mascarillas en los siguientes supuestos:
a) En los centros, servicios y establecimientos sanitarios según lo establecido en el Real Decreto 1277/2003, de 10 de octubre, por el que se establecen las bases generales sobre autorización de centros, servicios y establecimientos sanitarios, por parte de las personas trabajadoras, de los visitantes y de los pacientes con excepción de las personas ingresadas cuando permanezcan en su habitación.
b) En los centros sociosanitarios, los trabajadores y los visitantes cuando estén en zonas compartidas.
c) En los medios de transporte aéreo, por ferrocarril o por cable y en los autobuses, así como en los transportes públicos de viajeros. En los espacios cerrados de buques y embarcaciones en los que no sea posible mantener la distancia de 1,5 metros, salvo en los camarotes, cuando sean compartidos por núcleos de convivientes».

34 La obligación de uso quedaba determinada así:
«1. Las personas de seis años en adelante quedan obligadas al uso de mascarillas en los siguientes supuestos:
a) En los centros y servicios sanitarios, en las oficinas de farmacia y en botiquines, según lo establecido en el Real Decreto 1277/2003, de 10 de octubre, por el que se establecen las bases generales sobre autorización de centros, servicios y establecimientos sanitarios, por parte de las personas trabajadoras, de los visitantes y de los pacientes con excepción de las personas ingresadas cuando permanezcan en su habitación.
b) En los centros sociosanitarios, las personas que trabajen en ellos siempre que estén en contacto con personas residentes o en zonas compartidas con esas personas y los visitantes cuando estén en zonas compartidas.

En primer lugar, se mantenía la obligatoriedad del uso de la mascarilla en los centros y servicios sanitarios y en las oficinas de farmacia y en los botiquines, lo que se justificaba tanto por la mayor presencia de personas especialmente vulnerables como por ser lugares en los que resulta probable que se encontraran personas con enfermedades respiratorias transmisibles (además, de COVID-19). Y, en segundo término, se establecía un estatuto singular para los centros sociosanitarios y, en particular, para las residencias de mayores, ya que se disponía la obligación de uso de la mascarilla para las personas trabajadoras y visitantes en ciertas zonas; todo ello, para la evitación de brotes de la enfermedad entre población particularmente vulnerable. Los residentes, en cambio, no estaban forzados a su utilización, debido a que afectaría al bienestar de estas personas, que, en palabras del preámbulo, no eran la fuente de infección, a diferencia de los empleados y visitantes, que podían ser los agentes introductorios del virus.

8. El cese de la obligación

En virtud de Orden SND/726/2023, de 4 de julio, se publicó el Acuerdo del Consejo de Ministros de la misma fecha, por el que se declara la finalización de la situación de crisis sanitaria ocasionada por la Covid-19.

Esta decisión vino precedida por la declaración del Director General de la OMS, de 5 de mayo de 2023, por la que, en palabras del preámbulo del Acuerdo, se «determinó que la COVID-19 ya no constituye una emergencia de salud pública de importancia internacional (ESPII)». Asimismo, el referido preámbulo ofrece una disertación sobre los hitos normativos relacionados con la pandemia, sobre los objetivos que se dicen alcanzados y sobre la coordinación interadministrativa que, según se afirma, se habría conseguido (lo que llama «gobernanza compartida»).

De cualquier modo, lo que interesa subrayar a los efectos de este trabajo es que el Acuerdo del Consejo de Ministros de constante mención, tras declarar la finalización de la situación de crisis sanitaria, dispone el cese de la aplicación de las medidas contenidas en los capítulos II, III, IV, V (excepto las de su artículo 27), VI y VII y en la disposición adicional quinta de la Ley 2/2021, de 29 de marzo, y, en particular, de las relativas al uso obligatorio de las mascarillas.

---

2. La obligación contenida en el apartado anterior no será exigible en los siguientes supuestos:

a) A las personas que presenten algún tipo de enfermedad o dificultad respiratoria que pueda verse agravada por el uso de la mascarilla o que, por su situación de discapacidad o dependencia, no dispongan de autonomía para quitarse la mascarilla o bien presenten alteraciones de conducta que hagan inviable su utilización.

b) De acuerdo con las indicaciones de las autoridades sanitarias, en el caso de que el uso de la mascarilla resulte incompatible con la naturaleza propia de las actividades».

Por tanto, acaba el uso forzado de las mascarillas y la vigencia de otras medidas a partir de este momento; prevenciones que se sustituyen por una serie de recomendaciones que figuran como anexo del acuerdo[35].

III. DERECHOS FUNDAMENTALES Y OBLIGACIÓN DE USO DE LA MASCARILLA

Expuesto en términos sencillos el desarrollo temporal de las disposiciones rectoras de la obligatoriedad del uso de mascarilla, hay que señalar que, por un destacado exponente de la doctrina constitucionalista, se advirtió la incidencia que esta situación normativa podía tener en determinados derechos fundamentales. Y es que, en palabras de este autor, dicha obligatoriedad «afecta al derecho a la libertad de expresión y a la propia imagen, que incluye la representación simbólica de uno mismo y la facultad de utilizar o no determinadas prendas de vestir o cualquier complemento que afecte a nuestra imagen externa»[36]. En esta línea, según este discurso argumentativo, la llevanza forzosa de las mascarillas guardaría relación con la jurisprudencia del Tribunal Supremo que habría impedido que las ordenanzas municipales hubieran vetado el uso del burka en determinados espacios[37].

A pesar de solidez de esta argumentación, me parece que no puede equipararse la regulación municipal del velo integral —en la que está presente de modo directo la libertad religiosa— con la normativa obligatoria en materia de mascarillas, que, con carácter general, no puede vincularse con dicha libertad contemplada en el art. 16 de la Constitución. En efecto, para el Tribunal Supremo, en su Sentencia de 14 de febrero de 2013, rec. 4118/2021, Ponente: Excmo. Sr. D. Vicente Conde Martín de Hijas, la limitación a un derecho fundamental (la libertad religiosa), que supondría la prohibición del

---

35 Tales recomendaciones son las siguientes: proteger a la población vulnerable; fortalecer la vigilancia integrada de infecciones respiratorias agudas de una manera sostenible; promocionar la vacunación frente a la Covid-19 y otros microorganismos causantes de infección respiratoria; fortalecer el marco estratégico de preparación y respuesta frente a emergencias sanitarias; fortalecer los recursos humanos, las capacidades de preparación y respuesta frente a emergencias sanitarias, así como la resiliencia de los sistemas sanitarios; mantener la reserva estratégica sanitaria; y mantener los mecanismos de gobernanza compartida.

36 Javier Tajadura Tejada, «Uso de mascarilla y "reserva de ley"», *El País*, de 22 de julio de 2020, también recogido en *Diario del Derecho* de la misma fecha de IUSTEL.

37 Se ocupa de esta doctrina del Alto Tribunal Agustín García Ureta, «Signos religiosos, autonomía municipal y derechos fundamentales: comentarios sobre la STS de 14 de febrero de 2013 (prohibición de uso del velo integral), *Revista de Administración Pública*, núm. 191, 2013, pp. 201-221. Con anterioridad al pronunciamiento del Tribunal Supremo, puede verse Benito Aláez Corral, «Reflexiones jurídico-constitucionales sobre la prohibición del velo islámico integral en Europa», *Teoría y Realidad Constitucional*, núm. 28, 2011, pp. 483-520.

velo integral, no podría realizarse directamente mediante ordenanza, sino, en su caso, mediante ley[38], lo que llevó a anular determinados preceptos de la Ordenanza aprobada por el pleno del Ayuntamiento de Lleida.

Con la obligatoriedad de portar mascarillas, nos encontraríamos más cerca de otro tipo de vetos sin una connotación ideológica o religiosa tan marcada, tales como las prohibiciones de la desnudez en la vía pública o de otras conductas proscritas en las que se llamaron «ordenanzas de civismo»[39]. De hecho, ha sido, entre otras, la Sentencia Tribunal Supremo de 9 de mayo de 2016, rec. 3860/2013, Ponente: Excmo. Sr. D. Jesús Cudero Blas, la que ha desvinculado este tipo de prohibiciones de la libertad ideológica, puesto que «no puede compartirse la idea de que "estar desnudo" en cualquier espacio público constituya, sin más, la manifestación externa de la libertad de pensamiento, ideas o creencias o que la desnudez misma deba ser entendida como un auténtico derecho ejercitable en todo lugar público». Es más, esta Sentencia del Alto Tribunal se ha cuidado de subrayar las diferencias con la controversia resuelta en la Sentencia de 14 de febrero de 2013, ya citada, puesto que la vestimenta en cuestión (el llamado burka) se calificó en esta última decisión judicial como «expresión directa e indubitada de un determinado sentimiento religioso».

Igualmente, a pesar de las también obvias diferencias, podría conectarse el uso obligatorio de la mascarilla con otras constricciones a la libertad (en sentido amplio) de los ciudadanos, como es el propio uso del cinturón de seguridad en los vehículos (art. 13.4 del Real Decreto Legislativo 6/2015, de 30 de octubre, de aprobación del Texto Refundido de la Ley de Tráfico y Seguridad Vial) o la forzosa utilización de una vestimenta y elementos de protección específicos en determinadas situaciones y actividades profesionales por parte de los trabajadores (art. 10 del Real Decreto 773/1997, de 30 de mayo, sobre disposiciones mínimas de seguridad y salud relativas a la utilización por los trabajadores de equipos de protección individual).

---

38 De hecho, el Tribunal Supremo, en línea con su posición constitucional, no prejuzga los límites del legislador en este ámbito, sino que, según declara, constata su inexistencia y sus consecuencias:
«Conviene advertir que (...) no nos pronunciamos respecto a lo que el legislador pueda, en su caso, hacer sobre el uso del atuendo religioso que nos ocupa. Si lo hiciéramos, ello constituiría una intromisión en el espacio del legislador, inaceptable en un órgano jurisdiccional, (aunque este sea el Tribunal Supremo desde la superior posición constitucional en que el art. 123 CE lo sitúa), dada su posición constitucional (art. 117 CE)».

39 Sobre este fenómeno normativo, véase el trabajo de Juan Pemán Gavín, «Ordenanzas municipales y convivencia ciudadana. Reflexiones a propósito de la Ordenanza de civismo de Barcelona», *Revista de Estudios de Administración Local y Autonómica*, núm. 305, 2007, pp. 9 y siguientes; análisis que forma parte también de *Derechos Fundamentales y otros estudios en homenaje al Prof. Dr. Lorenzo Martín-Retortillo*, El Justicia de Aragón, Zaragoza, 2009. Del propio D. Lorenzo Martín-Retortillo cabe reseñar la sugestiva disertación «Los Ayuntamientos y el régimen jurídico de atuendos y vestimentas. Una aproximación», *Anuario de Gobierno Local,* 2010, pp. 341 y siguientes.

Tampoco, a mi entender, cabe entender infringido el derecho a la propia imagen del art. 18 del texto constitucional, ya que este derecho atribuye a cada persona «la facultad de evitar la difusión incondicionada de su aspecto físico, ya que, según la STC 14/2003, de 28 de enero, constituye el primer elemento configurador de la esfera personal de todo individuo, en cuanto instrumento básico de identificación y proyección exterior y factor imprescindible para su propio reconocimiento como sujeto individual». No puede hablarse, por tanto, de una afección a este derecho con la obligatoriedad de la mascarilla[40].

En definitiva, ligar la utilización de la mascarilla con la libertad ideológica, con el derecho a la propia imagen o con cualquier otro derecho fundamental resulta, en mi opinión, desmesurado y excesivo.

Cuestión diferente es que el establecimiento de la potestad de imponer el uso de la mascarilla exija una habilitación legal por imperativos constitucionales generales (art. 9, 103, etc. de nuestra norma fundamental); habilitación, que será tanto más adecuada cuanto más explícita sea. De ahí que la previsión de una infracción leve en el actual art. 31 de la Ley 2/2021 deba ser saludada favorablemente, a pesar de su mejorable técnica normativa a la hora de establecer el catálogo de infracciones[41].

IV. EL ILÍCITO DE DESOBEDIENCIA Y LA UTILIZACIÓN DE LA MASCARILLA

El establecimiento de una serie de prohibiciones con ocasión del primer estado de alarma —y, en general, con motivo de la pandemia— generó una polémica sobre la posibilidad de calificar su conculcación como un ilícito de desobediencia, con base en la simple violación de las normas prohibitivas derivadas del estado de alarma. Sabido es que, en un principio, no hubo unanimidad en el seno de la Administración General del Estado, ya que la posición favorable a entender que se habría cometido una desobediencia fue patrocinada por el Ministerio del Interior (Orden INT/226/2020, de 15 de marzo, por la que se establecen criterios de actuación para las Fuerzas y Cuerpos de Seguridad en relación con el Real Decreto 463/2020, de 14 de marzo), lo que contrastaba con lo que informó la Abogacía General del

40 En la Sentencia del Tribunal Superior de Justicia de Madrid, de 11 de junio de 2021, rec. 812/2020, la STC 14/2003 sirvió de argumento principal para refutar la invocada violación del derecho a la propia imagen en relación con una normativa de la Comunidad de Madrid referente al uso de la mascarilla.

41 Nótese que este ilícito (el incumplimiento de la obligación de uso de la mascarilla) no ha quedado incorporado expresamente al catálogo de infracciones de la Ley de Salud Pública, sino que se optó, con discutible criterio, por establecer la infracción y la sanción en una norma autónoma.

Estado (dictamen de 2 de abril de 2020[42]). La cuestión se centraba, por tanto, en determinar si la simple infracción de un mandato de la norma conllevaba la comisión de la infracción grave tipificada en el art. 36.6 de la Ley Orgánica 4/2015, de 30 de marzo, de Protección de la Seguridad Ciudadana, que se refiere a la siguiente conducta: «la desobediencia o la resistencia a la autoridad (...) en el ejercicio de sus funciones (...) cuando no sea constitutivas de delito».

La postura del Ministerio de Interior —si bien fue seguida por las autoridades gubernativas[43]— no contó en muchos casos con el sustento judicial[44]. De este modo, una declaración contenida en la Sentencia del Juzgado de lo Contencioso-Administrativo n.º 1 de Pontevedra, de 24 de noviembre de 2020, resultó sumamente elocuente[45]:

> «Con toda evidencia se puede concluir que en los meses de marzo a junio de 2020 la Administración del Estado, pese a las advertencias en contra de la Abogacía del Estado, decidió proceder a sancionar por sí misma los incumplimientos de las limitaciones del confinamiento general, identificándolos de manera artificiosa y manifiestamente inadecuada con el tipo infractor de "desobediencia a la autoridad" de la LOPSC, por razones de "oportunidad" y "eficacia", para no derivar esos expedientes a las Administraciones autonómicas, en las que realmente recaía y recae la competencia para sancionar infracciones en materia sanitaria. Al hacerlo así vulneró, como se ha dicho, el derecho fundamental reconocido en el artículo 25 de la Constitución (...)».

En efecto, según el parecer de numerosos órganos jurisdiccionales, para que se cumpliera con el tipo de la infracción de desobediencia, era precisa

42 Muy crítico es Trayter, «Derecho administrativo sancionador, estado de alarma y COVID-19», cit, p 278, quien califica la tesis del Ministerio del Interior como «un auténtico despropósito».

43 Carlos Amoedo-Souto, «El régimen sancionador en situaciones excepcionales», en Julio Tejedor Bielsa, Andrés Boix Palop y Alba Nogueira López (Coordinadores), *Derecho Administrativo para la excepción,* IUSTEL-Gobierno de Aragón, Madrid, 2023, p. 187, expone que la Comunicación del Ministerio del Interior de 14 de abril de 2020, en línea con la Orden INT/226/2020, prevaleció, en cuanto dimanante de una Autoridad Delegada, sobre el punto de vista de la Abogacía del Estado, «multiplicando así los riesgos de anulación contenciosa de las numerosas sanciones tramitadas bajo el primer estado de alarma».

44 Se inscribe en esta corriente minoritaria la Sentencia del Juzgado de lo Contencioso-Administrativo núm. 2 de Cáceres, de 3 de noviembre de 2020, rec. 62/2020, quien identifica una desobediencia a la autoridad en la vulneración de lo dispuesto en el Real Decreto 463/2020, de 14 de marzo, «sin resultar necesario un previo requerimiento de un agente denunciante para que la comisión de la infracción administrativa quedará consumada».

45 Rec. 210/2020, Ilmo. Sr. Magistrado D. Francisco de Cominges Cáceres. Una argumentación, también elaborada, puede verse en la Sentencia del Juzgado de lo Contencioso-Administrativo n.º 1 de Santander, de 1 de febrero de 2021, rec. 350/2020, Ilmo. Sr. Magistrado D. Juan Varea Orbea.

la concurrencia de un «mandato expreso e individualizado»[46], que no fuera atendido por el destinatario de la orden, lo que constituye, en mi opinión, la opción interpretativa más sólida.

Aunque la mayoría de las decisiones judiciales han girado en torno a las prohibiciones vinculadas con el derecho de circulación de los ciudadanos (cuestión afectada, por lo demás, por la STC 148/2021, que conllevó la anulación de las sanciones y penas impuestas), lo cierto es que también es posible localizar algún pronunciamiento relativo a la obligación de uso de la mascarilla y a la posible comisión de una infracción de desobediencia. Pues bien, del mismo modo que en los supuestos previamente analizados, la sanción por un ilícito de desobediencia en relación con el uso de las mascarillas requerirá necesariamente un mandato expreso de una autoridad o agente de la autoridad. Así sucede en la Sentencia del Juzgado de lo Contencioso-Administrativo de Valladolid, núm. 1, de 10 de febrero de 2022, rec. 215/2021, en la que se consideró probado que existió una orden expresa e individualizada.

V. LA IMPOSIBILIDAD DE SANCIONAR CON UNA MULTA SUPERIOR A 100 EUROS EL INCUMPLIMIENTO DE PORTAR MASCARILLA

La pandemia produjo un fenómeno de proliferación normativa, que llevó aparejada una situación de inseguridad jurídica, también en lo que se refiere a la respuesta sancionadora ante la falta de uso adecuado de las mascarillas[47]. En efecto, a pesar de que la normativa estatal básica contempló expresamente dicho aspecto (estableciendo una multa máxima de 100 euros por

---

46 Por ejemplo, Sentencias del Juzgado n.° 1 de Segovia, de 13 de octubre de 2020, rec. 89/2020; del Juzgado de lo Contencioso-Administrativo n.° 3 de León, de 23 de noviembre de 2020, rec. 109/2020; del Juzgado de lo Contencioso-Administrativo n.° 2 de Vigo, de 20 de noviembre de 2020, rec. 263/2020; del Juzgado de lo Contencioso-Administrativo núm. 1 de Bilbao, de 27 de octubre de 2020, rec. 147/2020; del Juzgado de lo Contencioso-Administrativo núm 6 de Oviedo, de 22 de septiembre de 2020, rec. 228/2020; del Juzgado de lo Contencioso-Administrativo n.° 3, de 9 de noviembre de 2020, rec. 223/2020; o del Juzgado de lo Contencioso-Administrativo núm. 4 de Valladolid, de 1 de junio de 2021, rec. 77/2021. Mención especial puede hacerse a la Sentencia del Juzgado de lo Contencioso-Administrativo n.° 1 de Logroño, de 27 de octubre de 2020, rec. 133/2020, en la que se considera también improcedente acudir a la Ley Orgánica de Seguridad Ciudadana y se defiende la aplicabilidad de la legislación aprobada en materia de salud pública.

47 Un asunto, que también fue objeto de controversia judicial, tuvo que ver con la determinación de la Administración competente para tramitar y resolver los expedientes sancionadores, como ocurrió en Galicia. La Sentencia del Tribunal Superior de Justicia de esta Comunidad Autónoma de 24 de marzo de 2023, rec. 7146/2022, se pronunció en el sentido de considerar que era competencia autonómica el ejercicio de la potestad sancionadora hasta que el parlamento territorial adoptó un cambio legislativo en la normativa sanitaria que atribuyó estas competencias a los Ayuntamientos gallegos.

este ilícito), se han podido encontrar pronunciamientos judiciales que corrigieron resoluciones administrativas que superaron dicho límite, al haberse separado de lo dispuesto en la normativa básica del Estado.

En este punto, parece que tanto la legislación autonómica como la práctica administrativa debían ser consecuentes con lo dispuesto en el art. 31 del Decreto-ley y, luego, con el mismo precepto de la Ley 2/2021, de 29 de marzo[48]. Esta es, por lo demás, la posición, como se ha dicho, de algunas resoluciones judiciales y, en concreto, de las Sentencias de los Juzgados de lo Contencioso-Administrativo n.º 2 de Logroño, de 12 de enero de 2022[49]; y n.º 3 de Zaragoza, de 24 de marzo de 2022[50]; sentencias que se procede a comentar a continuación.

La Sentencia del Juzgado n.º 2 de Logroño abordó directamente el asunto que nos ocupa, ya que la recurrente estaba exclusivamente disconforme con el importe de la multa (de 600 euros), habiendo solicitado una sentencia que limitara la sanción a 60 euros, esto es, de 100 euros, de los que habría que descontar un 20 % por reconocimiento expreso de responsabilidad y otro 20 % por pago voluntario de la sanción. De hecho, el recurrente había ya abonado la cantidad de 60 euros en vía administrativa.

---

48 La Sugerencia del Justicia de Aragón, en el Expediente Q21/285/03, con registro de salida de 4 de mayo de 2021, a la que luego nos referiremos en el texto, sintetizó la posición normativa autonómica en la cuestión de las mascarillas del siguiente modo:
«A mayor abundamiento, podemos apreciar cómo otras Comunidades Autónomas han optado por distintos métodos para regular las infracciones y sanciones en relación con la COVID-19. Algunas de ellas han aprobado leyes específicas sobre las infracciones (Islas Baleares: Decreto-ley 11/2020, de 10 de julio, por el que se establece un régimen sancionador específico para afrontar los incumplimientos de las disposiciones dictadas para paliar los efectos de la crisis ocasionada por la COVID-19; Comunidad Foral de Navarra: Decreto-ley Foral 9/2020, de 16 de septiembre, por el que se establece el régimen sancionador por el incumplimiento de las medidas de prevención y contención sanitarias para afrontar la situación de crisis sanitaria ocasionada por COVID-19 en la Comunidad Foral de Navarra). Otras han optado por modificar sus leyes autonómicas de salud (Extremadura: Decreto-ley 13/2020, de 22 de julio, por el que se modifica la Ley 7/2011, de 23 de marzo, de Salud Pública de Extremadura, en relación con el régimen sancionador por el incumplimiento de las medidas de salud pública adoptadas como consecuencia de la crisis sanitarias ocasionadas por el COVI-19 y otras epidemias; o Galicia: Ley 8/2021, de 25 de febrero, de modificación de la Ley 8/2008, de 10 de julio, de Salud de Galicia), mientras que otras siguen el mismo modelo que en Aragón, remitiéndose a los preceptos genéricos de sus normativas autonómicas (Madrid: Ley 12/2021, de 21 de diciembre, de Ordenación Sanitaria de la Comunidad de Madrid). Todas ellas establecen, con carácter general, la sanción por el incumplimiento de la obligación de la mascarilla en 100 euros, excepto Navarra que la eleva a 300 euros para el caso de no respetarse la distancia de seguridad de 1,5 metros y Galicia que establece una cláusula general para elevar la sanción en base a las circunstancias concurrentes».

49 Rec. 326/2021, Ilma. Sra. Magistrada D.ª María del Mar Puyuelo.

50 Rec. 317/2021, Ilmo. Sr. Magistrado D. Luis Carlos Martín Osante.

La sanción había sido impuesta por la Administración de La Rioja con base en la legislación sanitaria de dicha Comunidad Autónoma y, en concreto, por la comisión de la infracción leve del art. 111.2 b) de la Ley 2/2002, de 17 de abril, de Salud de la Comunidad Autónoma de la Rioja («el incumplimiento por simple negligencia de los requisitos, obligaciones o prohibiciones establecidas en la normativa sanitaria, así como cualquier otro comportamiento imprudente o inobservancia, siempre que la alteración o riesgo sanitario producidos sean de escasa entidad»). Las infracciones leves de la Ley riojana son sancionadas con la cuantía de hasta 3.005,06 euros en función de una expresa remisión a la Ley estatal 14/1986, de 25 de abril, General Sanidad (en concreto, al art 36.1), habiéndose impuesto la sanción de 600 euros en función de las circunstancias concurrentes en aplicación del artículo 112 de la norma legal autonómica[51].

El Juzgado, tras advertir la propia evolución de la legislación estatal en cuanto a la cuantía de la sanción, también destacó la incidencia de la normativa básica sanitaria para la correcta determinación de la graduación de la sanción, de acuerdo con lo que sigue:

> «Ello significa que si el legislador estatal impuso, primero, por la vía de urgencia, y, ulteriormente, por la vía ordinaria que la sanción máxima a imponer por el no uso de la mascarilla fuese la de cien euros, este límite máximo no puede ser superado cuando la Administración autonómica sancione por este tipo de conductas y ello aun cuando la sanción máxima prevista en la Ley General de Sanidad, a la cual se remite la Ley de Salud de La Rioja que ha servido para tipificar la infracción, sea de 3.005,06 euros. El hecho de que en el supuesto de hecho concurrieran circunstancias especiales que permitían la graduación de la sanción habilitaba a la Administración para imponer a la denunciada la sanción en su grado y cuantía máximos, es decir, 100 euros, pero no para imponer un importe superior al fijado en la legislación básica estatal que, necesariamente, debía respetarse, efectuando de este modo una interpretación desfavorable y perjudicial para los intereses de la denunciada, contraria a los principios básicos inspiradores del derecho administrativo sancionador».

De ahí que se estimara el recurso y se anulara la resolución objeto de impugnación, en aplicación de la norma sancionadora estatal.

Por su parte, la sentencia del Juzgado de lo Contencioso-Administrativo n.º 3 de Zaragoza de 24 de marzo de 2022 resolvió el recurso interpuesto frente a la

51 La sentencia a este respecto explica lo que sigue: «La Administración demandada, apoyándose en el art. 29.3 de la Ley 40/2015 y 112.1 de la Ley 2/2002, graduó la sanción y le impuso una sanción de 600 euros en atención a las circunstancias en que se desarrollaron los hechos y que fueron recogidos en la denuncia extendida por la Guardia Civil: porque días atrás la denunciada había sido requerida para que hiciese uso de la mascarilla; porque el día 20/08/2020 se volvieron a repetir los mismos hechos; y porque se negó en dos ocasiones a entregar el DNI y, tras ser informada de las consecuencias de su negativa a identificarse, accedió a entregarlo de forma irónica y chulesca diciendo "a sus órdenes"».

desestimación presunta de un recurso de alzada frente a una resolución dimanante de la Dirección del Servicio Provincial de Sanidad del Gobierno de Aragón, de 31 de mayo de 2021, por la que se imponía al recurrente una multa por importe de 300 euros, como consecuencia de la comisión de una infracción leve por no usar mascarilla en el interior de un bar, sin estar consumiendo en ese momento.

En el suplico de la demanda se solicitaba que se dictara sentencia por la que se estimare la demanda y se anulara la sanción impuesta, con imposición de costas. A esta petición procesal principal, se añadía otra de tipo de subsidiario, ya que, en caso de no estimarse la pretensión formulada inicialmente, se interesaba que se impusiera «una sanción de sesenta y cuatro (euros), tal y como se sancionó en el expediente de la Sra. (...), que se ha adjuntado a la presente demanda».

En concreto, los elementos en los que se basaba la sanción por la comisión de una infracción leve consistían en el hecho de encontrarse en un establecimiento de hostelería el día 26 de septiembre de 2020 sin la mascarilla puesta y sin estar consumiendo en ese preciso instante. En cuanto a la tipificación de esta conducta, la resolución invocaba diversos preceptos reglamentarios y legales, entre los cuales se encontraban el art 5.2 c) de la Ley 33/2011, de 4 de octubre, General de Salud Pública («el incumplimiento de la normativa sanitaria vigente, si las repercusiones producidas han tenido una incidencia escasa o sin trascendencia directa en la salud de la población») y el artículo 87.1 a) de la Ley 5/2014, de 26 de junio, de Salud Pública de Aragón («las meras irregularidades formales en el cumplimiento de la normativa sanitaria vigente, sin trascendencia directa para la salud pública»).

La demanda contenía argumentos diferentes, incluido el propio cuestionamiento de la obligatoriedad de las mascarillas desde una perspectiva constitucional. A este respecto, el Juzgado rechazó que pudieran existir dudas de inconstitucionalidad del Real Decreto-ley 21/2020, de 19 de mayo, por lo que sería, según su criterio, improcedente el planteamiento de una cuestión de inconstitucionalidad. A favor de esta tesis, la Sentencia realizó una referencia de la Sentencia del Tribunal Supremo de 20 de noviembre de 2020, ya citada con anterioridad en este trabajo.

Dejando aparte las cuestiones probatorias y procedimentales, cuyo examen no supuso la estimación del recurso contencioso-administrativo, debe destacarse a efectos de este estudio la valoración que efectúa el Juzgado de la incidencia que la legislación sanitaria estatal podría tener en el importe de la multa impuesta por la Administración (de 300 euros y, por tanto, superior a 100 euros). Recuérdese que el suplico de la Demanda incluía una pretensión subsidiaria, en la que se interesaba la reducción de la cuantía de la multa.

En la demanda, el alegato del Letrado de la actora, relativo a la minoración de la sanción, incorporaba, de modo literal, pasajes de la Sugerencia del Justicia de Aragón, dictada en el Exp: Q21/285/03, con registro de salida de 4 de mayo de 2021, en la que se asumía la preferente aplicabilidad del art.

31 del Real Decreto-Ley sobre la normativa legal autonómica, que, por lo demás, tampoco tipifica expresamente el ilícito referente a la no llevanza de las mascarillas.

En concreto, en la Sugerencia del Justicia de Aragón, de acuerdo con lo que se transcribió en la propia Sentencia, se razonaba lo siguiente:

> «Tal como expone la disposición final sexta de la Ley, la misma se dicta al amparo del artículo 149.1.16ª de la Constitución española, que atribuye al Estado la competencia en materia de sanidad exterior, bases y coordinación general de la sanidad. Es decir, nos encontramos ante una normativa que vincula a las autoridades autonómicas, habida cuenta de su carácter básico tanto de dicha norma, como (de) aquella a la que se remite, la Ley 33/2011, de 4 de octubre.
>
> A este respecto, el Tribunal Constitucional ha expresado que la noción de "bases" es un marco normativo unitario de aplicación a todo el territorio nacional, dirigido a asegurar los intereses generales y dotado de estabilidad, a partir del cual cada Comunidad, en defensa de su interés, puede introducir peculiaridades que estime convenientes dentro del marco competencial que en la materia correspondiente le asigne su Estatuto, y siempre que esas medidas no contradigan, ignoren, reduzcan o limiten la legislación básica».

Para el Juzgado de Zaragoza, se consideró de prevalente aplicación el art. 31.2 del Real Decreto-ley 21/2020, al constituir una norma básica; máxime, cuando la graduación de la sanción impuesta por la Administración autonómica trajo causa de una instrucción o circular que supuso un cambio de criterio en la cuantificación de la multa y, en concreto, un aumento de la misma[52].

Existía, por tanto, un límite máximo cuantitativo para los legisladores y administraciones autonómicas que no podía soslayarse, siempre y cuando se sancionase, claro está, la concreta conducta tipificada en la norma estatal.

VI. ALGUNAS CONCLUSIONES

La primera idea que debe reflejarse tiene que ver con la contradictoria posición que mantuvieron los responsables sanitarios en relación con el uso

52 Resulta llamativo que, en aplicación de una instrucción o circular, se impusiera una sanción de cuantía diferente a quienes fueron denunciados simultáneamente y en el mismo lugar, lo que, posiblemente, merecería ser calificado como una violación del principio de igualdad en aplicación de la ley. Vale la pena recoger lo expuesto en la Sugerencia del Justicia de Aragón de constante referencia:
«La cuantía de 100 € es la que venía imponiendo el Departamento de Sanidad hasta el 9 de febrero de 2021, momento en el que pasa (a) aplicarse de forma automática en todos los casos el nuevo criterio.
Este cambio ha dado lugar a que personas que hayan sido sancionadas en el mismo momento y lugar tengan sanciones con cuantías diferentes dependiendo de la fecha del acuerdo de iniciación, tal como consta en el expediente (...)».

de la mascarilla, lo que tuvo como consecuencia que se estableciera su mandato de utilización en fechas relativamente tardías y no en los momentos iniciales de la pandemia.

Establecido posteriormente el uso obligatorio de la mascarilla (hasta el cese de este imperativo), se ha entendido, en este trabajo, que no implicaba una afección directa a un derecho fundamental con su imposición y, en particular, se ha subrayado que no quedaría concernida la libertad ideológica, aunque, también en este estudio, se ha defendido que la determinación de una obligación general de esta naturaleza —en cuanto presupone la existencia de una potestad administrativa— debería contar con una habilitación legal lo más explícita posible.

En cuanto a la relación de la falta de uso correcto de la mascarilla con el ilícito de desobediencia, resulta la opción más plausible seguir el criterio de varios Juzgados de lo Contencioso-Administrativo (en cuanto a las consecuencias del incumplimiento de la regulación en materia de confinamiento), de manera que solo procediera sancionar una conducta de desobediencia cuando existiera un mandato expreso e individualizado de una autoridad o de un agente de la autoridad, sin que fuese suficiente a estos efectos la vulneración de reglas generales, como la contenida en su día en la Orden SND/422/2020.

Finalmente, debe subrayarse que, hasta el Real Decreto-ley 21/2020, no se contempló, de modo expreso, una tipificación de un ilícito con su previsión sancionadora en lo que se refiere a la no utilización adecuada de la mascarilla y, una vez aprobadas esta norma y la Ley 2/2021, como ha podido verse también, se localizaron problemas a la hora de fijar el límite máximo de la sanción que debería imponerse en caso de contravención. En este punto, parece clara, en línea con los pronunciamientos de los Juzgados de lo Contencioso-Administrativo (de Logroño y de Zaragoza) y del Justicia de Aragón que se han comentado, la vinculación de estas prescripciones normativas estatales frente a los legisladores y administraciones autonómicos, sin que, por tanto, pudiera imponerse una sanción en cuantía superior a cien euros.

Zaragoza, a noviembre de 2023.

ACERCA DEL RÉGIMEN DISCIPLINARIO DE LOS ALUMNOS REGULADO EN LA LEY DE CONVIVENCIA UNIVERSITARIA

Antonio Ezquerra Huerva
Profesor titular de derecho administrativo
Universidad de Lérida

SUMARIO: I. INTRODUCCIÓN. LA CONVENIENCIA DE ARTICULAR UN NUEVO RÉGIMEN DISCIPLINARIO DE LOS ESTUDIANTES UNIVERSITARIOS. II. LOS PRINCIPIOS DE LA POTESTAD SANCIONADORA: 1. La cuestión del principio de legalidad formal: A. La legítima y plausible opción de la LCU por la tipificación directa de las faltas disciplinarias y las sanciones. B. La pervivencia de los interrogantes acerca de la posible tipificación reglamentaria de faltas y sanciones de los alumnos universitarios al hilo de la competencia autonómica en la materia. 2. El principio de tipicidad: A. Valoración de conjunto del cuadro de infracciones y sanciones desde la perspectiva del principio de tipicidad. B. Consideraciones críticas sobre algunos de los tipos previstos en la LCU: a) Las novatadas y otras conductas o actuaciones vejatorias [art. 11.a) LCU]. b) La exigencia de premeditación para la comisión de la falta de fraude académico [arts. 11.g) y 12.d) LCU]. 3. La ausencia de una regulación adecuada de la culpabilidad y las imprecisas previsiones sobre la responsabilidad disciplinaria: A. El silencio de la LCU acerca de la necesidad de intencionalidad en la comisión de las faltas. B. La regulación de la responsabilidad disciplinaria. III. ALGUNAS CONSIDERACIONES SOBRE LA REGULACIÓN DEL PROCEDIMIENTO DISCIPLINARIO: 1. Breves observaciones generales. 2. Los principios procedimentales. En particular, el principio de protección a las víctimas de faltas que impliquen violencia, discriminación o acoso. 3. La singular y compleja arquitectura del procedimiento disciplinario articulado por la LCU. 4. La controvertida posición procedimental de los perjudicados por la comisión de la falta disciplinaria: un interesado limitado, parcial o imperfecto. 5. Las formas de terminación del procedimiento disciplinario: A. El archivo. B. El reconocimiento voluntario de la responsabilidad. C. La declaración de caducidad. D. El desistimiento de la universidad. E. La imposibilidad material por causas sobrevenidas. IV. LA MEDIACIÓN COMO ALTERNATIVA SUSTITUTIVA DE LA POTESTAD DISCIPLINARIA: 1. La apuesta de la LCU por las medidas restaurativas como respuesta prioritaria a las faltas disciplinarias de los alumnos universitarios. 2. La regulación de la mediación vinculada a la comisión de faltas disciplinarias contenida en la LCU y sus carencias. V. BIBLIOGRAFÍA.

I. INTRODUCCIÓN. LA CONVENIENCIA DE ARTICULAR UN NUEVO RÉGIMEN DISCIPLINARIO DE LOS ALUMNOS UNIVERSITARIOS

Cualquiera que se haya aproximado, siquiera sea de manera superficial, al régimen disciplinario de los alumnos universitarios establecido en el Reglamento de disciplina académica, aprobado por Decreto de 8 de septiembre de 1954, será sin duda consciente de los numerosos inconvenientes jurídicos que el mismo presentaba, sobre todo —aunque no exclusivamente— a raíz de la entrada en vigor de la Constitución. Al examen de la aludida disposición administrativa se han dedicado muy numerosas y valiosas aportaciones doctrinales, en las que se han puesto en evidencia tanto las carencias como las deficiencias de su articulado[1]. Asimismo, no han sido pocas las ocasiones

1 El régimen disciplinario de los estudiantes universitarios ha sido objeto, en efecto, de una abundante atención por parte de los autores. Sin ánimo alguno de exhaustividad en la cita, cabe hacer referencia a las siguientes aportaciones doctrinales: Juan Pemán Gavín, «El régimen disciplinario de los estudiantes universitarios: sobre la vigencia y aplicabilidad del Reglamento de disciplina académica (Decreto de 8 de septiembre de 1954)», *Revista de Administración Pública*, 135, 1994, pp. 443 y ss.; Alejandro Nieto García, «Régimen disciplinario del alumnado universitario: perspectivas para su configuración», en Cordero Saavedra, L. (coord.), *Las universidades públicas y su régimen jurídico*, ed. Lex Nova, Valladolid, 1999, pp. 527 y ss.; Diego Cámara del Portillo, «El régimen disciplinario del personal al servicio de la administración universitaria y del alumnado», en Blasco Delgado, C. (dir.) *Estudios sobre régimen jurídico universitario*, Universidad de Burgos, Burgos, 2006; del mismo autor, «El trato a los rebeldes a un nuevo orden docente de grupo y estructuras. El nuevo régimen de disciplina académica. ¿O convivencial?, en el vol. col. *IX Seminario sobre aspectos jurídicos de la gestión universitaria*, Universidad de La Rioja, Logroño, 2011, p. 133 y ss; Hita Villaverde, Enrique; Jiménez Soto, Ignacio y Martín Morales, Ricardo, «El régimen disciplinario de los estudiantes universitarios», *Revista de la Facultad de Derecho de la Universidad de Granada*, núm. 13-14, 2010/2011, pp. 365 y ss.; Ignacio Jiménez Soto, «El régimen disciplinario de los estudiantes universitarios. Un andamio difícil de sostener con algunas piezas sueltas», *Revista Española de Derecho*

en que los tribunales de justicia han sido llamados a pronunciarse sobre la legalidad de sanciones impuestas por las universidades en aplicación de la misma, lo que se ha traducido en lo que podríamos denominar un cuerpo jurisprudencial que contribuyó decididamente a depurar su interpretación y, por consiguiente, su aplicación.

No es objeto del presente estudio realizar un examen pormenorizado de los términos en que el Reglamento de 1954 fue siendo acendrado por parte de la doctrina y de la jurisprudencia; examen que, por razones obvias, sería ya de historia del Derecho —historia reciente, pero historia al fin y al cabo—. Sin perjuicio de ello, lo que sí resulta de interés es dar cuenta de los principales puntos críticos identificados en la norma de referencia. A los efectos de este trabajo, dicha aproximación es relevante en la medida en que permite evidenciar hasta qué punto era conveniente la articulación de un nuevo régimen disciplinario de los estudiantes universitarios.

Con carácter general, es obvio que el Reglamento de 1954 constituía una norma pensada para el modelo universitario del momento en que fue aprobado. En ese sentido, y como se ha encargado de destacar la doctrina[2], se insertaba en un modelo universitario presidido por el objetivo de mantener un orden público académico con el significado propio de la época, y que el devenir del tiempo y la evolución de los planteamientos de la universidad de la democracia han superado.

Se trataba, además, de una regulación que, tras el advenimiento de la Constitución y las consiguientes exigencias que en materia de Derecho administrativo sancionador se consagran en la misma, supusieron, si se me permite la expresión, una auténtica prueba de estrés para la regulación en cuestión. A simple modo introductorio, y sin perjuicio de referencias más concretas que puedan hacerse en los apartados siguientes, cabe subrayar que numerosos de los tipos infractores previstos eran discordes, de manera más o menos clara,

Administrativo, núm. 168, 2015, pp. 259 y ss.; Asunción Nicolás Lucas, «A vueltas con la disciplina universitaria: un vestigio histórico que es necesario superar», en Huergo Lora, Alejandro (dir.), *Problemas actuales del Derecho administrativo sancionador*, Iustel, Madrid 2018, pp. 129 y ss.; Anna Pallarés Serrano, «Análisis del régimen disciplinario de los estudiantes universitarios. Especial referencia a los comportamientos fraudulentos y al plagio, en particular», *Revista Catalana de Dret Públic*, núm. 56, 2018, pp. 159 y ss.; José Antonio Tardío Pato, «La potestad disciplinaria sobre el alumnado de las universidades públicas», en López Ramón, F; Rivero Ortega, R.; y Fernando Pablo, M. M. (coords.), *Organización de la Universidad y ciencia*, INAP-AEPDA, Madrid, 2018, pp. 561 y ss.; del mismo autor, *Las sanciones disciplinarias a los alumnos universitarios y no universitarios, en centros públicos y privados*, Ministerio de Educación y Formación Profesional, 2020; del mismo autor, «La problemática actual de la potestad disciplinaria sobre el alumnado de las universidades públicas», *Revista Rueda*, 5, 2020; y Manuel Rebollo Puig, «Regulación y aplicación del sistema disciplinario de los alumnos universitarios», *Anuario de la Facultad de Derecho de la Universidad Autónoma de Madrid*, 24, 2020, pp. 221 y ss.

2 Juan Pemán Gavín, «El régimen disciplinario», *cit*, p. 446.

tanto con algunos derechos fundamentales como con las exigencias más elementales del principio de tipicidad. Del mismo modo, algunas de las sanciones contempladas resultaban insostenibles desde la perspectiva tanto del principio de tipicidad como desde el punto de vista del principio de proporcionalidad.

No eran menores, asimismo, los inconvenientes que planteaba la regulación del procedimiento disciplinario, los cuales requerían ser corregidos a la luz de la legislación general sobre procedimiento administrativo común y, en particular, sobre procedimiento administrativo sancionador.

Todo ello determinó que la aplicación del indicado reglamento de manera coherente o respetuosa con los nuevos postulados constitucionales y sobre procedimiento administrativo, pusiera en un verdadero aprieto tanto a las universidades como a los órganos judiciales llamados a fiscalizar las sanciones impuestas por aquéllas a sus alumnos. De hecho, puede decirse que las discrepancias para con la Constitución eran tan numerosas y de tal calado, que el Reglamento de 1954 únicamente se mantuvo vigente de forma parcial y con una operatividad significativamente limitada y muy precaria, fruto de la conveniente labor de depuración llevada a cabo por los tribunales de justicia.

La necesidad de articular un nuevo régimen disciplinario de los alumnos universitarios estaba, así pues, fuera de toda duda y, no en vano, en ese sentido se había manifestado clara e insistentemente la doctrina. Dicha nueva regulación ha sido implementada, como bien se sabe, por la Ley 3/2022, de 24 de febrero, de convivencia universitaria (en adelante LCU). Como su propio nombre anticipa, se trata de una norma que transciende a lo meramente disciplinario, para adentrarse en el intento de disciplinar las reglas o parámetros que han de presidir las relaciones entre los miembros de la comunidad universitaria. Más allá de que dicho objetivo se alcance de manera más o menos satisfactoria, cuestión que obviamente no incumbe a este estudio, lo cierto es que lo disciplinario constituye el eje central o, si se prefiere la expresión, el punto neurálgico de la Ley.

En las presentes páginas me propongo dar cuenta de algunos de los contenidos más importantes de la LCU y reflexionar sobre los mismos. En ese sentido, en un primer bloque de contenidos (apartado II) presto atención al grado de adecuación de la Ley a las exigencias impuestas por los principios rectores de la potestad sancionadora; en particular por los principios de legalidad, tipicidad y culpabilidad. En el segundo bloque de contenidos (apartado III), me demoro en el estudio de ciertos aspectos de la regulación del procedimiento que a mi juicio son particularmente llamativos o controvertidos, tales como, por ejemplo, la propia estructura procedimental, la posición que en el mismo está llamado a ocupar el perjudicado o la víctima de la falta cometida o, en fin, la regulación de las formas de terminación. Por último, el apartado IV tiene por objeto contribuir al mejor entendimiento del que posiblemente constituye el aspecto más novedoso y controvertido de cuantos introduce la LCU. Me estoy refiriendo a la opción del legislador consistente en introducir la mediación como cauce de respuesta frente a la comisión de las faltas cometidas por los alumnos y dotarla de carácter prioritario o preferente frente a la imposición de sanciones.

Más allá de la aludida conveniencia de introducir un nuevo régimen disciplinario de los alumnos universitarios, al hilo de la exposición y las consideraciones que integran este trabajo se podrá constatar cómo la LCU es una norma manifiestamente mejorable en no pocos de sus aspectos y contenidos. Y ello es así tanto desde un punto de vista del manejo de las instituciones y de las categorías jurídicas —en ocasiones realmente desafortunado—, como desde una perspectiva de técnica normativa —a veces ciertamente desdichada—. Al designio de contribuir a una mejor comprensión del alcance de la norma mediante las correspondientes propuestas interpretativas, así como a identificar carencias e inconvenientes de la regulación en ella contenida obedecen, en fin, estas páginas.

II. LOS PRINCIPIOS DE LA POTESTAD SANCIONADORA

El art. 8 LCU enumera —y en algún caso, como el *non bis in idem*, también regula aunque no lo mencione nominalmente— los principios que presiden el ejercicio de la potestad disciplinaria por parte de las universidades sobre sus alumnos. Como no podía ser de otro modo, dichos principios no son otros que los principios que rigen la potestad administrativa sancionadora con carácter general, toda vez que, como es de sobra conocido, los mismos derivan directamente de Constitución —singularmente, de sus arts. 24 y 25—, por lo que son indisponibles para el legislador. Con ello quiere decirse que, aunque la LCU no hiciese referencia alguna a ellos, los indicados principios marcarían igualmente el paso al régimen disciplinario de los alumnos por imperativo constitucional.

En el presente apartado no presto atención a la totalidad de los principios en cuestión, toda vez que en relación con la mayoría de ellos dicha labor no iría más allá de un estudio sobre su alcance general. Por ese motivo me detengo únicamente en reflexionar acerca de aquellos principios que, por la propia idiosincrasia del ámbito disciplinario de los estudiantes universitarios, merecen de una manera más clara un estudio y una valoración singular. Se trata, en concreto, de los principios de legalidad, de tipicidad y de culpabilidad.

1. La cuestión del principio de legalidad formal

A. La legítima y plausible opción de la LCU por la tipificación directa de las faltas disciplinarias y las sanciones

Uno de los aspectos de la LCU que merecen una valoración positiva es, sin duda, el hecho de que haya elevado el rango de la norma en la que se tipifican las faltas y las sanciones. Tras la entrada en vigor de la Norma Fundamental y la consiguiente consagración del principio de legalidad en materia de tipificación de infracciones y sanciones (art. 25 CE), se planteó el interrogante acerca de si el Reglamento de 1954 mantenía su vigencia o, por el contrario, había devenido nulo. Los tribunales de justicia salvaron la vigencia del citado Reglamento con arreglo a la consolidada doctrina constitucional según la cual el aludido principio de legalidad, en su vertiente formal o de exigencia de norma con rango de ley, no es exigible con carácter retroactivo, de suerte que los reglamentos preconstitucionales que tipificaban infracciones y sanciones debían considerarse constitucionalmente legítimos y, por ende, vigentes[3]. En el caso del Reglamento de disciplina de los estudiantes universitarios de 1954 dicha vigencia fue afirmada de manera explícita por numerosos pronunciamientos judiciales[4].

Con independencia de que la jurisprudencia reconociese la vigencia del Reglamento de 1954, era incuestionable que con arreglo al principio de legalidad el escenario óptimo en la materia pasaba por que el régimen disciplinario de los estudiantes universitarios se contuviese en una norma con rango de Ley. Dicha consideración fue sin excepción un lugar común en la doctrina. Sin embargo, más allá de la misma, se mantuvo en todo momento abierto un muy interesante debate doctrinal acerca del alcance y de los requerimientos que el principio constitucional imponía a una nueva regulación sobre el particular.

El punto de partida de dicha controversia residía en el hecho, inequívoco y también afirmado por la jurisprudencia, de que los estudiantes universitarios se hallan en una relación de sujeción especial respecto de la universidad correspondiente[5]. Como bien se sabe, la doctrina del Tribunal Constitucional ha admitido una cierta laxitud en las exigencias del principio de reserva de Ley en materia de tipificación de infracciones y sanciones en el ámbito de las relaciones de sujeción especial. En efecto, si bien ha sido categórica en

---

3 En efecto, como es bien sabido, el Tribunal Constitucional sentó bien pronto la interpretación del principio de legalidad según la cual la exigencia de norma con rango de Ley en orden a la tipificación de infracciones y sanciones no era exigible con efectos retroactivos, de modo que aquellos reglamentos preconstitucionales que definían infracciones y sanciones se consideraban ajustados a la Norma Fundamental y, por consiguiente, mantenían su vigencia. En tal sentido, por ejemplo, las SSTC 15/1981, de 7 de mayo; 42/1987, de 7 de abril; 101/1988, de 8 de junio; 29/1989, de 6 de febrero; 83/1990, de 10 de mayo; 219/1991, de 25 de noviembre; 93/1992, de 11 de junio; 305/1993, de 25 de octubre; 117/1995, de 17 de julio, y 16/2004, de 23 de febrero.

4 Amén de que el Reglamento de 1954 ha sido aplicado con naturalidad, es decir, sin siquiera cuestionarse su vigencia, por infinidad de sentencias, son asimismo numerosos los pronunciamientos judiciales en que dicha vigencia es afirmada de manera explícita. En ese sentido, a simple modo de ejemplo, las siguientes sentencias: STS de 9 de septiembre de 1988, STS de 11 de abril de 1989, STS de 7 de marzo de 2002 (rec. núm. 7023/1994); STSJ Madrid núm. 707/1998, de 22 de julio (rec. núm. 1082/1996); STSJ Castilla y León (Valladolid), núm. 1214/2021, de 10 de noviembre (rec. núm. 256/2021); o STSJ Murcia núm. 475/2023, de 16 de octubre (rec. núm. 499/2022).

5 Sobre el particular, por ejemplo, la STS de 7 de junio de 1999 (rec. núm. 5764/1992) y la STS de 7 de marzo de 2002 (rec. núm. 7023/1994).

la afirmación de que dicha tipificación está sometida al principio de legalidad formal, de modo que ha de contar en todo caso con la necesaria cobertura en norma con rango Ley, también ha auspiciado un mayor margen de intervención al reglamento. Lo cierto es, sin embargo, que, a pesar del tiempo transcurrido desde el advenimiento de la Norma Fundamental, y de las numerosas ocasiones en que se ha planteado la cuestión, no puede hablarse de una delimitación precisa e inequívoca de los términos concretos en que el principio de legalidad formal rige en orden a la tipificación de faltas y sanciones en el terreno de las relaciones de sujeción especial.

Esta imprecisión ha servido de base, en fin, para que en el ámbito que ahora nos ocupa, de la tipificación de faltas y sanciones disciplinarias de los alumnos universitarios, surgieran tres planteamientos diversos. Por un lado, en la que salvo error por mi parte constituye la tesis minoritaria sobre el particular, se ha sostenido que la tipificación en cuestión debe realizarse a través de Ley Orgánica, toda vez que la misma forma parte del desarrollo del derecho fundamental a la educación consagrado en el art. 27 CE[6]. A mi juicio, dicho planteamiento no tiene en cuenta la delimitación del contenido esencial del derecho fundamental a la educación llevado a cabo por el Tribunal Constitucional, del que no forma parte el régimen disciplinario de los alumnos. En ese sentido, la delimitación del contenido esencial del derecho a la educación[7] es fruto de lo que podríamos calificar como un complejo proceso de colmatación por parte de muy numerosas sentencias del Tribunal Constitucional[8]. En todo caso, en lo que aquí interesa, dicho contenido esen-

6 Así lo entiende, por ejemplo, Anna PALLARÉS SERRANO, «Análisis...», *cit.*, p. 166, con base en el hecho de que la imposición de una sanción que implique la expulsión de un alumno del sistema universitario durante un periodo de tiempo determinado afecta al precitado derecho fundamental a la educación. Sustenta, además, su conclusión, en la STS de 7 de marzo de 2002 (rec. núm. 7023/1994). Confieso que no he sabido ver la conexión entre la argumentación jurídica de dicha sentencia con la conclusión de que la expulsión del sistema universitario afecte al derecho fundamental a la educación y, por ende, la tipificación de infracciones y sanciones deba llevarse a cabo mediante Ley Orgánica.

7 Para un estudio doctrinal sobre el contenido del derecho fundamental a la educación, véanse, por ejemplo, los trabajos de José Luis MARTÍNEZ LÓPEZ-MUÑIZ, «La educación en la Constitución Española (derechos fundamentales y libertades públicas en materia de enseñanza», *Persona y Derecho: Revista de Fundamentación de las Instituciones Jurídicas y de Derechos Humanos*, 6, 1979, pp. 215 y ss.; Antonio EMBID IRUJO, «El contenido del derecho a la educación», *Revista Española de Derecho Administrativo*, 31, 1981, pp. 653-682; Jaime NICOLÁS MUÑIZ, «Los derechos fundamentales en materia educativa en la Constitución Española», *Revista Española de Derecho Constitucional*, 7, 1983, pp. 335 y ss.; y Francisco Javier DÍAZ REVORIO, «El derecho a la educación», *Anuario Parlamento y Constitución*, 2, 1998, pp. 267 y ss.

8 Los matices que caracterizan el contenido esencial del derecho fundamental a la educación son en efecto muchos, de modo que el conocimiento de los mismos pasa indefectiblemente por el estudio de un significativo número de pronunciamientos del Tribunal Constitucional. No es objeto del presente trabajo aportar una explicación completa y acabada sobre el particular. Sin perjuicio de ello, para una delimitación de conjunto, suma-

cial incluye el derecho a acceder a las enseñanzas regladas que conforman el sistema educativo[9], incluidas las universitarias[10]. Sin embargo, el régimen sancionador de los alumnos no integra el antedicho contenido esencial, tal como se han ocupado de precisar tanto el Tribunal Constitucional[11] como el Tribunal Supremo[12], por lo que la regulación del mismo no es objeto de la reserva de ley orgánica.

---

mente ilustrativa, véase por ejemplo el Fundamento Jurídico 4 de la STC 74/2018, de 5 de julio; y el Fundamento Jurídico 4 de la STC 191/2020, de 17 de diciembre.

9 En ese sentido, entre otros, STC 5/1981, de 13 de febrero, ATC 382/1996, de 18 de diciembre, y ATC 333/1997, de 13 de octubre.

10 Sobre la inclusión de la educación superior o universitaria en el derecho a la educación, baste recordar que así lo establece en términos expresos el art. 26.1 de la Declaración Universal de Derechos Humanos y el art. 13.b) y c) del Pacto Internacional de Derechos Económicos, Sociales y Culturales. Más allá de los indicados instrumentos internacionales, el Tribunal Constitucional español ha afirmado de manera reiterada que el derecho fundamental a la educación «no distingue en función del nivel educativo», de modo que integra también la enseñanza universitaria. En tal sentido, por ejemplo, las SSTC 223/2012, de 29 de noviembre; 131/2013, de 5 de junio; 141/2013, de 11 de julio; 159/2013, de 26 de septiembre; 160/2013, de 26 de septiembre; 176/2015, de 22 de julio; y 191/2020, de 17 de diciembre.

11 Son claros en ese sentido el ATC 382/1996, de 18 de diciembre, y el ATC 333/1997, de 13 de octubre. En concreto, en el primero de los citados puede leerse lo siguiente:
«Este derecho de acceder al centro escolar elegido encuentra, obviamente, un imprescindible correlato en la facultad de proseguir la instrucción en el mismo, de tal modo que la expulsión de la escuela, en determinadas circunstancias, puede entrañar la vulneración del derecho a la educación. Así lo reconoce el TEDH (Sentencia Campbell y Cosans, de 25 de febrero de 1982, butbut 39-41) e, igualmente, también nosotros hemos tenido ocasión de advertirlo. Como apuntamos en la STC 5/1981, refiriéndonos expresamente al derecho fundamental que todos los ciudadanos tienen a la educación (art. 27.1 C.E.): "De nada serviría reconocer este derecho en el texto constitucional si luego fuese posible sancionar arbitrariamente a los alumnos dentro de los centros por supuestas faltas de disciplina cuya consecuencia última pudiera ser la expulsión del centro; con ello se imposibilitaría o, al menos, se dificultaría el ejercicio real de ese derecho fundamental" (fundamento jurídico 28).
Nada obsta, sin embargo, como sucede con la generalidad de los derechos fundamentales, a que esta faceta del derecho a la educación pueda ser lícitamente limitada a fin de salvaguardar otros derechos o bienes de naturaleza constitucional. De ahí que el legislador orgánico, al objeto de tutelar el pacífico disfrute del derecho a la instrucción del conjunto del alumnado, haya establecido como un deber básico del discante, además del estudio, "el respeto a las normas de convivencia dentro del centro docente" (art. 6.2 LODE); normas cuyo establecimiento se confía a la autonomía de los centros privados no concertados (art. 25 LODE). El incumplimiento de las normas de convivencia puede, por consiguiente, justificar suficientemente la expulsión de la escuela, sin que ello suponga en modo alguno la vulneración del derecho fundamental. Sólo, en suma, en los supuestos en que la sanción se haya impuesto arbitrariamente cabría plantearse la hipotética lesión del derecho en cuestión».

12 Es clara, en ese sentido, la STS de 7 de junio de 1999 (rec. núm. 5764/1992), a cuya argumentación en este punto se remite expresamente la posterior STS de 7 de marzo de 2002 (rec. núm. 7023/1994). En el primero de los pronunciamientos citados puede leerse lo siguiente:
«que la sanción impuesta no vulnera el derecho a la educación reconocido en el art. 27 de la CE, pues la titularidad y goce de tal derecho es compatible con las atribuciones de

Descartada la reserva de ley orgánica en materia de tipificación de infracciones y sanciones de los alumnos universitarios, el debate se centra por tanto en el alcance de la reserva de ley ordinaria que en la materia deriva del art. 25 CE, esto es, del principio de legalidad formal en el ámbito sancionador. Algunos autores han venido interpretando que, en el terreno que nos ocupa, el principio de reserva de Ley se vería suficientemente satisfecho con la existencia de una habilitación legal genérica —o remisión legal en blanco— sin necesidad de que la Ley llevase a cabo una definición de los tipos infractores y sancionadores; tipificación que podría ser concretada por norma reglamentaria y, en particular, por la normativa interna de cada universidad. Esta conclusión se ha pretendido reforzar con el hecho de que los claustros universitarios tienen carácter representativo y legitimidad democrática y la equiparación con el reconocimiento de la potestad tipificadora a las Corporaciones locales[13]. En cuanto a los preceptos que supuestamente darían la necesaria cobertura legal a la tipificación de faltas y sanciones disciplinarias de los alumnos por parte de las universidades, en un primer momento se acudió al art. 27.3 LRU[14] y, tras la derogación del mismo, al art. 46.2 LOU[15], como se sabe también abrogado por la vigente Ley Orgánica 2/2023, de 22 de marzo, del Sistema Universitario.

---

la Administración educativa para restringir su disfrute a quien, con motivo de las pruebas encaminadas a verificar sus conocimientos (art. 27.1 y 3 de la LRU), incumple obligaciones que son exigibles en la situación de sujeción especial en que se hallan los estudiantes matriculados en los centros universitarios, siempre que tales sanciones sean congruentes al fin del mantenimiento de la disciplina académica y proporcionadas a la gravedad de la infracción, circunstancias que concurren en nuestro caso, en el que debe además ponderarse la limitada duración temporal de la sanción impuesta y la posibilidad que ha tenido la estudiante sancionada de cursar los estudios de Derecho en centros de alguna de las otras Universidades existentes incluso en la misma ciudad de Madrid».

13 La tesis que entiende que para dar satisfacción al principio de legalidad formal en la tipificación de infracciones y sanciones de los estudiantes universitarios es suficiente con una habilitación o remisión legal en blanco, de suerte que sean los propios claustros universitarios —de carácter representativo y dotados de legitimidad democrática— quienes puedan desarrollar la labor tipificadora, ha sido sostenida, en otros, por José Manuel Alegre Ávila, «Una pincelada al hilo de una noticia periodística sobre la potestad sancionadora de las universidades en relación a los estudiantes universitarios», de consulta en https://acortar.link/zWblar; Alejandro Nieto García, «Régimen disciplinario», cit, pp. 542-544; Asunción Nicolás Lucas, «A vueltas con la disciplina universitaria», *cit*, pp. 170-173; y José Antonio Tardío Pato, «La potestad disciplinaria», *cit*, pp. 577-579.

14 El citado art. 27.3 de la Ley 11/1983, de 25 de agosto, de Reforma Universitaria, era del siguiente tenor: «[l]as Universidades, a propuesta del Consejo de Universidades, establecerán las normas que regulen las responsabilidades de los estudiantes relativas al cumplimiento de sus obligaciones académicas».

15 El art. 46.2 Ley Orgánica 6/2001, de 21 de diciembre, de Universidades, pautaba lo siguiente: «[l]os Estatutos y normas de organización y funcionamiento desarrollarán los derechos y los deberes de los estudiantes, así como los mecanismos para su garantía».

Frente a la tesis que acabo de exponer tan sintéticamente, otros autores consideraban que la necesidad de cobertura en norma con rango de Ley impuesta por el principio de legalidad no se satisface con una mera remisión en blanco sino que, por el contrario, el indicado principio impone que la determinación de las infracciones y sanciones de los estudiantes universitarios ha de venir establecida directamente en la Ley, sin perjuicio del correspondiente complemento o desarrollo reglamentario[16]. Este planteamiento ponía el acento en el hecho de que tanto la doctrina constitucional como la jurisprudencia han evolucionado en la línea de entender que la mera remisión normativa en blanco en orden a la tipificación de infracciones y sanciones en las relaciones de sujeción especial resulta insuficiente para dar cumplimiento a los rigores del principio de legalidad formal. En ese sentido, cabe recordar cómo, en efecto, y aunque no sin múltiples vacilaciones, se ha ido abriendo paso la interpretación según la cual el tipo de relación —de sujeción general o de sujeción especial— que une al infractor con la administración «no determina modulación alguna del derecho a la legalidad sancionadora»[17]. Y de ello el Tribunal Constitucional ha seguido que en las tan reiteradas relaciones de sujeción especial, «una sanción carente de toda base normativa legal devendría no sólo conculcadora del principio objetivo de legalidad, sino lesiva del derecho fundamental consagrado en el art. 25.1 CE; ahora bien, esa base normativa legal también existe cuando la Ley se remite, *concretando la especificación y gradación de las infracciones*, a normas inferiores, puesto que tal

16 Son de tal parecer, entre otros, Juan Pemán Gavín, «El régimen disciplinario», cit, pp. 564-471; Diego Cámara del Portillo, «El trato a los rebeldes», *cit*, pp. 133-138; del mismo autor, «Artículo 46. Derechos y deberes de los estudiantes: especial referencia al régimen disciplinario», en el VV.AA., *Un paseo por la LOU. Análisis sistemático de la Ley Orgánica 6/2001, de 21 de diciembre, de Universidades*, ed. Universidad Pontificia de Comillas, Madrid, 2003, pp. 423-427; del mismo autor, «El régimen disciplinario», *cit.*, pp. 194-199; Enrique Hita Villaverde, Ignacio Jiménez Soto y Ricardo Martín Morales, «El régimen disciplinario», *cit*, pp. 367; Ignacio Jiménez Soto, «El régimen disciplinario», *cit.*, pp. 266-267; y Manuel Rebollo Puig, «Regulación y aplicación», *cit.*, pp. 234-235.

17 Tomo el entrecomillado de la STC 13/2013, de 28 de enero, que a su vez hace suya la doctrina contenida sobre el particular en la STC 132/2001. Más exactamente, en el Fundamento Jurídico 4 de la primera de las sentencias citadas, puede leerse lo siguiente:
«Por otra parte, debe señalarse que, como sostuvimos en la STC 132/2001, de 8 de junio, en un supuesto en el que se recurría en amparo una sanción impuesta a un taxista, la relación administrativa que une al Ayuntamiento de Madrid con el sancionado no determina modulación alguna del derecho a la legalidad sancionadora. Ello porque "ningún precepto constitucional prevé, ni explícita ni implícitamente, la limitación de derechos constitucionales en un ámbito de actividad económica privada, aunque esté intervenida y reglamentada, como es la prestación de servicios de transporte en auto-taxi". Por esta razón, "con independencia de cómo se denomine la relación que une al titular de la licencia de auto-taxi con su Ayuntamiento, no hay fundamento alguno para que la sanción impuesta al recurrente carezca de la cobertura legal que, con carácter general, exige el art. 25.1 CE", conclusión que reafirmamos en este caso».

mecanismo permite reconocer la existencia de la necesaria cobertura de la potestad sancionadora en una norma con rango de Ley» [la cursiva es mía][18].

Sin perjuicio de lo que expongo en el apartado siguiente, la LCU ha puesto en buena medida fin al indicado debate doctrinal concerniente al alcance del principio de legalidad formal en orden a la tipificación de infracciones y sanciones de los estudiantes universitarios[19]. Lo ha hecho decantándose de manera evidente y, en mi opinión, plenamente acertada por la interpretación expuesta en último lugar. En ese sentido, tras reconocer abiertamente que el Decreto de 1954 incumplía «los principios fundamentales de legalidad y tipicidad», en el Preámbulo de la LCU se afirma que «[l]a ley establece, asimismo, los principios sobre los cuales se ejercerá la potestad disciplinaria, *destacando el principio fundamental de legalidad* y tipicidad de las faltas y sanciones, eliminando, así, el amplio margen de discrecionalidad existente hasta el momento» [la cursiva es mía]. Por su parte, el articulado de la LCU es particularmente inequívoco al respecto, toda vez que tanto la definición de las faltas (arts. 11 a 13) como la delimitación de las sanciones (art. 14) son susceptibles de ser calificadas como acabadas o, si se prefiere la expresión, directamente operativas sin necesidad de remisiones normativas ni de ulteriores desarrollos reglamentarios.

Dicha conclusión se ve además confirmada por el margen que la propia LCU deja a las universidades para participar en la tipificación de faltas disciplinarias de sus alumnos y de las correspondientes sanciones. Sobre el particular son claros los arts. 10.2 y 14.2, en los que se las habilita para llevar a cabo una tipificación en los estrictos límites a los que tradicionalmente se ha acotado el desarrollo reglamentario en materia sancionadora. En tal sentido, y en unos términos claramente tributarios de la regulación general del sector público contenida en el art. 27.3 LRJSP[20], los antedichos preceptos abren la

---

18 Tomo el entrecomillado de los AATC 59/2004, de 24 de febrero y 124/2005, de 4 de abril. En la misma línea de razonamiento, en términos más o menos claros y afortunados, las SSTC 2/1987, de 21 de enero; 69/1989, de 20 de abril; 26/2005, de 14 de febrero; 50/2003, de 17 de marzo; 52/2003, de 17 de marzo; 54/2005, de 14 de marzo; 91/2005, de 18 de abril; 233/2006, de 17 julio; o 13/2013, de 28 de enero.
Asimismo, por lo que se refiere al Tribunal Supremo, cabe aludir a su sentencia de STS de 24 de mayo de 2005 (rec. núm. 2043/2002)

19 Afirmo que la LCU sólo ha puesto fin al debate «en buena medida», porque deja pendiente determinar el alcance de la posibilidad, reconocida expresamente en los arts. 10.2 y 14.2, de tipificación de faltas disciplinarias y sanciones por parte de las Comunidades Autónomas. Sin perjuicio de que presto atención específica a esta cuestión en al apartado siguiente, no cabe descartar que, en la línea postulada por un significativo número de autores a que ya me he referido, alguna Comunidad Autónoma interprete el alcance del principio de legalidad de manera más laxa y, con base en la cobertura o habilitación contenida en los precitados arts. 10.2 y 14.2 LCU, opte por introducir una tipificación adicional a través de norma reglamentaria.

20 Recuérdese que, con arreglo al art. 2.2.c) LRJSP, el citado art. 27.3 LRJSP es de aplicación supletoria a las universidades públicas, esto es, únicamente en defecto de regulación

puerta a que las universidades introduzcan especificaciones o graduaciones a las infracciones y sanciones establecidas en la propia LCU que, sin constituir otras nuevas o alterar la naturaleza o límites de las que la ley contempla, contribuyan a la más precisa determinación de las faltas y sanciones correspondientes.

B. La pervivencia de los interrogantes acerca de la posible tipificación reglamentaria de faltas y sanciones de los alumnos universitarios al hilo de la competencia autonómica en la materia

Sentada la conclusión de que la LCU es rigurosamente respetuosa con el principio constitucional de reserva de ley en materia de tipificación de infracciones y sanciones (art. 25.1 CE), interesa prestar atención a los términos en que se regula la posibilidad de tipificación por las Comunidades Autónomas. Es este un extremo que, como expondré, enlaza directamente con la cuestión estudiada en el apartado precedente, atañedera a la legitimidad constitucional —o no— de la tipificación mediante norma reglamentaria, de modo que impide considerar que el debate jurídico sobre el particular esté definitivamente cerrado o resuelto.

La posibilidad de tipificación por parte de las Comunidades Autónomas aparece regulada en los arts. 10.2 y 14.2 LCU, para las faltas y las sanciones respectivamente. Como he indicado anteriormente, ambos preceptos habilitan a las universidades públicas para el desarrollo de la tipificación contenida en la propia LCU en los términos estrictos en que con carácter general tiene cabida el desarrollo reglamentario en materia sancionadora. En ese sentido, y aún a riesgo de ser reiterativo en exceso, las universidades pueden introducir especificaciones o graduaciones a las infracciones y sanciones que, sin constituir otras nuevas, ni alterar la naturaleza o límites de las que la ley contempla, contribuyan a la más correcta identificación de las conductas, respetando los principios de la potestad sancionadora.

No creo que proceda hacer objeción alguna a dicha posibilidad de desarrollo reglamentario por parte de las universidades, siempre con escrupuloso respeto, por supuesto, a la tipificación contenida en la Ley[21]. Resultan sin embargo más controvertidos —o, al menos, chocantes— los términos con que los precitados arts. 10.2 y 14.2 LCU contemplan la posibilidad de tipificación de infracciones y sanciones disciplinarias de los alumnos universitarios por parte de las Comunidades Autónomas. En concreto, dichas disposiciones normativas regulan la posibilidad de desarrollo reglamentario de la tipifi-

específica. La LCU forma parte de dicha regulación específica sobre universidades.

21 De hecho, dicho esquema normativo fue considerado como el más adecuado por Juan Pemán Gavín, «El régimen disciplinario», *cit.*, pp. 470-471.

cación contenida en la LCU por parte de las universidades, «sin perjuicio de la regulación establecida por las Comunidades Autónomas».

A la luz de la redacción de ambos preceptos, creo que cabe colegir dos consideraciones iniciales, a partir de las cuales abordar el estudio del posible papel a desempeñar por las Comunidades Autónomas en el ámbito que nos ocupa. Por un lado, parece claro que la potestad de tipificación autonómica de faltas y sanciones disciplinarias no se relega al mero desarrollo reglamentario de la tipificación contenida en la LCU. Por el contrario, la labor de desarrollo reglamentario en cuestión aparece atribuida a las universidades, que deberán desempeñarla «sin perjuicio de la regulación establecida por las Comunidades Autónomas». Parece, por tanto —y esta es la segunda consideración que deriva de los arts. 10.2 y 14.2 LCU— que, en el esquema de la LCU, las Comunidades Autónomas pueden tipificar un cuadro de infracciones y sanciones adicional al establecido en la propia LCU. Dicho en otras palabras, la LCU deja la puerta abierta a que las Comunidades Autónomas intercalen una tipificación propia entre la general contenida en la LCU y el desarrollo reglamentario implementado en su caso por las universidades. Tipificación autonómica que operaría de manera simultánea o acumulativa a la establecida por la LCU y, al tiempo, sería de alcance o aplicación general a todas las universidades dependientes o pertenecientes a la Comunidad Autónoma de que se trate.

El juicio de que pueda ser merecedor el planteamiento descrito debe hacerse, en mi opinión, a partir de los títulos competenciales en juego en la materia. Al respecto, tanto el párrafo final del Preámbulo como la Disposición final primera de la LCU afirman que dicha Ley se dicta conforme a lo dispuesto en los arts. 149.1.18ª y 149.1.30ª CE. Dado su valor normativo, y para comprender con mayor facilidad las presentes consideraciones, merece la pena la transcripción de la precitada DF primera LCU, a cuyo tenor:

> «La presente ley se dicta conforme a lo dispuesto en los artículos 149.1.18.ª y 149.1.30.ª de la Constitución Española que atribuyen al Estado competencia exclusiva sobre, respectivamente, las bases del régimen jurídico de las Administraciones públicas y del régimen estatutario de sus funcionarios que, en todo caso, garantizarán a los administrados un tratamiento común ante ellas, así como el procedimiento administrativo común, sin perjuicio de las especialidades derivadas de la organización propia de las Comunidades Autónomas; y normas básicas para el desarrollo del artículo 27 de la Constitución, a fin de garantizar el cumplimiento de las obligaciones de los poderes públicos en esta materia».

Lamentablemente, la LCU no se toma la molestia de precisar cuáles de sus preceptos se dictan al amparo del art. 149.1.18.ª CE y cuales, en cambio, son una concreción de la competencia estatal prevista en el art. 149.1.30.ª CE. A pesar de dicha ausencia de puntualización, no parece controvertido concluir que el precepto que sirve de base a la tipificación de infracciones y sanciones es este último, es decir, el art. 149.1.30.ª CE, en lo concerniente a «las normas básicas para el desarrollo del artículo 27 de la Constitución, a fin de garantizar el cumplimiento de las obligaciones de los poderes públicos en esta materia»[22]. No cabe duda de que, en efecto, las medidas orientadas a garantizar un trato disciplinario igualitario a todos los alumnos universitarios halla encaje con naturalidad en la indicada competencia estatal[23].

En todo caso, y sin perjuicio del acomodo constitucional en el art. 149.1.30.ª CE, la tipificación de infracciones y sanciones también contaría con la cobertura del art. 149.1.1.ª CE, a cuyo tenor es competencia exclusiva del Estado «[l]a regulación de las condiciones básicas que garanticen la igualdad de todos los españoles en el ejercicio de los derechos y en el cumplimiento de los deberes constitucionales». En este caso, el derecho constitucional en juego sería el derecho al estudio como manifestación del derecho a la educación[24]. Llama por ello la atención que dicho precepto no sea aludido expresamente en la LCU —junto con el propio 149.1.30.ª CE— como cláusula legitimadora de la competencia del Estado para regular las infracciones y sanciones que integran el régimen disciplinario de los alumnos universitarios. En todo caso, y precisamente por la indicada omisión al respecto, merece la pena subrayar esa posible cobertura constitucional al cuadro de faltas y sanciones definido por el legislador estatal en la LCU. Y es que, como bien se sabe, el Tribunal Constitucional tiene dicho que los títulos competenciales operan *ope Constitutionis*, de suerte que «la cobertura competencial enunciada por la Ley enjuiciada o la propuesta por las partes durante el proceso constitucional son

22 En efecto, no parece que la tipificación material de las infracciones y sanciones disciplinarias de los alumnos universitarios tenga encaje en la competencia estatal *ex* art. 149.1.18ª CE, tal cual ha sido perfilada por el Tribunal Constitucional. En ese sentido, cabe subrayar que el citado Tribunal ha vinculado la competencia en cuestión a aspectos fundamentalmente organizativos y de actuación y procedimentales de las administraciones públicas, y no a regulaciones materiales o sustantivas sectoriales. Para una delimitación de conjunto sobre el alcance de las competencias estatales en materia de régimen jurídico de las administraciones públicas y de procedimiento administrativo común, véase la STC 132/2018, de 13 de diciembre, en la que se lleva a cabo un recorrido por los pronunciamientos previos sobre el título competencial en cuestión.

23 Sobre el poliédrico alcance y contenido de la competencia estatal establecida en el art. 149.1.30.ª CE, véase, por ejemplo, la STC 26/1987, de 27 de febrero; la STC 207/2021, de 14 de noviembre; o la STC 34/2023, de 18 de abril.
En la doctrina, y con anterioridad a la aprobación de la LCU, el acomodo de una eventual nueva tipificación de infracciones y sanciones de los alumnos universitarios en la competencia estatal prevista en el art. 149.1.30.ª CE había sido afirmada, por ejemplo, por Juan Pemán Gavín, «El régimen disciplinario», *cit.*, p. 469; y José Antonio Tardío Pato, «La potestad disciplinaria», *cit.*, pp. 577-579.

24 En ese sentido, por ejemplo, Juan Pemán Gavín, «El régimen disciplinario», *cit.*, p. 469; y José Antonio Tardío Pato, «La potestad disciplinaria», *cit.*, pp. 577-579.

meramente indicativas y no resultan vinculantes» a la hora de enjuiciar la constitucionalidad de las leyes[25].

Sea como fuere, tanto la cláusula 1.ª como la cláusula 30ª del art. 149.1 CE abocan a un escenario competencial cuya característica definitoria más evidente es que el Estado no está en modo alguno legitimado para introducir un régimen jurídico uniforme en las materias sobre las que se proyectan[26]. Siendo ello así, en una valoración precipitada, cabría pensar que el planteamiento de la LCU por el que se reconoce a las Comunidades Autónomas la posibilidad de tipificar faltas y sanciones disciplinarias de los alumnos universitarios de modo simultáneo o acumulativo a la propia tipificación realizada por el legislador estatal en la LCU, es una consecuencia lógica e ineludible del marco competencial de referencia.

---

25 Véase en ese sentido, por todas, las STC 165/2016, de 6 de octubre, y las otras SSTC en ella citadas. Dado su carácter ilustrativo, merece la pena traer a este trabajo el siguiente pasaje de su Fundamento Jurídico 4:
«También, es doctrina constante que, para decidir si la controversia debe encuadrarse en uno u otro de los números del art. 149, apartado 1, CE, que detallan las competencias exclusivas del Estado, la cobertura competencial enunciada por la Ley enjuiciada o la propuesta por las partes durante el proceso constitucional son meramente indicativas y no resultan vinculantes para este Tribunal. Las competencias son "indisponibles e irrenunciables, tanto para el legislador del Estado como para el de las Comunidades Autónomas"; y este Tribunal tiene el deber de velar de oficio por el respeto a la Constitución en los procesos sometidos a su jurisdicción por las partes legitimadas para ello [arts. 27.1 y 39 de la Ley Orgánica del Tribunal Constitucional (LOTC)]. De ahí se desprende que los títulos competenciales "operan ope Constitutionis, con independencia de que uno u otro legislador hagan invocación explícita de las mismas" o de que éstos incurran en una eventual "selección errónea del título que, por otra parte, en modo alguno puede vincular a este Tribunal" [SSTC 179/1985, de 19 de diciembre, FJ 4; 233/1999, de 16 de diciembre, FJ 4 a), y 141/2014, de 11 de septiembre, FJ 7]. También se desprende que "el orden de competencias y la definición de las que, en cada caso, se ejerzan, no pueden quedar a merced de las alegaciones de las partes, sino que deben ser determinadas en atención a los criterios objetivos que sobre cada materia establecen la Constitución, los Estatutos de Autonomía y las Leyes a las que éstos y aquélla remitan" (SSTC 69/1988, de 19 de abril, FJ 2, y 175/2011, de 8 de noviembre, FJ 3)».

26 Por lo que se refiere al art. 149.1.1.ª CE, el Tribunal Constitucional tiene sentado, en efecto, que el mismo no habilita al Estado para establecer un régimen jurídico completo en la materia de que se trate en cada ocasión, sino que dicho régimen completo debe ser diseñado por quien corresponda competencialmente (Estado o Comunidades Autónomas), respetando en todo caso las condiciones básicas fijadas con arreglo a dicho art. 149.1.1.ª CE. Véase este planteamiento en, entre otras muchas, las SSTC 37/1987, de 26 de marzo; 61/1997, de 20 de marzo; 148/2012, de 5 de julio, o 173/2012, de 15 de octubre.
En relación con el art. 149.1.30.ª CE, el Tribunal Constitucional han ido realizando una delimitación *ad casum* de los aspectos que pueden ser regulados con carácter básico con arreglo a dicho precepto. En todo caso, en tanto que competencia básica, el Estado no puede establecer la totalidad de las condiciones para el desarrollo del art. 27, sino únicamente aquellas condiciones que merezcan la consideración de básicas a tal efecto, de suerte que quede el correspondiente margen a la regulación por parte de las Comunidades Autónomas. Sobre el particular, por ejemplo, la STC 111/2012, de 24 de mayo.

Dicha conclusión sería a mi juicio desafortunada, en tanto que desconocedora de la doctrina constitucional que, con base precisamente en el art. 149.1.1.ª CE, impone la necesidad de «unidad en lo fundamental del esquema sancionatorio». Dicha jurisprudencia implica que, aunque tengan competencias sustantivas para tipificar infracciones y sanciones en la materia de que se trate, las Comunidades Autónomas tienen vetado articular una normativa sancionadora que «suponga una divergencia cualitativa sustancial respecto a esa normativa sancionadora estatal que produzca una ruptura de la unidad en lo fundamental del esquema sancionatorio que pueda calificarse además de irrazonable y desproporcionada al fin perseguido por la norma autonómica»[27].

La proyección del planteamiento constitucional apuntado al ámbito que nos ocupa, concerniente a la tipificación de infracciones y sanciones disciplinarias de los alumnos universitarios, impone una interpretación restrictiva de la posibilidad de tipificación autonómica prevista en los arts. 10.2 y 14.2 LCU. En ese sentido hay que rechazar la plena libertad de las Comunidades Autónomas para llevar a cabo una tipificación adicional y simultánea o acumulativa a la contenida en la LCU. Por el contrario, la intervención normativa autonómica en la materia deberá ajustarse a la antedicha unidad en lo fundamental del esquema sancionatorio perfilado en la LCU, de suerte que no le es dado introducir divergencias sustanciales a dicho esquema que, además, resulten irracionales y desproporcionadas para conseguir los fines propios de la convivencia universitaria. Ello supone, de facto, que el margen tipificador que en la práctica queda a las Comunidades Autónomas es realmente estrecho.

En todo caso, y sin perjuicio de que, con los límites indicados, la tipificación por parte de las Comunidades Autónomas sea constitucionalmente legítima, en mi opinión sería deseable que por parte de estas se adoptase una actitud de mesura o, mejor aún, de retracción o de abdicación en la materia, con el fin de evitar una indeseable y sin duda distorsionante dispersión legislativa. Después de todo, la acción normativa autonómica consistente en intercalar su propia regulación entre la LCU y el correspondiente desarrollo reglamentario de las diversas universidades, implicaría que el cuadro de infracciones y sanciones se nutriera simultáneamente de tres fuentes diversas. Una multiplicidad de normas de referencia, en fin, que no haría sino redundar en posibles solapamientos, dificultades interpretativas y, en una palabra, en inseguridad jurídica, tanto para las universidades, que son las que a la postre han de ejercer la potestad disciplinaria sobre sus estudiantes como, sobre todo, para estos últimos, que pueden ver dificultado el conocimiento de aquellas de sus posibles conductas constitutivas de infracción y de la sanción que pueda corresponderles.

27 Véase la formulación de dicha doctrina constitucional, por ejemplo, en las SSTC 87/1985, de 16 de julio; 48/1988, de 22 de marzo; 136/1991, de 20 de junio; 130/2013, de 4 de junio; y 86/2017, de 4 de julio.

Sin perjuicio de las anteriores consideraciones, lo cierto es que las Comunidades Autónomas disponen de margen para la tipificación propia de faltas y sanciones de los alumnos universitarios. Esta circunstancia determina que sigan abiertos los interrogantes —y por ende el debate— acerca del alcance del principio de reserva de ley en la materia y, en consecuencia, sobre la legitimidad o la ilicitud constitucional de la tipificación mediante reglamento. Al respecto, no es descartable que las Comunidades Autónomas que resuelvan abordar dicha tipificación, opten por hacerlo a través de disposición administrativa general con base en la interpretación más laxa de las exigencias derivadas del principio de legalidad respecto de las relaciones de sujeción especial. A favor de esa hipotética línea de entendimiento y de proceder autonómicos, la indicada tipificación reglamentaria contaría con la cobertura legal proporcionada por los precitados arts. 10.2 y 14.2 LCU, viéndose de ese modo adecuadamente satisfechos los imperativos de la reserva de ley.

Como he explicado en el apartado precedente, soy del parecer de que la jurisprudencia —tanto del Tribunal Constitucional como de la justicia ordinaria— impone una interpretación más rigurosa o más exigente del principio de legalidad en lo concerniente al grado de definición de los tipos infractores y sancionadores por parte de la ley en los ámbitos de las relaciones de sujeción especial. A tenor de dicha lectura, los imperativos del principio de legalidad no se satisfacen con la mera cobertura legal con remisión genérica para la tipificación reglamentaria, sino que requieren que la especificación y gradación de las infracciones y sanciones se establezca directamente en norma con rango de Ley. En todo caso se trata, como he intentado exponer, de un debate abierto. Una controversia, en fin, que la LCU no ha cerrado ni posiblemente tenía en su mano cerrar, dada la imposibilidad jurídica por su parte de imponer una determinada comprensión y alcance del principio de legalidad, y el régimen competencial reinante en la materia disciplinaria de los alumnos universitarios. Tal vez una futura tipificación reglamentaria autonómica de faltas y sanciones en ese sentido fuerce un pronunciamiento judicial que contribuya a aclarar la cuestión si bien, en los términos y por las razones que he defendido unos párrafos atrás, es deseable que el advenimiento de dicha regulación no llegue a producirse.

2. El principio de tipicidad

A. Valoración de conjunto del cuadro de infracciones y sanciones desde la perspectiva del principio de tipicidad

La faceta más delicada del contenido del Reglamento de 1954 era sin duda la concerniente a la tipificación de infracciones y sanciones («correcciones» en la terminología de la norma). La doctrina científica fue uniforme e insistente al respecto, poniendo de manifiesto los numerosos inconvenientes que planteaba el cuadro de infracciones y sanciones contenido en la Ley. No procede que me demore en la explicación detallada de las deficiencias en cuestión. Sirva tanto solo apuntar que el origen de las mismas se situaba en cuatro órdenes de concausas. Por un lado, en el propio devenir de los tiempos, lo que determinó que la lista de faltas y de medidas correctivas resultase excesiva en algunos puntos e insuficiente en otros[28]. Por otro lado, conviene subrayar que el advenimiento de la Constitución impuso un modelo de universidad más democrática, en el que el régimen disciplinario del Reglamento de 1954, pensado para la garantía del orden público académico, resultaba inapropiado por trasnochado[29]. En tercer lugar, la consagración constitucional de los derechos fundamentales y libertades públicas supuso la inconstitucionalidad de algunos de los tipos previstos[30]. Y, en fin, la consabida

28 En cuanto a los excesos, cabe aludir, por ejemplo, a la calificación como falta menos grave de «[l]as faltas de asistencia a clase» [art. 6.c).3.ª].
Y en lo concerniente a la «ausencia» o «carencia de tipos», se ha aludido a la ausencia de tipificación explícita de conductas indudablemente contrarias a la disciplina académica, tales como, por ejemplo, la falta de respeto a los criterios establecidos en materia de exámenes y pruebas de evaluación, la causación de daños a los bienes de la universidad o de otros miembros de la comunidad universitaria o la sustracción de los mismos. En ese sentido, por ejemplo, Diego CÁMARA DEL PORTILLO, «El trato a los rebeldes», *cit.*, pp. 142-143; y Juan PEMÁN GAVÍN, «El régimen disciplinario», *cit.*, pp. 446-447.

29 Esta consideración, puesta de manifiesto por la doctrina, está bien presente en la LCU, en cuyo Preámbulo, y en referencia al Reglamento de 1954, puede leerse lo siguiente:
«Aquel Reglamento de Disciplina Académica está diseñado principalmente para controlar el orden público en las universidades con caracteres propios de un Estado dictatorial. Por lo tanto, resulta a todas luces contrario a la protección de los bienes jurídicos e intereses propios del marco político, jurídico y social de nuestra democracia actual. La necesidad de expulsar expresamente esta norma de nuestro ordenamiento jurídico democrático viene justificada por su colisión con nuestra Constitución, los principios y valores democráticos, la libertad y el pluralismo religioso, la aconfesionalidad del Estado y la regulación actual del sistema universitario español. De forma más pragmática, su vigencia supone mantener un sistema exclusivamente punitivo, que recoge sanciones desproporcionadas a la entidad de los hechos sancionados y mantiene un procedimiento sancionador ajeno a las garantías mínimas del régimen disciplinario en un Estado social y democrático de Derecho».

30 Al respecto cabe destacar, significativamente, la falta prevista en el art. 5.a).1.ª, esto es, «las manifestaciones contra la religión y moral católicas o contra los principios e instituciones del Estado», cuya falta de coherencia para con el principio de pluralismo político y el derecho a libertad ideológica y religiosa era evidente.
Así lo planteó en su día Juan PEMÁN GAVÍN, «El régimen disciplinario», *cit.*, p. 443, al afirmar que, tras la entrada en vigor de la Constitución dicha falta disciplinaria debía considerarse no vigente y que, si quería configurarse algún tipo infractor, el mismo debería tener como bien jurídico protegido el respeto a la libertad ideológica y religiosa y a las convicciones de los demás. Con el citado autor, Diego CÁMARA DEL PORTILLO, «El trato a los rebeldes», *cit.*, p. 140. Más recientemente, en la misma línea, y teniendo ya a la vista la vigente y muy controvertida regulación «de los delitos contra la libertad de conciencia, los sentimientos religiosos y el respeto a los difuntos» (arts. 522 a 526 CP), Manuel REBOLLO PUIG, «Regulación», cit, p. 224.

consagración por la Norma Fundamental de los principios de la potestad sancionadora tal como los entendemos en la actualidad, en particular, y en lo que ahora interesa[31], el principio de tipicidad, implicó asimismo que algunos de los tipos no cumpliesen con los estándares de definición exigibles[32].

31 Parece claro, por ejemplo, que la posible perpetuidad de las correcciones anudadas por el art. 6.a) a las faltas graves no resultaba respetuosa con el principio de proporcionalidad de las sanciones, el cual, según tiene reiteradamente afirmado el Tribunal Constitucional, es inherente al principio de legalidad sancionadora consagrado en el art. 25 CE. Conviene recordar que las sanciones aludidas eran las siguientes: «1.ª Inhabilitación temporal o perpetua para cursar estudios en todos los centros docentes. 2.ª Expulsión temporal o perpetua de los Centros comprendidos en el Distrito Universitario. 3.ª Expulsión temporal o perpetua del Centro».
Sobre el principio de proporcionalidad de las sanciones administrativas como manifestación o correlato del principio constitucional de legalidad en materia sancionadora *ex* art. 25 CE, véanse, entre otros, los siguientes pronunciamientos del Tribunal Constitucional: STC 133/1987, de 21 de julio; STC 55/1996, de 28 de marzo; STC 161/1997, de 2 de octubre, STC 136/1999, de 20 de julio; STC 127/2009, de 26 de mayo; STC 60/2010, de 7 de octubre, ATC 145/2015, de 10 de septiembre; y STC 74/2022, de 14 de junio. Dicha cuestión ha sido recientemente abordada por Gustavo Manuel Díaz González, «Legalidad, proporcionalidad y márgenes de apreciación en la determinación de las sanciones administrativas: una crítica de la jurisprudencia constitucional», *Revista General de Derecho Administrativo*, núm. 62, 2023.

32 Tal es el caso, en particular, de la deficiente definición de las faltas leves por parte del art. 5.c) del Reglamento, a cuyo tenor merecían dicha consideración «cualesquiera otros hechos no comprendidos en los apartados anteriores que puedan causar perturbación en el orden o disciplina académicos». La nulidad de dicho tipo infractor por no satisfacer la exigencia de precisión en la definición impuesta por el principio de tipicidad es afirmada, por ejemplo, por la Audiencia Nacional en su sentencia de 4 de octubre de 2022 (rec. núm. 31/2021), concerniente a un comportamiento consistente en la comunicación de varios alumnos mediante una aplicación de mensajería instantánea (WhatsApp) durante la realización de un examen en línea).
El mismo juicio de nulidad merecería en mi opinión la falta menos grave prevista en el art. 5.b).1ª, consistente en «[l]as palabras o hechos indecorosos o cualesquiera actos que perturben notablemente el orden que debe existir en los establecimiento de enseñanza, dentro o fuera de las aulas». Sobre la infracción relativa a las palabras o hechos indecorosos se pronunció el TSJ del País Vasco en su sentencia 559/2014, de 10 de diciembre (rec. núm. 40/2014), en los términos siguientes:
«Para la Sala, en cambio, no ofrece sentido la aplicación de un tipo infractor tan arcaico y descontextualizado como el que se maneja, cuando, dentro de sus evidentes limitaciones (y hasta inexplicable supervivencia en un Estado compuesto cuyos poderes públicos producen centenares de disposiciones cada día), el Decreto de régimen disciplinario de 1.954 ofrecería el soporte indispensable para sancionar conductas individuales conflictivas, inadaptadas y hasta anómicas de un alumno dentro del ámbito universitario como las que en el expediente se ponen de manifiesto.
En todo caso, concluimos que más que centrada en la idea de lo "indecoroso", que es seguro que el Decreto refería a conductas propias de la moral social y costumbres de la época en aspectos muy remotos a lo que en este proceso se examina, el centro de gravedad ha de verse en línea con actos que sean notablemente perturbadores del orden académico, que es la vertiente más general que el precepto abarca».

Creo que, en términos generales, y sin perjuicio de algunas precisiones a las que me referiré seguidamente, la LCU se ha hecho eco de las exhortaciones realizadas por la doctrina en orden a la superación de las numerosas deficiencias presentes en la tipificación contenida en el Reglamento de 1954, y ha salvado satisfactoriamente los inconvenientes que el mismo planteaba. En ese sentido, puede decirse que el cuadro de infracciones previsto es coherente con la realidad universitaria actual, con su idiosincrasia y su problemática en materia de disciplina académica. Al propio tiempo, específicamente desde la perspectiva del principio de tipicidad[33], cabe afirmar que el cuadro de faltas (arts. 11 a 13) y de sanciones (art. 14), se acomoda a los requerimientos de precisión descriptiva de las conductas infractoras derivados de dicho principio constitucional[34].

Descendiendo a una valoración de aspectos concretos, y sin ánimo de exhaustividad, es remarcable cómo se lleva a cabo una actualización de los tipos, de modo que resulten acordes con los derechos fundamentales y con los valores y los principios democráticos que tras la Constitución presiden el modelo universitario. Destacan al respecto, por ejemplo, las faltas muy graves consistentes en conductas o actuaciones vejatorias, física o psicológicamente, que supongan un grave menoscabo para la dignidad de las personas [art. 11.a) LCU], de acoso o ejercicio de la violencia [art. 11.b) LCU], de acoso sexual o por razón de sexo [art. 11.c) LCU], y de discriminación [art. 11.d) LCU]. En la misma línea, pero vinculado a la representatividad y legitimidad democrática de los principales órganos de gobierno de la universidad, impuesta también por la Norma Fundamental, destaca la tipificación como

33 No procede abordar el estudio del significado del aludido principio de tipicidad, sobre el que, por lo demás, han corrido ríos de tinta y se han dictado infinidad de sentencias del Tribunal Constitucional y de los tribunales de justicia. En todo caso, a efectos meramente ilustrativos y, por tanto, sin abordar los pormenores, interesa recordar que el indicado principio de la potestad sancionadora, reconocido en el art. 25 CE, exige que tanto las infracciones como las sanciones estén descritas en la ley con el suficiente grado de precisión o detalle, de modo que el ciudadano pueda llevar a cabo un juicio de anticipación, es decir, saber de antemano si su conducta es o no constitutiva de infracción y, en caso afirmativo, a qué sanción se arriesga en caso de ser descubierto. Sobre el alcance de este principio de tipicidad, a modo de pequeño ejemplo, véanse las SSTC 270/1994, de 17 de octubre; 150/2020, de 22 de octubre, 13/2021, de 28 de enero; y 77/2022, de 15 de junio. Por supuesto en el mismo sentido, el Tribunal Supremo en, entre otras muchas, la sentencia de 23 de marzo de 2015 (rec. núm. 1882/2013); o la muy detallada y clarificadora sentencia 838/2022, de 23 de junio (rec. núm. 4460/2020).

34 Coincido en este punto con la valoración de conjunto de Belén Marina Jalvo, quien afirma que «la LCU ha hecho un esfuerzo por tipificar con un grado considerable de detalle y claridad las conductas constitutivas de infracción, sin incluir cláusulas generales y sin abusar de conceptos jurídicos indeterminados» (véase su trabajo, «Convivencia pacífica, medios alternativos de solución de conflictos y sistema de disciplina en el ámbito universitario. Algunas consideraciones sobre la Ley de convivencia universitaria», *Revista General de Derecho Administrativo*, núm. 60, 2022, p. 16).

falta muy grave de las conductas impeditivas del desarrollo de los procesos electorales de la universidad [art. 11.j LCU][35].

Asimismo, la LCU ha tipificado comportamientos relativos a los bienes y servicios universitarios, cuya ausencia en el Reglamento de 1954 era evidente y, como he apuntado anteriormente, había sido denunciada por diversos autores. Así, por ejemplo, en relación con los bienes, se tipifican como falta muy grave «destruir y deteriorar de manera irreparable o sustraer obras catalogadas del patrimonio histórico y cultural de la universidad» [art. 11.f) LCU]; como falta grave «deteriorar gravemente los bienes catalogados del patrimonio histórico y cultural de la universidad» [art. 12.b) LCU]; y como falta leve, «realizar actos que deterioren los bienes del patrimonio de la universidad» (art. 13.c) LCU].

Por último —e insisto en que en modo alguno pretendo hacer un recorrido completo por el cuadro de infracciones y sanciones contenido en la LCU— es especialmente destacable cómo la Ley realiza un claro esfuerzo por tipificar un conjunto de conductas fraudulentas de los alumnos. Cabe mencionar en este punto, por ejemplo, las faltas muy graves de alteración, falsificación, sustracción o destrucción de documentos, así como de utilización de documentos falsos ante la universidad [art. 11.f) LCU]; de plagio y fraude académico en la elaboración de trabajos de fin de grado, de fin de máster y en tesis doctorales [art. 11.g) LCU]; y de suplantación activa y pasiva a miembros de la comunidad universitaria (art. 11.i) LCU]. En la misma línea, las faltas graves de apoderamiento indebido del contenido de pruebas, exámenes o controles de conocimiento [art. 12.a) LCU]; y el fraude académico al margen de trabajos de fin de grado, de fin de máster y en tesis doctorales [art. 12.d) LCU].

Las faltas aludidas en el párrafo precedente engloban las conductas fraudulentas más habitualmente cometidas por los alumnos en el terreno estrictamente académico o, dicho con mayor precisión, en el ámbito de la acreditación y evaluación de sus conocimientos. Me estoy refiriendo, obviamente, a comportamientos tales como plagiar trabajos de todo tipo, copiar en exámenes a través de cualquier método —desde el más sencillo, como la utilización de chuletas, hasta el más sofisticado a través de medios tecnológicos de diversa índole—, introducirse en los despachos para obtener anticipadamente copias de los exámenes, acceder a los sistemas informáticos y ordenadores para hacerse con exámenes o alterar calificaciones, etc. Con independencia del juicio que merezcan los concretos términos en que son definidas o perfiladas en la Ley, creo que es menester subrayar el acierto

35 Conviene recordar que el DLE define «impedir» como «[e]storbar o imposibilitar la ejecución de algo», lo que a mi juicio cierra la posibilidad de interpretar el tipo contenido en el art. 11.j) LCU como una infracción de resultado, es decir, que únicamente se perfecciona si se consigue el resultado material de imposibilitar el desarrollo de proceso electoral. En ese sentido, hay que entender que el mero entorpecimiento entraña la consumación de la infracción aunque finalmente el proceso electoral pueda llevarse a cabo.

de LCU al tipificar dichas conductas de manera explícita y de modo que su identificación pueda desarrollarse en un escenario de razonable seguridad jurídica.

La importancia del planteamiento de la LCU en este punto reside en el hecho de que supera el muy precario régimen del Reglamento de 1954, en el que no cabía otra opción que subsumir dichas conductas en la muy imprecisa infracción grave de «falta de probidad» [art. 5.a) 5.ª]. En efecto, durante la vigencia del Reglamento de 1954, cualquier actuación fraudulenta del alumno en materia de acreditación y valoración de conocimientos era reconducida a la indicada infracción de falta de probidad. El recurso normativo al concepto jurídico indeterminado de «probidad» en orden a la tipificación de infracciones en materia disciplinaria contó en todo momento con el aval de los tribunales, tanto en relación con el régimen disciplinario de los empleados públicos[36] como, en lo que aquí interesa, en lo atañedero a las faltas de los alumnos universitarios[37].

Sin perjuicio de la legitimidad constitucional de dicha tipificación, la misma fue objeto de dos críticas a mi juicio particularmente fundadas. Por un lado, era evidente que el concepto de «falta de probidad» determinaba un escena-

---

36 En relación con los empleados públicos, hasta su derogación por la Ley 30/1984, de 2 de agosto, de Medidas para la reforma de la función pública, la «falta de probidad moral o material» aparecía prevista como falta disciplinaria muy grave en el art. 88.a) del Decreto 315/1964, de 7 de febrero, por el que se aprueba la Ley articulada de Funcionarios Civiles del Estado (Decreto 315/1964, de 7 de febrero). Asimismo, y hasta su abrogación por la Ley Orgánica 9/2015, de 28 de julio, de Régimen de Personal de la Policía Nacional, el art. 206.a) del Reglamento Orgánico de la Policía Gubernativa (Decreto 2038/1975, de 17 de julio) tipificaba como infracción muy grave la «falta de probidad moral o material».
La adecuación del concepto de «falta de probidad» a los requerimientos del principio de tipicidad en materia sancionadora, cuando de relaciones de sujeción especial se trate, fue afirmada sin ambages por la STC 50/1983, de 14 de junio.

37 Los comportamientos encajados por la doctrina en la infracción de «falta de probidad» son variopintos. Por ejemplo, la STS de 15 de diciembre de 2000 (rec. núm. 7161/1993) se refiere a un supuesto en que unos alumnos penetraron en el despacho del profesor y falsearon sus exámenes, obteniendo calificaciones brillantes. Por su parte, las STSJ Madrid núm. 113/1998, de 27 de febrero (rec. núm. 2474/1995), califica de falta de probidad copiar en un examen y confirma la sanción impuesta por la universidad. Las SSTSJ de Madrid núm. 1116/2022, de 21 de noviembre (rec. núm. 607/2022) y la STSJ Castilla y León (Valladolid) núm. 1214/2021, de 10 de noviembre (rec. núm. 256/2021), confirman la falta de probidad en sendos supuestos de plagio en la elaboración de trabajos de fin de máster. La SAN de 4 de noviembre de 2022 (rec. núm. 9/2022) califica como falta de probidad el falseamiento del examen entregado, si bien anula la sanción impuesta por falta de prueba en la comisión de la infracción. En fin, la STSJ Murcia núm. 475/2023, de 16 de octubre (rec. núm. 499/2022), considera falta de probidad el comportamiento consistente en «haber comunicado vía WhatsApp (red social) a un grupo de delegados y subdelegados de las distintas especialidades del Máster de Formación del Profesorado, información del centro, Instituto IES Ramón y Cajal, Centro donde el expedientado, estaba realizando las practicas. En concreto, información de las actividades y del alumnado del Centro IES Ramón y Cajal, con situaciones sensibles y de especial protección».

rio disciplinario marcado por un elevado e indeseable grado de imprecisión e indeterminación. Y, por otro, la tipificación indicada era reprochable toda vez que, en el fondo, y aunque en la práctica se hayan sancionado comportamientos concretos derivados sin duda de la falta de probidad de sus autores, el concepto de probidad no alude a hechos, comportamientos o conductas de la persona, sino a condiciones subjetivas de la misma; en concreto, apelando al DLE, a su grado de honradez o, más exactamente, a su falta de «rectitud de ánimo» o de «integridad en el obrar»[38]. Desde esa perspectiva, la falta en cuestión evocaba a un Derecho punitivo de autor, como bien se sabe radicalmente proscrito en nuestro sistema jurídico[39]. El hecho de que la LCU haya optado por una mayor concreción de las conductas infractoras de los alumnos en orden a la acreditación de conocimientos, evitando conceptos tan imprecisos como el de probidad, ha de ser, en fin, valorado positivamente.

B. Consideraciones críticas sobre algunos de los tipos previstos en la LCU

Como acabo de exponer en el apartado precedente, desde la vertiente del principio constitucional de tipicidad el cuadro de faltas y sanciones contenido en la LCU merece a mi juicio una valoración de conjunto positiva. Ello no empece, sin embargo, que algunos de los tipos previstos presenten dudas o interrogantes a los que conviene prestar atención. No se trata, conviene advertirlo, de deficiencias de precisión en la delimitación o definición de las conductas constitutivas de infracción, sino más bien de opciones del legislador —no sé si conscientes o no—, que ocasionan cierto grado de desconcierto, sobre todo por las consecuencias que en la práctica, y dado el consolidado rigor del principio de taxatividad, pueden derivar de dichas formulaciones. Por lo demás, insisto en que no pretendo un estudio completo acerca de la interpretación de todas y cada una de las faltas tipificadas en la LCU; estudio completo que sólo es posible al compás de la aplicación de la norma por las universidades y el consiguiente control judicial de las sanciones impuestas. El objetivo del presente apartado es mucho más modesto, en la medida en que únicamente persigo advertir de los inconvenientes que presentan algunos de los aludidos tipos.

---

38 En esta idea incide, por ejemplo, Manuel Rebollo Puig, «Regulación y aplicación», *cit.*, p. 226.

39 El Tribunal Constitucional ha afirmado en reiteradas ocasiones que, «con arreglo al principio de culpabilidad, no es constitucionalmente legítimo un derecho punitivo "de autor", en el que las penas y las sanciones administrativas se determinen en atención a la personalidad del reo y no según la culpabilidad de éste en la comisión de los hechos». En tal sentido, por lo que se refiere al ámbito del Derecho penal, la STC 150/1991, de 4 de julio, entre otras. Y en lo que atañe al Derecho administrativo sancionador, por ejemplo, la STC 76/1990, de 26 de abril, la STC 14/2021, de 28 de enero, o la STC 51/2021, de 15 de marzo.

Son dos, en concreto, las previsiones normativas en las que juzgo conveniente detenerme en este trabajo. Por un lado, los términos en que se tipifica la infracción consistente en realizar novatadas o cualesquiera otras conductas o actuaciones vejatorias, física o psicológicamente, que supongan un grave menoscabo para la dignidad de las personas [art. 11.a) LCU]. Y, por otro lado, la exigencia de premeditación para que el fraude académico sea constitutivo de infracción [art. 11.g) LCU].

a) Las novatadas y otras conductas o actuaciones vejatorias [art. 11.a) LCU]

Por lo que se refiere a la primera de las infracciones aludidas en el párrafo precedente, el art. 11.a) LCU dispone que se considera falta muy grave «[r]ealizar novatadas o cualesquiera otras conductas o actuaciones vejatorias, física o psicológicamente, que supongan un grave menoscabo para la dignidad de las personas». Se trata, como puede comprobarse, de un tipo perfilado con base en numerosos conceptos jurídicos indeterminados —novatada, actuación vejatoria, grave menoscabo, dignidad de la persona—. Nada hay que reprochar a dicha técnica tipificadora, toda vez que, como es de sobra conocido, el recurso a los conceptos jurídicos indeterminados en materia de delimitación de infracciones está abiertamente admitido por la jurisprudencia[40]. Es más, me atrevería a decir que dada la tipología de conductas a las que de manera evidente se quiere referir el art. 11.a) LCU en cuestión, el acudimiento a los conceptos jurídicos indeterminados era inevitable, so pena, en caso de no hacerlo, de incurrir en una descripción casuística de comportamientos concretos que en modo alguno podría alcanzar o abarcar toda la posible panoplia de conductas vejatorias para la dignidad de la persona. La consecuencia sería evidente por demás, y es que la imposibilidad material de que la norma previese la totalidad de dichas conductas facilitaría la búsqueda de comportamientos que, siendo manifiestamente reprochables e incluso claramente vejatorios y atentatorios contra la dignidad de la persona, no fuesen susceptibles de ser subsumidos en las conductas descritas en la norma, por lo que la sanción de las mismas sería jurídicamente inviable.

Sin perjuicio del acierto de la delimitación del tipo con arreglo a los indicados conceptos jurídicos indeterminados, creo que la formulación de la falta disciplinaria en cuestión adolece de dos deficiencias más o menos evidentes. Una de ellas se refiere al hecho de que la LCU no afirme de manera terminante que las indicadas conductas son constitutivas de falta y, por tanto, han de ser sancionadas, con independencia de que se cometan en las instalacio-

40 Sobre los términos en que la tipificación de infracciones administrativas con arreglo a conceptos jurídicos indeterminados resulta legítima, es particularmente ilustrativa la STC 13/2021, de 28 de enero, en cuyo Fundamento Jurídico Cuarto lleva a cabo una síntesis de la doctrina constitucional al respecto, con base en los pronunciamientos previos. En la jurisprudencia del Tribunal Supremo, entre otras muchas, por ejemplo la STS de 23 de marzo de 2015 (rec. núm. 1882/2013).

nes o a través de medios universitarios o fuera de ellos. Como bien se sabe, la amenaza de la sanción disciplinaria ha determinado que la comisión de las novatadas en el exterior de los espacios universitarias se haya convertido en una realidad recurrente. Estrategia que a su vez ha servido de excusa perfecta a las universidades para ponerse de perfil ante los aludidos comportamientos, y abdicar del ejercicio de la potestad sancionadora. La descrita no es, en todo caso, una problemática exclusiva de las novatadas, sino que afecta a buen número de las faltas tipificadas en la LCU, por lo presto atención a la misma en el apartado siguiente, con ocasión el estudio de la regulación de la responsabilidad disciplinaria contenida en el art. 6.2 LCU.

La tipificación de las novatadas y otras conductas o actuaciones vejatorias contenida en el art. 11.a) LCU merece a mi juicio una segunda crítica, en concreto en el hecho de que el perfeccionamiento del tipo se condicione a que las mismas «supongan un grave menoscabo para la dignidad de las personas». Sorprende, en fin, que los comportamientos vejatorios no sean constitutivos de falta disciplinaria por si solos, sino que, para ello, hayan de ocasionar un menoscabo para la dignidad de la persona. Al respecto, no me resisto a subrayar la gravedad que por sí solas revisten las conductas vejatorias al hilo del significado del verbo «vejar» según el DLE: «[m]altratar, molestar, perseguir a alguien, perjudicarle o hacerle padecer». Y sorprende de modo todavía más negativo, que dicho menoscabo a la dignidad haya de ser grave, es decir, haya de revestir una intensidad elevada o relevante.

El planteamiento de la LCU en este punto contrasta con la consideración constitucional de la dignidad humana, a la que el art. 10.1 CE califica expresamente como «fundamento del orden político y de la paz social». El Tribunal Constitucional ha insistido en la especial relevancia de la dignidad de la persona y la consiguiente especial protección de que es merecedora. En tal sentido, el supremo intérprete de la Constitución tiene afirmado que «en cuanto "valor espiritual y moral inherente a la persona", la dignidad ha de permanecer inalterada cualquiera que sea la situación en que la persona se encuentre [...], constituyendo, en consecuencia, un minimum invulnerable que todo estatuto jurídico debe asegurar, de modo que, sean unas u otras las limitaciones que se impongan en el disfrute de derechos individuales, no conlleven menosprecio para la estima que, en cuanto ser humano, merece la persona»[41].

41 Tomo la transcripción del FJ.º 3 de la STC 11/2023, de 23 de febrero, que a su vez recoge doctrina precedente del propio Tribunal Constitucional. Dada la explicación altamente ilustrativa del indicado Fundamento Jurídico acerca del contenido y el alcance del derecho a la dignidad humana, así como su carácter recopilatorio de la jurisprudencia constitucional previa sobre el particular, no me resisto a traer a este trabajo, aunque sea en nota a pie página, sus párrafos principales:
«A) Como en la STC 66/2022, FJ 4 A), antes de hacer mención de los derechos fundamentales que son invocados por la parte recurrente en su demanda de amparo, debemos partir necesariamente de la referencia previa a la dignidad como valor jurídico fundamental de

Dada la alta significación de la dignidad humana en nuestro sistema jurídico[42], resulta poco coherente que el art. 11.a) LUC considere que constituyen infracción únicamente aquellas novatadas y conductas vejatorias que supongan un grave menoscabo para la dignidad de las personas. Y es que, al fin y cabo, el planteamiento que luce en la LCU implica librar de cualquier reproche disciplinario a aquellos comportamientos que entrañen una lesión meramente leve o moderada de la dignidad de la persona. No creo que dicha exclusión de la responsabilidad disciplinaria sea acorde con el grado de protección jurídica de que es merecedora la dignidad humana, en los términos afirmados por nuestro Tribunal Constitucional. Por lo demás, opino que el grado de tolerancia hacia las novatadas y conductas vejatorias que no supongan un menoscabo grave para la dignidad de la persona constituye una clara resonancia de un modelo y de una concepción trasnochados tanto de la universidad como de lo universitario, en tanto que revalida la tradicio-

---

la persona en general, pero, de modo particular, de la dignidad de la mujer en un aspecto tan esencial y exclusivo para ella como es el de su decisión de ser madre y de realizar el parto en su hogar familiar, teniendo en cuenta las específicas circunstancias concurrentes en este caso.

Siguiendo lo afirmado en dicha sentencia, debemos recordar que «[e]ste tribunal ha declarado que "nuestra Constitución ha elevado a valor jurídico fundamental la dignidad de la persona, 'como germen o núcleo de unos derechos que le son inherentes' y vinculada íntimamente con el libre desarrollo de la personalidad (art. 10.1 CE); así, la dignidad 'es un valor espiritual y moral inherente a la persona, que se manifiesta singularmente en la autodeterminación consciente y responsable de la propia vida y que lleva consigo la pretensión al respeto por parte de los demás' (STC 53/1985, de 11 de abril, FFJJ 3 y 8). La dignidad de la persona y el libre desarrollo de la personalidad 'suponen la base de nuestro sistema de derechos fundamentales'" (por todas, SSTC 212/2005, de 21 de julio, FJ 4; 236/2007, de 7 de noviembre, FJ 8, y más recientemente, la STC 81/2020, de 15 de julio, FJ 11).

Asimismo, ha señalado que "[p]royectada sobre los derechos individuales, la regla del art. 10.1 CE implica que, en cuanto 'valor espiritual y moral inherente a la persona' (STC 53/1985, FJ 8), la dignidad ha de permanecer inalterada cualquiera que sea la situación en que la persona se encuentre [...], constituyendo, en consecuencia, un minimum invulnerable que todo estatuto jurídico debe asegurar, de modo que, sean unas u otras las limitaciones que se impongan en el disfrute de derechos individuales, no conlleven menosprecio para la estima que, en cuanto ser humano, merece la persona" [SSTC 120/1990, de 27 de junio, FJ 4; 57/1994, de 28 de febrero, FJ 3 a); 192/2003, de 27 de octubre, FJ 7, y 81/2020, de 15 de julio, FJ 11]. [...] Los derechos fundamentales invocados en la demanda son necesariamente una proyección de ese valor inherente a la condición humana que es la dignidad y, desde esta perspectiva, debemos realizar nuestro enjuiciamiento».

42 Conviene recordar que, más allá de nuestra Constitución, la dignidad de la persona aparece expresamente recogida en el art. 1 de la Declaración Universal de Derechos Humanos, a cuyo tenor: «[t]odos los seres humanos nacen libres e iguales en dignidad y derechos y, dotados como están de razón y conciencia, deben comportarse fraternalmente los unos con los otros».

Asimismo, la Carta Europea de los Derechos Humanos, conocida como Carta de Niza, y adoptada por el Tratado de Lisboa el 1 de diciembre de 2009, establece en su art. 1 que, «[l]a dignidad humana es inviolable. Será respetada y protegida».

En la doctrina, por todos, el a mi juicio esencial libro de Manuel Atienza, *Sobre la dignidad humana*, Trotta, Madrid, 2022.

nal permisividad y comprensión hacia este tipo de conductas, a la que más adelante me referiré.

b) La exigencia de premeditación para la comisión de la falta de fraude académico [arts. 11.g) y 12.d) LCU]

Otra de las tipificaciones establecidas en la LCU cuyos términos generan extrañeza y, por ello, merecen atención, son las concernientes al denominado «fraude académico». Dicho fraude académico puede ser constitutivo de falta muy grave o de falta grave, según se cometa en relación con trabajos de fin de grado, trabajos de fin de master o tesis doctorales, o bien se materialice en relación con asignaturas o con la acreditación del rendimiento académico en ámbitos diversos de los tres indicados. Más exactamente, el art. 11.g) LCU dispone que constituye una falta muy grave «cometer fraude académico en la elaboración del Trabajo de Fin de Grado, el Trabajo de Fin de Máster o la Tesis Doctoral». Y, por su parte, el art. 12.d) LCU, en lo que puede identificarse como una cláusula tipificadora residual en la materia, califica como falta grave «cometer fraude académico, definido este de acuerdo con lo dispuesto en el artículo 11.g)». El citado art. 11.g) LCU, en fin, se preocupa por perfilar qué ha de entenderse por fraude académico, al que define en los siguientes términos: «[s]e entenderá como fraude académico cualquier comportamiento premeditado tendente a falsear los resultados de un examen o trabajo, propio o ajeno, realizado como requisito para superar una asignatura o acreditar el rendimiento académico».

El elemento de la tipificación en cuestión que llama la atención, y que a mi juicio es merecedor de crítica, es la exigencia de premeditación para que el fraude académico merezca la consideración de falta y, por consiguiente, el reproche de la sanción disciplinaria. En el terreno de los conceptos o de las categorías jurídicas, creo que el papel que la LCU otorga a la premeditación en la delimitación del fraude académico implica considerarlo como un elemento determinante o definitorio del tipo cuando, en buena lógica, debería configurarse exclusivamente como una agravante o como un parámetro integrante del principio de proporcionalidad en la concreción de la sanción.

En el terreno de la práctica, la opción legislativa en cuestión tiene una consecuencia elemental y obvia por demás, cual es que no pocas conductas de fraude en la acreditación de conocimientos —tal vez las cometidas de manera más habitual— quedan al margen o, si se prefiere la expresión, escapan del régimen disciplinario de los alumnos universitarios. Un sencillo repaso a las formas más habituales de fraude académico a las que los profesores universitarios nos enfrentamos permitirá comprender a qué me refiero. Piénsese, por ejemplo, en el uso de chuletas de cualquier tipo, de anotaciones prohibidas en las normas jurídicas cuyo uso esté autorizado para responder a los exámenes o, en casos de mayor sofisticación, en la utilización de mecanismos electrónicos a través de los cuales se comuniquen las respuestas. Es evidente que en esos casos el fraude académico ha sido llevado a cabo con arreglo a una planificación o preparación previa, es decir, con premeditación, de modo que el mismo será constitutivo de la falta grave tipificada en el art. 12.d) LCU.

Son muchas, sin embargo, las ocasiones en que la conducta fraudulenta es cometida, por así decirlo, de manera espontánea; es decir, sin premeditación. Tal es el caso, por ejemplo, de los supuestos en que el alumno mira el examen de un compañero, le requiere para que le facilite alguna respuesta de manera verbal o gestual, decide en el momento valerse de materiales prohibidos como apuntes, esquemas, normas jurídicas, etc. Con arreglo a la definición de fraude académico introducida por la LCU y, en particular, dada la exigencia de premeditación para que la comisión del tipo se pueda considerar perfeccionada, las conductas a que me acabo de referir —y otras muchas equivalentes que a buen seguro están en la mente de todos— no son constitutivas de falta disciplinaria alguna.

Así las cosas, dichos comportamientos, incluso los más dolosos o cometidos con un mayor grado de culpabilidad o intencionalidad, no podrán ser objeto de expediente disciplinario. La única respuesta que podrán recibir será el suspenso del examen por parte del profesor, en el bien entendido de que dicha calificación no tiene carácter sancionador, sino que forma parte de la potestad de evaluación que incumbe al profesor[43]. Ello siempre que dicha medida directa adoptada por el profesor no se prohíba por la normativa de convivencia que en desarrollo de la LCU, y en lo que a mi juicio sería una clara muestra de una incorrecta comprensión de dicha Ley, haya elaborado la universidad de que se trate. En efecto, la LCU y, en particular, la tipificación del fraude académico con arreglo a la premeditación que en ella se lleva a cabo, ha determinado que el común de las universidades haya modificado su normativa de evaluación con el objetivo de dispensar tratamiento normativo a las medidas a adoptar en caso de fraude académico espontáneo o no premeditado. No he revisado dichas normativas internas de la totalidad de las universidades españolas, por lo que no puedo afirmar que sea un planteamiento unánime. Ello no obstante, en algunas de ellas es evidente la errónea interpretación del alcance de la exigencia de la premeditación para la comisión de la infracción de fraude académico. De dicha interpretación torpe del régimen disciplinario implantado por la LCU contamos ya con algunas manifestaciones como, por ejemplo, las introducidas recientemente en sus

43 Sobre el particular, José Antonio Tardío Pato, «La potestad disciplinaria», *cit*, pp. 589-590 argumenta convincentemente en el sentido de que el suspenso por fraude académico es una mera consecuencia de no haber acreditado los conocimientos cumpliendo las condiciones exigidas para ello, por lo que carece de significado o naturaleza sancionadora. En consecuencia, el suspenso en tales casos no tiene por qué articularse a través de una resolución administrativa sancionadora fruto del correspondiente procedimiento disciplinario, sino que constituye una decisión del profesor en ejercicio de su función de evaluar los conocimientos de los alumnos.

respectivas normativas de evaluación por las universidades de Zaragoza[44] y de Lérida[45], entre otras.

---

44 El Reglamento de Normas de Evaluación del Aprendizaje de la Universidad de Zaragoza, tras la reforma del mismo aprobada por Acuerdo del Consejo de Gobierno de 30 de marzo de 2023 (Boletín Oficial de la Universidad de Zaragoza núm. 3/2023). Mediante la indicada modificación reglamentaria se introdujo el vigente art. 30, intitulado «Prácticas irregulares en las pruebas de evaluación distintas de fraude académico», y cuyo tenor el que a continuación reproduzco:
«1. Si en el desarrollo de una prueba de evaluación el responsable de vigilancia sorprende a estudiante sometiendo una conducta consistente en la copia espontánea, que constituye una quiebra de los valores, principios y pautas de conducta contenidos en el Código Ético de la Universidad de Zaragoza, procederá a levantar acta dejando constancia de los hechos y adoptará las medidas que considere proporcionadas a la conducta realizada, tales como cambiar de sitio al estudiante, retirarle la parte del examen realizado o cualquier otra que no suponga la pérdida de la evaluación. El acta se elevará al centro junto con las verificaciones realizadas. De considerar que la conducta reprochable es merecedora de suspender la evaluación final ordinaria o extraordinaria se remitirá copia del acta y la documentación a la Inspección General de Servicios y a la Comisión de Convivencia que valorará y resolverá, en su caso, la posible apertura del procedimiento de mediación o del procedimiento sancionador.
2. Se considera copia espontánea, entre otras la copia o intento de copia de los resultados obtenidos por compañeros, la comunicación entre estudiantes en temas referentes a la evaluación, o un comportamiento impropio.
3. Será de aplicación el Reglamento de las Normas de Convivencia de la Universidad de Zaragoza a las irregularidades cometidas en las pruebas de evaluación mediante fraude académico».

45 En el caso de la Universidad de la Lérida, en la que como bien se sabe profeso, los apartados 6 y 7 del art. 9 de la Normativa de la evaluación y la calificación de los aprendizajes en los grados y másteres, aprobada por el Consejo de Gobierno de 29 de junio de 2023, disponen lo siguiente (la traducción del catalán es mía, dada la inexistencia de traducción oficial al español):
«6. En una prueba de evaluación, cuando se detecten estudiantes haciendo copia espontánea, se ha de hacer un informe con los hechos y deben adoptarse medidas proporcionadas a la conducta detectada, cómo cambiar de lugar al estudiante, retirar la parte del examen hecho o el examen entero. El informe debe hacerse llegar a la coordinación de la titulación, al jefe o jefa de estudios y a los responsables de centro. Si se considera que los hechos pueden suponer la pérdida del derecho a ser evaluado de la asignatura, se debe abrir un expediente disciplinario.
7. El estudiante que altere el normal funcionamiento de la prueba de evaluación deberá de abandonar la prueba a requerimiento del profesor o profesora responsable de la evaluación, sin perjuicio de que, dependiendo de la gravedad de la incidencia, se puedan derivar acciones disciplinarias. El profesor o profesora responsable de la asignatura deberá trasladar la notificación de los hechos al profesor o profesora responsable de la coordinación del grado o máster».
Es de notar que, entre las muchas críticas de las que es merecedora la normativa de la universidad ilerdense, una de las principales es que, en contra de la tipificación del fraude académico contenida en la LCU, contempla la posibilidad de que la copia espontánea pueda ser determinante de la apertura de expediente disciplinario y, por ende, de sanción. Lógicamente, dicho planteamiento choca frontalmente con la LCU —a tenor de la cual la indicada copia espontánea en modo alguno es constitutiva de falta disciplinaria— y por ende determina la nulidad de la norma leridana en este punto. Así las cosas,

El régimen descrito resulta abiertamente insatisfactorio en la medida en que, como ya he apuntado, equivale a consentir comportamientos que sin lugar a dudas constituyen un desprecio a las reglas, a la rectitud y a la igualdad entre alumnos que en todo caso deberían presidir la acreditación y, por tanto, la evaluación de los conocimientos. Hay que subrayar, además, que por muy espontánea que sea su comisión, por lo común se trata de comportamientos dolosos o gravemente culpables, es decir, en los que concurre una voluntad clara y deliberada de romper las reglas del juego en la evaluación o, dicho sin eufemismos, de hacer trampas. Resulta difícilmente comprensible, en fin, que la LCU haya apostado por un régimen en el que los comportamientos en cuestión resulten irrelevantes a efectos disciplinarios. Por ese motivo, insisto, creo que hubiese sido más oportuno que la LCU tipificase el fraude académico al margen de la noción de la premeditación, y configurase esta última como una circunstancia agravante o parámetro de determinación de la sanción con arreglo al principio de proporcionalidad.

3. La ausencia de una regulación adecuada de la culpabilidad y las imprecisas previsiones sobre la responsabilidad disciplinaria

A. El silencio de la LCU acerca de la necesidad de intencionalidad en la comisión de las faltas

Llama negativamente la atención que la LCU no preste una atención adecuada a la operatividad del principio de culpabilidad en el ámbito disciplinario de los alumnos universitarios. De hecho, hay que notar que el mismo ni siquiera se incluye como tal en la enumeración de los principios a que el art. 8.3 LCU declara sometida la potestad disciplinaria de las universidades sobre sus estudiantes, sino que únicamente se alude a una de sus manifestaciones, a saber: el principio de responsabilidad.

Obviamente, el silencio de la LCU acerca del principio de culpabilidad en modo alguno puede entenderse como una falta de vigencia del mismo en el terreno disciplinario que nos ocupa. Al respecto hay que tener en cuenta que, según reiterada doctrina constitucional, el principio de culpabilidad deriva de los arts. 10, 24 y 25 CE, y constituye un principio estructural básico tanto del

---

puede afirmarse que, en el ámbito que nos ocupa, la nueva normativa de evaluación de la Universidad de Lérida no sólo parte de una incorrecta inteligencia de la LCU sino que, además, lleva a cabo un desarrollo inválido de la indicada LCU, toda vez que está creando una infracción nueva, no prevista en la LCU, incumpliendo por tanto los márgenes que le otorga el art. 10.2 LCU.

Derecho penal como del Derecho administrativo sancionador[46]. Ello significa, tomando las palabras del propio Tribunal Constitucional, que «el principio de culpabilidad, tal y como se entiende en la jurisprudencia constitucional, proscribe la responsabilidad sin culpa, exigiendo no solo la autoría de la acción o de la omisión sancionables, sino también la necesidad de determinar la presencia de dolo o imprudencia»[47]. Así las cosas, las carencias de regulación de la culpabilidad por parte de la LCU han de colmarse, a mi juicio, acudiendo tanto a la jurisprudencia sobre la materia como, en particular, a la aplicación supletoria de la LRSP ordenada por el art. 2.2.c) de la propia LRJSP. Y ello entraña, en fin, que pese al silencio de la LCU al respecto, con arreglo al art. 28.1 LRJSP, haya que entender que serán responsables de la comisión de las faltas disciplinarias los alumnos autores de las mismas y los colaboradores, siempre que unos y otros hayan actuado a título de dolo o culpa.

B. La regulación de la responsabilidad disciplinaria

Como he señalado al inicio del presente apartado, el silencio de la LCU acerca del principio de culpabilidad no es absoluto, sino que presta atención a una de las manifestaciones, concreciones o derivadas del mismo, a saber: el principio de responsabilidad. La responsabilidad por la comisión de las faltas disciplinarias por parte de los alumnos universitarios se regula en el art. 9 LCU. El precepto en cuestión establece, en esencia, dos previsiones diversas. Por un lado, en su apartado 1 pauta que los estudiantes de las universidades públicas son responsables por las faltas cometidas en relación con «la actividad desarrollada en las instalaciones, sistemas y espacios de la universidad». Y por su parte, en lo que puede calificarse como una regulación de la colaboración o cooperación, el apartado 2 dispone textualmente que «[e]l estudiantado que colaborara en la realización de actos o conductas constitutivas de falta muy grave también incurrirá en responsabilidad disciplinaria».

Sin perjuicio de los inconvenientes interpretativos que el precepto plantea —a algunos de los cuales presto atención seguidamente—, puede afirmarse que la regulación contenida en el mismo resulta coherente con la regla de la responsabilidad personal que, como vengo diciendo, constituye una de las

46 En tal sentido, entre otros, STC 76/1990, de 26 de abril; STC 150/1991, de 4 de julio; STC 246/1991, de 19 de diciembre; STC 120/1994, de 25 de abril; STC 103/1995, de 3 de julio; STC 59/2008, de 14 de mayo; STC 57/2010, de 10 de octubre; ATC 237/2012, de 11 de diciembre; STC 86/2017, de 4 de julio; STC 14/2021, de 28 de enero; y STC 51/2021, de 15 de marzo.

47 Tomo la transcripción de la STC 51/2021, de 15 de marzo, en cuyo Fundamento Jurídico 5 se lleva a cabo un completo e ilustrativo recorrido por la jurisprudencia constitucional prevista sobre el particular.

principales concreciones de los principios de legalidad y de culpabilidad[48] y que, por tanto, cuenta con la cobertura de la Norma Fundamental. Tal como tiene afirmado el Tribunal Constitucional, dicha regla implica que, por imperativo constitucional, no sea jurídicamente legítimo sancionar a quien no ha tenido ningún tipo de intervención en la comisión de la infracción[49]. Dicha exigencia se cumple de manera inequívoca en el art. 9, toda vez que se declara la responsabilidad del autor y del colaborador o partícipe en la comisión de la falta, excluyendo así pues a quienes nada han tenido que ver con su materialización.

Sentado lo anterior, conviene reflexionar sobre algunos extremos y dudas interpretativas al hilo de la regulación establecida en el precitado art. 9 LCU. En concreto, interesa detenerse en la falta de rotundidad o de taxatividad del precepto en relación con la sujeción al régimen disciplinario de las faltas cometidas con independencia del lugar en que sean llevadas a cabo y el medio utilizado al efecto. Y por otro lado, procede poner de manifiesto la opción del legislador por castigar únicamente la colaboración en la comisión de faltas muy graves, y la ausencia de cualquier previsión sobre el grado o intensidad de la responsabilidad de los alumnos partícipes.

En lo que concierne al primero de los aspectos indicados en el párrafo anterior, en mi opinión en la LCU se echa en falta una afirmación expresa e inequívoca en el sentido de que las conductas tipificadas serán constitutivas de falta —y sus autores y partícipes responsables— con independencia del lugar en el que se cometan y de los medios o cauces utilizados para su realización. Se trataría, en definitiva, de que la Ley cerrase el camino, y por tanto pusiese coto, a cualquier interpretación consistente en considerar no susceptibles de sanción disciplinaria las faltas cometidas fuera de los recintos universitarios o a través de medios ajenos a la universidad.

Por desgracia, la eventual estrategia estudiantil de «sacar» la comisión de la falta del espacio y los medios universitarios para eludir la sanción disciplinaria nos es ampliamente conocida a quienes formamos parte de la comunidad universitaria, en particular en relación con las novatadas. Estrategia que, desafortunadamente, ha acostumbrado a contar con la conformidad o, si se prefiere, con el aval de las propias universidades, las cuales se han abstenido de incoar los correspondientes procedimientos sancionadores en

---

48 Al respecto, entre otras, SSTC 131/1987, de 20 de julio; 219/1988, de 22 de noviembre; 254/1988, de 21 de diciembre; 246/1991, de 19 de diciembre; 146/1994, de 12 de mayo; 93/1996, de 28 de mayo; 137/1997, de 21 de julio; 125/2001, de 4 de junio; 60/2010, de 7 de octubre; 185/2014, de 6 de noviembre; y 51/2021, de 15 de marzo.

49 En tal sentido, por ejemplo, STC 131/1987, de 20 de julio; STC 219/1988, de 22 de noviembre; STC 254/1988, de 21 de diciembre; STC 246/1991, de 19 de diciembre; STC 146/1994, de 12 de mayo; STC 93/1996, de 28 de mayo; STC 137/1997, de 21 de julio; STC 125/2001, de 4 de junio; STC 60/2010, de 7 de octubre; STC 185/2014, de 6 de noviembre; y STC 51/2021, de 15 de marzo.

tales ocasiones, al entender que no existía el punto de conexión necesario con los alumnos para poder sancionarles. La realidad a que me acabo de referir puede alcanzar a buen número de las faltas tipificadas en la LCU, si bien, como he anticipado con ocasión del estudio del principio de tipicidad, es particularmente manifiesta en relación con la falta consistente en «[r]ealizar novatadas o cualesquiera otras conductas o actuaciones vejatorias, física o psicológicamente, que supongan un grave menoscabo para la dignidad de las personas», que en la actualidad tipifica en art. 22.1.a) LCU[50].

Quienes contamos ya con una experiencia universitaria más o menos dilatada en el tiempo, hemos podido ser testigos de la evolución en las formas de llevar a cabo dichos comportamientos —insisto que, en particular, las novatadas—. En ese sentido, es innegable que hasta no hace mucho tiempo las novatadas eran consideradas poco menos que una suerte de sana —y, por no pocos, venerable en tanto que iniciática— tradición propia de la idiosincrasia y de la identidad universitaria. En consecuencia, tanto las novatadas como sus autores acostumbraban a ser objeto de una asombrosa tolerancia, cuando no directamente merecedoras de aplauso por parte de las propias instituciones universitarias y, en no pocas ocasiones, y sorprendentemente, de sus víctimas[51]. El contenido de las indicadas novatadas, y la toma de conciencia acerca del carácter sencillamente intolerable de las mismas[52], dio paso a planteamientos prohibicionistas —al menos formalmente— por parte de las universidades, que al inicio de cada curso académico recuerdan al alumnado la proscripción de su realización y que las mismas pueden desembocar en la apertura de expediente disciplinario y, así pues, de sanción. Fue en ese momento cuando las novatadas se «trasladaron» fuera de los

50 Además de en la falta consistente en realizar novatadas o cualesquiera otras conductas vejatorias, física o psicológicamente, que suponga un grave menoscabo para la dignidad de las personas, la problemática que me estoy refiriendo también tiene relevancia, por ejemplo, en las faltas tipificadas en el art. 10.b), c) y d) LCU.

51 Para un estudio multidisciplinar sobre las novatadas, sus resortes y las respuestas a las mismas, véase a Ana Aizpún Marcitllach y Ana García-Mina, *Novatadas: comprender para actuar*, ed. Universidad Pontificia de Comillas, Madrid, 2013; y, más recientemente, Ignacio Fernández de Mata (ed.), *Las novatadas. El maltrato como diversión*, ed. Aula Magna-McGraw Hill Interamericana de España, Madrid, 2021.

52 No parece necesario acudir a la hemeroteca, pues es de todos sabido que en no pocas ocasiones las novatadas han consistido en forzar al alumno de nuevo ingreso a consumir bebidas alcohólicas, pagar cantidades de dinero, prestar determinados servicios a los alumnos veteranos, simular mantener relaciones sexuales, recibir maltrato físico o síquico, ensuciarse con materiales de diverso tipo, ridiculizar a la víctima obligándola a exhibirse en la vía pública con determinadas indumentarias o en ciertas actitudes, etc. No me resisto a poner de manifiesto que todas las conductas a que me acabo de referir han formado parte de las novatadas que habitualmente se han llevado a cabo en la Universidad de Lleida, en la que profeso, sin que, salvo error por mi parte, jamás haya habido ninguna respuesta disciplinaria por parte de la institución.

recintos universitarios[53], lo que comúnmente fue considerado por las propias universidades como una circunstancia impeditiva del ejercicio de la potestad disciplinaria.

En la misma línea que lo sucedido con las novatadas, las nuevas tecnologías y, en particular, las redes sociales, se han convertido en cauce para la comisión impune de nuevas formas de novatadas (v. gr.: la difusión de fotografías) y, sobre todo, en el medio ideal para la materialización de comportamientos atentatorios para la dignidad humana (*v. gr.*: proferir injurias, comentarios vejatorios, ejercer formas de violencia y de extorsión de diversa intensidad, etc.).

No creo que sea defendible que la comisión de las conductas objeto de atención fuera de las instalaciones universitarias o a través de herramientas y cauces sobre los que la correspondiente universidad no tenga el control, pueda servir de excusa eximente de la responsabilidad disciplinaria de los alumnos que las llevan a cabo. Bien es cierto que el art. 11.a) LCU no excluye dicha responsabilidad en los supuestos indicados, pero tampoco es claro e inequívoco en el sentido contrario. Considero, por ello, que para evitar la tentación de interpretaciones como la descrita en los párrafos anteriores, consistentes en la negación de la potestad disciplinaria de las universidades en los supuestos apuntados, era deseable una regulación clara e inequívoca por parte de la LCU. Una regulación, en definitiva, que despejase cualquier duda acerca de la responsabilidad de los alumnos y los partícipes por las faltas que cometan, también si las mismas se llevan a cabo fuera de las instalaciones de la universidad, y con independencia del medio o cauce empleado para ello.

En los términos a que ya me he referido, el inconveniente que acabo de poner de manifiesto no es exclusivo de la tipificación de las novatadas y otras conductas vejatorias, sino que se puede identificar en relación con otras faltas tipificadas en la LCU tales, como, a simple modo de ejemplo, las muy graves definidas en los apartados b), c) y d) del art. 10 LCU. Dado que, por tanto, la problemática tiene un alcance más general, no circunscrito a las novatadas y demás conductas vejatorias, desde una perspectiva de técnica normativa, entiendo que la alternativa óptima para desarmar cualquier interpretación en el sentido de que solo serán sancionables los indicados comportamientos en caso de que se materialicen en las dependencias universitarias, pasaría por una mayor precisión en la regulación de la responsabilidad disciplinaria contenida en el art. 9.1 LCU. El precitado artículo dispone textualmente que «[e]l estudiantado de las universidades públicas queda sujeto al régimen disciplinario establecido en este Título respecto de la actividad desarrollada en

53 La descrita es la realidad reiterada, por ejemplo, de la Universidad de Lérida, en la que todos los meses de septiembre, con el inicio de cada curso académico, asistimos a la realización de las correspondientes sesiones de novatadas en diversos espacios de dominio público municipal y, señaladamente, en la canalización del río Segre, como si de una suerte de actos iniciáticos irrenunciables se tratase.

las instalaciones, sistemas y espacios de la universidad». A mi juicio, una lectura literal —y coherente— del precepto implica entender que el mismo se refiere a las faltas cometidas por los alumnos en relación con —o sobre— los indicados instalaciones, sistemas y espacios de la universidad, y no al lugar en que dichas faltas se cometen.

La redacción del precepto, sin embargo, no permite descartar una interpretación en el sentido de que la responsabilidad de los alumnos queda circunscrita a las conductas infractoras cometidas en las instalaciones, los sistemas y espacios de la universidad. Creo que cortar de raíz dicha línea de entendimiento es crucial, y para ello se presentan dos opciones evidentes. Una de ellas consiste en regular expresamente en relación con cada una de las faltas, que el lugar y el medio de comisión resultan irrelevantes. Y la otra —en mi opinión, como ya he afirmado, recomendable— estriba en incluir en el art. 9.1 LCU que los alumnos serán responsables por las faltas cometidas respecto de la actividad desarrollada en las instalaciones, sistemas y espacios de la universidad, con independencia del lugar en que se cometan o el medio utilizado para ello.

Para poner fin al presente apartado, y en la línea que ya he anticipado, el art. 9 LCU merece algunas observaciones en relación con la regulación de la responsabilidad de los colaboradores o partícipes. Son fundamentalmente dos los aspectos a que me quiero referir. Por un lado, llama la atención que únicamente se atribuya responsabilidad disciplinaria al colaborador en la comisión de las faltas disciplinarias muy graves. Por más que la opción del legislador en ese sentido pueda reputarse constitucionalmente legítima, no deja de ser paradójico que el criterio de imputación para poder sancionar o no al colaborador no sea su grado de implicación en la comisión de falta, sino la gravedad con que esta última aparece tipificada en la Ley. Ello supone, en fin, que supuestos de participación indispensable o necesaria en la comisión de infracciones leves o graves quedarán disciplinariamente impunes.

Y por otro lado, pero en estrecha conexión con la consideración anterior, hubiese sido deseable que la regulación de la colaboración hubiese sido más detallada tanto en lo concerniente a la intensidad de la misma como a la respuesta sancionadora de que haya de ser merecedora. No descubro nada al afirmar que la regulación de la colaboración es una de las numerosas asignaturas pendientes de nuestro Derecho administrativo sancionador[54]. Ello no obstante, soy de la opinión de que, si el legislador quería introducir —insisto en que es legítimo e incluso plausible que lo haga— una regulación sectorial al respecto para el ámbito disciplinario de los alumnos universitarios, lo

54 Sobre la tradicional falta de una regulación general suficiente de la potestad sancionadora, y cómo dicha carencia ha sido colmada por la jurisprudencia, Alejandro Nieto García, *Derecho administrativo sancionador*, Tecnos, Madrid, 2012, pp. 40 y ss. No creo que pueda decirse que la indicada deficiencia normativa general haya sido salvada por las vigentes LRJSP y LPAC, posteriores a la publicación de la indicada obra.

deseable es que lo hubiese hecho con más precisión o, si se me permite ser rotundo, mejor. En ese sentido, hubiese sido oportuna la diferenciación de posibles grados de colaboración, de modo que la respuesta sancionadora fuese proporcional al nivel de implicación del partícipe. Tal vez la distinción entre la cooperación necesaria y la complicidad establecida en los arts. 28 y 29 Código Penal y la interpretación jurisprudencial de la misma, hubiesen podido servir de fuente inspiradora al respecto, de modo que la regulación sobre el particular por parte de la LCU fuera más depurada que la que ahora obra en su art. 9.2.

Por último, en la regulación de la responsabilidad disciplinaria de los alumnos cooperadores establecida en el art. 9.2 LCU se echa asimismo de menos una mayor concreción del nivel de responsabilidad disciplinaria que corresponde al partícipe, ya sea en todo caso o en función de su grado de implicación en la comisión de la falta. La LCU resuelve esta cuestión en sede de regulación del principio de proporcionalidad, pautando que en la graduación de las sanciones se tendrá en cuenta «[e]l grado de participación en los hechos» [art. 15.g)]. Aunque estimo que el planteamiento del legislador en este punto no merece reproche jurídico, considero que desde la perspectiva del principio de seguridad jurídica era recomendable un mayor grado de precisión regulatoria.

III. ALGUNAS CONSIDERACIONES SOBRE LA REGULACIÓN DEL PROCEDIMIENTO DISCIPLINARIO

1. Breves observaciones generales

Tras la anterior aproximación al régimen disciplinario de los alumnos universitarios desde la perspectiva de los principios rectores de la potestad administrativa sancionadora, procede prestar atención a la regulación establecida por la propia LCU en materia procedimental, contenida fundamentalmente en sus arts. 18 y 19. Conviene advertir, en todo caso, que en los párrafos que siguen no pretendo realizar un estudio detenido o minucioso del procedimiento disciplinario, sino que, por el contrario, únicamente aspiro a aportar algunas reflexiones críticas sobre determinadas peculiaridades de la indicada regulación procedimental. Dado el enfoque y planteamiento indicado, interesa en todo caso hacer dos apreciaciones previas de índole general, referidas por un lado a la estructura del procedimiento disciplinario diseñado y, por otro, al sentido de que la LCU preste atención al mismo con cierto detalle.

En lo que atañe a la configuración del procedimiento disciplinario arbitrado por la LCU, puede decirse que, en los términos a que haré referencia, difiere significativamente de la arquitectura general del procedimiento administrativo sancionador que en la actualidad deriva de la LPAC. Ello es debido, como se verá, a que a efectos de dar respuesta a la falta disciplinaria se encastran —como explicaré en su momento, en términos no precisamente felices— las actuaciones administrativas orientadas a sancionar y las dirigidas al intento de alcanzar una respuesta pactada a la comisión de la infracción.

Y en lo tocante a la razón de ser o sentido de que la LCU regule con cierto detalle el procedimiento disciplinario de los alumnos universitarios, es menester tener en cuenta que a tenor del art. 2.2.c) LPAC, «las Universidades públicas se regirán por su normativa específica y supletoriamente por las previsiones» de la propia LPAC. En definitiva, y sin perjuicio de que la regulación de especialidades, precisiones o matices procedimentales sea habitual en las normativas sancionadoras sectoriales más variopintas —y esté jurídicamente amparada por la DA primera LPAC[55]—, puede afirmarse que la regulación procedimental contenida en la LCU está en línea con la posibilidad, por lo demás ampliamente criticada, de articular un régimen jurídico específico para las universidades, y la consiguiente relegación de la normativa sobre procedimiento administrativo común a un mero papel supletorio[56].

55 No me resisto a poner de manifiesto que, en mi opinión, el grado de flexibilidad —me atrevería a decir que de ligereza— con que se admite lo que en otro lugar he denominado como «huidas del procedimiento administrativo común», también en lo sancionador, no resultan ajustadas al sentido y alcance de la competencia estatal exclusiva en materia de procedimiento administrativo común, tal cual ha sido interpretada por el Tribunal Constitucional en, entre otras, las SSTC 227/1988, de 29 de noviembre, 50/1999, de 6 de abril, y 130/2013, de 4 de junio. Sobre el particular, véase mi trabajo, «Algunas reflexiones acerca de la disponibilidad del procedimiento administrativo común», en Rebollo Puig, M., López Benítez, M. y Carbonell Porras, E. (dirs.), *Régimen jurídico básico de las Administraciones públicas. Libro homenaje al profesor Luis Cosculluela*, ed. Iustel, Madrid, 2015, pp. 85 y ss. En una línea de entendimiento similar, José M.ª Baño León, «La reforma del procedimiento. Viejos problemas no resueltos y nuevos problemas no tratados», *Documentación Administrativa*, 2, 2015; y Eduardo Gamero Casado, «La estructura de la legislación sobre procedimiento administrativo común y régimen jurídico básico del sector público y sus criterios de aplicación», en Gamero Casado, E. (dir.), *Tratado de procedimiento administrativo común y régimen jurídico básico del sector público*, ed. Tirant lo Blanch, Valencia, 2017, Tomo I, pp. 178 y ss.

56 Las aportaciones acerca del sentido, la oportunidad y el alcance de la exclusión de las universidades del ámbito subjetivo de aplicación de la LPAC son numerosas. A simple modo de ejemplo, Ricardo Rivero Ortega, «La aplicación de las leyes 39 y 40/2015 a las universidades públicas: eliminando interrogantes», *Revista de Administración Pública*, 201, 2016, pp. 279 y ss.; Carlos A. Amoedo Souto, «El impacto de las leyes 39 y 40/2015 en las universidades públicas: contenido, hipótesis y retos de futuro», *Revista Española de Derecho Administrativo*, 182, 2017 (manejo versión electrónica sin números de página); y Albert Lladó Martínez, «Las leyes 39 y 40 de 2015 y las universidades públicas: su exclusión de la esfera de la administración pública y consecuencias derivadas», *Revista Galega de Administración Pública*, 53, 2017, pp. 359 y ss.
La problemática en cuestión también ha sido abordada por el Tribunal Supremo. En ese sentido, por ejemplo, su sentencia núm. 1029/2019, de 10 de julio (rec. núm. 3373/2018).

Hechas las consideraciones anteriores, y con arreglo al planteamiento anticipado, seguidamente presto atención a algunos aspectos concretos de la regulación sobre el procedimiento disciplinario contenida en la LCU.

2. Los principios procedimentales. En particular, el principio de protección a las víctimas de faltas que impliquen violencia, discriminación o acoso

En lo que se refiere a los principios del procedimiento, enumerados en el art. 18 LCU, puede decirse que se trata de una enumeración poco original, toda vez que recoge principios que rigen en el procedimiento administrativo sancionador con carácter general. Sin perjuicio de ello, y salvo error por mi parte, resulta novedoso que entre los indicados principios del procedimiento disciplinario de los alumnos universitarios se incluyan algunas reglas específicas para los supuestos de faltas «que involucren conductas que pudieran constituir violencia, discriminación o acoso» [art. 18.e) LCU].

Más exactamente, el citado precepto contiene dos previsiones diversas. Por un lado, declara de aplicación los principios de actuación frente a las situaciones de violencia, discriminación o acoso contempladas en el art. 4.4. Dichos principios son los siguientes: enfoque de género, respeto y protección a las personas, confidencialidad, diligencia y celeridad, imparcialidad y contradicción y, en fin, prevención y prohibición de represalias a denunciantes y testigos.

Y, por otro lado, en relación con los expedientes disciplinarios incoados en respuesta a los indicados comportamientos que pudieran constituir violencia, discriminación o acoso, el art. 18.e) LCU ordena que se garanticen «medidas adecuadas y herramientas oportunas para el acompañamiento psicológico y jurídico de las víctimas», «preferentemente, por personas del mismo sexo de la víctima si esta así lo manifiesta».

Un correcto conocimiento del sentido y alcance de la indicada regulación requiere, obviamente, un estudio detenido, cuya realización excede con mucho del propósito y de las posibilidades del presente trabajo. En todo caso, sin perjuicio de ello y, por tanto, sin entrar a valorar ni la conveniencia ni el acierto de la misma, estimo conveniente poner de manifiesto mis dudas acerca de su vinculación con el procedimiento disciplinario. Bien está —quiero insistir y ser inequívoco al respecto—, que la LCU se preocupe por la protección y el acompañamiento de la víctima de las indicadas conductas, y que, por lo tanto, fije los criterios y principios de actuación a seguir por las universidades en este terreno. Lo que ya no me parece tan apropiado es que la protección de la víctima se inserte conceptual y normativamente en el procedimiento a seguir frente al presunto autor de la falta que implique violencia, discriminación o acoso.

Son fundamentalmente dos las consideraciones que me llevan a la antedicha conclusión. Por un lado, en lo que constituye el argumento de más relevancia, creo que el planteamiento de la LCU en este punto supone una desnaturalización y un efecto distorsionador del procedimiento disciplinario. La finalidad de dicho procedimiento no es otra que la de dilucidar los hechos acaecidos y, en caso de que los mismos sean constitutivos de infracción, depurar la responsabilidad del autor respetando su derecho fundamental de defensa, todo ello con el objeto de proteger y restaurar la convivencia en el seno de la universidad. Siendo así las cosas, el acompañamiento a la víctima, sin duda imprescindible, es en buena medida ajeno al procedimiento disciplinario, toda vez que obedece a unos patrones y a unos objetivos diversos. De hecho, un repaso por la secuencia procedimental regulada en la LCU permite constatar que la misma no contiene absolutamente ninguna previsión orientada a la protección y acompañamiento de la víctima.

Junto a la razón que acaba de quedar apuntada en el párrafo precedente, creo que encajar las medidas de acompañamiento a la víctima de violencia, discriminación o acoso en el procedimiento disciplinario no se acomoda a la arquitectura subjetiva de este último. Conviene aclarar, sea siquiera de manera sintética, esta consideración. Me estoy refiriendo al hecho de que, en principio, y en los términos que más adelante tendré ocasión de exponer, a la luz de la LCU la presencia del perjudicado en el procedimiento se circunscribe a actuaciones propias de cualquier procedimiento sancionador —formular alegaciones, proponer pruebas, etc.— y a manifestar su voluntad o su rechazo a someter la cuestión a mediación. Por otro lado, es menester advertir que, sin perjuicio de algunos matices, las normativas de convivencia aprobadas por las universidades en cumplimiento del mandato establecido en el art. 3 LCU coinciden en excluir toda posibilidad de mediación en relación con las faltas que puedan incluir situaciones de violencia, discriminación o acoso. Con todo ello quiero significar que, por lo común, la víctima de los tan reiterados comportamientos no va a merecer la consideración de interesado en el procedimiento disciplinario. Y, en el hipotético supuesto de que sí tenga intervención en el procedimiento, la misma no tiene por objeto dispensarle protección.

No deben confundirse, en fin, las «medidas de acompañamiento psicológico y jurídico de las víctimas», con las eventuales medidas provisionales en el procedimiento disciplinario, cuyo régimen de adopción se contiene en el art. 21 LCU. Unas y otras medidas responden asimismo a designios diferentes. En particular, las medidas provisionales tienen por objeto «evitar el mantenimiento de los efectos de la falta y asegurar la eficacia de la resolución que pudiera recaer» (art. 21.3 LCU). Las medidas de acompañamiento sicológico y jurídico a la víctima obedecen, empero, a un objetivo tuitivo o de apoyo al perjudicado por la violencia, la discriminación o el acoso a fin evitar o, al menos, reducir los efectos negativos, las secuelas, de las aludidas conductas. La posible identificación de las medidas de acompañamiento con las medidas provisionales no parece por tanto adecuada.

3. La singular y compleja arquitectura del procedimiento disciplinario articulado por la LCU

La tramitación a seguir para el ejercicio de la potestad disciplinaria por parte de las universidades sobre sus alumnos se regula, como ya he señalado, en el extenso art. 20 LCU. En una valoración global de la secuencia procedimental diseñada, hay que destacar que se trata de un procedimiento caracterizado por su singularidad respecto de la regulación general del procedimiento administrativo sancionador. Singularidad, en fin, que lo dota de un cierto grado de complejidad y, que en buena medida, desfigura el sentido del mismo como procedimiento disciplinario.

Expuesto de manera telegráfica, el procedimiento administrativo sancionador resultante de la LPAC obedece a la siguiente configuración: *a)* adopción del acuerdo de iniciación en los términos previstos en el art. 64; *b)* formulación de pliego de cargos, únicamente en los casos en que en el momento de dictar el acuerdo de iniciación no existan elementos suficientes para la calificación inicial de los hechos (art. 64.3); *c)* instrucción con arreglo a las reglas generales de la instrucción del procedimiento administrativo en general, con las especificidades en materia de práctica de la prueba establecidas en el art. 77.4; *d)* propuesta de resolución a tenor del art. 89; y *e)* resolución conforme a lo prevenido en el art. 90.

El procedimiento disciplinario de los alumnos universitarios se separa del anterior esqueleto procedimental de manera significativa. Obviando entrar en aspectos menores o de simple detalle, imposibles de abordar en un trabajo de las características y de los propósitos del presente, puede observarse que los puntos de divergencia son fundamentalmente tres. Por un lado, tras la incoación y la práctica de pruebas, se introduce un trámite cuyo objeto es determinar si resulta procedente o no someter la resolución de la cuestión a un procedimiento de mediación. La decisión al respecto compete a la Comisión de Convivencia —cuya creación en todas las universidades impone el art. 6 LCU—, si bien deberá contar con la previa manifestación de la voluntad de «las partes» de acogerse a la mediación.

Dicho sometimiento a mediación implica la suspensión del procedimiento disciplinario, que sólo se reanudará en caso de que la misma concluya sin acuerdo o con un acuerdo que no resuelva la totalidad de las cuestiones planteadas[57]. Si por el contrario la mediación acaba con un acuerdo entre

57 La prosecución del procedimiento disciplinario en caso de fracaso o insuficiencia de la mediación no se prevé en el art. 19 LCU, sino en el art. 22.3, regulador del procedimiento ante la Comisión de Convivencia. En concreto, el citado precepto dispone textualmente que «[s]i el procedimiento de mediación concluyera sin acuerdo o no resolviese la totalidad de las cuestiones planteadas, la Comisión devolverá el expediente al instructor o instructora del procedimiento disciplinario para que continúe con su tramitación por su objeto total o parcial». La continuación del procedimiento disciplinario en los supuestos

las partes que, además, resuelve la totalidad de las cuestiones planteadas, el instructor del procedimiento disciplinario procederá al archivo del expediente.

En caso de que la Comisión de Convivencia decida no reconducir el asunto a la mediación —bien por no contar con el consentimiento de las partes, bien por otras causas que la LCU no especifica[58]—, o si la mediación fracasa total o parcialmente, el instructor formulará el correspondiente pliego de cargos. He aquí, por tanto, el segundo extremo en el que el procedimiento disciplinario de los estudiantes universitarios se separa del patrón definido en la LPAC. Más exactamente, la LCU configura la formulación del pliego de cargos como un trámite preceptivo en todo caso, frente al carácter eventual con el que aparece contemplado en el art. 64.3 LPAC. El planteamiento de la LCU en este punto no ha de reputarse ni contrario a Derecho ni totalmente extraño. No es contrario a Derecho porque, no se olvide, la LPAC es de aplicación meramente supletoria a la legislación universitaria específica [art. 2.2.c) LPAC]. Y no resulta extraño o exótico porque, de hecho, aunque no de manera habitual, el pliego de cargos aparece contemplado como un trámite preceptivo en otras normativas[59].

Si perjuicio de la legitimidad jurídica de articular el pliego de cargos como un trámite obligatorio del procedimiento disciplinario de los estudiantes universitarios, creo que una interpretación ordenada de los apartados a) y d) del art. 19 LCU debería conducir a matizar dicho carácter preceptivo y a concebirlo como un trámite eventual o circunstancial, en la línea marcada por el precitado art. 64.3 LPAC. Al respecto hay que notar que el pliego de cargos en el procedimiento disciplinario universitario tiene por objeto determinar «los hechos imputados con expresión, en su caso, de la falta presuntamente cometida, de las sanciones que puedan ser de aplicación y, si procede, acordará el mantenimiento o levantamiento de las medidas provisionales» [art. 19.d) LCU]. Salvo en lo concerniente a las medidas provisionales, el contenido del pliego de cargos coincide con parte del contenido del acuerdo de incoación. En efecto, el art. 19.a) LCU delimita el contenido del acuerdo de

---

en que la Comisión de Convivencia estime improcedente la mediación, se prevé, ahora sí, en el art. 19.c) LCU.

58 Las causas determinantes de la improcedencia de la mediación parecen quedar en manos de las respectivas normativas universitarias de convivencia cuya elaboración ordena el art. 3 LCU, para lo que a tenor de la D.A Cuarta disponían de un plazo de un año. Más adelante expondré los términos en que algunas de dichas normativas han resuelto la cuestión, aunque puedo anticipar que, sin perjuicio de matices, han optado por excluir de la mediación las faltas que impliquen violencia, discriminación o acoso, el fraude académico y la producción de daños al patrimonio de la universidad.

59 Tal es el caso, por ejemplo, del art. 10 del Decreto 278/1993, de 9 de noviembre, sobre procedimiento sancionador de aplicación a los ámbitos de competencia de la Generalidad de Cataluña. O, en el mismo sentido, del art. 330 del Reglamento de Dominio Público Hidráulico (Real Decreto 849/1986, de 11 de abril).

incoación, en el que incluye «los hechos sucintamente expuestos, su posible calificación y la sanción que pudiera corresponderles».

En mi opinión, carece de sentido la adopción de un pliego de cargos que se limite a reiterar el contenido del previo acuerdo de incoación en lo concerniente a los hechos imputados, su calificación jurídica y las posibles sanciones a imponer. Al fin y al cabo, un pliego de cargos en ese sentido nada aporta al procedimiento, más allá de cargarlo con un trámite inútil, y, sobre todo, nada aporta al derecho de defensa del alumno presunto infractor. Por ese motivo, entiendo que la exigencia de formulación de pliego de cargos establecida en el art. 19.d) LCU admite una interpretación flexibilizadora, en el sentido de que el mismo sólo sea obligatorio en dos supuestos. Por un lado, cuando de la práctica de la prueba posterior al acuerdo de incoación se deriven hechos nuevos, o una calificación jurídica o la procedencia de una sanción diversas de las establecidas en el indicado acto de iniciación del procedimiento. Y, por otro lado, y en la línea marcada por el art. 64.3 LPAC, en aquellas ocasiones en que al tiempo de adoptar el acuerdo de incoación no existan elementos suficientes para la calificación jurídica de los hechos[60]. En cualquier caso, entiendo que la falta de adopción del pliego de cargos en supuestos en que el mismo nada había de aportar respecto de lo consignado en el acuerdo de incoación, no será causa de indefensión material del alumno inculpado y, por tanto, será merecedora de la calificación de irregularidad formal no invalidante *ex* art. 48.2 LPAC a *contrario sensu*.

Por último, el tercer punto de divergencia de la tramitación del procedimiento disciplinario de los estudiantes universitarios respecto de la regulación general del procedimiento administrativo sancionador se concreta en las actuaciones instructoras a llevar a cabo con posterioridad a la formulación del pliego de cargos. Más exactamente, tras el indicado pliego de cargos, se abre un nuevo trámite defensivo para el inculpado, en el que podrá formular alegaciones, aportar documentos e informaciones que considere oportunos, y proponer la práctica de pruebas. Seguidamente, el instructor podrá acordar la práctica de las pruebas que considere oportunas y dará audiencia al interesado en el plazo de diez días [párrafos segundo y tercero del art. 19.d) LCU]. Se establece de este modo una duplicidad procedimental defensiva a favor del presunto responsable, toda vez que puede formular alegaciones, aportar documentos y proponer prueba —que en su caso se practicará— tras el acuerdo de incoación y tras el pliego de cargos.

60 De hecho, si se observa, en las dos normas jurídicas a que he hecho alusión en la nota al pie precedente, en las que la formulación del pliego de cargos se contempla como un trámite de carácter preceptivo, el acuerdo de incoación se configura con un contenido en el que no se incluye ni la descripción de los hechos imputados, ni su calificación jurídica ni la determinación de la posible sanción a imponer. Véanse en concreto los arts. 9.1 del Decreto 278/1993, de 9 de noviembre, sobre procedimiento sancionador de aplicación a los ámbitos de competencia de la Generalidad de Cataluña; y el art. 329 RDPH.

A mi entender la previsión de este segundo trámite defensivo merece un juicio similar a la regulación del pliego de cargos a que he hecho referencia en párrafos precedentes. En ese sentido, la falta de celebración del mismo sólo tendrá efectos invalidantes de la resolución disciplinaria final en caso que de que sea causa de indefensión material para el alumno sancionado.

Vistas las diferencias más relevantes entre el procedimiento disciplinario previsto en la LCU y el procedimiento administrativo sancionador general, interesa exponer una consideración general acerca del sentido o razón de ser de dichas divergencias. Parece obvio que la articulación procedimental que acaba de quedar expuesta obedece sin duda al objetivo de hacer efectiva la que en mi opinión constituye la principal idea-fuerza y el *leitmotiv* de la LCU, a saber: otorgar un claro protagonismo a la mediación como cauce de respuesta frente a las faltas cometidas por los estudiantes, en detrimento de la aplicación del régimen disciplinario. La aludida apuesta por la mediación como mecanismo de solución ante las faltas disciplinarias resulta sin duda el aspecto más controvertido de la Ley, tanto por lo que implica desde el punto de vista conceptual o de las categorías jurídicas, como por la muy precaria regulación que dispensa a la cuestión y, por consiguiente, los numerosos interrogantes que se generan en torno a la misma. En exponer algunas de dichas cuestiones y reflexionar sobre ellas me demoraré en el apartado IV de este mismo trabajo. Por el momento, sirva tan sólo subrayar que, como acabo de apuntar, el procedimiento regulado en el art. 19 LCU está marcado por el objeto de garantizar la subsidiariedad del ejercicio de la potestad disciplinaria respecto de la mediación.

Si se observa la secuencia procedimental arbitrada por la LCU se comprueba cómo, en efecto, en la misma son identificables lo que podría calificarse como dos fases diversas. La primera de dichas fases es la integrada por el acuerdo de incoación [art. 19.a) LCU], el primer trámite de alegaciones y de proposición y práctica de pruebas y actuaciones para la determinación y comprobación de los hechos y su esclarecimiento y la determinación de responsabilidades susceptibles de sanción [art. 19.b) LCU], y la remisión, en su caso, del expediente a la Comisión de Convivencia para que decida si procede o no el intento de mediación [art. 19.c) LCU]. Esta primera fase tiene, así pues, un doble objetivo. Por un lado una finalidad propia de todo procedimiento sancionador, esto es, llevar a cabo las averiguaciones correspondientes sobre la realidad de los hechos y sus consecuencias sobre el presunto infractor. Y, por otro lado, apreciar si se dan las circunstancias legitimadoras del sometimiento a mediación.

Por lo que se refiere a la segunda fase del procedimiento, la misma se iniciará con el pliego de cargos, continuará con un nuevo trámite defensivo y de proposición y práctica de pruebas, proseguirá con la propuesta de resolución con ulterior trámite de audiencia al presunto infractor, y concluirá con la correspondiente resolución administrativa. Si bien se mira, esta segunda fase responde al patrón ordinario del procedimiento administrativo sancionador y se orienta exclusivamente a la que constituye su principal razón de ser, es decir, a la averiguación de los hechos y la determinación de las responsabilidades. Se trata, por lo demás y como ya he advertido, de una fase procedimental que únicamente se tramitará en caso de que la mediación no sea procedente o de fracaso total o parcial de la misma, es decir, su existencia es meramente eventual o circunstancial.

La estructura procedimental expuesta supone a mi juicio una cierta desfiguración del procedimiento sancionador. Posiblemente dicha desfiguración resulte acorde con la finalidad legal de eludir la imposición de sanciones al alumno infractor en aquellas ocasiones en que sea pertinente solventar la cuestión mediante una terminación pactada encauzada a través de la mediación. Ello no obstante, es conveniente ponerla de manifiesto y hacer hincapié en ella, toda vez que permite concluir que en la medida en que tiene como objeto prioritario el intento de respuesta pactada a la comisión de la infracción, el procedimiento regulado de la LCU rompe con las hechuras tradicionales y habituales del procedimiento disciplinario.

4. La controvertida posición procedimental de los perjudicados por la comisión de la falta disciplinaria: un interesado limitado, parcial o imperfecto

En el apartado precedente acabo de explicar que, a mi juicio, la estructura del procedimiento articulado en el art. 19 LCU supone una cierta desfiguración de lo que en sentido estricto debería constituir un procedimiento sancionador y, por ende, disciplinario. Dicha deformación procedimental —como he dicho, coherente con el objetivo general de la LCU de dar prioridad a la mediación frente a la sanción— se proyecta al terreno de las partes procedimentales y, más exactamente, distorsiona el concepto de interesado y de quién merece dicha consideración.

Como consecuencia de ello, y en los términos a que me referiré de inmediato, uno de los aspectos de la regulación del procedimiento disciplinario regulado en el LCU que a mi juicio ocasiona mayores inconvenientes interpretativos es el atinente a la posición que en el mismo corresponde a los perjudicados por la falta cometida. El origen de los interrogantes en cuestión ha de situarse en una doble circunstancia. Por una parte, en el hecho de que la Ley no aclara si el perjudicado por la infracción merece o no la condición de interesado. Y, por otro lado, en que, aunque en términos poco claros y por tanto poco afortunados, le da entrada únicamente en algunos trámites procedimentales —hago hincapié en que sólo en algunos—. Se plantea por ello la duda acerca de si la persona víctima de la falta merece o no la condición de parte, con lo que ello implica en orden al reconocimiento de derechos procedimentales e impugnatorios. Anticipo ya que la conclusión a la que a mi juicio conduce el estudio de la cuestión es que la LCU, y en desarrollo de la misma las normativas de convivencia implementadas por las universidades, otorgan al perjudicado por la falta una peculiar y distorsionadora condición de interesado limitado, parcial o, si se me apura, imperfecto.

Conviene principiar las presentes reflexiones exponiendo los términos concretos en que la LCU abre la puerta del procedimiento disciplinario al perjudicado por la falta cometida. A modo de idea general de partida, se constata cómo la presencia de la víctima en el procedimiento se contempla exclusivamente en la primera de las fases procedimentales a que me he referido en el apartado anterior, esto es, en la fase que se inicia con el acuerdo de incoación y concluye con la decisión de la Comisión de Convivencia acerca de la procedencia o no del intento de mediación. En los trámites que integran dicha primera fase —y que se regulan en los apartados a), b) y c) del art. 19 LCU— el perjudicado es tratado como auténtica parte interesada, toda vez que se le debe notificar el acuerdo de incoación, se le dará audiencia acerca de su disposición para someter el asunto a mediación, podrá hacer alegaciones, aportar documentos e informaciones, e incluso podrá proponer pruebas. De igual modo, hay que entender que estaría legitimado para impugnar la negativa de la Comisión de Convivencia de someter la cuestión a mediación.

Una vez concluida la indicada primera fase, y en caso de que se tramite la segunda, el perjudicado, si se me permite la expresión, «desaparece» del procedimiento. En efecto, el art. 19 LCU no prevé ninguna presencia ni ninguna intervención de la víctima en dicha fase, sino que todos los tramites que la integran se entenderán exclusivamente con el alumno presunto infractor. En ese sentido, el art. 19.d) LCU ordena que el pliego de cargos será notificado «a la persona o personas presuntamente responsables que dispondrán de un plazo de diez días para formular sus alegaciones, aportar documentos e informaciones que consideren oportunos para su defensa, y proponer la práctica de pruebas». Asimismo, una vez practicadas, en su caso, las pruebas, se dará audiencia «al interesado» en el plazo de diez días. Y, en fin, tras la formulación de la propuesta de resolución por parte del instructor, se notificará «a la persona expedientada», que podrá hacer nuevas alegaciones y aportar documentos e informaciones que no hubiera podido aportar con anterioridad [art. 19.e) LCU]. Se constata, en definitiva, que esta segunda fase procedimental se ventila exclusivamente con el imputado, y sin presencia del perjudicado.

A la luz de los términos en que la LCU admite la intervención del perjudicado en el procedimiento disciplinario se plantea, en fin, el interrogante acerca de si le otorga o no la condición de parte interesada. En mi opinión la respuesta a la pregunta planteada sólo puede ser afirmativa de manera muy matizada o, si se prefiere la expresión, con una muy importante singularidad. Como he apuntado al inicio del presente apartado, considero que la LCU reconoce a la víctima de la falta disciplinaria una muy peculiar condición de interesado limitado, parcial o imperfecto. Creo que la posición del perjudicado se corresponde con la del interesado porque se le da entrada al procedimiento a efectos de que haga alegaciones, aporte documentos y proponga pruebas, todo ello en relación con la comisión de la falta y con la responsabilidad de su autor. Sin embargo, dicha condición de parte es limitada o parcial, en la medida en que, como he expuesto, no alcanza a la totalidad de los trámites que integran el procedimiento. En ese sentido, además, creo que hay que concluir que el perjudicado carece de legitimación para impugnar la resolución finalizadora del procedimiento disciplinario, salvo en aquellas ocasiones en que la misma tenga algún tipo de incidencia en su propia esfera jurídica en los términos que tradicionalmente tiene afirmados la jurisprudencia.

Al margen de lo más o menos extravagante que pueda resultar la peculiar posición del perjudicado en el procedimiento disciplinario, me interesa destacar que la misma resulta en buena medida distorsionadora del concepto jurídico de interesado y del alcance que al mismo viene dando la jurisprudencia en el terreno de los procedimientos sancionadores. No es menester profundizar en la definición del interesado como el titular de derechos o intereses legítimos, que hoy luce en el art. 4 LPAC. Al hilo de dicha delimitación, el Tribunal Supremo tiene sentado que para que una persona merezca la condición de interesado es condición indispensable que el procedimiento sancionador le reporte cualquier ventaja o utilidad jurídica derivada de la reparación pretendida[61]. Asimismo, y en relación con ello, la jurisprudencia es igualmente uniforme en interpretar que no puede entenderse como beneficio o ventaja derivada del procedimiento sancionador y, por tanto, no puede ser determinante de la condición de parte en el mismo, la alegación de que la imposición de sanción constituye por sí misma la satisfacción de un interés en general[62], o de un interés moral en particular[63].

Por lo común, y sin perjuicio de la conclusión a la que se pueda llegar en cada ocasión al hilo de las circunstancias concurrentes, no parece que el perjudicado por la comisión de una falta disciplinaria cometida por un alumno universitario vaya a obtener ninguna ventaja o utilidad jurídica como consecuencia de la tramitación del procedimiento sancionador y de la consi-

61 Los pronunciamientos en que el Tribunal Supremo se ha pronunciado acerca de los requisitos para tener la condición de interesado en el procedimiento administrativo en general, y en el sancionador en particular, son muy numerosos, y de ellos deriva una muy rica casuística. En todo caso, para la formulación general de la doctrina jurisprudencial sobre el particular, en la línea apuntada en el texto, véanse, por ejemplo, las SSTS de 20 de abril de 2015 (rec. núm. 1523/2012); núm. 2020/2017, de 19 de diciembre (rec. núm. 5057/2016); y núm. 68/2019, de 28 de enero (rec. núm. 4580/2017).

62 En ese sentido, por ejemplo, STS de 23 de mayo de 2003 (rec. núm. 527/2001), STS de 3 de noviembre de 2005 (rec. núm. 5966/2002), y STS núm. 68/2019, de 28 de enero (rec. núm. 4580/2017).

63 Al respecto, por ejemplo, STS de 26 de noviembre de 2002 (rec. núm. 65/2000); STS de 22 de mayo de 2007 (rec. núm 6841/2003); STS núm. 1034/2018, de 18 de junio (rec. núm. 474/2017); y STS núm. 68/2019, de 28 de enero (rec. núm. 4580/2017).

guiente imposición de una sanción[64]. De ello se deriva que, en abstracto o con carácter general, la víctima de la falta disciplinaria no reúne las condiciones para merecer la consideración de parte procedimental en el sentido estricto del término, sino únicamente a los efectos que han quedado apuntados. Por ese motivo, entiendo que la incorporación automática de la víctima al procedimiento disciplinario en los términos previstos en la LCU es distorsionadora de la figura jurídica del interesado procedimental.

Desde la perspectiva de la técnica normativa y del buen manejo de los conceptos jurídicos, en mi opinión hubiese sido más adecuado limitar la intervención del perjudicado a manifestar su disponibilidad o su rechazo a la mediación, por supuesto que sin perjuicio de su papel más o menos relevante como testigo. Por lo demás, en cuanto al momento y las consecuencias jurídicas de dicha manifestación se plantearían dos alternativas. Una de ellas pasaría por requerir dicha manifestación, tanto al perjudicado como al alumno presunto infractor, con carácter previo a la incoación del procedimiento y, por supuesto, con efecto interruptor del plazo de prescripción de la falta hasta el momento de la conclusión de la mediación. Y la otra opción consistiría en requerir la manifestación de voluntad al respecto una vez incoado el procedimiento disciplinario, pero como actuación al margen del mismo, es decir, sin posibilidad de incorporación del perjudicado a otros efectos diversos de

64 Cumple observar que la propia doctrina del Tribunal Supremo a que acabo de hacer referencia, atinente a la delimitación de la figura del interesado en el procedimiento administrativo, ha conducido a que se reconozca dicha condición al perjudicado en casos en que del procedimiento administrativo sancionador sí podía derivarse algún tipo de ventaja a su favor. Tal es el caso, señalada aunque no exclusivamente, de aquellos supuestos en que el procedimiento sancionador pudiera implicar el reconocimiento de una indemnización o el reconocimiento de daños. Para una exposición de conjunto de esta cuestión, con cita de abundante jurisprudencia, véase la STS núm. 68/2019, de 28 de enero (rec. núm. 4580/2017), en cuyo Fundamento de Derecho segundo puede leerse lo siguiente:
«Ello no impide apreciar la existencia de un interés legítimo en algunos casos. Así, la sentencia del Tribunal Supremo, Sala Tercera, de 11 de abril de 2006 (rec. 2543/2003) señalaba que "[...] Así, si bien no existe legitimación para pretender en abstracto la imposición de una sanción y, por tanto, para incoar un expediente sancionador, no puede excluirse que en determinados asuntos el solicitante pueda resultar beneficiado en sus derechos o intereses como consecuencia de la apertura de un expediente sancionador (reconocimiento de daños, derecho a indemnizaciones), lo que le otorgaría legitimación para solicitar una determinada actuación inspectora o sancionadora (en este sentido, sentencia de 14 de diciembre de 2005, recurso directo 101/2004)" y la STS 21 de septiembre de 2015 (rec. 4179/2012) lo ha admitido cuando el interés en que se imponga una sanción pudiese tener incidencia directa en su esfera patrimonial. También se ha reconocido cuando le reporte ventajas que no necesariamente ha de vincularse con la posibilidad de obtener una reparación por los daños y perjuicios causados por la conducta denunciada, sino que puede traducirse en la adopción de diversas medidas correctoras en defensa de la competencia, como las destinadas a acordar el cese de la conducta infractora que le perjudica (STS de 19 de octubre de 2015 (rec. 1041/2013) o la obtención de beneficios competitivos (STS de 18 de junio de 2014 (rec. 2096/2013), 17 de julio de 2014 (rec. 3471/2013)».

dicha manifestación de voluntad, y anudar al intento de mediación efectos suspensivos del procedimiento disciplinario en tramitación[65].

5. Las formas de terminación del procedimiento disciplinario

Uno de los aspectos de la regulación sobre el procedimiento disciplinario de los alumnos universitarios que también provoca cierta perplejidad es el concerniente a la terminación del mismo. Sobre el particular, el art. 20.f) LCU dispone textualmente lo siguiente: «El procedimiento podrá finalizar por la resolución sancionadora, el archivo, el reconocimiento voluntario de la responsabilidad, la declaración de caducidad, el desistimiento de la universidad o por imposibilidad material por causas sobrevenidas». Algunas de las formas de terminación enumeradas por la disposición normativa transcrita plantean algunos inconvenientes e interrogantes interpretativos a los que presto atención a continuación.

A. El archivo

Siguiendo el orden en el que son aludidas en el precepto en cuestión, resulta jurídicamente inapropiado que entre las formas de terminación se incluya el «archivo». Al respecto, hay que tener en cuenta que, en puridad, el archivo no se refiere al procedimiento administrativo, sino al expediente administrativo. En la actualidad, la diferencia entre procedimiento y expediente administrativo aparece formula con suficiente nitidez en la LPAC. Así, el procedimiento administrativo se define en la Exposición de Motivos como «el conjunto ordenado de trámites y actuaciones formalmente realizadas, según el cauce legalmente previsto, para dictar un acto administrativo o expresar la voluntad de la Administración». Por su parte, el expediente administrativo aparece definido en el

65 Dichos efectos suspensivos son los que en la actualidad pauta el art. 22.6 LCU, si bien, como vengo explicando, la manifestación de voluntad acerca de intento de mediación se articula como trámite integrante del procedimiento disciplinario, con apertura del mismo al perjudicado a efectos de formular alegaciones, proponer pruebas, etc.
No me resisto a poner de manifiesto el que a mi juicio constituye otro error claro del legislador en el manejo de los conceptos jurídicos, cometido en este caso en el aludido art. 22.6 LCU. El precepto en cuestión es del siguiente tenor: «[e]l inicio del procedimiento de mediación supondrá la suspensión del cómputo de los plazos de caducidad y prescripción del procedimiento disciplinario. Dicha suspensión se mantendrá mientras dure el procedimiento de mediación». Nótese que al plazo del procedimiento se anuda, indistintamente, y sin aclaración alguna, tanto la caducidad como la prescripción. Se trata, sin duda, de un error manifiesto del legislador, toda vez que, como es bien sabido, la figura de la prescripción no opera en relación con los procedimientos administrativos. De hecho, la propia LCU regula la caducidad del procedimiento disciplinario —como expondré más adelante, de manera incompleta—, pero salvo la alusión en el art. 22.6, no hace referencia alguna a su prescripción, ni a las causas y al plazo de la misma.

art. 70.1 LPAC como «el conjunto ordenado de documentos y actuaciones que sirven de antecedente y fundamento a la resolución administrativa, así como las diligencias encaminadas a ejecutarla»[66]. Recurriendo a un símil, tal vez torpe, puede decirse que el procedimiento está integrado por los trámites que se llevan a cabo por la administración para formar su voluntad, mientras que el expediente es la carpeta —física o electrónica— en la que se recopilan ordenadamente los documentos acreditativos generados en el procedimiento. Con mayor precisión, la Exposición de Motivos de la LPAC vincula el expediente administrativo a «la constancia de documentos y actuaciones».

En sentido estricto, por tanto, el archivo no constituye una forma de terminación del procedimiento, sino más bien una decisión y actuación material derivada de la terminación del procedimiento por la causa que en cada caso proceda. Así se deriva, en mi opinión de manera inequívoca, de la propia regulación del archivo del expediente contenida en la LPAC. En ese sentido, por ejemplo, el art. 25.1.b) establece que la resolución que declara la caducidad de los procedimientos iniciados de oficio «ordenará el archivo de las actuaciones». O el art. 89.1 LPAC, atañedero precisamente al procedimiento administrativo sancionador, en el que se dispone que ante la concurrencia de cualquiera de las circunstancias previstas en el propio precepto, «el instructor resolverá la finalización del procedimiento, con archivo de las actuaciones, sin que sea necesaria la formulación de la propuesta de resolución». En el mismo sentido, el art. 95 LPAC, en el que el archivo se contempla como una consecuencia de la previa caducidad del procedimiento iniciado a solicitud del interesado.

Cabe concluir, en definitiva, que la referencia del art. 20.f) LCU al archivo como forma de terminación del procedimiento disciplinario de los alumnos universitarios es cuando menos inapropiada o imprecisa.

B. El reconocimiento voluntario de la responsabilidad

Algo similar puede decirse acerca del «reconocimiento voluntario de la responsabilidad», al que también se refiere el art. 20.f) LCU como forma de finalización del procedimiento objeto de estudio. El hecho de que el autor de la falta se autoinculpe o, si se prefiere la expresión, se autoincrimine, no libera a la administración de dictar la correspondiente resolución administrativa. Entender que ello es así resulta, a mi juicio, fácil. Tan solo hay que tener presente que la autoincriminación es un acto jurídico del alumno, pero no un acto administrativo dictado por la universidad en tanto que titular de la potestad disciplinaria, en el que con arreglo al art. 20.e), párrafo quinto LUC, se decidan

66 Sobre el concepto de «expediente administrativo» como el «conjunto ordenado de documentos que sirven de antecedente a la resolución administrativa o en el caso de impugnación de disposiciones generales los antecedentes de aquellas», y los requisitos de su conformación en caso de que tenga carácter electrónico, véase la STS núm. 680/2021, de 13 de mayo (rec. núm. 5011/2019).

de manera motivada «todas las cuestiones planteadas por las personas interesadas, y aquellas otras que resulten del procedimiento». Dicho de manera más concreta, una vez reconocida su responsabilidad por parte del alumno, queda pendiente, al menos, la determinación de la sanción correspondiente, para lo que es sencillamente indispensable que el Rector, en tanto que órgano competente al efecto, dicte la correspondiente resolución sancionadora, en este caso sí, finalizadora del procedimiento disciplinario. En definitiva, si se mira con un mínimo de detenimiento, es elemental entender que la autoinculpación del alumno no puede entrañar la terminación del procedimiento, la cual requiere de la posterior resolución administrativa del Rector, por la sencilla razón de que, si así fuese, el procedimiento terminaría sin sanción. De ese modo se llegaría al absurdo de afirmar que el reconocimiento de la responsabilidad por el alumno implicaría, además de la finalización del procedimiento, la imposibilidad de sancionarle, es decir, su impunidad.

Piénsese, además, que la concreción de la sanción procedente no obedece a automatismo alguno, sino que la misma ha de llevarse a cabo en aplicación de los criterios de graduación establecidos por la propia LCU en su art. 15. Obviamente, la aplicación de los indicados criterios de graduación, entre los que, por cierto, se incluye el reconocimiento de responsabilidad con carácter previo a la iniciación del procedimiento disciplinario, abunda en la conclusión de que tras el acto de autoincriminación del estudiante es menester que la universidad dicte la correspondiente resolución sancionadora.

Creo que el argumento lógico expuesto hasta este punto es sencillamente inapelable. El mismo cuenta, además, con el aval de la doctrina casacional del Tribunal Supremo, si bien que emitida al hilo de la interpretación del alcance que a tenor de los arts. 21.1 y 85 LPAC corresponde al reconocimiento de la responsabilidad en orden a la terminación del procedimiento sancionador en general. En este mismo apartado prestaré atención específica a la interpretación realizada por el Tribunal Supremo a los dos preceptos de la LPAC aludidos. Por el momento, sirva tan sólo subrayar cómo la STS núm. 1260/2022, de 6 de octubre, sienta dos consideraciones que operan con independencia de la regulación positiva de la autoinculpación en el procedimiento administrativo sancionador. Una de dichas ideas se refiere precisamente a la imposibilidad jurídica de que el interesado declare la terminación del procedimiento, toda vez que dicha declaración constituye una potestad exclusiva de la administración en tanto que titular de la potestad sancionadora. Y de ello colige el Tribunal Supremo que el reconocimiento de la responsabilidad no tiene, *per se*, la virtualidad de poner fin al procedimiento, sino que dicho efecto queda en todo caso condicionado a la posterior adopción de la correspondiente resolución administrativa[67].

67 La referida STS núm. 1260/2022, de 6 de octubre (rec. núm. 294/2021) es capital para entender el alcance del reconocimiento de la responsabilidad por parte del infractor, así como del pronto pago con arreglo al art. 85 LPAC. Dada la inequívoca conexión de dicho

La indicada sentencia del Tribunal Supremo aporta un segundo argumento que opera al margen de la concreta regulación del reconocimiento voluntario de la responsabilidad. Se trata, además, de un razonamiento que vincula la necesidad de una ulterior resolución administrativa para poner fin al procedimiento sancionador con el derecho fundamental a la tutela efectiva de jueces y tribunales *ex* art. 24 CE y que, precisamente por dicho anclaje constitucional, reviste una especial significación. En concreto, el alto órgano judicial afirma que la inexistencia de acto administrativo acabador del procedimiento sancionador «dificulta en extremo» la impugnación contencioso-administrativa[68]. La proyección de este razonamiento al ámbito del reconocimiento de

---

precepto y de la inteligencia del mismo con la interpretación de la previsión contenida en el art. 20.f) LCU en lo concerniente al reconocimiento voluntario de responsabilidad por parte del alumno universitario como forma de terminación del procedimiento disciplinario, volveré sobre la misma a continuación. En todo caso, y por lo que se refiere al argumento que he desarrollado hasta este punto, en la indicada sentencia puede leerse lo siguiente: «Las anteriores consideraciones abocan a que aun en el supuesto de pago anticipado, y con mayor razón que en el caso de reconocer la responsabilidad, es necesario que la Administración dicte una resolución que es la que, en realidad, debe poner fin al procedimiento, con el contenido del referido artículo 88, en relación con el 90 de la Ley de Procedimiento Administrativo Común de las Administraciones Públicas. Y en ese sentido ha de interpretarse la declaración del artículo 85 de que el pago voluntario "implicará la terminación del procedimiento", y ello por las siguientes razones.
[...]
En segundo lugar, porque desde un punto de vista lógico, con la declaración que se hace en el precepto realmente se trata de un mandato a la Administración para que en tales supuestos de por concluido el procedimiento, no al interesado en cuyas manos no está la posibilidad de declarar la terminación del procedimiento, que constituye una auténtica potestad de quien puede iniciarlo, tramitarlo y concluirlo, es decir, de la Administración pública, como una manifestación, la más esencial, de su potestad sancionadora. Debe tenerse en cuenta que incluso en el régimen de la caducidad, que opera por el mero transcurso del tiempo y es el propio legislador el que impone los efectos, se ha declarado por la jurisprudencia de esta Sala que requiere una resolución expresa en que se declare (Ss 1667/2020, de 3 de diciembre y 14/2022, de 12 de enero)».

68 Interesa, de nuevo, traer la argumentación literal del Tribunal Supremo en este punto: «Hay un último argumento, ínsito en los anteriores, pero de mayor trascendencia porque afecta a los derechos fundamentales, que han tenerse en consideración al momento de la interpretación de las normas, conforme impone el artículo 5 de la Ley Orgánica del Poder Judicial, entre otros. Nos referimos a que si el "sancionado" sin resolución expresa tiene derecho a impugnar dicha sanción ante los Tribunales, en ejercicio de su derecho fundamental a la tutela judicial efectiva del artículo 24 de la Constitución, como se razona en nuestra sentencia de 2021 antes mencionada, deberá concluirse que por más que en el actual modelo del proceso contencioso-administrativo haya desaparecido el monopolio del acto administrativo para abrir el proceso, es lo cierto que incluso impugnar una actividad administrativa en que la Administración se ha limitado a imputar unos hechos que califica como infracción y castiga con una multa, dificulta en extremo dicha impugnación, salvo que pretendamos que ese mecanismo para acceder al proceso sea precisamente un acto del propio interesado —ejemplos hay en el ámbito tributario que parecen extrapolables—, pero que tiene el peculiar contenido de haber atendido esa imputación —que puede serlo a los solos efectos de su impugnación—, lo cual ciertamente que deberá tomarse en consideración a la hora de interpretar el precepto».

la responsabilidad por los alumnos universitarios conduce derechamente a recalcar la necesidad de posterior resolución administrativa en la que se concrete la sanción pertinente, toda vez que, en caso contrario, no habría nada de impugnar. Es más, si se me permite la ironía, tal como he apuntado anteriormente, ni siquiera habría sanción impuesta a la que oponerse, por lo que tal vez esa fuese la situación óptima buscada por el alumno que se autoinculpa.

La negación de eficacia finalizadora del procedimiento al acto jurídico de reconocimiento de la responsabilidad por parte del autor de la infracción es obvia por demás en la LPAC. Sobre el particular hay que tener presentes dos previsiones normativas de la indicada Ley reguladora del procedimiento administrativo común que abocan indefectiblemente a la necesidad de que el reconocimiento voluntario de la responsabilidad vaya seguido de la correspondiente resolución administrativa sancionadora. Por un lado, el deber general de dictar resolución expresa y notificarla en todos los procedimientos cualquiera que sea su forma de iniciación (art. 21.1 LPAC). Y, por otro lado, y de manera fundamental a nuestros efectos, el art. 85.1 LPAC, a cuyo tenor, «[i]niciado un procedimiento sancionador, si el infractor reconoce su responsabilidad, *se podrá resolver el procedimiento con la imposición de la sanción que proceda*»[69].

El tenor literal de ambos preceptos es claro, y la interpretación de los mismos por parte de la ya mencionada STS de 6 de octubre de 2022 no hace sino confirmar dicha consideración[70]. En mi opinión, la aplicación supletoria

69 Sobre la necesidad de dictar resolución finalizadora del procedimiento sancionador con posterioridad al reconocimiento de la responsabilidad patrimonial y/o al pago anticipado por parte del autor de la infracción, en todo caso con anterioridad a la STS núm. 1260/2022, de 6 de octubre, véase, por ejemplo, a Belén Marina Jalvo, «La determinación de las sanciones administrativas. Normas establecidas en la Ley 39/2015, de 1 de octubre, de procedimiento administrativo común de las administraciones públicas, y en la Ley 40/2015, de 1 de octubre, de régimen jurídico del sector público», *Revista Española de Derecho Administrativo*, 195, 2018 (manejo versión electrónica sin números de página); Íñigo Sanz Rubiales, «La reducción de sanciones pecuniarias por pago adelantado y por reconocimiento de la responsabilidad», *Revista Aragonesa de Administración Pública*, 58, 2022, pp. 19-21; y Javier García Luengo, «La reducción de las sanciones administrativas por reconocimiento de la responsabilidad o pago voluntario», *Revista General de Derecho Administrativo*, 61, 2022, pp. 25-27.

70 No me resisto a traer también la argumentación del Tribunal Supremo basada en los indicados arts. 21.1 y 85 LPAC.
«En primer lugar, porque si bien es cierto que el artículo 85-2.° dispone que el mero pago de la sanción pecuniaria por quien solo es imputado de la comisión de una infracción administrativa comporta la "terminación del procedimiento", es lo cierto que no declara de manera expresa que termina el procedimiento, sino que "implicará", término que conforme al Diccionario no tiene el carácter imperativo que requiere ese mandato directo, sino el de "llevar consigo o significar algo... adquirir el compromiso de participar en algo". En suma, se trataría de que ese pago comporta para el interesado que paga la sanción el compromiso de que la Administración dé por finalizado el procedimiento y, en su caso, poder impugnar la sanción, que

de la LPAC al ámbito universitario debería conducir a interpretar el art. 20.f) LCU en el sentido de que la autoinculpación del alumno no supone la terminación del procedimiento disciplinario, sino que la misma pende de la posterior resolución administrativa del Rector en la que se concrete la sanción procedente. En todo caso, soy consciente de que dicha aplicación supletoria de la LPAC puede resultar controvertida.

Sea como fuere, lo que resulta innegable es que la inclusión del reconocimiento voluntario de la responsabilidad como forma de finalización del procedimiento disciplinario de los alumnos universitarios por parte del art. 20.f) LCU, constituye un manejo inapropiado de la figura de la autoinculpación, al menos en lo que a sus implicaciones sobre el procedimiento se refiere. Manejo inadecuado que, salvo que se corrija por vía interpretativa, puede conducir a efectos prácticos claramente indeseables. Me estoy refiriendo a la posibilidad, también avalada por el Tribunal Supremo, de que la falta de resolución sancionadora expresa —con su respectiva notificación al alumno infractor— en el plazo correspondiente[71], determine la caducidad del procedimiento disciplinario[72].

ya ha pagado con la cautela de esa terminación y el beneficio de la reducción, en vía contencioso-administrativa. Es decir, y atendiendo a las limitaciones que impone el párrafo tercero del precepto, la finalidad del pago anticipado comporta excluir todo el debate— con ahorro del tiempo que requiere— en vía administrativa, pero sin aceptar la legalidad de la sanción, en cuanto se reserva el derecho a cuestionar dicha legalidad en vía contencioso-administrativa, lo cual parece que es lo que ha acontecido en el caso de autos. Y en ese sentido hemos de traer a colación lo declarado en nuestra sentencia 232/2021 —mejor que 696/2021—, dictada en el recurso 2201/2020, como se invoca por ambas partes, bien con conclusiones diferentes, sobre que "... la renuncia o el desistimiento que se exigen en el referido precepto —artículo 85— para poder beneficiarse de las reducciones en el importe de la sanción se proyectan única y exclusivamente sobre las acciones o recursos contra la sanción a ejercitar en la vía administrativa y no en la judicial ...". El mismo precepto no impone necesariamente que el sancionado no pueda cuestionar la sanción —que, en esa interpretación, nunca se ha impuesto de forma expresa—, porque el efecto de interponer recurso en vía administrativa no es su inadmisibilidad, sino que deberá abonar la parte de sanción reducida por el pago anticipado.
[...]
En tercer lugar y desde el punto de vista sistemático, se estableció ya en la Ley de Procedimiento de 1992 y se recoge ahora en el artículo 21 de la Ley de Procedimiento Administrativo Común de las Administraciones Públicas, que la Administración está obligada a dictar resolución expresa en "todos" los procedimientos, incluso en aquellos supuestos en los que la propia norma determina como debe ser esa terminación, como cabe concluir del mencionado precepto y los que le siguen de dicha Ley. Por ello no se acierta a comprender como puede pretenderse que la decisión de una importante sanción, como el caso de autos pone de manifiesto, pueda imponerse sin que exista decisión alguna de la Administración».

71 En relación con el plazo máximo para resolver y notificar la resolución del procedimiento disciplinario frente a los alumnos universitarios, me remito a las consideraciones que sobre la caducidad como forma de finalización del indicado procedimiento realizo en el presente trabajo.

72 La tantas veces citada STS 1260/2022, de 6 de octubre (rec. núm. 294/2021), sienta, en efecto, la doctrina casacional según la cual la falta de resolución expresa posterior al reco-

C. La declaración de caducidad

Nada hay que objetar, en mi opinión, a la inclusión de la declaración de caducidad entre las formas de terminación del procedimiento disciplinario de los alumnos universitarios, ni sobre los términos en que la misma se contempla en el art. 20.f) LCU. Se trata, como bien se sabe, de una forma de terminación del procedimiento «clásica» del ordenamiento jurídico español. Además, la LCU la articula en términos plenamente respetuosos o coherentes con la muy consolidada jurisprudencia que afirma que, si bien la caducidad opera de manera automática u *ope legis* por el mero transcurso del tiempo, requiere en todo caso una resolución expresa que la declare[73]. Ese es, por lo demás, el planteamiento que luce de manera inequívoca en los arts. 21.1, párrafo segundo, 25.1.b), 84.1, 95.1 y 106.1, todos ellos de la LPAC.

La regulación de la caducidad contenida en la LCU se limita a la previsión de la misma como forma de finalización del procedimiento disciplinario en los términos previstos en el art. 20.f) que acaban de quedar apuntados. Ello implica que el régimen jurídico de la caducidad haya de integrarse acudiendo a la regulación de carácter general que sobre el particular establece la LPAC, como se sabe, y he reiterado en numerosas ocasiones, de aplicación supletoria a la normativa universitaria específica [art. 2.2.c) LPAC]. Aspectos como, por ejemplo, los criterios de cómputo del plazo de caducidad o los efectos de la misma han de resolverse, así pues, con arreglo a la indicada legislación sobre procedimiento administrativo común.

Entre los silencios de la LCU destaca, en particular, el concerniente al plazo de caducidad. En efecto, a pesar de que uno de los numerosos reproches que vierte en su Preámbulo sobre el Reglamento de 1954 se refiere precisa-

nocimiento voluntario de la responsabilidad por parte del autor de las infracciones tiene como resultado la caducidad del procedimiento sancionador.

Con anterioridad al indicado pronunciamiento del Tribunal Supremo, dicha interpretación había sido sostenida en la doctrina por, por ejemplo, Belén Marina Jalvo, «La determinación», *cit.*, y Javier García Luengo, «La reducción», *cit.*, pp. 25-276.

Una posición intermedia era la postulada por Íñigo Sanz Rubiales, «La reducción», *cit.* A juicio del citado autor, con arreglo al tenor del art. 85.1 LPAC, en los casos de mero reconocimiento de la responsabilidad, la falta de posterior resolución sancionadora determinaría la caducidad del expediente (pp. 44-45). Sin embargo, en los supuestos de mero pago anticipado de la multa sin reconocimiento de la responsabilidad, de conformidad con el art. 85.2 LPAC, entendía que existe una suerte de resolución sancionadora y que, por tanto, no sería preciso que se dictase una posterior. Ello le llevaba a considerar que en este segundo supuesto no cabría plantearse la caducidad del procedimiento (pp. 33-35). Como acabo de exponer, este planteamiento ha sido rechazado por el Tribunal Supremo.

73 Sobre el particular, por ejemplo, STS 1667/2020, de 3 de diciembre (rec. núm. 8332/2019); STS 14/2022, de 12 de enero (rec. núm. 5040/2020); o STS 1260/2022, de 6 de octubre (rec. núm. 294/2021).

mente a que el mismo no establecía plazo de caducidad del procedimiento[74], la LCU no presta atención a esta importante cuestión. Ello implica, según vengo señalando, que el plazo máximo para notificar la resolución del procedimiento disciplinario objeto de estudio so pena, en caso de incumplimiento, de que se produzca la caducidad del mismo, sea el resultante de la aplicación del art. 21.2 y 3.a) LPAC.

La aplicación literal de los aludidos preceptos de la LPAC conduce derechamente a concluir que el plazo de caducidad del procedimiento disciplinario de los alumnos universitarios articulado en la LCU es de tres meses a computar desde de la fecha del acuerdo de incoación. Ahora bien, dicho automatismo en la aplicación del citado plazo ha sido objeto de una muy importante matización por parte la jurisprudencia, en el sentido de que «el plazo de caducidad de los procedimientos administrativos —que no tengan previsión normativa al respecto— será de tres meses, salvo que la regulación del procedimiento contenga trámites, con plazos que —sumados— excedan de esos tres meses, en cuyo caso el plazo máximo para notificar la resolución será de seis meses»[75]. Se trata, como bien puede comprobarse con la lectura de las sentencias sobre el particular, de una interpretación sentada al hilo de los arts. 42.2 y 3 de la Ley 30/1992, de 26 de noviembre, de régimen jurídico de las Administraciones públicas y del procedimiento administrativo común. Ello no obstante, los apartados 2 y 3.a) del art. 21 LPAC no difieren de la regulación contenida en las indicadas disposiciones de la Ley procedimental de 1992, por lo que la doctrina jurisprudencial apuntada ha de reputarse vigente en la actualidad.

En definitiva, la determinación del plazo de caducidad del procedimiento disciplinario de los estudiantes universitarios pasa por la suma de los plazos internos de dicho procedimiento regulados en el art. 20 LCU. Si dicha suma es inferior a tres meses, este será el plazo de caducidad. Si, en cambio, la suma de los plazos internos en cuestión impide que la notificación de la resolución al alumno imputado se realice en el plazo de tres meses, debe considerarse que el plazo de caducidad es de seis meses.

A la luz del planteamiento que acabo de describir, y dado el concreto diseño del procedimiento disciplinario arbitrado en la LCU, la concreción del indicado plazo de caducidad está llamada a resultar una cuestión controvertida. En todo caso, me inclino por entender que el plazo a tener en cuenta es el de seis meses. En efecto, la cumplimentación del conjunto de trámites previstos a realizar por la universidad, y el respeto a los plazos previstos

74 En efecto, entre las numerosas críticas al Reglamento de 1954 que se hacen el Preámbulo de la LCU, se incluye expresamente que «no contiene un régimen de prescripción de faltas o de plazos de caducidad».

75 Tomo el entrecomillado de la STS núm. 1193/2020, de 20 de septiembre (rec. núm. 6208/2019), que a su vez se hace eco de la interpretación sentada en la STS de 6 de abril de 2011 (rec. núm. 1795/2007)

para las actuaciones defensivas del alumno inculpado, hacen prácticamente imposible llegar a la notificación de la resolución en el plazo de tres meses.

D. El desistimiento de la universidad

El art. 20.f) LCU incluye el desistimiento de la universidad entre las formas de finalización del procedimiento disciplinario. Aunque tradicionalmente el desistimiento se ha identificado sobre todo con los procedimientos iniciados a solicitud del interesado y, por tanto, con una potestad de este último, no puede decirse que sea una figura desconocida en el terreno de los procedimientos iniciados de oficio. En ese sentido, destaca el hecho de que la misma fue introducida con carácter general en nuestro ordenamiento jurídico por la vigente LPAC [arts. 35.1.g) y 93]. Asimismo, aparece expresamente contemplada en el arts. 152 LCSP, en el que se regula la decisión de no adjudicar o celebrar el contrato y el desistimiento del procedimiento de adjudicación por la administración. Por lo demás, sin perjuicio de que hoy en día, de la mano de los citados preceptos de la LPAC, haya un reconocimiento legislativo general y expreso de la posibilidad de que la administración desista de los procedimientos iniciados por su propia decisión, dicha potestad contaba ya con el aval de la jurisprudencia. Más exactamente, el Tribunal Supremo ha venido aceptando dicha opción para aquellas ocasiones en que la administración «llegue al convencimiento de la falta de base de las actuaciones de que se trate»[76]. Fruto de dicho planteamiento, es destacable, por ejemplo, la aceptación del desistimiento de la expropiación con anterioridad a la fijación del justiprecio[77] o, en fin, la legitimidad jurídica de que la administración desista de la iniciativa de elaboración y aprobación de instrumentos de planeamiento urbanístico[78].

La previsión del desistimiento de la universidad como forma de terminación del procedimiento disciplinario de los estudiantes universitarios contenida en la LCU adolece, una vez más, de una absoluta definición de su régimen jurídico. Ello implica, por tanto, que la indicada ausencia de regulación deba ser salvada acudiendo a la aplicación supletoria de la LPAC, es decir, aplicando los arts. 35.1.g) y 93 de la indicada Ley. De los aludidos preceptos

76 Tomo el entrecomillado de la STS núm 1349/1990, de 11 de julio (ROJ: STS 11222/1990).

77 Aunque el desistimiento no aparece expresamente contemplado en la Ley de Expropiación Forzosa, ha sido tradicionalmente admitido por la jurisprudencia, que ha puesto como límite temporal al mismo, precisamente, la fijación del justiprecio, por entender que a partir de esa fecha surge un derecho subjetivo del expropiado al cobro del mismo. Sobre la cuestión, por ejemplo, y entre otras muchas, STS de 23 de marzo de 1993 (rec. núm. 6285/1990), STS de 16 de marzo de 2011 (rec. núm. 149/2007), STS de 22 de octubre de 2013 (rec. núm. 765/2011), o STS núm. 1255/2018, de 17 de julio (rec. núm. 1517/2017).

78 Al respecto, por ejemplo, la precitada STS núm 1349/1990, de 11 de julio (ROJ: STS 11222/1990) o, más recientemente, la STS de 26 de abril de 2013 (rec. núm. 2314/2010).

se derivan dos condiciones o requisitos fundamentales para el desistimiento de la administración. Por un lado, la exigencia de motivación y, por otro, la restricción del mismo a la concurrencia de las causas habilitadoras y al cumplimiento de los requisitos previstos en las Leyes. Interesa reflexionar, sea siquiera brevemente, sobre la operatividad de ambos requisitos en el concreto ámbito del desistimiento del procedimiento disciplinario de los alumnos por parte de la universidad.

La necesidad de que el acuerdo de desistimiento cuente con la debida motivación no plantea controversia alguna. De hecho, la exigencia de motivación en este ámbito ha venido en todo caso impuesta por la jurisprudencia, con anterioridad incluso a que el desistimiento de la administración cobrase carta de naturaleza legislativa por mor de la LPAC. El argumento por el que se impone el deber de explicitar los motivos que llevan a abandonar el procedimiento —del que sin duda se ha hecho eco la previsión normativa al respecto— es elemental por demás, y no es otro que la salvaguarda del interés público y de la seguridad jurídica[79]. En mi opinión, resulta innegable que la universidad debe exponer, sin excepción, las razones que le llevan al desistimiento del procedimiento disciplinario toda vez que, en los términos que acabo de apuntar, en ello está en juego la tutela del interés público y de la seguridad jurídica y, en particular, dos importantes concreciones de los mismos. Por un lado, la posibilidad de control posterior de la decisión y, así pues, de impugnación por parte de posibles interesados; y, por otro, la seguridad del propio alumno infractor frente a posibles reaperturas del procedimiento disciplinario dentro del plazo de prescripción de la falta imputada.

Por lo que se refiere a la vinculación del desistimiento a la concurrencia de las causas legitimadoras y al cumplimiento de los requisitos previstos en la Leyes, aparece formulada en términos inequívocos en el art. 93 LPAC. Lo cierto es que, como he anticipado, la LCU no lleva a cabo una concreción de las razones justificativas del desistimiento, al igual que no somete la decisión administrativa en cuestión al cumplimiento de ninguna exigencia específica. El silencio de la LCU al respecto puede ser resuelto con arreglo a dos interpretaciones diversas. Una de ellas derivaría de una aplicación supletoria de la LPAC sin matices, y pasaría por entender que la ausencia de previsión de causas legitimadoras constituye un impedimento legal para el ejercicio de la

79 Al respecto es especialmente ilustrativa la STS de 26 de abril de 2013 (rec. núm. 2314/2010), en la que la exigencia de motivación del desistimiento por parte de la administración en los procedimientos administrativos iniciados de oficio se justifica en los siguientes términos: «A lo que debería añadirse, aunque no lo haga la sentencia, que ha de ser acompañada de una motivación que explique las razones de su decisión de interrumpir o abandonar la tramitación del procedimiento emprendido. Es la salvaguarda del interés público y la seguridad jurídica quien demanda que se exteriorice la decisión que pone fin al procedimiento, evitando una situación de pendencia indefinida y señalando las razones del abandono de la iniciativa, que en este caso podía confundirse con una carencia de objeto debido a la inclusión de tales contenidos en la "revisión" del planeamiento general».

potestad de desistimiento por parte de las universidades. Dicha lectura llevaría, por tanto, a calificar la previsión de la LCU sobre el desistimiento como superflua y carente de cualquier operatividad.

Frente a dicha interpretación, me inclino a pensar que en la medida en que la LPAC es de aplicación meramente supletoria, resulta jurídicamente válido que la LCU opte por un régimen de desistimiento por parte de las universidades más abierto, en el que, por supuesto motivadamente, y previa audiencia a los interesados, pueda acordarse siempre que las circunstancias concurrentes determinen la improcedencia jurídica de continuar con el procedimiento disciplinario.

El indicado escenario de *numerus apertus* en lo concerniente a las causas justificativas no debe llevar a entender, empero, que las universidades gozan de total libertad para decidir acerca de la pertinencia del desistimiento. En particular, juzgo importante subrayar que a la universidad en modo alguno le es dado acordar el desistimiento por motivos de oportunidad. No en vano, y como bien se sabe, el ejercicio de la potestad sancionadora y, por ende, de la disciplinaria, constituye una potestad administrativa reglada sujeta al principio de legalidad. El ejercicio de la potestad sancionadora es, por decirlo de modo sencillo, indisponible. Ello significa, simple y llanamente, que ante la constatación de unos hechos que hipotéticamente puedan ser constitutivos de infracción, la universidad no puede inhibirse de tramitar el correspondiente procedimiento disciplinario y, en su caso, imponer la sanción correspondiente[80]. Ello conduce a concluir, en fin, que el desistimiento únicamente será legítimo en caso de que por la administración se constate de manera anticipada a la resolución que resulta improcedente la imposición de sanción. Siendo así, y en orden a un correcto manejo de las instituciones y de las categorías jurídicas, sería preferible que en lugar de referirse al desistimiento de la universidad, la LUC hubiese seguido la estela clásica de la normativa administrativa —hoy recogida, por ejemplo, en el art. 89.1 LPAC— y ordenase que en tales casos se ponga fin al procedimiento mediante la correspondiente resolución motivada con archivo de las actuaciones o, lo que sería equivalente, aludiese al sobreseimiento[81].

80 La afirmación del carácter reglado o necesario del ejercicio de la potestad sancionadora siempre que la administración tenga conocimiento de la comisión de una infracción está plenamente consolidada en la jurisprudencia con base en el principio de legalidad. Para un muy ilustrativo recorrido jurisprudencial sobre el particular, Manuel Rebollo Puig, «Ejercicio obligado o facultativo de la potestad sancionadora. Legitimación para exigir su ejercicio», en el vol. col. Manuel Rebollo Puig, Manuel Izquierdo Carrasco, Lucía Alarcón Sotomayor y Antonio M.ª Bueno Armijo, *Derecho administrativo sancionador*, Lex Nova, 2010, pp. 473 y ss.
Por referir alguna sentencia al respecto, posterior a la publicación de la precitada obra, véase por ejemplo la STS de 28 de febrero de 2013 (rec. núm. 2320/2010).

81 Aunque no se utilice la palabra «sobreseimiento», es claro que el precitado arts. 89.1 LPAC regula dicha forma de terminación del procedimiento administrativo sancionador. En el

E. La imposibilidad material por causas sobrevenidas

El art. 20.f) LCU incluye, en fin, la imposibilidad material por causas sobrevenidas como forma de finalización del procedimiento disciplinario. Poco hay que añadir a dicha previsión normativa, por lo demás clásica entre las formas de terminación de cualquier procedimiento administrativo[82]. Tan sólo apuntar que dicha imposibilidad deberá ser acordada motivadamente mediante la correspondiente resolución administrativa y que, tal como se viene entendiendo tradicional y uniformemente, puede obedecer tanto a circunstancias de índole física como de carácter jurídico[83]. El sencillo régimen descrito aboca, en definitiva, a un juicio casuístico acerca de la concurrencia o no de causas materialmente impeditivas de la continuación del procedimiento. Así las cosas, por poner algún ejemplo ilustrativo —y, por tanto, sin ánimo de exhaustividad— un claro supuesto de imposibilidad de proseguir el procedimiento disciplinario por causas físicas sería la muerte del estudiante inculpado. Y entre las causas de índole jurídico puede aludirse a la pérdida de la condición de alumno (por abandono de estudios, consecución del título académico cuya obtención le vinculaba a la universidad, etc.), con lo que desaparece la relación de sujeción especial legitimadora o habilitadora del ejercicio de la potestad disciplinaria por parte de la universidad.

---

mismo sentido, el art. 39.3 de la Ley 1/2023, de 16 de marzo, de la potestad sancionadora de las Administraciones Públicas Vascas.

Sobre la identificación del sobreseimiento con la terminación anticipada del procedimiento mediante resolución motivada con archivo de las actuaciones en caso de que se prevea la improcedencia de la imposición de sanción, STS núm. 1382/2020, de 22 de octubre (rec. núm. 4535/2019).

Un ejemplo claro del uso del término «sobreseimiento» como forma de terminación del procedimiento administrativo sancionador en supuestos equivalentes a los previstos en el art. 89.1 LPAC se encuentra en el art. 20.1 del ya citado Decreto 278/1993, de 9 de noviembre, sobre procedimiento sancionador de aplicación a los ámbitos de competencia de la Generalidad de Cataluña, que bajo la rúbrica de «[f]inalización por sobreseimiento», dispone lo siguiente: «[p]rocede el sobreseimiento: a) Cuando los hechos no son constitutivos de infracción administrativa. b) Cuando no existan indicios racionales de haberse producido los hechos que han sido la causa de la iniciación del procedimiento. c) Cuando no se ha acreditado la existencia de responsabilidad, o bien se ha producido su extinción. Si el procedimiento se dirige contra una pluralidad de personas, la resolución de sobreseimiento sólo afecta a aquéllas en quien concurren las citadas circunstancias».

82 Recuérdese que la LPAC recoge la imposibilidad material de continuación por causas sobrevenidas en su art. 84.2, al tiempo que en su art. 35.1.g) ordena la motivación de la resolución que declare la indicada imposibilidad.

83 Es de sobras conocido que tanto la doctrina como la jurisprudencia son pacíficas en el sentido de entender que la imposibilidad material de continuar el procedimiento administrativo puede tener su origen tanto en circunstancias físicas como jurídicas. Por lo que se refiere a la jurisprudencia, pueden citarse en ese sentido, a simple modo de ejemplo, las SSTS de 10 de febrero de 2010 (rec. núm. 8/2007), de 8 de octubre de 2015 (rec. núm. 3764/2013), o la núm. 2206/2016 de 11 octubre (rec. núm. 2507/2014).

IV. LA MEDIACIÓN COMO ALTERNATIVA SUSTITUTIVA DE LA POTESTAD DISCIPLINARIA

1. La apuesta de la LCU por las medidas restaurativas como respuesta prioritaria a las faltas disciplinarias de los alumnos universitarios

La medida más controvertida de cuantas establece la LCU es, a mi juicio, la previsión de la mediación como cauce o mecanismo de respuesta frente a la comisión de faltas disciplinarias por los alumnos universitarios[84]. En apartados anteriores he hecho referencia a ello, adelantando que, en el esquema de la Ley, dicho medio de resolución alternativa de conflictos se articula en términos tales que sea prioritario al ejercicio de la potestad disciplinaria por parte de las universidades. A esta conclusión conduce la arquitectura con que aparece diseñado el procedimiento disciplinario, cuya tramitación completa hasta dictar, en su caso, una resolución sancionadora, se supedita a la improcedencia o al fracaso total o parcial de la mediación.

La indicada admisión de la mediación implica reconducir el ámbito disciplinario de los estudiantes universitarios a los planteamientos propios de la denominada «justicia restaurativa». Se acostumbra a afirmar que frente a la tradicional justicia retributiva, que pone el acento en el quebranto o incumplimiento de la norma y la imposición del consiguiente castigo, la justicia restaurativa hace hincapié en la reparación del daño causado a la víctima a través de procedimientos en los que participen todas las partes involucradas[85].

84 Salvo error por mi parte, por el momento son pocas las aportaciones doctrinales aparecidas sobre la mediación en el ámbito de la convivencia universitaria y en el terreno del régimen disciplinario de los alumnos. En todo caso, para una valoración global positiva, Leticia GARCÍA VILLALUENGA y Eduardo VÁZQUEZ DE CASTRO, «Mediación en las universidades: una gran apuesta por la convivencia», *Anuario de Mediación y Solución de Conflictos*, 9, 2022, pp. 21 y ss.; y, ya en el terreno jurídico, Sashanicol ROCHA HAVENITH y Beatriz BELANDO GARÍN, «La nueva ley de convivencia universitaria española: algunas reflexiones sobre la potestad disciplinaria en el contexto universitario», *Revista General de Derecho Administrativo*, 64, 2023. Para un juicio no negativo pero si menos favorable, con atención específica en las deficiencias de la regulación de la mediación como herramienta del régimen disciplinario de los estudiantes universitarios, Belén MARINA JALVO, «Convivencia pacífica», *cit.*

85 Son muy numerosas las aportaciones doctrinales acerca del concepto y la operatividad de la justicia restaurativa, también denominada reparadora e incluso curativa. Para una aproximación conceptual general, me permito significar, por todos, los trabajos de Josep Maria TAMARIT SUMALLA, *La justicia restaurativa: desarrollo y aplicaciones*, ed. Comares, Granada, 2012; Ignacio SUBIJANA ZUNZUNEGUI, *et. alt.*, *Justicia restaurativa, una justicia para el siglo XXI: potencialidades y retos*, ed. Universidad de Deusto, Bilbao, 2013; Jesús Daniel AYLLÓN

El planteamiento apuntado cuenta ya con una cierta evolución y un amplio desarrollo intelectual en el terreno del derecho penal, pudiéndose hablar, a mi juicio, de una auténtica cultura de la justicia restaurativa. En unos términos claramente tributarios de los planteamientos doctrinales al respecto, la misma aparece definida en el art. 2.d) de la Directiva 2012/29/UE, del Parlamento Europeo y del Consejo de 25 de octubre de 2012 por la que se establecen normas mínimas sobre los derechos, el apoyo y la protección de las víctimas de delitos, y por la que se sustituye la Decisión marco 2001/220/JAI del Consejo, como «cualquier proceso que permita a la víctima y al infractor participar activamente, si dan su consentimiento libremente para ello, en la solución de los problemas resultantes de la infracción penal con la ayuda de un tercero imparcial».

Es evidente que el presente trabajo no es lugar adecuado para abordar el estudio teórico de la legitimidad jurídica y los eventuales alcance y operatividad de las indicadas fórmulas de justicia restaurativa en el ámbito del derecho administrativo en general, y del sancionador en particular. Se trata, en todo caso, de una cuestión llamada ser objeto de atención por parte de la doctrina, toda vez que resulta innegable que la misma está penetrando con intensidad creciente en el ámbito sancionador. Las controversias a resolver sobre el particular son, desde luego, abundantes y de gran calado, algunas de ellas en relación con aspectos básicos o nucleares del derecho administrativo sancionador. Cuestiones tales como, a simple modo de ejemplo, el concepto mismo de infracción administrativa como algo más que el incumplimiento de la norma o la comisión de una ilegalidad; el eventual desplazamiento de la sanción/castigo por medidas reparadoras del perjudicado; la naturaleza jurídica —sancionadora o no— de las medidas restaurativas[86], con lo que ello implica desde la perspectiva de los principios de legalidad y tipi-

---

García, «La Justicia restaurativa en España y en otros ordenamientos jurídicos», *Ars Boni et Aequi*, 2, 2019, pp. 9-29; José Luis de la Cuesta e Ignacio José Subijana (dirs.), *Justicia restaurativa y terapéutica. Hacia innovadores modelos de justicia*, Tirant lo Blanch, Valencia, 2017; y Helena Soleto y Ana Carrascosa (dirs.), *Justicia restaurativa: una justicia para las víctimas*, Tirant lo Blanch, Valencia, 2019.

86 A primera vista, plantearse si las medidas reparadoras o restaurativas participan de la naturaleza de las sanciones administrativas puede parecer innecesario, toda vez que tradicionalmente las sanciones se identifican, entre otros aspectos, por su naturaleza de castigo y su carácter o sentido retributivo. Sobre el particular, véase, por todos, a Manuel Rebollo Puig, «Definición y delimitación de las sanciones administrativas», en, Rebollo Puig, Manuel; Huergo Lora, Alejandro; Guillén Caramés, Javier; y Cano Campos, Tomás, *Anuario de Derecho administrativo sancionador 2021*, ed. Thomson Reuters Civitas, Cizur Menor, 2021 pp. 65 y ss.
Sin abordar el estudio de la cuestión, no me resisto a subrayar, sin embargo, que la Ley 1/2023, de 16 de marzo, de la potestad sancionadora de las Administraciones Públicas Vascas, en la que se apuesta decididamente por las medidas restaurativas, y a la que me referiré más adelante, afirma en su art. 11.1 que «[s]e considera sanción la consecuencia jurídica legalmente impuesta a una persona por razón de la comisión de una infracción administrativa, incluyendo todas aquellas medidas de carácter educativo o similares a las

cidad; la disponibilidad de la respuesta punitiva para las partes implicadas; la posible compatibilidad o simultaneidad de las sanciones con las medidas reparadoras pactadas por el infractor y el perjudicado; o, en fin, la posición y la protección del interés público en casos de respuesta exclusivamente restaurativa a la infracción, son sólo algunos de los extremos sobre los que los administrativistas tenemos que reflexionar de manera inmediata.

En todo caso, como anticipaba, no puede desconocerse que la introducción de la mediación en el ámbito sancionador administrativo y, por tanto, de las fórmulas de justicia restaurativa, son ya una realidad en el derecho español más allá del ámbito disciplinario de los alumnos universitarios que me ocupa. Sin ánimo alguno de exhaustividad, cabe referirse, en ese sentido, a las previsiones contenidas en la legislación sobre protección de los derechos de los consumidores y usuarios[87], o en el régimen disciplinario de los estudiantes de enseñanzas no universitarias[88]. Por último, la previsión normativa sobre el particular que tal vez tiene un alcance más general, dado que no se refiere a un sector sancionador concreto, es la establecida por la reciente Ley 1/2023, de 16 de marzo, de la potestad sancionadora de las administraciones públicas vascas, cuyo art. 15.10 dispone que «[a]un cuando las normas sectoriales aplicables no las hayan previsto, cuando la naturaleza de la infracción lo permita y las circunstancias de la persona responsable lo aconsejen, las sanciones pecuniarias podrán sustituirse por otras de carácter educativo o similares a las provenientes del ámbito de la justicia restaurativa, a través de la incorporación de un proceso de mediación».

Tanto la posibilidad de que el régimen disciplinario de los alumnos universitarios se abra a la mediación, como la prioridad de dicho mecanismo de resolución de conflictos frente al ejercicio unilateral de la potestad sancionadora por parte de las universidades, son cuestiones evidentemente sujetas a diversas interpretaciones y valoraciones, incluso desde un punto de vista estrictamente

---

provenientes del ámbito de la justicia restaurativa y las accesorias de carácter sancionador que acompañen a la sanción principal».

87 Véase al respecto el art. 49.6 del Texto refundido, por el que se aprueba el Texto Refundido de la Ley General para la Defensa de los Consumidores y Usuarios y otras leyes complementarias, aprobado por Real Decreto Legislativo 1/2007, de 16 de noviembre, a cuyo tenor:

«El órgano competente para imponer la sanción podrá resolver la terminación del procedimiento sancionador cuando los presuntos infractores propongan compromisos que resuelvan los efectos sobre los consumidores y usuarios derivados de las conductas objeto del expediente y quede garantizado suficientemente el interés público. Los compromisos serán vinculantes y surtirán plenos efectos una vez incorporados a la resolución que ponga fin al procedimiento».

88 En el ámbito escolar cabe identificar una clara apuesta del legislador autonómico por las fórmulas de justicia restaurativa, en particular la mediación, como cauce de respuesta a las infracciones de los alumnos. De dicha tendencia normativa dio cuenta, hace más de una década, Beatriz BELANDO GARÍN, «La mediación», *cit.*, pp. 425 y ss.

jurídico[89]. Muy probablemente, dichas consideraciones se vean marcadas por las concepciones subjetivas o personales acerca del tipo de consecuencias de que ha de ser merecedor quien infringe la Ley, así como en torno el papel a desempeñar por la administración y la posición de los perjudicados en relación con la comisión de las infracciones. Personalmente, confieso que me resulta difícil de entender que la respuesta a la comisión de la infracción sea negociada entre el perjudicado y el propio infractor, máxime en supuestos como el que me ocupa, en que este último es un adulto y, por tanto, una persona plenamente responsable de sus actos. Además, si bien se mira, en aquellos supuestos en que el perjuicio de la infracción recaiga en alguien distinto a la propia universidad, el planteamiento de la LCU entraña relegar la tutela del interés general —del que hay que entender que forma parte la propia convivencia universitaria— a un segundo plano, digno de protección únicamente subsidiaria, es decir, en caso de que infractor y perjudicado no lleguen a un acuerdo satisfactorio para sus intereses individuales y de que la correspondiente Comisión de Convivencia estime que el pacto ínter partes alcanzado no resuelve todas las cuestiones planteadas en el procedimiento.

Sin perjuicio de lo anterior, entiendo que desde un punto de vista exclusivamente jurídico hay que concluir que es legítimo que el legislador opte por que la respuesta a la comisión de infracciones disciplinarias por los estudiantes universitarios se canalice prioritariamente a través de mecanismos de composición de intereses y de adopción de medidas restaurativas, frente la imposición de sanciones en todo caso. A dicha conclusión conduce, en mi opinión, el hecho de que no exista una exigencia constitucional de tipificación de infracciones y sanciones ni, sobre todo, de que la respuesta a la infracción deba ser necesariamente una sanción. Ello sentado, parece no obstante evidente que dicha posibilidad de sustituir la imposición de sanciones por medidas de justicia restaurativa ha de estar prevista en norma con rango de Ley, toda vez que, de lo contrario, el principio de legalidad obligaría a la administración al ejercicio de la potestad sancionadora[90]. Desde esa

---

89 Por poner ejemplos de planteamientos bien diversos sobre el particular, Gerardo Carballo Martínez sostiene un planteamiento abiertamente favorable a la legitimidad de la mediación como cauce de respuesta en el derecho administrativo sancionador. En ese sentido, por ejemplo, su trabajo, «La mediación administrativa sancionadora como instrumento de convivencia de la ciudadanía en la Administración local», en Lloria García, Paz (dir.), *Convivencia ciudadana: mediación, conciliación y técnicas de prevención y resolución del conflicto ciudadano*, ed. Iustel, Madrid, 2018, pp. 25 y ss.
Con un planteamiento bien diverso —y referido específicamente al terreno del régimen disciplinario de los alumnos universitarios y en un trabajo anterior a la LCU—, José Manuel Chozas Alonso, «El ámbito de la mediación, como mecanismo de autocomposición de las partes en la resolución de conflictos, en la Universidad Complutense de Madrid», *Revista Española de Derecho Administrativo*, 170, 2015, pp. 337 y ss.

90 Recuérdese que, como he expuesto páginas atrás, el ejercicio de la potestad sancionadora es reglado siempre que la administración tenga conocimiento de cualquier comportamiento que pueda ser constitutivo de infracción.

perspectiva puede afirmarse, en fin, que la LCU presta la cobertura legal precisa para que sea jurídicamente legitimo responder a las faltas disciplinarias de los alumnos universitarios con medidas restaurativas adoptadas por vía de mediación, en lugar de imponer la correspondiente sanción prevista en la propia Ley.

Afirmada, así pues, la legitimidad constitucional del modelo implementado por la LCU, conviene prestar atención al régimen jurídico concreto diseñado por la indicada Ley acerca de la mediación como mecanismo de solución de los conflictos originados por las faltas disciplinarias de los estudiantes de universidad. A ello se dedica el apartado siguiente del presente trabajo. Sirva anticipar que, en mi opinión, la regulación en cuestión presenta importantes deficiencias.

2. La regulación de la mediación vinculada a la comisión de faltas disciplinarias contenida en la LCU y sus carencias

La regulación sobre la mediación contenida en la LCU se caracteriza por su falta de compleción o, dicho más llanamente, su insuficiencia y precariedad. Son, en efecto, numerosos y de indudable relevancia los aspectos que la Ley no resuelve, dejándolos en manos de las universidades, que de ese modo pueden hacer efectivas sus propias opciones sobre el particular a través de sus normativas de convivencia. Por lo que se refiere al contenido de la LCU, esta establece que en el ámbito de la convivencia universitaria la mediación constituye un mecanismo de resolución alternativa de conflictos para ser aplicada «antes y durante el procedimiento disciplinario» (art. 5).

La indicada previsión normativa es confusa. Fundamentalmente plantea el interrogante acerca de si la mediación anterior al procedimiento disciplinario y la que en su caso se intente durante la tramitación del mismo tienen idéntico objeto. Aunque el precepto en cuestión no sea explícito al respecto, en mi opinión cabe entender que, a la luz del mismo, la mediación «antes del procedimiento» tendría por objeto abordar o encauzar la respuesta frente a comportamientos que afectan a la convivencia universitaria con carácter previo o con la finalidad de intentar evitar que los mismos acaben desembocando en la comisión de infracciones. La mediación «durante el procedimiento», en cambio, estaría reservada para abordar o encauzar la respuesta frente a las faltas disciplinarias ya cometidas, en un intento de reconducirlas a soluciones diversas a la imposición de sanciones[91]. Podría decirse, en ese sentido, que el art. 5 LCU hace suya la diferenciación entre dos tipos de mediación. De una parte, la «mediación preventiva» orientada a preservar la

91 Así lo entiende, por ejemplo, Belén Marina Jalvo, «Convivencia pacífica», *cit.*, p. 7.

convivencia universitaria y, por ende, a evitar la comisión de faltas disciplinarias. Y de otra, la «mediación sustitutiva» como alternativa al ejercicio de la potestad disciplinaria[92].

Estimo que esta es la interpretación más adecuada por tres motivos diversos. Por un lado porque, como he expuesto al hilo de las reflexiones sobre la terminación del procedimiento por desistimiento de la universidad, el principio de legalidad exige que ante una conducta hipotéticamente constitutiva de falta se proceda a la averiguación de la realidad de los hechos y de las responsabilidades por su comisión. Por otro lado porque, como también he explicado, la propia LCU parte de la consideración de la posibilidad de que el acuerdo de mediación fracase o, lo que es más importante ahora, no resuelva la totalidad de las cuestiones planteadas, en cuyo caso deberá retomarse la tramitación del procedimiento disciplinario. Y, en fin, avala la conclusión defendida el hecho de que la decisión sobre la procedencia o no de la mediación en caso de comisión de faltas disciplinarias corresponde a la Comisión de Convivencia, sobre la base de las actuaciones llevadas a cabo por el instructor del expediente disciplinario [arts. 19.c) y 22.1 LCU].

La mediación se somete expresamente a los principios de «voluntariedad, confidencialidad, equidad, imparcialidad, buena fe y respeto mutuo, prevención y prohibición de represalias, flexibilidad, claridad y transparencia» (art. 5 LCU). De dichos principios me interesa destacar en este momento el de voluntariedad, toda vez que el mismo condiciona la decisión que sobre la procedencia o no de la mediación incumbe a la Comisión de Convivencia [art. 22.1 LCU]. En efecto, la decisión de someter la cuestión a mediación corresponde en todo caso a la Comisión de Convivencia, a la luz de las actuaciones remitidas por el instructor del expediente disciplinario [art. 19.c) LCU]. Ahora bien, para poder reconducir la cuestión al intento de medicación es *condicio sin qua non* que las partes —se entiende que infractor y perjudicado— hayan manifestado su voluntad de acogerse a dicho mecanismo de resolución de conflictos, a cuyo efecto serán requeridos en el acuerdo de incoación. En caso de que lo hayan hecho, y sin tener en cuenta ninguna otra consideración, el instructor tiene el deber jurídico de remitir el expediente a la Comisión de Convivencia, que finalmente decidirá si se prosigue con la mediación o se devuelve el expediente al instructor para que continúe con la tramitación del procedimiento disciplinario.

La resolución acerca de si procede o no la mediación corresponde, en los términos que acabo de referir, a la Comisión de Convivencia de la respectiva universidad. Ahora bien, la LCU guarda absoluto silencio sobre los paráme-

92 Sobre la distinción entre «mediación preventiva» y «mediación sustitutiva» véase, entre los administrativistas y en relación con la disciplina académica en la universidad y en ciclos educativos anteriores, a Beatriz BELANDO GARÍN, «La mediación en el régimen disciplinario: la mediación escolar y la penitenciaria», *Revista de Administración Pública*, 189, 2012, pp. 425 y ss; y José Manuel CHOZAS ALONSO, «El ámbito», *cit.*, pp. 337 y ss.

tros o pautas con arreglo a los cuales debe tomarse dicha decisión. En mi opinión, la falta de regulación sobre el particular ha de entenderse como una llamada a las universidades para que sean ellas las que establezcan los indicados criterios en sus respectivas normas de convivencia. De hecho, así parecen haberlo entendido las universidades, toda vez que el común de sus normativas de convivencia aprobadas en cumplimiento del mandato de la LCU se regulan las faltas respecto de las cuales queda vetada la posibilidad de mediación[93]. En todo caso, ante la eventualidad de que las normas de convivencia de alguna universidad no fijasen parámetro alguno al respecto, parece obvio concluir que la decisión sobre la procedencia o no de la mediación constituiría una decisión discrecional de la Comisión de Convivencia[94].

93 Conscientes de la imprecisión de la LCU en este punto, las normativas de convivencia de las universidades —o al menos las que he consultado— han establecido pautas o criterios a efectos de determinar en qué casos es procedente la mediación. Así, por ejemplo, el art. 30 de la Normativa de Convivencia de la Universidad de Lérida (aprobada por Acuerdo núm. 19/2023 del Consejo de Gobierno de 28 de febrero de 2023) excluye de la posibilidad de mediación «los supuestos que pueden incluir situaciones de violencia, discriminación o acoso y los casos que puedan incluir fraude académico o deterioro grave del patrimonio de la UdL» (la traducción del catalán es mía, dada la inexistencia de versión oficial en español).

En términos muy similares, el art. 40.3 de las Normas de Convivencia de la Universidad de Sevilla (aprobado por Acuerdo 2.4/CU, de 11 de noviembre de 2022), dispone que «[q] uedan excluidos del ámbito del procedimiento de mediación en los procedimientos disciplinarios respecto de estudiantes aquellos supuestos que pudieran involucrar situaciones de violencia, discriminación o acoso y aquellos casos que pudieran involucrar fraude académico o deterioro del patrimonio de la Universidad de Sevilla». Nótese, por tanto, que la universidad hispalense establece unos supuestos de exclusión de la mediación muy parecidos a los definidos por la universidad ilerdense, con la salvedad de lo concerniente a la gravedad de los perjuicio causados al patrimonio universitario.

Por su parte, el Reglamento de las Normas de Convivencia de la Universidad de Zaragoza (aprobado por Acuerdo del Consejo de Gobierno de 30 de marzo de 2023) se muestra algo más abierto, al establecer en su art. 21.2, que «[q]uedan excluidos del mecanismo de mediación las conductas o actuaciones que comporten violencia, discriminación o acoso, o que puedan ser constitutivas de delito, así como las que puedan constituir fraude académico». No se impide, por tanto, la mediación en relación con las faltas que ocasionen deterioro en el patrimonio de la universidad.

Por poner un cuarto ejemplo, no coincidente con ninguno de los anteriores, la Normativa de Convivencia de la Universidad Rovira i Virgili (aprobada por Acuerdo del Consejo de Gobierno de 27 de abril de 2023) establece en su art. 18.2 que «[l]a mediación queda excluida en las situaciones de violencia o acoso, en los casos referentes a fraude académico o deterioro del patrimonio de la Universidad Rovira y Virgili, y en aquellos otros que la legislación vigente excluya en cada momento» (la traducción del catalán es mía). Es de notar que, curiosamente, la normativa de la universidad tarraconense no cierra la puerta a la mediación en caso de faltas que impliquen discriminación.

94 Belén Marina Jalvo, «Convivencia pacífica», *cit.*, p. 25, afirma que en el marco de la LCU el sometimiento o no a mediación constituye una decisión «totalmente discrecional» de la Comisión de Convivencia, necesitada de concreción por las Comunidades Autónomas y las propias Universidades. En todo caso, la autora considera que «cabe entender que la Comisión de Convivencia desistirá de la tramitación del procedimiento de mediación si, atendidas

Al margen de los extremos a que, aunque telegráficamente, me acabo de referir, la LCU guarda silencio sobre aspectos importantes tanto en lo que atañe al alcance de la medicación como a la operativa o logística de la misma. En ese sentido, la LCU no establece, en fin, ninguna regulación sobre aspectos tales como el procedimiento de mediación —que es expresamente remitido a la regulación por cada universidad (art. 22.2), la figura del mediador, los requisitos que ha de reunir y el modo de designación del mismo, o, en fin, los mecanismos para garantizar la efectividad del acuerdo al que en su caso lleguen las partes[95].

Asimismo, y creo que es importante destacar este aspecto, en lo que atañe al acuerdo de mediación la LCU no ofrece ningún canon interpretativo a efectos de delimitar si el mismo resuelve «la totalidad de las cuestiones planteadas» —y, por tanto, es determinante del archivo del expediente disciplinario— o, por el contrario, no las resuelve, de modo que haya de reanudarse la tramitación del procedimiento disciplinario hasta su resolución. Esta última es, por lo demás, una incógnita cuya resolución considero clave, toda vez que de la misma depende la consideración de la mediación como un mecanismo de resolución alternativo y sustitutivo del ejercicio de la potestad sancionadora. Además, en dicha cuestión está en buena medida en juego que la mediación resulte más o menos atractiva, sobre todo para el alumno infractor. Obsérvese que, en efecto, la posibilidad abierta por el art. 22.3 LCU de que la Comisión de Convivencia considere que el acuerdo de mediación no es totalmente satisfactorio de las cuestiones planteadas y que, por tanto, procede retomar el procedimiento disciplinario con la eventual resolución sancionadora del mismo —que se sumará a las medidas acordadas en la mediación—, bien puede operar como un elemento disuasorio de la conformidad para con el sometimiento a la mediación.

V. BIBLIOGRAFÍA

Aizpún Marcitllach, Ana y **García-Mina**, Ana, *Novatadas: comprender para actuar*, ed. Universidad Pontificia de Comillas, Madrid, 2013.

Alegre Ávila, José Manuel, «Una pincelada al hilo de una noticia periodística sobre la potestad sancionadora de las universidades en relación a los estudiantes universitarios», de consulta en https://acortar.link/zWblar.

la gravedad de la conducta del estudiante y de la consecuente alteración de la convivencia o del normal desarrollo de las actividades universitarias, estima improcedente esta alternativa o si, a primera vista, aprecia que las posturas de las partes son irreconciliables».

95 Sobre el particular interesa destacar que la Disposición adicional segunda de la LCU reconoce a las universidades públicas «la potestad de ejecución forzosa de los actos administrativos establecidos en esta ley, de acuerdo con los procedimientos legalmente establecidos». Entiendo que dicho precepto no es aplicable a los acuerdos de mediación dado que los mismos no tienen naturaleza jurídica de acto administrativo.

Amoedo Souto, Carlos A., «El impacto de las leyes 39 y 40/2015 en las universidades públicas: contenido, hipótesis y retos de futuro», *Revista Española de Derecho Administrativo*, 182, 2017.

Atienza, Manuel, *Sobre la dignidad humana*, Trotta, Madrid, 2022.

Ayllón García, Jesús Daniel, «La Justicia restaurativa en España y en otros ordenamientos jurídicos», *Ars Boni et Aequi*, 2, 2019.

Baño León, José M.ª, «La reforma del procedimiento. Viejos problemas no resueltos y nuevos problemas no tratados», *Documentación Administrativa*, 2, 2015.

Belando Garín, Beatriz «La mediación en el régimen disciplinario: la mediación escolar y la penitenciaria», *Revista de Administración Pública*, 189, 2012.

Cámara del Portillo, Diego:

- «Artículo 46. Derechos y deberes de los estudiantes: especial referencia al régimen disciplinario», en el VV.AA., *Un paseo por la LOU. Análisis sistemático de la Ley Orgánica 6/2001, de 21 de diciembre, de Universidades*, ed. Universidad Pontificia de Comillas, Madrid, 2003.

- «El régimen disciplinario del personal al servicio de la administración universitaria y del alumnado», en Blasco Delgado, Carolina (coord.), *Estudios sobre régimen jurídico universitario*, Universidad de Burgos, Burgos, 2006.

- «El trato a los rebeldes a un nuevo orden docente de grupo y estructuras. El nuevo régimen de disciplina académica. ¿O convivencial?, en el vol. col. *IX Seminario sobre aspectos jurídicos de la gestión universitaria*, Universidad de La Rioja, Logroño, 2011.

Carballo Martínez, Gerardo, «La mediación administrativa sancionadora como instrumento de convivencia de la ciudadanía en la Administración local», en Lloria García, P. (dir.), *Convivencia ciudadana: mediación, conciliación y técnicas de prevención y resolución del conflicto ciudadano*, ed. Iustel, Madrid, 2018.

Chozas Alonso, José Manuel, «El ámbito de la mediación, como mecanismo de autocomposición de las partes en la resolución de conflictos, en la Universidad Complutense de Madrid», *Revista Española de Derecho Administrativo*, 170, 2015.

De la Cuesta, José Luis y **Subijana**, Ignacio José (dirs.), *Justicia restaurativa y terapéutica. Hacia innovadores modelos de justicia*, Tirant lo Blanch, Valencia, 2017.

Díaz González, Gustavo Manuel, «Legalidad, proporcionalidad y márgenes de apreciación en la determinación de las sanciones administrativas: una crítica de la jurisprudencia constitucional», *Revista General de Derecho Administrativo*, núm. 62, 2023.

Díaz Revorio, Francisco Javier, «El derecho a la educación», *Anuario Parlamento y Constitución*, 2, 1998.

Embid Irujo, Antonio, «El contenido del derecho a la educación», *Revista Española de Derecho Administrativo*, 1981.

Ezquerra Huerva, Antonio, «Algunas reflexiones acerca de la disponibilidad del procedimiento administrativo común», en Rebollo Puig, M., López Benítez, M. y Carbonell Porras, E. (dirs.), *Régimen jurídico básico de las Administraciones públicas. Libro homenaje al profesor Luis Cosculluela*, ed. Iustel, Madrid, 2015.

Fernández de Mata, Ignacio (ed.), *Las novatadas. El maltrato como diversión*, ed. Aula Magna-McGraw Hill Interamericana de España, Madrid, 2021.

Gamero Casado, Eduardo, «La estructura de la legislación sobre procedimiento administrativo común y régimen jurídico básico del sector público y sus criterios de aplicación», en Gamero Casado, E. (dir.), *Tratado de procedimiento administrativo común y régimen jurídico básico del sector público*, ed. Tirant lo Blanch, Valencia, 2017.

García Luengo, Javier, «La reducción de las sanciones administrativas por reconocimiento de la responsabilidad o pago voluntario», *Revista General de Derecho Administrativo*, 61, 2022.

García Villaluenga, Leticia y **Vázquez de Castro**, Eduardo, «Mediación en las universidades: una gran apuesta por la convivencia», *Anuario de Mediación y Solución de Conflictos*, 9, 2022.

Hita Villaverde, Enrique; **Jiménez Soto**, Ignacio y **Martín Morales**, Ricardo, «El régimen disciplinario de los estudiantes universitarios», *Revista de la Facultad de Derecho de la Universidad de Granada*, núm. 13-14, 2010/2011.

Jiménez Soto, Ignacio, «El régimen disciplinario de los estudiantes universitarios. Un andamio difícil de sostener con algunas piezas sueltas», *Revista Española de Derecho Administrativo*, 168, 2015.

Lladó Martínez, Albert, «Las leyes 39 y 40 de 2015 y las universidades públicas: su exclusión de la esfera de la Administración pública y consecuencias derivadas», *Revista Galega de Administración Pública*, 53, 2017.

Marina Jalvo, Belén:

- «Convivencia pacífica, medios alternativos de solución de conflictos y sistema de disciplina en el ámbito universitario. Algunas consideraciones sobre la Ley de convivencia universitaria», *Revista General de Derecho Administrativo*, núm. 60, 2022.

- «La determinación de las sanciones administrativas. Normas establecidas en la Ley 39/2015, de 1 de octubre, de procedimiento administrativo Común de las Administraciones Públicas, y en la Ley 40/2015, de 1 de octubre, de régimen jurídico del sector público», *Revista Española de Derecho Administrativo*, 195, 2018.

Martínez López-Muñiz, José Luis, «La educación en la Constitución Española (derechos fundamentales y libertades públicas en materia de enseñanza», *Persona y Derecho: Revista de Fundamentación de las Instituciones Jurídicas y de Derechos Humanos*, 6, 1979.

Nicolás Lucas, Asunción, «A vueltas con la disciplina universitaria: un vestigio histórico que es necesario superar», en Huergo Lora, A. (dir.), *Problemas actuales del Derecho administrativo sancionador*, Iustel, Madrid 2018.

Nicolás Muñiz, Jaime, «Los derechos fundamentales en materia educativa en la Constitución Española», *Revista Española de Derecho Constitucional*, 7, 1983.

Nieto García, Alejandro:

- *Derecho administrativo sancionador*, Tecnos, Madrid, 2012.

- «Régimen disciplinario del alumnado universitario: perspectivas para su configuración», en Cordero Saavedra, L. (coord.), *Las universidades públicas y su régimen jurídico*, ed. Lex Nova, Valladolid, 1999.

Pallarés Serrano, Anna, «Análisis del régimen disciplinario de los estudiantes universitarios. Especial referencia a los comportamientos fraudulentos y al plagio, en particular», *Revista Catalana de Dret Públic*, 56, 2018.

Pemán Gavín, Juan, «El régimen disciplinario de los estudiantes universitarios: sobre la vigencia y aplicabilidad del Reglamento de disciplina académica (Decreto de 8 de septiembre de 1954)», *Revista de Administración Pública*, 135, 1994.

Rebollo Puig, Manuel:

- «Definición y delimitación de las sanciones administrativas», en Rebollo Puig, M.; Huergo Lora, A.; Guillén Caramés, J.; y Cano Campos, T., Anuario de Derecho administrativo sancionador 2021, ed. Thomson Reuters Civitas, Cizur Menor, 2021.

- «Ejercicio obligado o facultativo de la potestad sancionadora. Legitimación para exigir su ejercicio», en el vol. col. Manuel REBOLLO PUIG, Manuel IZQUIERDO CARRASCO, Lucía ALARCÓN SOTOMAYOR y Antonio M.ª BUENO ARMIJO, *Derecho administrativo sancionador*, Lex Nova, 2010.

- «Regulación y aplicación del sistema disciplinario de los alumnos universitarios», *Anuario de la Facultad de Derecho de la Universidad Autónoma de Madrid*, 24, 2020.

RIVERO ORTEGA, Ricardo, «La aplicación de las leyes 39 y 40/2015 a las universidades públicas: eliminando interrogantes», *Revista de Administración Pública*, 201, 2016.

ROCHA HAVENITH, Sashanicol y **BELANDO GARÍN**, Beatriz, «La nueva ley de convivencia universitaria española: algunas reflexiones sobre la potestad disciplinaria en el contexto universitario», *Revista General de Derecho Administrativo*, 64, 2023.

SANZ RUBIALES, Íñigo, «La reducción de sanciones pecuniarias por pago adelantado y por reconocimiento de la responsabilidad», *Revista Aragonesa de Administración Pública*, 58, 2022.

SOLETO, Helena y **CARRASCOSA**, Ana (dirs.), *Justicia restaurativa: una justicia para las víctimas*, Tirant lo Blanch, Valencia, 2019.

SUBIJANA ZUNZUNEGUI, Ignacio, *et. alt.*, *Justicia restaurativa, una justicia para el siglo XXI: potencialidades y retos*, ed. Universidad de Deusto, Bilbao, 2013.

TAMARIT SUMALLA, Josep Maria, *La justicia restaurativa: desarrollo y aplicaciones*, ed. Comares, Granada, 2012.

TARDÍO PATO, José Antonio:

- «La potestad disciplinaria sobre el alumnado de las universidades públicas», en LÓPEZ RAMÓN, F; RIVERO ORTEGA, R.; y FERNANDO PABLO, M. M. (coords.), *Organización de la Universidad y ciencia*, INAP-AEPDA, Madrid, 2018.

- «La problemática actual de la potestad disciplinaria sobre el alumnado de las universidades públicas», *Revista Rueda*, 5, 2020.

- *Las sanciones disciplinarias a los alumnos universitarios y no universitarios, en centros públicos y privados*, Ministerio de Educación y Formación Profesional, 2020.

Cód. 05-02

Made in United States
Orlando, FL
04 November 2026

90200713R00151